L'INFINI DANS UN ROSEAU

Irene Vallejo est une philologue et autrice espagnole. Après un doctorat de philologie classique, elle a publié plusieurs romans, essais et livres pour enfants ainsi que des articles dans différents journaux. *L'Infini dans un roseau*, l'un des plus grands best-sellers de non-fiction en espagnol de ces dernières années, a remporté de nombreux prix, comme le Premio Nacional de Ensayo 2020 (Prix national de l'essai) et le Prix espagnol de l'Association des libraires.

IRENE VALLEJO

L'Infini dans un roseau

L'invention des livres dans l'Antiquité

TRADUIT DE L'ESPAGNOL PAR ANNE PLANTAGENET

LES BELLES LETTRES

Titre original :

EL INFINITO EN UN JUNCO

ISBN : 978-2-253-10748-4 – 1re publication LGF

À ma mère,
main ferme de coton

« On dirait des dessins,
mais à l'intérieur des lettres il y a les voix.
Chaque page est une boîte infinie de voix. »

Mia COUTO, *Les Sables de l'empereur*

« Les signes inertes d'un analphabète
deviennent des significations pleines de vie
dans le cerveau.
Lire et écrire altèrent notre organisation
cérébrale. »

Siri HUSTVEDT, *Vivre, penser, regarder*

« J'aime imaginer combien serait stupéfait
le gentil Homère, quel qu'il fût,
en voyant ses épopées dans la bibliothèque
d'un être aussi inconcevable pour lui que moi,
au cœur d'un continent qui à son époque
n'existait pas. »

Marilynne ROBINSON,
Quand j'étais enfant, je lisais des livres

« Lire est toujours un déplacement, un voyage,
un départ pour se trouver. Lire,
bien qu'étant un acte généralement sédentaire,
nous ramène à notre condition de nomades. »

Antonio BASANTA, *Leer contra la nada*

« Le livre est, surtout,
un récipient où repose le temps.
Un piège prodigieux avec lequel l'intelligence
et la sensibilité humaine
ont vaincu cette condition éphémère, fuyante,
que constituait l'expérience de vivre
vers le néant de l'oubli. »

Emilio Lledó, *Los libros y la libertad*

Prologue

De mystérieux groupes d'hommes à cheval sillonnent les chemins de Grèce. Dans leurs champs ou depuis la porte de leurs cabanes, les paysans les observent avec méfiance. L'expérience leur a appris que seuls voyagent les gens dangereux : soldats, mercenaires et trafiquants d'esclaves. Ils plissent le front et grognent tant qu'ils ne les ont pas vus disparaître à l'horizon. Ils n'aiment pas les étrangers armés.

Les cavaliers galopent sans leur prêter attention. Pendant des mois, ils ont gravi des montagnes, franchi des défilés, traversé des vallées et des rivières, navigué d'île en île. Leurs muscles et leur résistance se sont endurcis depuis qu'on leur a confié cette étrange mission. Pour accomplir leur tâche, ils doivent s'aventurer dans les territoires violents d'un monde en guerre quasi permanente. Ce sont des chasseurs à la recherche de proies d'une nature très particulière. Des proies silencieuses, intelligentes, qui ne laissent aucune trace.

Si ces inquiétants émissaires s'asseyaient à la taverne d'un port pour boire du vin, manger du poulpe grillé, parler et s'enivrer avec des inconnus (ce qu'ils ne font jamais, par prudence), ils pourraient raconter de grands récits de voyages. Ils ont pénétré sur des terres ravagées par la peste. Ils ont traversé des régions dévastées par des incendies, ont vu les cendres fumantes de la destruction et la brutalité de rebelles et de mercenaires sur le pied de guerre. Comme il n'existe pas encore de cartes de ces contrées, ils se sont perdus et ont erré des jours entiers sous la fureur du soleil ou des orages. Ils ont été obligés de boire de l'eau croupie qui leur a donné des diarrhées monstrueuses. Dès qu'il pleut, leurs charrettes et leurs mules s'embourbent dans les flaques. Entre cris et jurons, ils les dégagent, tombant parfois à genoux, le visage dans la boue. Quand la nuit les surprend loin de tout abri, seule leur cape les protège des scorpions. Ils ont connu le supplice insoutenable des poux et la peur constante des hors-la-loi qui infestent les routes. Souvent, alors qu'ils avancent sur d'immenses étendues désertes, ils sont terrifiés à l'idée qu'un groupe de bandits les guette, retenant leur souffle, cachés dans un virage, pour leur tomber dessus, les assassiner de sang-froid, les dévaliser et abandonner leurs cadavres encore chauds entre les buissons.

C'est logique qu'ils aient peur. Le roi d'Égypte leur a remis de grosses sommes d'argent pour qu'ils aillent accomplir ses ordres de l'autre côté de la mer. À cette époque, quelques décennies seulement après la mort d'Alexandre, voyager avec une importante fortune sur soi était très risqué, presque suicidaire. Et, même si les poignards des voleurs, les maladies contagieuses et les naufrages menacent de faire échouer une mission si coûteuse, le pharaon persiste à expédier ses agents depuis le pays du Nil, franchissant des frontières et de grandes distances, aux quatre coins du monde. Il désire passionnément, avec impatience et une douloureuse soif de possession, les proies que ses chasseurs secrets traquent pour lui, affrontant des dangers inconnus.

Les paysans assis sur le seuil de leur cabane pour les épier, les mercenaires et les bandits auraient écarquillé les yeux de stupéfaction et ouvert la bouche, incrédules, s'ils avaient su ce que cherchaient les cavaliers étrangers.

Des livres. Ils cherchaient des livres.

C'était le secret le mieux gardé de la cour d'Égypte. Le Seigneur des Deux Terres, un des hommes les plus puissants alors, aurait donné sa vie (celle des autres, plutôt ; c'est toujours comme ça avec les rois) pour obtenir tous les livres du monde pour sa Grande Bibliothèque d'Alexandrie. Il poursuivait le rêve d'une bibliothèque absolue et parfaite, où il réunirait les œuvres de tous les auteurs depuis le début des temps.

J'ai toujours peur d'écrire les premières lignes, d'ouvrir la porte d'un nouveau livre. Une fois que j'ai exploré toutes les bibliothèques, saturé mes carnets de notes fiévreuses, que je ne trouve plus de prétextes raisonnables, ni même insensés, pour continuer de différer, j'attends encore plusieurs jours pendant lesquels je comprends ce que signifie être lâche. Simplement, je ne me sens pas capable. Tout devrait être là – le ton, le sens de l'humour, la poésie, le rythme, les promesses. Les chapitres non encore écrits devraient se profiler, livrer bataille pour germer dans le semis des mots choisis pour commencer. Mais comment fait-on

instant même, je suis pleine de doutes. À
vre, je reviens au point de départ, le cœur fébrile, comme toutes les premières fois. Écrire, c'est tenter de savoir ce qu'on écrirait si on écrivait, d'après Marguerite Duras, qui passe de l'infinitif au conditionnel puis à l'irréel, comme si elle sentait le sol se dérober sous ses pieds.

Au fond, ce n'est pas si différent de tout ce qu'on commence à faire avant de savoir le faire : parler une langue étrangère, conduire, être mère. Vivre.

Après avoir épuisé toutes mes réserves de doutes, d'ajournements et d'excuses, j'affronte, par une chaude après-midi de juillet, la solitude de la page blanche. J'ai décidé de commencer mon texte par l'image d'énigmatiques chasseurs à l'affût d'une proie. Je m'identifie à eux, j'aime leur patience, leur stoïcisme, leurs temps morts, la lenteur et l'adrénaline de la quête. Quand j'étais chercheuse, j'ai passé des années à consulter des sources, des documents, m'efforçant de décortiquer la matière historique. Mais, à l'heure de vérité, l'histoire réelle et attestée que je découvre peu à peu me paraît tellement incroyable qu'elle envahit mes rêves et prend, malgré moi, la forme d'un récit. J'éprouve la tentation de me mettre dans la peau des chercheurs de livres sur les routes d'une Europe ancienne, violente et tourmentée. Et si, pour commencer, je racontais leur voyage ? Cela pourrait marcher, mais comment discerner le squelette de faits sous les muscles et le sang dont l'imagination les a recouverts ?

Le point de départ, je crois, est aussi fantastique que le voyage à la recherche des mines du roi Salomon ou de l'Arche perdue, même si des documents prouvent qu'il a vraiment existé dans l'esprit mégalomane des rois d'Égypte. Ce fut peut-être à ce moment-là, au IIIe siècle av. J.-C., la seule et unique fois où le rêve de rassembler tous les livres du monde sans exception dans une bibliothèque universelle put être réalisé. Aujourd'hui cela nous semble l'intrigue d'une nouvelle fascinante, abstraite, de Borges – ou, peut-être, son grand fantasme érotique.

À l'époque de l'ambitieux projet alexandrin, il n'existait rien de semblable au commerce international des livres. On pouvait les acheter dans des villes ayant un long passé culturel, mais pas dans la jeune Alexandrie. Les textes racontent que les rois abusèrent des immenses avantages du pouvoir absolu pour enrichir leur collection. Ce qu'il leur était impossible d'acheter, ils le confisquaient. S'il fallait trancher des gorges ou raser des récoltes pour s'emparer d'un livre convoité, ils donnaient l'ordre de le faire, sous prétexte que le rayonnement de leur pays était plus important que les petits scrupules.

L'escroquerie, bien entendu, faisait partie du répertoire qu'ils étaient disposés à déployer pour parvenir à leurs fins. Ptolémée III désirait ardemment les versions officielles des œuvres d'Eschyle, de Sophocle et d'Euripide conservées à Athènes depuis leur représentation lors des concours tragiques. Les ambassadeurs du pharaon demandèrent qu'on leur prête les précieux rouleaux pour que leurs scribes minutieux en fassent des copies. Les autorités athéniennes exigèrent la garantie exorbitante de 15 talents d'argent, l'équivalent de millions de dollars aujourd'hui. Les Égyptiens payèrent, remercièrent platement, jurèrent solennellement de rapporter les œuvres prêtées avant – disons – douze lunes, se vouèrent eux-mêmes à de truculentes gémonies si les livres n'étaient pas rendus en parfait état puis, bien entendu, se les approprièrent, renonçant à leur caution. Les autorités d'Athènes durent encaisser l'outrage. L'orgueilleuse capitale du temps de Périclès était devenue une ville de province d'un royaume incapable de rivaliser avec la puissance égyptienne, qui dominait le commerce des céréales, le pétrole de l'époque.

Alexandrie était le port principal du pays et son nouveau centre vital. Depuis toujours, une puissance économique de cette ampleur peut allègrement outrepasser ses droits. Tous les bateaux qui faisaient escale dans la capitale de la Bibliothèque, quelle que fût leur provenance, étaient soumis à une perquisition immédiate. Les douaniers saisissaient tout écrit trouvé à bord, le faisaient copier sur de nouveaux papyrus, rendaient les copies et gardaient les originaux. Ces livres pris à l'abordage atterrissaient dans les rayons de la Bibliothèque avec une brève note précisant leur origine («fonds de navires»).

Au sommet du monde, tous les privilèges sont permis. On dit que Ptolémée II envoya des messagers aux souverains et dirigeants de chaque pays sur Terre. Dans une lettre cachetée, il leur demandait la faveur de lui remettre pour sa collection simplement tout : les œuvres de poètes et d'écrivains en prose de leur royaume, d'orateurs et de philosophes, de médecins et de devins, d'historiens, et de tous les autres.

Par ailleurs – et c'est la porte d'entrée que j'ai choisie à cette histoire –, les rois poussèrent sur les dangereux chemins et mers du monde connu des agents avec la bourse pleine et la mission d'acheter le plus de livres possible, ainsi que de trouver, où que ce soit, les plus anciennes copies. Cette soif de livres et le prix qu'ils étaient prêts à payer attirèrent voyous et imposteurs. Ceux-ci proposaient des rouleaux de faux textes précieux, vieillissaient le papyrus, fondaient plusieurs œuvres en une pour augmenter sa longueur et inventaient toutes sortes d'habiles manipulations. Quelque savant doté de sens de l'humour s'amusa à écrire des textes bien ficelés, d'authentiques faux fabriqués pour susciter la convoitise des Ptolémées. Les titres étaient amusants, on pourrait facilement les commercialiser aujourd'hui. Par exemple : *Ce que Thucydide n'a pas dit*. Remplaçons Thucydide par Kafka ou Joyce et imaginons l'émoi que provoquerait le faussaire faisant irruption dans la Bibliothèque avec les mémoires fictifs et les secrets inavouables de l'auteur sous le bras.

En dépit de prudentes suspicions de fraude, les acheteurs de la Bibliothèque craignaient de laisser passer un livre susceptible d'avoir une valeur et de courroucer le pharaon. Régulièrement, le roi passait en revue les rouleaux de sa collection avec le même orgueil qu'il affichait devant ses troupes militaires. Il demandait à Démétrios de Phalère, le responsable de la Bibliothèque, combien ils possédaient de livres. Et Démétrios lui donnait le nombre mis à jour : « plus de deux cent cinquante mille, ô Roi, et je fais tout pour qu'on atteigne rapidement les cinq cent mille ». La soif de livres qui régnait à Alexandrie devenait une folie collective passionnée.

Je suis née dans un pays et à une époque où les livres sont des objets faciles à acquérir. Chez moi, il y en a partout. Aux périodes de travail intense, quand j'en emprunte des dizaines dans les différentes bibliothèques qui subissent mes incursions, je les empile sur des chaises, ou même par terre. Je les laisse aussi ouverts, retournés, comme des toits à deux pentes en quête d'une maison à couvrir. Maintenant, pour éviter que mon fils de 2 ans froisse les pages, je fais des piles sur le dossier du canapé, et quand je m'assois pour me reposer, je sens le contact des reliures sur ma nuque. Si je compare le prix des livres au montant des loyers de la ville où j'habite, mes livres se révèlent être des locataires coûteux. Mais je pense que tous, des beaux livres de photographie aux vieux exemplaires de poche décollés qui ont tendance à se refermer comme des moules, rendent la maison plus accueillante.

L'histoire des efforts, des voyages et des difficultés pour remplir les rayons de la Bibliothèque d'Alexandrie peut sembler attirante par son exotisme. Il s'agit d'événements étranges, d'aventures, comme les fabuleuses expéditions aux Indes à la recherche d'épices. Aujourd'hui, les livres sont si ordinaires pour nous, si dépourvus du prestige de la nouveauté technologique, que les prophètes annonçant leur disparition sont légion. Régulièrement, je lis avec tristesse dans les journaux des articles qui prédisent l'extinction des livres, remplacés par des appareils électroniques, vaincus face aux immenses possibilités de loisir. Les plus pessimistes déclarent que nous arrivons à la fin d'une époque, une véritable apocalypse de librairies mettant la clé sous la porte et de bibliothèques désertées. Ils ont l'air d'insinuer que très bientôt les livres seront exhibés uniquement derrière les vitrines des musées ethnologiques, à côté des lances préhistoriques pointues. Avec ces images en tête, je parcours du regard mes interminables rangées de livres et de vinyles. Ce vieux monde attendrissant est-il sur le point de s'éteindre ?

En sommes-nous si sûrs ?

Le livre a surmonté l'épreuve du temps, a démontré qu'il était un coureur de fond. Chaque fois que nous nous sommes réveillés du rêve de nos révolutions ou du cauchemar de nos catastrophes humaines, le livre a toujours été là. Comme dit Umberto Eco, il appartient à la même catégorie que la cuillère, le marteau, la roue ou les ciseaux. Depuis leur invention, on n'a jamais rien trouvé de mieux.

Bien sûr, la technologie est éblouissante et assez puissante pour détrôner les anciennes monarchies. Cependant, on a tous perdu des choses – photos, archives, vieux travaux, souvenirs – à cause de la vitesse à laquelle elles ont vieilli et sont devenues obsolètes. Il y eut d'abord les chansons de nos vieilles cassettes, puis les films enregistrés sur VHS. On fait des efforts frustrants pour collectionner ce que la technologie s'emploie à démoder. Quand est apparu le DVD, on nous disait que nos problèmes d'archives étaient enfin résolus pour toujours, mais on revient à la charge aujourd'hui avec des disques au format plus petit qui, inévitablement, nous obligent à acheter de nouveaux appareils. Ce qui est étrange, c'est qu'on peut encore lire un manuscrit patiemment copié il y a plus de dix siècles, mais qu'il est impossible de voir une vidéo ou de lire une disquette datant de quelques années au plus, sauf si on a gardé tous nos ordinateurs et lecteurs successifs, comme un cabinet de curiosités dans les débarras de nos maisons.

N'oublions pas que le livre a été notre allié, depuis de nombreux siècles, au cours d'une guerre qui ne figure pas dans les manuels d'Histoire. Le combat pour préserver nos créations précieuses : les mots qui sont à peine un souffle d'air ; les fictions que nous inventons pour donner un sens au chaos et lui survivre ; les connaissances, vraies, fausses et toujours provisoires, que nous arrachons à la roche dure de notre ignorance.

Pour cette raison, j'ai décidé de me plonger dans cette recherche. Tout a commencé par des questions, des tonnes de questions : quand les livres sont-ils apparus ? Quelle est l'histoire secrète des efforts produits pour les multiplier ou les détruire ? Qu'a-t-on perdu en chemin, qu'a-t-on sauvé ? Pourquoi certains d'entre eux sont-ils devenus des classiques ? Quelles pertes ont été causées par les morsures du temps, les blessures du feu, le poison de l'eau ? Quels livres ont été brûlés avec rage, quels livres ont été copiés avec passion ? Les mêmes ?

Ce récit est une tentative pour continuer l'aventure de ces chasseurs de livres. J'aurais voulu être, d'une certaine manière, leur improbable compagne de voyage à la recherche de manuscrits perdus, d'histoires inconnues, de voix sur le point de se taire. Ces groupes d'explorateurs, peut-être, étaient juste des sbires au service de rois possédés par une obsession mégalomane. Sans doute ne comprenaient-ils pas l'importance de leur tâche, qui leur semblait absurde, et, les nuits à la belle étoile, quand mouraient les braises du feu, sans doute marmonnaient-ils entre leurs dents qu'ils étaient las de risquer leur vie pour le rêve d'un fou. Ils auraient sûrement préféré une mission aux perspectives plus glorieuses, comme étouffer une révolte dans le désert de Nubie ou inspecter la charge des bateaux du Nil. Mais je soupçonne qu'en cherchant la trace de tous les livres comme les pièces dispersées d'un trésor, ils jetaient, sans le savoir, les fondements de notre monde.

I

LA GRÈCE IMAGINE L'AVENIR

La ville des plaisirs et des livres

1

La jeune épouse du marchand dort seule et s'ennuie. Cela fait dix mois que son mari a levé l'ancre de l'île méditerranéenne de Kos pour l'Égypte et, depuis, elle n'a pas reçu une seule lettre du pays du Nil. Elle a 17 ans, n'a pas encore mis d'enfant au monde, et elle ne supporte pas la monotonie de cette vie isolée dans le gynécée, à attendre qu'il se passe quelque chose, sans sortir de la maison pour éviter les commérages. Il n'y a pas grand-chose à faire. Tyranniser les esclaves paraissait amusant au début, mais cela ne suffit pas pour remplir les journées. C'est pourquoi elle aime recevoir la visite d'autres femmes. Peu importe qui frappe à la porte, elle a désespérément besoin de se distraire pour alléger le poids si lourd des heures.

Une esclave annonce l'arrivée de la vieille Gílide. L'épouse du marchand se promet un bon moment de divertissement : son ancienne nourrice a la langue bien pendue et dit des obscénités de manière hilarante.

Mamita Gílide ! Cela fait des mois que tu n'es pas venue chez moi.

Tu sais que je vis loin, ma fille, et je suis plus faible qu'une mouche.

Allons, allons, dit l'épouse du marchand, tu as encore assez de forces pour faire des câlins à plus d'un homme…

Moque-toi de moi ! Je ne peux pas rivaliser avec une jeunette comme toi.

Et, avec un sourire malicieux, accompagné d'habiles préambules, la vieille femme révèle la vraie raison de sa venue. Un jeune homme, fort et beau, deux fois vainqueur du prix de lutte aux Jeux olympiques, a remarqué l'épouse du marchand, meurt de désir pour elle et veut devenir son amant.

Ne te fâche pas et écoute sa proposition. L'aiguillon de la passion l'a piqué. Accorde-toi un peu de plaisir avec lui. Tu vas rester ici, le cul sur ta chaise ? demande Gílide, tentatrice. Avant même que tu t'en rendes compte, tu seras déjà vieille et les cendres auront avalé ta beauté.

Tais-toi…

Et que fait ton mari en Égypte ? Il ne t'écrit pas, t'a oubliée, et il a sûrement trempé ses lèvres dans un autre verre…

Pour vaincre la dernière résistance de la fille, Gílide décrit avec volubilité tout ce que l'Égypte, et surtout Alexandrie, offrent à l'époux lointain et ingrat : richesses, climat enchanteur, toujours chaud et sensuel, gymnases, spectacles, cohortes de philosophes, livres, or, vin, adolescentes et innombrables femmes séduisantes comme des étoiles brillant dans le ciel.

J'ai traduit librement le début d'une courte pièce

de théâtre grecque écrite au IIIe siècle av. J.-C. qui exhale un fort parfum de vie quotidienne. De petites œuvres comme celle-ci n'étaient probablement pas représentées, à l'exception de quelques lectures mises en scène. Humoristiques, parfois picaresques, elles ouvrent des fenêtres sur un monde marginal d'esclaves fouettés et de maîtres cruels, de proxénètes, de mères au bord de la crise de nerfs à cause de leurs enfants adolescents, ou de femmes sexuellement insatisfaites. Gílide est une des premières entremetteuses de l'histoire de la littérature, une maquerelle professionnelle qui connaît les secrets du métier et appuie, sans hésiter, sur le point faible de ses victimes : la peur universelle de vieillir. Cependant, malgré son talent cruel, Gílide échoue cette fois. Le dialogue s'achève par les railleries affectueuses de la jeune fille, qui reste fidèle à son mari absent ou, peut-être, ne veut pas courir les terribles risques d'un adultère. C'est bien entré dans ta caboche ? demande l'épouse du marchand à Gílide, tout en lui offrant une gorgée de vin pour la consoler.

En plus de son humour et de sa fraîcheur, ce texte est intéressant car il nous fait découvrir la vision que les gens ordinaires avaient d'Alexandrie à l'époque : la ville des plaisirs et des livres ; la capitale du sexe et des mots.

2

La légende d'Alexandrie n'a pas cessé de croître. Deux siècles après le dialogue entre Gílide et la jeune épouse soumise à la tentation, Alexandrie fut le théâtre d'un des plus grands mythes érotiques de tous les temps : l'histoire d'amour de Cléopâtre et Marc Antoine.

Rome, qui était alors devenue le centre du plus vaste empire de la Méditerranée, était encore un labyrinthe de rues tortueuses, obscures et boueuses quand Marc Antoine débarqua pour la première fois à Alexandrie. Soudain, il se vit transporté dans une ville enivrante, dont les palais, les temples, les vastes avenues et les monuments irradiaient la grandeur. Les Romains étaient sûrs de leur pouvoir militaire et se sentaient maîtres de l'avenir, mais ils ne pouvaient pas rivaliser avec le charme d'un passé doré et du luxe décadent. Avec un mélange d'excitation, d'orgueil et de calculs tactiques, le puissant général et la dernière reine d'Égypte établirent une alliance politique et sexuelle qui scandalisa les Romains traditionnels. Comble de la provocation, on disait que Marc Antoine allait transférer la capitale de l'empire de Rome à Alexandrie. Si le couple avait gagné la guerre pour le contrôle de l'Empire romain, aujourd'hui les touristes accourraient peut-être en masse en Égypte pour prendre en photo la Ville Éternelle, son Colisée et ses forums.

À l'image de sa ville, Cléopâtre incarne cette fusion particulière de culture et de sensualité alexandrines. Plutarque dit qu'en réalité la reine n'était pas d'une grande beauté. Les gens ne tombaient pas en pâmoison devant elle. En revanche, elle était pleine de séduction, d'intelligence et elle avait du bagout. Le timbre de sa voix possédait une telle douceur qu'il ensorcelait tous ceux qui l'entendaient. Et, poursuit l'historien, elle s'adaptait à n'importe quelle langue comme un instrument de musique à cordes. Elle était capable de parler sans interprète avec des Éthiopiens, des Hébreux, des Arabes, des Syriens, des Mèdes et des Parthes. Rusée, bien informée, elle gagna plusieurs batailles pour le pouvoir à l'intérieur et à l'extérieur de son pays, même si elle perdit le combat décisif. Son problème, c'est qu'on a seulement parlé d'elle depuis le camp ennemi.

Dans cette histoire tempétueuse, les livres jouent également un rôle important. Quand Marc Antoine se croyait sur le point de gouverner le monde, il voulut éblouir Cléopâtre avec un grand cadeau. Il savait que l'or, les bijoux ou les banquets n'arriveraient pas à allumer une lueur d'étonnement dans les yeux de son amante, habituée à en avoir autant qu'elle voulait tous les jours. Au cours d'une nuit très alcoolisée, dans un geste de provocation manifeste, elle avait dissous dans du vinaigre une perle d'une taille fabuleuse et l'avait bue. Pour cette raison, Marc Antoine choisit un cadeau que Cléopâtre ne pourrait pas repousser d'un air dédaigneux et déposa à ses pieds deux cent mille volumes pour la Grande Bibliothèque. À Alexandrie, les livres nourrissaient les passions.

Deux écrivains morts au XXe siècle sont devenus nos guides dans les coulisses de la ville, ajoutant des couches de patine au mythe d'Alexandrie. Constantin Cavafis était un obscur fonctionnaire grec qui travailla pour l'administration britannique en Égypte, aux services de l'irrigation du ministère des Travaux publics, sans jamais monter en grade. La nuit, il plongeait dans un monde cosmopolite de plaisirs et de mauvaise vie internationale. Il connaissait sur le bout des doigts le dédale des bordels alexandrins, unique refuge pour son homosexualité « interdite et sévèrement méprisée par tous », comme il l'écrivit lui-même. Cavafis était un lecteur passionné de classiques, et un poète à moitié clandestin.

Dans ses poèmes les plus connus revivent des personnes réelles et des personnages fictifs qui peuplaient Ithaque, Troie, Athènes ou Byzance. En apparence plus personnels, d'autres poèmes puisent, entre l'ironie et le déchirement, dans sa propre expérience de la maturité : la nostalgie de sa jeunesse, l'apprentissage du plaisir ou l'angoisse face au passage du temps. La différence thématique est en réalité artificielle. Le passé lu et imaginé bouleversait Cavafis autant que ses souvenirs. Quand il flânait dans Alexandrie, il sentait la ville absente palpiter sous la ville présente. Même si la Grande Bibliothèque avait disparu, ses échos, murmures et grondements vibraient toujours dans l'atmosphère. Pour Cavafis, cette grande communauté de fantômes rendait habitables les rues froides où rôdaient, solitaires et tourmentés, les vivants.

Les personnages du *Quatuor d'Alexandrie*, Justine, Mountolive et surtout Balthazar, qui prétend l'avoir connu, se remémorent constamment Cavafis, « le vieux poète de la ville ». Les quatre romans de Lawrence Durrell, un de ces Anglais asphyxiés par le puritanisme et le climat de son pays, amplifient à leur tour la résonance érotique et littéraire du mythe alexandrin. Durrell connut la ville dans les années troubles de la Seconde Guerre mondiale, quand l'Égypte, occupée par les troupes britanniques, était un nid d'espions, de conspirations et, comme toujours, de plaisirs. Nul n'a décrit avec plus de précision les couleurs et les sensations physiques qu'éveillait Alexandrie. Le silence écrasant et le haut ciel d'été. Les jours caniculaires. Le bleu lumineux de la mer, les jetées, la rive fauve. À l'intérieur, le lac Mariout, parfois aussi trouble qu'un mirage. Entre les eaux du port et le lac, d'innombrables rues où tourbillonnent la poussière, les mendiants et les mouches. Palmiers, hôtels de luxe, haschich, ivresse. L'air sec, électrique. Des crépuscules jaunes et violets. Cinq races, cinq langues, une douzaine de religions, cinq flottes reflétées dans l'eau huileuse. À Alexandrie, écrit Durrell, la chair s'éveille et sent les barreaux de la prison.

La Seconde Guerre mondiale rasa la ville. Dans le dernier roman du *Quatuor*, Clea décrit un paysage mélancolique. Les chars échoués sur les plages comme des squelettes de dinosaures, leurs immenses canons tels les arbres tombés d'une forêt pétrifiée, les Bédouins égarés parmi les mines explosives. La ville, qui fut toujours perverse, ressemble désormais à un immense urinoir public, conclut Lawrence Durrell qui ne retourna jamais à Alexandrie après 1952. Les communautés juive et grecque millénaires s'enfuirent après la guerre du canal de Suez. Fin d'une époque au Moyen-Orient. Les voyageurs qui reviennent d'Égypte aujourd'hui me racontent que la ville cosmopolite et sensuelle a émigré dans la mémoire des livres.

Alexandre : le monde ne suffit pas

3

Il n'existe pas qu'une seule Alexandrie. De nombreuses villes portant ce nom jalonnent la route d'Alexandre le Grand, de la Turquie à l'Indus. Les différentes langues ont défiguré le son d'origine, mais parfois on en distingue encore la mélodie lointaine. Alexandrette, Iskenderun en turc. Alexandrie de Carmanie, Kerman, en Iran. Alexandrie de Margiane, anciennement Merv, aujourd'hui Mary au Turkménistan. Alexandrie Eschate, qu'on pourrait traduire par Alexandrie du Bout du Monde, Khodjent, au Tadjikistan. Alexandrie Bucéphale, ville fondée en souvenir du cheval qui avait accompagné Alexandre depuis son enfance, devenue Jalalpur Jattan au Pakistan. La guerre d'Afghanistan nous a familiarisés avec d'autres anciennes Alexandries : Begrâm, Hérat, Kandahar.

Plutarque raconte qu'Alexandre fonda soixante-dix villes. Il voulait signaler son passage, comme ces enfants qui marquent leur nom sur les murs ou les portes des toilettes publiques (« Je suis venu ici. » « J'ai vaincu ici. »). L'atlas est l'immense mur sur lequel le conquérant ne cessa d'inscrire son souvenir.

L'élan qui poussait Alexandre, la raison de son énergie débordante, capable de le propulser dans une expédition de conquête de 25 000 kilomètres, était la soif de renommée et de reconnaissance. Il croyait profondément aux légendes des héros. Plus encore, il vivait et rivalisait avec eux. Il entretenait un lien obsessionnel avec le personnage d'Achille, le guerrier le plus puissant et redouté de la mythologie grecque. Il l'avait choisi enfant quand son maître, Aristote, lui avait enseigné les poèmes homériques, et il rêvait de lui ressembler. Il éprouvait l'admiration passionnée qu'ont les enfants de nos jours pour leurs idoles sportives. On raconte qu'Alexandre dormait toujours avec son exemplaire de l'*Iliade* et une dague sous son oreiller. L'image nous fait sourire, on pense au petit qui s'endort avec son album de vignettes ouvert sur son lit et rêve qu'il gagne un championnat sous les cris fervents du public.

La différence, c'est qu'Alexandre réalisa ses fantasmes les plus débridés. La liste de ses conquêtes, en seulement huit ans – Anatolie, Perse, Égypte, Asie centrale, Inde – le catapulte au sommet des exploits militaires. En comparaison, Achille, qui perdit la vie pendant le siège d'une seule ville qui dura dix ans, semble être un simple amateur.

L'Alexandrie d'Égypte est née, excusez du peu, d'un rêve littéraire, d'un murmure homérique. Alors qu'il dormait, Alexandre sentit approcher un vieil homme aux cheveux blancs. Arrivé à ses côtés, le mystérieux inconnu récita des vers de l'*Odyssée* qui parlent d'une île nommée Pharos, entourée par le ressac bruyant de la mer, en face de la côte égyptienne. L'île existait, située non loin de la plaine alluviale où le delta du Nil se confond avec les eaux de la Méditerranée. Alexandre, selon l'habitude de cette époque, crut que sa vision était un présage et fonda à cet endroit la ville prédestinée.

Le lieu lui parut beau. Là, le désert de sable touchait l'étendue d'eau, deux paysages solitaires, immenses, mouvants, sculptés par le vent. Lui-même dessina avec de la farine le tracé extérieur en forme de rectangle presque parfait, montrant où il faudrait construire la place publique, quels dieux devraient avoir un temple et par où passerait le périmètre des remparts. Avec le temps, la petite île de Pharos serait unie au delta par une longue digue et abriterait une des Sept Merveilles du monde.

Quand la construction commença, Alexandre continua son voyage, laissant sur place une petite population de Grecs, de Juifs et de bergers qui avaient longtemps vécu dans des villages des alentours. Les natifs égyptiens, selon la logique coloniale de tous les temps, furent intégrés comme des citoyens de rang inférieur.

Alexandre ne reverrait pas la ville. Moins de dix ans plus tard, ce fut son cadavre qui revint. Mais en 331 av. J.-C., quand il fonda Alexandrie, il avait 24 ans et se croyait invincible.

4

Il était jeune et implacable. Sur la route de l'Égypte, il avait vaincu deux fois de suite l'armée du roi des rois perse. Il s'empara de la Turquie et de la Syrie, déclarant qu'il les libérait du joug perse. Il conquit la Palestine et la Phénicie. Toutes les villes se rendirent sans résister, sauf deux : Tyr et Gaza. Quand elles tombèrent, après un siège de sept mois, le libérateur les soumit à un châtiment brutal. Les derniers survivants furent crucifiés le long de la côte – une rangée de deux mille corps agonisant au bord de la mer. Les femmes et les enfants furent vendus comme esclaves. À Gaza martyrisée, Alexandre donna l'ordre d'attacher le gouverneur à un char au galop jusqu'à ce que mort s'ensuive, comme le corps d'Hector dans l'*Iliade*. Il aimait sûrement l'idée qu'il vivait son propre poème épique et que, de temps à autre, il reproduisait un geste, un symbole, une cruauté légendaire.

À d'autres moments, il lui semblait plus héroïque de se montrer généreux envers les vaincus. Quand il captura la famille du roi perse Darius, il respecta les femmes et renonça à les garder comme otages. Il demanda qu'on les laisse vivre en paix dans leurs propres logements, avec leurs vêtements et leurs bijoux. Il leur permit également d'enterrer leurs morts tombés au combat.

Quand il entra dans le pavillon de Darius, il vit l'or, l'argent, l'albâtre, sentit le parfum odorant de la myrrhe et des arômes, admira les tapis décoratifs, les tables et les commodes, une abondance qu'il n'avait pas connue dans la petite province de sa Macédoine natale. Il fit le commentaire suivant à ses amis : « C'était cela, apparemment, régner. » On lui présenta un coffre, le plus beau et le plus exceptionnel des objets de Darius. « Que pourrait-on ranger là-dedans qui soit assez précieux ? », demanda-t-il à ses hommes. Chacun fit des suggestions : argent, bijoux, essences, épices, trophées de guerre. Alexandre secoua négativement la tête et, après un bref silence, ordonna de placer dans la boîte son exemplaire de l'*Iliade*, dont il ne se séparait jamais.

5

Il ne perdit jamais de bataille. Il affronta toujours, soldat parmi d'autres, sans privilèges, les souffrances des campagnes. À peine six ans après avoir succédé à son père comme roi de Macédoine, à 25 ans, il avait battu la plus grande armée de son époque et s'était emparé des trésors de l'Empire perse. Ce n'était pas assez pour lui. Il avança jusqu'à la mer Caspienne, traversa l'Afghanistan, le Turkménistan et l'Ouzbékistan, franchit les cols enneigés de l'Hindou Kouch, puis un désert de sables mouvants jusqu'à l'Oxus, aujourd'hui l'Amou-Daria. Il continua à travers des régions où aucun Grec n'avait pénétré avant lui (Samarcande et le Pendjab). Il n'obtenait plus de victoires éclatantes et se consumait dans une épuisante guérilla.

La langue grecque possède un mot pour décrire son obsession : *pothos*. C'est le désir de l'absent ou de l'inaccessible, un désir qui fait souffrir puisqu'il est impossible à assouvir. Il s'applique au désarroi des amoureux mal aimés, et aussi à l'angoisse du deuil, quand la personne morte nous manque de manière insupportable. Alexandre ne trouvait pas de repos dans sa quête pour échapper à l'ennui et à la médiocrité. Il n'avait pas encore 30 ans et commençait déjà à soupçonner que le monde ne serait pas assez grand pour lui. Que ferait-il le jour où il n'y aurait plus de territoires à conquérir ?

Aristote lui avait enseigné que l'extrémité de la Terre se trouvait de l'autre côté des montagnes de l'Hindou Kouch, et Alexandre voulait arriver aux confins de l'humanité. Cette idée l'attirait comme un aimant. Trouverait-il le grand Océan Extérieur dont lui avait parlé son maître ? Ou bien les eaux de la mer tomberaient-elles en cascade dans un abîme sans fond ? Ou encore le bout du monde serait-il invisible, une brume épaisse, un fondu au blanc ?

Mais les hommes d'Alexandre, malades et de mauvaise humeur sous les pluies saisonnières de la mousson, refusèrent d'aller plus loin en Inde. Ils avaient entendu parler d'un immense royaume indien inconnu au-delà du Gange. Le monde n'avait pas l'air de se terminer.

Un vétéran prit la parole au nom de tous : sous les ordres de leur jeune roi, ils avaient parcouru des milliers de kilomètres, massacrant sur leur route au moins sept cent cinquante mille Asiatiques. Ils avaient dû enterrer leurs meilleurs amis tombés au combat. Ils avaient supporté la faim, le froid glacial, la soif et les traversées du désert. Beaucoup étaient morts comme des chiens, sur le bord des routes, terrassés par des maladies inconnues ou horriblement mutilés. Les rares qui avaient survécu avaient perdu la vigueur de leur jeunesse. À présent, les chevaux boitaient, les jambes meurtries, et les chariots d'approvisionnement s'embourbaient dans les chemins détrempés par la mousson. Même les boucles des ceintures étaient rouillées, la nourriture pourrissait à cause de l'humidité. Cela faisait des années qu'ils portaient des chaussures trouées. Ils voulaient rentrer chez eux, caresser leurs femmes, serrer dans leurs bras leurs enfants qui les reconnaîtraient à peine. La terre où ils étaient nés leur manquait. Si Alexandre décidait de poursuivre son expédition, il ne fallait pas qu'il compte sur ses Macédoniens.

Alexandre se mit en colère et, comme Achille au début de l'*Iliade*, il se retira sous sa tente de campagne, menaçant. Une guerre psychologique commença. D'abord, les soldats gardèrent le silence, puis ils osèrent huer leur roi parce qu'il s'était énervé. Ils n'étaient pas disposés à se laisser humilier après lui avoir offert les plus belles années de leur vie.

La tension dura deux jours. Et la formidable armée fit demi-tour pour rentrer chez elle. Alexandre, finalement, perdit une bataille.

L'ami macédonien

6

Ptolémée fut le compagnon d'expédition et l'ami intime d'Alexandre. Par ses origines, il n'avait pas le moindre lien avec l'Égypte. Né dans une famille noble mais sans éclat en Macédoine, il ne pouvait pas imaginer qu'un jour il deviendrait pharaon du riche pays du Nil, où il mit les pieds pour la première fois à presque 40 ans, sans en connaître ni la langue, ni les coutumes, ni la complexe bureaucratie. Mais les conquêtes d'Alexandre et leurs considérables conséquences furent une de ces surprises historiques qu'aucun analyste n'avait prédit.

Les Macédoniens avaient beau être fiers, ils savaient que le reste du monde considérait leur pays comme atavique, tribal et insignifiant. À l'intérieur de la mosaïque des États grecs indépendants, il y avait bien entendu de nombreux échelons inférieurs au pedigree d'Athènes ou de Sparte. Les Macédoniens conservaient une monarchie traditionnelle alors que la plupart des cités-États de l'Hellade avaient expérimenté des formes de gouvernement plus sophistiquées. Pour couronner le tout, ils parlaient un dialecte difficile à comprendre pour les autres. Quand un de leurs rois voulut participer aux Jeux olympiques, on lui accorda l'autorisation après un scrutin minutieux. En d'autres mots, on les admettait à contre-cœur dans le cercle grec. Pour le reste du monde, ils n'existaient simplement pas. À cette époque, l'Orient était le centre de la civilisation, bien éclairé par l'Histoire ; et l'Occident, le territoire obscur et sauvage où vivaient les barbares. Sur l'atlas des perceptions et des préjugés géographiques, la Macédoine occupait la périphérie du monde civilisé. Peu d'Égyptiens, probablement, savaient situer sur une carte la patrie de leur futur roi.

Alexandre mit un terme à cette attitude méprisante. Il fut si puissant que tous les Grecs l'adoptèrent comme un des leurs. De fait, ils firent de lui un symbole national. Quand la Grèce fut soumise pendant des siècles à la domination turque ottomane, les Grecs tissèrent des légendes dans lesquelles le grand héros Alexandre revenait à la vie pour libérer leur patrie de l'oppression étrangère.

Napoléon Ier passa lui aussi sans réserve de Corse provincial à Français au fur et à mesure qu'il conquérait l'Europe : le triomphe est un passeport auquel personne ne voit d'objection.

Ptolémée fut toujours proche d'Alexandre. Écuyer du prince à la cour macédonienne, il l'accompagna au cours de sa fulgurante campagne de conquêtes, au sein du régiment exclusif de cavalerie des compagnons du roi, et fut l'un de ses gardes du corps de confiance. Après la mutinerie du Gange, il connut les épreuves du voyage de retour, qui dépassèrent les pires prévisions : à la malaria et à la dysenterie s'ajoutèrent les attaques de tigres, de serpents et d'insectes venimeux. Les peuples rebelles de la région de l'Indus assaillaient une armée épuisée par cette marche dans l'humide chaleur tropicale. L'hiver du retour, il ne restait plus que le quart des effectifs arrivés en Inde.

Après tant de victoires, de souffrances et de morts, le printemps 324 av. J.-C. fut doux-amer. Ptolémée et le reste des troupes profitaient d'un bref repos dans la ville de Suse, au sud-est de l'actuel Iran, quand l'imprévisible Alexandre décida de célébrer une fête grandiose qui, étonnamment, comprenait dans le programme des mariages pour lui et ses officiers. Au cours de festivités spectaculaires qui durèrent cinq jours, il maria quatre-vingts généraux et proches à des femmes, ou plus probablement des fillettes, de l'aristocratie perse. Lui-même ajouta à sa liste d'épouses – la polygamie était autorisée dans les coutumes macédoniennes – la fille aînée de Darius et une femme d'un puissant clan oriental. Dans un geste théâtral et très calculé, il étendit ses largesses à la troupe. Dix mille soldats reçurent une dot royale pour s'unir à des femmes orientales. Un effort pour encourager les mariages mixtes qui ne se reproduisit plus jamais à cette échelle. Dans la tête d'Alexandre bouillonnait l'idée d'un empire métis.

Ptolomée prit part aux noces collectives de Suse. Il lui échut la fille d'un riche satrape iranien. Comme la majorité des officiers, il aurait peut-être préféré une décoration pour services rendus et cinq jours de fête sans complications. En général, les hommes d'Alexandre n'avaient pas le moindre désir de fraterniser avec les Perses qu'ils massacraient encore il y a peu sur le champ de bataille, encore moins de se lier à eux. Dans le nouvel empire couvaient des tensions qui éclateraient bientôt entre les nationalismes et la fusion culturelle.

Alexandre n'eut pas le temps d'imposer sa vision. Il mourut au début du printemps suivant à Babylone, à 32 ans, consumé par la fièvre.

7

Tandis qu'il dicte ses mémoires à Alexandrie, un vieux Ptolémée, sous les traits d'Anthony Hopkins, avoue à son scribe le secret qui le hante et le tourmente : la mort d'Alexandre n'était pas naturelle. C'est lui, avec l'aide d'autres officiers, qui l'a empoisonné. Le film d'Oliver Stone – *Alexander* (*Alexandre* en version française), 2004 – fait de Ptolémée un homme obscur, un Macbeth grec, d'abord guerrier loyal aux ordres d'Alexandre, puis son meurtrier. À la fin du long-métrage, le personnage tombe le masque et dévoile un visage sombre. Est-il possible que les choses se soient passées ainsi ? Ou faut-il penser qu'Oliver Stone se permet ici un clin d'œil, comme dans *JFK*, aux théories conspirationnistes et à la fascination populaire pour les leaders assassinés ?

Sans doute les officiers macédoniens d'Alexandre débordaient-ils en 323 av. J.-C. de colère et de ressentiment. La plupart des soldats de leur armée étaient alors iraniens ou indiens. Alexandre permettait l'intégration de barbares y compris dans les régiments d'élite, anoblissant même certains d'entre eux. Obsédé par l'exaltation homérique du courage, il prétendait recruter les meilleurs, indépendamment de leur origine ethnique. Ses anciens compagnons d'armes trouvaient cette politique offensive et détestable. Mais était-ce un motif suffisant pour briser une loyauté profonde et courir l'énorme danger qu'impliquait le meurtre de leur roi ?

On ne saura jamais avec certitude si Alexandre fut assassiné ou s'il mourut d'une maladie infectieuse (comme la malaria ou une simple grippe) à laquelle son corps exsangue, gravement blessé à neuf reprises pendant ses campagnes et soumis à des efforts surhumains, ne résista pas. À l'époque, sa mort soudaine devint une arme utilisée à des fins politiques que les successeurs du roi brandirent sans scrupules dans leur combat pour le pouvoir, s'accusant les uns les autres du supposé assassinat. La rumeur de l'empoisonnement s'étendit rapidement. C'était la version des faits la plus frappante et dramatique. Parmi cet enchevêtrement de pamphlets, d'accusations et d'intérêts successoraux, les historiens ne peuvent pas résoudre l'énigme, mais seulement évaluer le pour et le contre de chaque hypothèse.

La figure de Ptolémée, ami fidèle ou peut-être traître, reste entachée d'une zone d'ombre.

8

Frodon et Sam, les deux hobbits, sont arrivés aux sinistres escaliers de Cirith Ungol, dans les montagnes occidentales du Mordor. Pour surmonter leur peur, ils évoquent leur incroyable vie d'aventures. Tout se passe juste avant l'abrupte fin des *Deux Tours*, la deuxième partie du *Seigneur des Anneaux* de J. R. R. Tolkien. Samsagace, dont les plus grands plaisirs au monde sont un bon repas et une grande histoire, dit : « Je me demande si un jour nous figurerons dans les chansons et les légendes. Nous sommes plongés dans l'une d'elles, bien entendu ; mais je veux dire, la traduira-t-on en mots pour la raconter près du feu ou pour la lire dans un gros livre avec des lettres rouges et noires, dans très, très longtemps ? Et les gens diront-ils : oui, c'est une de mes histoires préférées ? »

Tel était le rêve d'Alexandre : posséder sa propre légende, entrer dans les livres pour rester dans la mémoire. Et il y parvint. Sa courte vie est un mythe en Orient et en Occident, le Coran et la Bible s'en font l'écho. À Alexandrie, pendant les siècles qui suivirent sa mort, un récit fantastique de ses voyages et aventures fut tissé, écrit en grec, puis traduit en latin, en syriaque et dans des dizaines d'autres langues. On le connaît sous le nom de *Roman d'Alexandre*, et il arrivé jusqu'à nous avec différentes variantes et lacunes. Certains chercheurs pensent qu'en dehors de quelques textes religieux, ce livre délirant et fantaisiste fut le plus lu du monde prémoderne.

Au IIe siècle, les Romains ajoutèrent à son nom le surnom de « le Grand ». En revanche, les partisans de Zoroastre l'appelaient Alexandre le Maudit. Ils ne lui pardonnèrent jamais d'avoir mis le feu au palais de Persépolis, où brûla la bibliothèque du roi. Là fut détruit, entre autres, le livre sacré des zoroastriens, l'*Avesta*, que les fidèles durent réécrire de mémoire.

Les ambigüités et les contradictions d'Alexandre se reflètent déjà chez les historiens de l'Antiquité, qui présentent une galerie de portraits différents. Arrien est fasciné, Quinte-Curce découvre des zones d'ombre, Plutarque ne peut résister à une anecdote émouvante, obscure ou lumineuse. Tous fantasment. Ils laissent la biographie d'Alexandre glisser vers la fiction, cédant à leurs instincts d'écrivains qui flairent une grande histoire. Un voyageur et géographe de l'époque romaine a dit avec ironie que ceux qui écrivent sur Alexandre préfèrent toujours le merveilleux à la vérité.

La vision des historiens contemporains dépend de leur degré d'idéalisme et de l'époque à laquelle ils écrivent. Au début du XXe siècle, les héros jouissent encore d'une bonne image ; après la Seconde Guerre mondiale, l'Holocauste, la bombe atomique et la décolonisation, nous sommes devenus plus sceptiques. À présent, certains auteurs allongent Alexandre sur le divan et diagnostiquent chez lui une mégalomanie furieuse, une cruauté et une indifférence à l'égard de ses victimes. Quelques-uns l'ont comparé à Adolf Hitler. Le débat continue, nuancé par des sensibilités nouvelles.

Je suis surprise et fascinée que la culture populaire ne l'abandonne pas comme un fossile d'un autre temps. Dans les endroits les plus inattendus, je suis tombée sur des inconditionnels d'Alexandre capables d'esquisser sur une serviette en papier un schéma rapide des mouvements de troupes de ses grandes batailles. La musique de son nom résonne toujours. Caetano Veloso lui dédie « Alexandre » dans son disque *Livro*, tandis qu'une des chansons les plus célèbres des Britanniques Iron Maiden s'intitule « Alexander the Great ». La ferveur pour ce morceau de *heavy metal* est presque sacrée. Le groupe de Leyton ne l'interprète jamais en direct, et parmi les fans circule la rumeur qu'ils le joueront seulement lors de leur dernier concert. Dans pratiquement le monde entier, on continue de porter le prénom Alexandre – ou Sikander, dans sa version arabe – en mémoire du guerrier. Chaque année, on imprime son effigie sur des millions de produits dont l'authentique Alexandre ne saurait même pas se servir, comme des tee-shirts, des cravates, des coques de téléphones ou des jeux vidéo.

Alexandre, le chasseur d'immortalité, a engendré la légende dont il rêvait. Cependant, si on me demandait – comme disait Tolkien – quelle est mon histoire préférée à raconter près du feu, je ne choisirais pas ses victoires ni ses voyages, mais l'extraordinaire aventure de la Bibliothèque d'Alexandrie.

9

« Le roi est mort », nota sur sa tablette astrologique un scribe babylonien. Par chance, ce document est arrivé presque intact jusqu'à nous. C'était le 10 juin 323 av. J.-C., et il n'était pas nécessaire de lire dans le tracé des étoiles pour deviner que des temps dangereux commençaient. Alexandre laissait deux héritiers fragiles : un demi-frère que tout le monde considérait comme à moitié idiot, et un fils pas encore né dans le ventre de Roxane, une de ses trois épouses. Le scribe babylonien, versé en histoire et au fait des mécanismes de la monarchie, réfléchit peut-être, en cette après-midi chargée d'augures, au chaos des successions qui engendrent des guerres troubles et cruelles. C'était ce que beaucoup redoutaient alors, et ce fut exactement ce qui se produisit.

La moisson de sang ne tarda pas. Roxane assassina les deux autres veuves d'Alexandre, pour être sûre que son fils n'aurait pas de rivaux. Les généraux macédoniens les plus puissants se déclarèrent la guerre les uns les autres. Au fil des ans, dans un carnage méthodique, ils tueraient tous les membres de la famille royale : le demi-frère idiot, la mère d'Alexandre, sa femme Roxane et son fils, qui n'atteignit pas 12 ans. Pendant ce temps, l'empire se désintégrait. Séleucos, un des officiers d'Alexandre, vendit les territoires conquis en Inde à un chef local au prix incroyable de cinq cents éléphants de guerre qu'il utilisa pour continuer de se battre contre ses adversaires macédoniens. Des armées de mercenaires se donnèrent pendant des décennies au plus offrant. Après des années de combats, de férocité, de vengeances et d'innombrables vies fauchées, il ne resta que trois seigneurs de la guerre : Séleucos, en Asie ; Antigone le Borgne, en Macédoine ; et Ptolémée, en Égypte. Parmi eux, Ptolémée fut le seul à ne pas mourir de mort violente.

Ptolémée s'installa en Égypte, où il passa le reste de sa vie. Durant des décennies, il se battit comme un lion contre ses anciens compagnons pour se maintenir sur le trône. Et, dans les moments de répit que lui laissaient les guerres civiles entre Macédoniens, il tentait de connaître l'immense pays qu'il gouvernait. Tout était stupéfiant : les pyramides ; les ibis ; les tempêtes de sable ; les vagues de dunes ; le galop des chameaux ; les étranges dieux à tête d'animal ; les eunuques ; les perruques et les crânes rasés ; les marées humaines pendant les jours de fête ; les chats sacrés, qu'il était interdit de tuer ; les hiéroglyphes ; le cérémonial du palais ; les temples à l'échelle surhumaine ; l'énorme pouvoir des prêtres ; le Nil, noir et boueux, rampant à travers son delta en direction de la mer ; les crocodiles ; les plaines où les abondantes récoltes se nourrissent des os des morts ; la bière ; les hippopotames ; le désert, où rien ne dure sauf le temps destructeur ; l'embaumement ; les momies ; la vie ritualisée ; l'amour du passé ; le culte des morts.

Ptolémée dut se sentir désorienté, perdu, isolé. Il ne parlait pas la langue égyptienne, était maladroit pendant les cérémonies et soupçonnait les courtisans de se moquer de lui. Toutefois, il avait appris d'Alexandre à se comporter sans complexe. Si tu ne parviens pas à comprendre les symboles, inventes-en d'autres. Si l'Égypte te défie avec son ancienneté fabuleuse, transfère la capitale à Alexandrie – la seule ville sans passé – et fais-en le centre le plus important de toute la Méditerranée. Si tes sujets se méfient des nouveautés, débrouille-toi pour que toute l'audace de la pensée et de la science convergent sur leur territoire.

Ptolémée consacra de grandes fortunes à la construction du Musée et de la Bibliothèque d'Alexandrie.

Équilibrisme au bord de l'abîme : la Bibliothèque et le Musée d'Alexandrie

10

Malgré l'absence de preuve, je me permets d'imaginer que l'idée de bâtir une bibliothèque universelle est née dans le cerveau d'Alexandre. Le projet est à la taille de son ambition, il porte l'empreinte de son désir d'absolu. « Je considère que la Terre est à moi », proclama Alexandre dans l'un des premiers décrets qu'il promulgua. Réunir tous les livres existants est une autre façon – symbolique, mentale, pacifique – de posséder le monde.

La passion du collectionneur de livres ressemble à celle du voyageur. Toute bibliothèque est un voyage ; tout livre est un passeport sans date de péremption. Alexandre a parcouru les routes d'Afrique et d'Asie sans se séparer de son exemplaire de l'*Iliade*, qu'il consultait, d'après les historiens, pour y glaner des conseils ou pour nourrir sa soif de grandeur. La lecture, comme une boussole, lui ouvrait les chemins de l'inconnu.

Dans un monde chaotique, acquérir des livres est un acte d'équilibrisme au bord de l'abîme. C'est à cette conclusion qu'arrive Walter Benjamin dans son splendide essai intitulé *Je déballe ma bibliothèque*. « Renouveler le vieux monde : tel est le plus profond désir du collectionneur quand il est poussé à acquérir de nouvelles choses », écrit-il. La Bibliothèque d'Alexandrie fut une encyclopédie magique qui rassembla le savoir et les fictions de l'Antiquité pour empêcher leur dispersion et leur perte. Mais elle fut aussi conçue comme un espace nouveau, d'où partiraient les routes vers le futur.

Les bibliothèques antérieures étaient privées et spécialisées dans les matières utiles à leurs propriétaires. Même celles appartenant à des écoles ou à de vastes groupes professionnels n'étaient qu'un instrument au service de leurs besoins particuliers. La bibliothèque qui auparavant lui ressembla le plus – celle d'Assurbanipal à Ninive, au nord de l'Irak – était destinée à l'usage du roi. La Bibliothèque d'Alexandrie, éclectique et extrêmement complète, comprenait des livres sur tous les sujets, écrits dans tous les coins du monde connu. Ses portes étaient ouvertes à toutes les personnes avides de savoir ; aux étudiants de n'importe quelle nationalité et à quiconque ayant des aspirations littéraires éprouvées. Ce fut la première bibliothèque de son genre et la seule qui faillit posséder tous les livres alors existants.

Par ailleurs, elle se rapprocha de l'idéal métis de l'empire rêvé par Alexandre. Le jeune roi, qui se maria avec trois femmes étrangères et eut des enfants à moitié barbares, prévoyait, selon l'historien Diodore, de transférer la population européenne en Asie, et inversement, afin de construire une communauté d'amitié et de liens familiers entre les deux continents. Sa mort subite l'empêcha de réaliser ce projet de déportations, curieux mélange de violence et de désir de fraternité.

La Bibliothèque s'ouvrit au vaste monde extérieur.

Incluant les œuvres les plus importantes d'autres langues, traduites en grec. Un commentateur byzantin écrivit sur cette période : « On recruta des savants de chaque peuple, lesquels, en plus de dominer leur propre langue, connaissaient à merveille le grec ; on confia à chaque groupe leurs textes respectifs et, de cette manière, on prépara une traduction de tous. » C'est ainsi que fut réalisée la version grecque connue de la Torah juive : la Septante. Des siècles plus tard, on se souvenait encore, comme d'une entreprise mémorable, de la traduction des textes iraniens attribués à Zoroastre, de plus de deux millions de vers. Un prêtre égyptien appelé Manéthon composa pour la Bibliothèque une liste des dynasties pharaoniques et de leurs exploits depuis les temps mythiques jusqu'à la conquête d'Alexandre. Pour écrire ce recueil de l'histoire égyptienne en langue grecque, il chercha, consulta et récupéra des documents originaux conservés dans des dizaines de temples. Un autre prêtre bilingue, Bérose, spécialiste de la littérature cunéiforme, transcrivit en grec les traditions babyloniennes. Et, bien entendu, il y avait aussi dans la Bibliothèque un traité sur l'Inde que rédigea, en se basant sur des sources locales, un ambassadeur grec à la cour de Pataliputra, ville au nord-est de l'Inde, située sur les rives du Gange. Jamais auparavant un travail de traduction d'une telle envergure n'avait été entrepris.

La Bibliothèque réalisa la meilleure partie du rêve d'Alexandre : son universalité, sa soif de connaissance, son singulier désir de fusion. Dans les rayons de livres d'Alexandrie les frontières furent abolies, et à cet endroit cohabitèrent, enfin tranquilles, les mots des

Grecs, des Juifs, des Égyptiens, des Iraniens et des Indiens. Ce territoire mental fut peut-être l'unique espace hospitalier pour eux tous.

11

Borges aussi était hanté par l'idée d'embrasser la totalité des livres. Sa nouvelle *La Bibliothèque de Babel* nous fait pénétrer dans une bibliothèque prodigieuse, le labyrinthe complet de tous les rêves et mots. Cependant, on perçoit immédiatement que le lieu est inquiétant, on réalise combien nos fantasmes se teintent de cauchemars, transformés en oracle des peurs contemporaines.

L'univers (que certains appellent la Bibliothèque), dit Borges, est une sorte de ruche monstrueuse qui existe depuis toujours. Il se compose d'interminables galeries hexagonales identiques qui communiquent entre elles par des escaliers en colimaçon. Dans chaque hexagone on trouve des lampes, des rayonnages et des livres. À droite et à gauche du palier il y a deux cabines, l'une sert à dormir debout, l'autre est un urinoir. Tous les besoins sont réduits à cela : lumière, lecture, latrines. Dans les couloirs, vivent d'étranges employés que le narrateur, l'un d'eux, définit comme des bibliothécaires imparfaits. Chacun est responsable d'un nombre précis de galeries de l'infini circuit géométrique.

Les livres de la Bibliothèque contiennent toutes les combinaisons possibles de vingt-trois lettres et deux signes de ponctuation, c'est-à-dire tout ce qu'on peut imaginer et exprimer dans toutes les langues, vivantes ou mortes. Par conséquent, nous dit le narrateur, quelque part dans les rayonnages se trouve le récit de votre mort. Et l'histoire minutieusement détaillée de l'avenir. Et les autobiographies des anges. Et le véritable catalogue de la Bibliothèque, ainsi que des milliers et des milliers de faux catalogues. Les habitants de la ruche ont les mêmes limites que nous : ils maîtrisent à peine quelques langues, et le temps de leur vie est bref. C'est pourquoi les probabilités que quelqu'un trouve dans l'immensité des tunnels le livre qu'il cherche, ou simplement un livre compréhensible pour lui, sont statistiquement très faibles.

Tel est le grand paradoxe. À travers les hexagones de la ruche déambulent des chercheurs de livres, des mystiques, des fanatiques destructeurs, des bibliothécaires suicidaires, des pèlerins, des idolâtres et des fous. Mais personne ne lit. Parmi l'épuisante surabondance de pages aléatoires, le plaisir de la lecture s'éteint. Toutes les énergies se consument dans la recherche et le déchiffrage.

On peut le voir simplement comme un récit ironique tissé à partir de mythes bibliques et bibliophiles qui parcourent des architectures inspirées par les *Prisons imaginaires* de Piranèse ou l'escalier infini de Penrose. Cependant, *La Bibliothèque de Babel* nous fascine, lecteurs d'aujourd'hui, comme l'allégorie prophétique du monde virtuel, de la démesure d'Internet, ce gigantesque réseau d'informations et de textes, filtré par les algorithmes des chercheurs, où nous nous égarons, tels des fantômes dans un labyrinthe.

En un étonnant anachronisme, Borges prédit le

monde actuel. La nouvelle contient, c'est vrai, une intuition contemporaine : le réseau électronique, ce concept qu'on appelle aujourd'hui Web, est une réplique du fonctionnement des bibliothèques. Aux origines d'Internet palpitait le rêve d'encourager une conversation mondiale. Il fallait créer des itinéraires, des avenues, des routes aériennes pour les mots. Chaque texte avait besoin d'une référence – un lien –, grâce auquel le lecteur pourrait le trouver depuis n'importe quel ordinateur dans n'importe quel coin du monde. Timothy John Berners-Lee, le scientifique responsable des concepts qui structurent le Web, chercha de l'inspiration dans l'espace ordonné et pratique des bibliothèques publiques. Imitant leurs mécanismes, il attribua à chaque document virtuel une adresse unique qui permettait d'avoir accès à celui-ci depuis un autre ordinateur. Ce traceur universel – URL en langage informatique – est l'équivalent exact de la cote d'une bibliothèque. Ensuite, Berners-Lee mit au point le protocole de transfert d'hypertexte – plus connu sous le sigle http –, qui agit comme les fiches qu'on remplit pour demander au bibliothécaire de chercher le livre désiré. Internet est une émanation – multipliée, vaste et éthérée – des bibliothèques.

Entrer dans la Bibliothèque d'Alexandrie devait ressembler à ce que j'ai ressenti quand j'ai surfé sur Internet pour la première fois : surprise, vertige des espaces immenses. J'imagine un voyageur qui débarque dans le port d'Alexandrie et presse le pas vers cette citadelle de livres, quelqu'un qui me ressemble par son appétit de lecture, envahi, presque aveuglé par les émouvantes possibilités de l'abondance qu'il commence à distinguer dès le seuil de la Bibliothèque. Chacun, à notre époque, penserait la même chose : nulle part n'avaient existé autant d'information réunie, autant de connaissance possible, autant de récits à travers lesquels faire l'expérience de la peur et du plaisir de vivre.

12

Revenons en arrière. Au temps où la bibliothèque n'existe pas encore. Les discours de Ptolémée sur la grande capitale grecque en Égypte se heurtaient à une réalité crasse. Deux décennies après sa fondation, Alexandrie était une petite ville en construction, peuplée de soldats et de marins, d'un groupe restreint de bureaucrates en lutte contre le chaos, et d'une faune particulière de marchands rusés, de délinquants, d'aventuriers et d'escrocs beaux parleurs qui cherchaient une opportunité en terre vierge. Les rues droites, tracées par un architecte grec, étaient sales et empestaient. Les esclaves avaient le dos strié de coups de fouet. C'était une ambiance de *western*, de violence, d'énergie et de prédation. Le *khamsin*, ce vent mortel du sud qui, des siècles plus tard, tourmenterait les troupes de Napoléon Ier et de Rommel, brûlait la ville dès l'arrivée du printemps. Au loin, les tempêtes de *khamsin* paraissaient des taches sanglantes dans le ciel. Puis l'obscurité ensevelissait tout et le sable commençait son invasion, soulevant des murs de poussière suffocants et aveuglants qui entraient dans les fentes des maisons, asséchaient la gorge et le nez, piquaient les yeux, provoquaient folie, désespoir et crimes, et allaient mourir dans la mer après des heures de trombe agressive, en un rugissement d'air poisseux.

Ptolémée décida qu'il s'installerait précisément à cet endroit, avec toute sa cour, et attirerait les meilleurs scientifiques et écrivains de l'époque dans cette lande au bord du néant.

Des travaux frénétiques débutèrent. Il fit construire un canal pour unir le Nil au lac Mariout et à la mer. Il dessina un port grandiose. Et il ordonna d'élever un palais à côté de la mer, protégé par une digue, une énorme forteresse où se retrancher en cas de siège, une petite cité interdite à laquelle très peu de personnes auraient accès, le foyer du roi inattendu dans sa ville improbable.

Pour réaliser ses rêves, il dépensa beaucoup, beaucoup d'argent. Ptolémée n'avait pas pris la part la plus grande de l'empire d'Alexandre, mais la plus juteuse. L'Égypte était synonyme de richesse. Sur les rives fertiles du Nil poussaient de fabuleuses quantités de céréales, marchandise qui permettait à cette époque de dominer les marchés comme aujourd'hui le pétrole. Par ailleurs, l'Égypte exportait le matériau alors le plus utilisé pour écrire : le papyrus.

Le roseau de papyrus plonge ses racines dans les eaux du Nil. Il est aussi gros que le bras d'un homme et mesure entre 3 et 6 mètres de haut. Avec ses fibres flexibles, les petites gens fabriquaient des cordes, des nattes, des sandales et des paniers. Les récits anciens le rappellent : la corbeille, enduite de bitume et de poix, dans laquelle sa mère abandonna le petit Moïse sur les rives du Nil, était en papyrus. Au troisième millénaire av. J.-C., les Égyptiens découvrirent qu'avec ces roseaux on pouvait fabriquer des feuilles pour écrire, et au premier millénaire, ils avaient déjà transmis leur trouvaille aux peuples du Proche-Orient. Pendant des siècles, les Hébreux, les Grecs, puis les Romains inscrivirent leur littérature sur des rouleaux de papyrus. À mesure que les sociétés méditerranéennes s'alphabétisaient et devenaient plus complexes, elles avaient besoin de plus en plus de papyrus, et les prix montaient avec la demande. La plante était très rare en dehors de l'Égypte et, comme le coltan de nos smartphones, elle devint un bien stratégique. Un puissant marché, qui distribuait le papyrus sur des routes commerciales à travers l'Afrique, l'Asie et l'Europe, se développa. Les rois d'Égypte s'approprièrent le monopole de la manufacture et du commerce des feuilles ; les spécialistes de la langue égyptienne pensent que le mot « papyrus » possède la même racine que « pharaon ».

Imaginons une matinée de travail dans les ateliers du pharaon. Un groupe d'ouvriers du roi arrive à l'aube sur les rives du fleuve pour faucher les roseaux, et le susurrement de leurs pas réveille les oiseaux endormis, qui s'envolent de la roselière. Les hommes travaillent à la fraîche et, à midi, ils viennent déposer dans l'atelier de grandes brassées de roseaux. Avec des mouvements précis, ils écorcent et coupent la tige triangulaire en minces lamelles d'environ 30 à 40 centimètres de long. Ils placent sur une planche plate la première couche de lamelles verticales, puis une autre couche de fibres horizontales, perpendiculaire à la première. Ils écrasent au moyen d'un pilon en bois les deux couches superposées pour que la sève secrétée agisse comme une colle naturelle. Ils lissent la surface des feuilles en l'ébarbant avec une pierre ponce ou des coquilles. Enfin, ils collent ces pièces de papyrus à la suite les unes des autres, par les extrémités, avec une pâte de farine et d'eau, pour former un rouleau. Généralement, on unit une vingtaine de feuilles et on polit avec attention les jointures pour obtenir une surface lisse sur laquelle la plume du scribe n'accrochera pas. Les marchands ne vendent pas de feuilles à l'unité, mais des rouleaux. Celui qui veut écrire une lettre ou un document court coupera le morceau dont il a besoin. Les rouleaux mesurent entre 13 et 30 centimètres de haut, et leur longueur oscille habituellement entre 3,2 et 3,6 mètres. Mais leur taille est aussi variable que le nombre de pages de nos livres. Ainsi, par exemple, le plus long rouleau de la collection égyptienne du British Museum, le papyrus Harris, mesurait à l'origine 42 mètres.

Le rouleau de papyrus représenta une fantastique avancée. Après des siècles de recherche de supports et d'écriture humaine sur de la pierre, de l'argile, du bois ou du métal, le langage découvrit finalement son foyer dans la matière vive. Le premier livre de l'Histoire est né quand les mots, à peine des bulles d'air, trouvèrent refuge dans la moelle d'une plante aquatique. Face à ses ancêtres inertes et rigides, le livre fut dès le départ un objet flexible, léger, prêt pour le voyage et l'aventure.

Des rouleaux de papyrus contenant de longs textes manuscrits tracés au calame et à l'encre : voilà à quoi ressemblent les livres qui commencent à arriver dans la toute nouvelle Bibliothèque d'Alexandrie.

13

Les généraux d'Alexandre restèrent hantés par lui après sa mort. Ils se mirent à imiter ses gestes, sa tenue, le casque qu'il arborait toujours, sa façon de pencher la tête. Ils continuaient de célébrer des banquets comme il aimait le faire, et reproduisaient son image sur les monnaies qu'ils frappaient. Un des compagnons du roi laissa pousser ses cheveux ondulés qu'il portait lâchés, pour lui ressembler. Le commandant Eumène affirmait qu'Alexandre lui apparaissait en rêve et lui parlait. Ptolémée fit courir le bruit qu'il était le demi-frère d'Alexandre par son père. À diverses occasions, plusieurs héritiers rivaux acceptèrent de se réunir sous une tente de campagne présidée par le trône vide et le sceptre du défunt roi ; dans leurs délibérations, ils eurent la sensation que l'absent continuait de les guider.

Tous regrettaient Alexandre et honoraient sa mémoire mais, dans le même temps, ils s'employaient à démembrer l'empire mondial qu'il leur avait légué, à liquider les uns après les autres les membres les plus proches de sa famille et à trahir les serments qui les avaient unis. Oscar Wilde pensait à ce genre d'amours quand il écrivit, dans *La Ballade de la geôle de Reading* : « Tout homme tue ce qu'il aime. » Dans la bataille pour la mémoire d'Alexandre, Ptolémée prit l'avantage avec astuce. Un de ses coups les plus brillants consista à s'emparer du cadavre du jeune roi. Il avait compris mieux que personne l'inestimable valeur symbolique de la dépouille mortelle.

À l'automne de l'an 322 av. J.-C., un cortège partit de Babylone en direction de la Macédoine pour enterrer Alexandre dans son pays natal. Le corps, embaumé avec du miel et des épices, était à l'intérieur d'un cercueil en or, sur un char funèbre que les sources décrivent comme un déploiement *kitsch* mais émouvant de baldaquins, rideaux pourpres, pompons, sculptures dorées, broderies et couronnes. Ptolémée était devenu ami de l'officier en tête du cortège. Avec l'aide de ce complice, il s'arrangea pour que le convoi fasse un détour par Damas. Il vint alors à sa rencontre avec une grande armée et enleva le cercueil. Quand il apprit la nouvelle, le commandant Perdiccas, qui avait préparé la tombe royale en Macédoine, grinça des dents et lança une attaque contre l'Égypte, mais il finit exécuté par ses propres hommes au terme d'une campagne désastreuse. Ptolémée gagna la partie. Il transféra le cadavre à Alexandrie et l'exposa dans un mausolée ouvert au public qui, comme celui de Lénine sur la Place Rouge à Moscou, devint une grande attraction et un centre de tourisme nécrophile. C'est là qu'Auguste, le premier empereur romain, vit le corps, demanda à le toucher et disposa une guirlande sur le couvercle en verre du sarcophage. Selon les mauvaises langues, il lui brisa accidentellement le nez en l'embrassant – embrasser une momie n'est pas sans risques. Le sarcophage fut détruit au cours d'une des grandes révoltes populaires qui ébranlèrent Alexandrie et, malgré les rumeurs, les archéologues ne sont pas parvenus à trouver la trace de sa tombe. Certains pensent que le cadavre eut une fin digne du cosmopolisme d'Alexandre : coupé en morceaux et transformé en milliers d'amulettes disséminées à travers le vaste monde qu'il conquit autrefois.

Quand Auguste rendit hommage à Alexandre dans son mausolée, on raconte qu'on lui demanda s'il désirait également voir le tombeau des Ptolémées. « Je suis venu voir un roi, pas des morts », répondit-il. Ces paroles résument le drame des Diadoques, les successeurs d'Alexandre – tout le monde les considère comme une bande de médiocres suppléants, un gris appendice de la légende. Il leur manquait la légitimité du charme, et c'est seulement en s'associant à un mort qu'ils pouvaient inspirer un authentique respect. Pour cette raison, ils se déguisaient en Alexandre de toutes les manières possibles, désirant être pris pour lui, comme de nos jours les consciencieux imitateurs d'Elvis.

Dans ce jeu des ressemblances, le roi Ptolémée voulut qu'Aristote soit le précepteur de ses enfants comme il avait été celui d'Alexandre. Mais le philosophe était mort en l'an 322 av. J.-C., quelques mois à peine après son illustre élève. Un peu déçu de devoir mettre la barre plus bas, Ptolémée envoya ses messagers à l'école d'Aristote à Athènes, le Lycée, afin d'offrir un travail à Alexandrie, généreusement rémunéré, aux plus éminents savants du moment. Deux d'entre eux acceptèrent la proposition ; le premier s'occuperait de l'éducation des princes ; le second se chargerait de l'organisation de la Grande Bibliothèque.

Le nouveau responsable de l'acquisition et du classement des livres s'appelait Démétrios de Phalère. C'est lui qui inventa le métier, jusque-là inexistant, de bibliothécaire. Sa jeunesse l'avait préparé aux tâches intellectuelles et au commandement. Il fut étudiant du Lycée puis, pendant une décennie, entra dans le tourbillon de la politique. À Athènes, il avait connu la première bibliothèque organisée selon un système rationnel : la collection d'Aristote lui-même, surnommé « le lecteur ». En plus de deux cents traités, Aristote chercha la structure du monde et la divisa en plusieurs matières (physique, biologie, astronomie, logique, éthique, esthétique, rhétorique, politique, métaphysique). Là, parmi les rayonnages de son maître et la quiétude de ses classifications, Démétrios comprit sans doute que posséder des livres est un exercice d'équilibrisme sur une corde lâche. Un effort pour unir les morceaux dispersés de l'univers dans le but de former un ensemble doté de sens. Une architecture harmonieuse face au chaos. Une sculpture de sable. La tanière où nous protégeons tout ce que nous craignons d'oublier. La mémoire du monde. Une digue contre le tsunami du temps.

Démétrios transplanta en Égypte le modèle de pensée aristotélicienne qui, à cette époque, était à l'avant-garde de la science occidentale. On disait qu'Aristote avait appris aux Alexandrins à organiser une bibliothèque. La phrase ne peut pas être interprétée littéralement, car le philosophe ne vint jamais au pays du Nil. Son influence arriva par des voies indirectes, à travers son remarquable élève, qui débarqua dans la jeune ville, fuyant les soubresauts de la politique. Cependant, malgré ses bonnes intentions, Démétrios succomba aux intrigues de la cour de Ptolémée. Il conspira, tomba en disgrâce et fut arrêté. Mais son passage à Alexandrie laissa des traces durables. Grâce à lui, un fantôme protecteur s'installa dans la Bibliothèque, celui d'Aristote, le passionné des livres.

14

Régulièrement, Démétrios devait envoyer à Ptolémée un rapport sur l'avancée de son travail, qui commençait ainsi : « Au grand roi, de la part de Démétrios. Obéissant à son ordre d'ajouter à la collection de la Bibliothèque, pour la compléter, les livres qui manquent encore, et de restaurer convenablement ceux qui ont été maltraités par les hasards du sort, j'ai porté une grande attention à ma tâche dont je vous rends compte à présent. » Et la tâche n'était pas simple. Il était difficile de se procurer des livres grecs sans parcourir de longues distances. Dans les temples, les palais et les grandes maisons du pays il y avait d'innombrables rouleaux, mais en égyptien, et Ptolémée ne s'abaisserait pas à apprendre la langue de ses sujets. Seule Cléopâtre, dernière de la lignée et stupéfiante polyglotte d'après les témoignages, réussit à parler et à lire la langue pharaonique.

Démétrios envoya des agents avec une bourse pleine et des armes à la ceinture en direction de l'Anatolie, des îles de la mer Égée et de la Grèce, à la recherche d'œuvres en grec. À cette même période, comme je l'ai raconté, les officiers des douanes reçurent l'ordre de perquisitionner les bateaux qui mouillaient dans le port d'Alexandrie et de s'emparer de tous les textes qu'ils trouvaient à bord. Les rouleaux récemment achetés ou confisqués atterrissaient dans des entrepôts où les assistants de Démétrios les identifiaient et en dressaient l'inventaire. Ces livres étaient des cylindres de papyrus sans première page ni couverture – ni sans ces quatrièmes de couverture et bandeaux rouges qui nous rappellent combien l'œuvre en question est acclamée, vibrante et magistrale. Il était difficile de reconnaître le contenu à première vue et quand quelqu'un possédait plus d'une douzaine de livres et prétendait les consulter souvent, c'était une vraie plaie. Pour une bibliothèque, ce problème représentait un grand défi, qui était résolu de manière imparfaite. Avant de ranger les livres dans des rayons, on plaçait à l'extrémité de chaque rouleau une petite pancarte – très susceptible de tomber – qui indiquait l'auteur, l'œuvre et l'origine de l'exemplaire.

On raconte que lors d'une visite du roi à la Bibliothèque, Démétrios proposa d'incorporer à la collection les livres de la loi juive, dans une version soignée. « Qu'est-ce qui t'empêche de le faire ? », demanda le roi, qui lui avait donné carte blanche. « On a besoin d'une traduction, car ils sont écrits en hébreu. » Peu de personnes comprenaient l'hébreu, y compris à Jérusalem, où la majorité de la population parlait araméen, la langue dans laquelle, des siècles plus tard, prêcherait Jésus. Les juifs d'Alexandrie – une communauté puissante qui occupait un quartier entier de la ville – entreprirent alors de traduire leurs écritures sacrées en grec, mais de façon lente et fragmentaire, car les plus orthodoxes des fidèles s'opposaient aux innovations. C'était un débat brûlant dans les synagogues de l'époque, comme le fut pour les catholiques la fin des messes en latin. Par conséquent, si le responsable de la

Bibliothèque voulait une version complète et raffinée de la Torah, il devait la commander.

Selon la tradition, Démétrios demanda la permission d'écrire à Éléazar, grand prêtre de Jérusalem. Au nom de Ptolémée, il le pria d'envoyer à Alexandrie des érudits spécialistes de la Loi et capables de la traduire. Éléazar répondit avec joie à la lettre et aux cadeaux qui l'accompagnaient. Après un mois de voyage à travers les sables caniculaires du Sinaï, soixante-douze savants hébreux arrivèrent en Égypte, six pour chaque tribu, la fine fleur de la doctrine rabbinique, et ils furent logés dans une grande maison sur l'île de Pharos, à côté de la plage, « plongée dans une paix profonde ». Démétrios leur rendait souvent visite avec son personnel pour constater l'avancée du travail. Dans cette retraite tranquille, on dit qu'ils terminèrent la traduction du Pentateuque en soixante-douze jours, puis rentrèrent chez eux. En souvenir de cette histoire, la Bible grecque est connue sous le nom de « Septante ».

Celui qui raconte ces évènements, un certain Aristée, assure y avoir assisté en personne. Aujourd'hui on sait que le document est un faux, même s'il y a des faits réels tapis sous le ramage de cette fable. Le monde était en train de changer, et Alexandrie était son miroir. La langue grecque devenait la nouvelle langue véhiculaire. Ce n'était pas, bien entendu, celle d'Euripide et de Platon, mais une version simplifiée qu'on appelait *koiné*, un peu semblable à cet anglais hybride avec lequel on communique en vacances dans les hôtels et les aéroports. Les rois macédoniens avaient décidé d'imposer le grec dans tout l'empire comme symbole de domination politique et de suprématie culturelle, laissant aux autres le soin de l'apprendre s'ils voulaient les comprendre. Néanmoins, une part de l'universalité d'Alexandre et d'Aristote s'était nichée dans leur tête chauvine. Ils savaient qu'ils avaient besoin de comprendre leurs nouveaux sujets pour pouvoir les gouverner. Cet objectif explique les efforts économiques et intellectuels déployés pour traduire leurs livres, en particulier leurs textes religieux, qui sont des cartes des âmes. La Bibliothèque d'Alexandrie ne fut pas seulement créée pour offrir un refuge au passé et à son héritage. Elle fut aussi l'avant-poste d'une société que nous pourrions considérer comme globalisée, à l'image de la nôtre.

15

Cette globalisation primitive fut appelée « hellénisme ». Coutumes, croyances et formes de vie communes s'implantèrent dans les territoires conquis par Alexandre, de l'Anatolie au Pendjab. L'architecture grecque était copiée dans des lieux aussi lointains que la Lybie ou l'île de Java. La langue grecque servait à communiquer avec les Asiatiques et les Africains. Plutarque affirme qu'on lisait Homère à Babylone, et que les enfants de Perse, de Suse et de Gédrosie – région aujourd'hui à cheval entre le Pakistan, l'Afghanistan et l'Iran – chantaient les tragédies de Sophocle et d'Euripide. À travers les routes commerciales, l'éducation et le métissage, une grande partie du monde connut une assimilation culturelle flagrante. Le paysage de l'Europe à l'Inde était parsemé de cités aux traits caractéristiques (rues larges se croisant à angle droit selon le tracé hippodamien, agoras, théâtres, gymnases, inscriptions en grec et temples avec des frontons décorés). C'étaient les signes distinctifs de cet impérialisme, comme le sont aujourd'hui le Coca-Cola, les McDonald's, les enseignes lumineuses, les centres commerciaux, le cinéma hollywoodien et les produits Apple, qui uniformisent le monde.

De même, à cette période, il y avait de forts courants de mécontentement. Parmi les peuples conquis, de nombreux sujets résistaient à la colonisation étrangère. Mais il y avait aussi des Grecs réactionnaires qui se remémoraient l'époque de l'indépendance aristocratique et ne s'adaptaient pas à la nouvelle société cosmopolite. Ah, la pureté perdue du passé ! Soudain, de vilains envahisseurs surgissaient de toutes parts. Dans un monde aux horizons élargis, l'émigration augmentait, alors que les salaires des travailleurs libres pâtissaient de la concurrence des esclaves orientaux. La peur de l'autre, de l'inconnu, se renforçait. Un grammairien nommé Apion s'insurgeait parce que les Juifs occupaient le plus beau quartier d'Alexandrie, près du palais royal, et Hécatée de Milet, un Grec qui visita l'Égypte au temps de Ptolémée, déplorait la xénophobie juive. Il y eut également des frictions, parfois sanglantes, entre les communautés. L'historien Diodore raconte qu'une foule furieuse d'Égyptiens lyncha un étranger qui avait tué un chat, animal sacré pour eux.

Les changements généraient de l'anxiété. Beaucoup de Grecs qui, pendant des siècles, avaient vécu dans de petites cités administrées par leurs propres citoyens, se virent brusquement incorporés dans d'immenses royaumes. Le déracinement se propagea, la sensation d'être déplacés, de vivre perdus dans un univers trop grand, gouvernés par des dirigeants éloignés et inaccessibles. L'individualisme se développa ; le sentiment de solitude s'accentua.

La civilisation hellénistique – angoissée, frivole, théâtrale, troublée, étourdie par les transformations rapides – contenait des élans contradictoires. On peut paraphraser Dickens : « C'était le meilleur des temps ; c'était le pire des temps. » Le scepticisme et la superstition apparurent simultanément ; la curiosité et les préjugés ; la tolérance et l'intolérance. Certaines personnes commencèrent à se considérer citoyennes du monde, alors que le nationalisme s'exacerbait chez d'autres. Les idées résonnaient et voyageaient au-delà des frontières, se mélangeant facilement. L'éclectisme triomphait. La pensée stoïcienne, qui s'imposa pendant tout l'hellénisme et l'époque impériale romaine, enseignait d'éviter la souffrance à travers la sérénité, l'absence de désirs et la force intérieure. Les bouddhistes orientaux pouvaient s'identifier à ce programme de développement personnel.

L'échec des idéaux du passé déclencha parmi les Grecs une intense nostalgie des époques antérieures et, à la fois, le désir distrayant de parodier les vieux récits héroïques. Si Alexandre avait conquis le monde, arrimé à son exemplaire de l'*Iliade*, peu de temps après un poète anonyme tourna en ridicule ces légendes dans une épopée comique, *La Batrachomyomachie*, qui racontait la bataille entre les troupes de Maxigoître, roi des grenouilles, et Rognequignon, prince des souris. La croyance dans les dieux et les mythes s'éteignait, laissant dans son sillage un mélange d'irrévérence, de consternation et d'ignorance. Des décennies plus tard, Apollonios de Rhodes, nostalgique bibliothécaire d'Alexandrie, rendit hommage à l'épopée antique dans son poème sur les aventures de Jason et des Argonautes. Les cinéphiles d'aujourd'hui assistent à la même tension entre le western crépusculaire de Clint Eastwood, *Impitoyable,* et l'ironie iconoclaste de Tarantino, dynamitant le genre dans *Django Unchained*. L'humour et la mélancolie cohabitaient en un mélange que nous connaissons bien de nos jours.

16

Ptolémée avait atteint ses objectifs. Jusqu'à ce que Rome la détrône, Alexandrie fut le centre de cette civilisation qui traversait les frontières. C'était par ailleurs la capitale du pouvoir économique. Le flamboyant phare de Pharos, une des merveilles du monde, jouait le même rôle symbolique que les tours jumelles du World Trade Center de New York.

Au sud d'Alexandrie, des granges sombres et immenses brisaient la ligne d'horizon. C'est là qu'on entreposait les récoltes des riches plaines alluviales baignées par le Nil. Des milliers de sacs étaient transportés jusqu'aux quais grâce à un réseau de canaux. Les bateaux égyptiens embarquaient, pleins à ras bord, en direction des principales villes portuaires de l'époque, où on attendait avec anxiété leur cargaison pour conjurer le spectre de la faim. Les grands centres urbains de l'Antiquité s'étaient développés au détriment des zones rurales environnantes. Alexandrie garantissait le pain, synonyme de stabilité et condition indispensable du pouvoir. Si les Égyptiens décidaient de monter les prix ou de diminuer l'approvisionnement, un pays entier pouvait plonger dans la violence et les mutineries.

Alexandrie avait beau être une ville jeune et puissante, elle portait la nostalgie au cœur même de ses fondations. Le roi regrettait les temps passés qu'il n'avait pas connus, mais qui l'obsédaient – l'époque dorée d'Athènes, les jours effervescents de Périclès, les philosophes, les grands historiens, le théâtre, les sophistes, les discours, la concentration d'individus extraordinaires dans une petite capitale fière qui se proclama « l'école de Grèce ». Pendant des siècles, les Macédoniens, dans leur pays à moitié barbare au nord de la Grèce, entendirent parler de la splendeur d'Athènes, et ces informations, ces rumeurs les fascinaient. Ils invitèrent le vieil Euripide à passer ses dernières années avec eux, et réussirent également à attirer Aristote à leur cour. Ces illustres invités étaient leur espoir. Ils tentaient d'imiter le raffinement d'Athènes, voulaient se sentir cultivés et perdre l'humiliante réputation d'être moins grecs que les autres. Leur regard frontalier, périphérique, admiratif, alimentait le mythe.

Sur le même thème, je me souviens du jardin des Finzi-Contini dans le roman éponyme de Giorgio Bassani. Je l'ai lu et relu de nombreuses fois, je crois que c'est un de mes livres préférés. La grande maison des riches Juifs de Ferrare, avec leur jardin, leur court de tennis et les hauts murs qui l'entourent, représente ce lieu où on veut être admis, mais, le jour où on y est invité, on se sent comme un parvenu sans assurance. On n'appartient pas à ce monde, même si on en est amoureux fou. On aura l'autorisation d'y entrer pendant un unique et merveilleux été, de profiter de longs matchs de tennis, d'explorer le jardin, de tomber dans les filets du désir, mais les portes se refermeront. Et cet espace alimentera pour toujours notre mélancolie. Nous avons presque tous, à un moment de notre vie, épié de l'extérieur un jardin des Finzi-Contini. Pour Ptolémée, c'était Athènes. Puisant dans sa mémoire blessée par la ville inaccessible, il fonda le Musée d'Alexandrie.

Pour un Grec, un musée était une enceinte sacrée en l'honneur des muses, les filles de la Mémoire, les déesses de l'inspiration. L'Académie de Platon et, plus tard, le Lycée d'Aristote, avaient leur siège dans les bois consacrés aux muses, car l'exercice de la pensée et l'éducation pouvaient être perçus comme des actes de culte, métaphoriques et lumineux, envers les neuf déesses. Le Musée de Ptolémée alla encore plus loin : ce fut une des institutions les plus ambitieuses de l'hellénisme, une version primitive de nos centres de recherche, universités et laboratoires d'idées. On invitait au Musée les meilleurs écrivains, poètes, scientifiques et philosophes de l'époque. Les élus restaient à vie, libérés de toute préoccupation matérielle, afin de pouvoir consacrer leur énergie à la pensée et à la création. Ptolémée leur offrait un salaire, un logement gratuit et le couvert dans un luxueux réfectoire. Par ailleurs, il les exemptait d'impôts, sans doute le plus beau cadeau en ces temps de voracité des caisses royales.

Des siècles durant, le Musée réunit, comme le désirait Ptolémée, une étincelante constellation de noms : le mathématicien Euclide, qui formula les théorèmes de la géométrie ; Straton, le meilleur physicien de l'époque ; l'astronome Aristarque ; Ératosthène, qui calcula la circonférence de la Terre avec une étonnante exactitude ; Hérophile, pionnier de l'anatomie ; Archimède, inventeur de l'hydrostatique ; Denys le Thrace, qui écrivit le premier traité de grammaire ; les poètes Callimaque et Apollonios de Rhodes. À Alexandrie naquirent des théories révolutionnaires, comme le modèle héliocentrique du système solaire qui, retrouvé au XVIe siècle, provoquerait la révolution copernicienne et la condamnation de Galilée. Le tabou de la dissection de cadavres fut brisé – y compris, selon les mauvaises langues, sur des prisonniers vivants –, permettant de faire avancer la médecine. On développa de nouvelles branches du savoir, comme la trigonométrie, la grammaire et la conservation de manuscrits. L'étude philologique des textes s'étendit. On fit de grandes découvertes, comme la vis sans fin, toujours utilisée pour le pompage. Et dix-sept siècles avant le cheval-vapeur de Watt, Héron d'Alexandrie décrivit une machine à vapeur, même s'il l'utilisa seulement pour actionner de petits automates et autres jouets. Son travail sur ce plan est considéré comme précurseur de la robotique.

La Bibliothèque occupait une place essentielle dans cette petite ville de savants. Rarement dans l'Histoire on avait fait l'effort, conscient et délibéré, de réunir dans un lieu unique les plus brillants esprits de l'époque. Et jamais les meilleurs penseurs n'avaient eu accès à autant de livres, à la mémoire du savoir antérieur, aux murmures du passé, permettant d'apprendre le métier de penser.

Le Musée et la Bibliothèque étaient situés dans l'enceinte du palais, protégés par les murs de la forteresse. La vie de ces premiers chercheurs professionnels se déroulait dans l'isolement de l'espace fortifié. Leur routine consistait à donner des conférences, des cours et des discours publics, mais avant tout à se consacrer à la recherche silencieuse. Le directeur de la Bibliothèque était par ailleurs le précepteur des enfants du roi. À la tombée du jour, ils dînaient tous ensemble dans une salle où parfois Ptolémée en personne venait les rejoindre pour écouter leurs conversations, leurs débats de génie, leurs découvertes et leurs vanités. Peut-être pensait-il avoir réussi à créer sa propre Athènes, son jardin clos.

Grâce à un auteur satyrique de l'époque, on connaît les habitudes des membres du Musée, tranquilles érudits déchargés de toute préoccupation, protégés des intempéries de leur temps. « Sur la terre peuplée d'Égypte, dit le poète et humoriste, s'engraissent de nombreux savants qui gribouillent des livres et se donnent des coups de bec dans la cage des muses. » Un autre poème fait revenir un écrivain du monde des morts pour conseiller aux habitants du Musée de ne pas éprouver autant de ressentiment les uns envers les autres. Car les coups de bec étaient courants entre ces érudits à la vie paisible, loin des rumeurs du monde. Les sources historiques reflètent des discordes, de la jalousie, de la colère, des rivalités et de la médisance entre eux, ainsi qu'il en existe dans nos départements universitaires, avec leurs querelles mesquines et innombrables.

17

De nos jours, on livre une furieuse compétition pour bâtir le plus haut gratte-ciel du monde. Alexandrie, en son temps, participa à ce concours : le phare de la ville fut, pendant de nombreux siècles, une des plus hautes constructions du monde. Cet édifice iconique, rêve érotique des gouvernants, était l'emblème de la vanité royale, comme l'opéra de Sydney ou le musée Guggenheim de Bilbao. Il devint, par ailleurs, le symbole d'une époque dorée de la science.

Au départ, « Pharos » était un lieu : le nom de l'île du delta du Nil dont rêva Alexandre et où il décida de fonder la ville. Une autre petite île, dans la mer Baltique, s'appelle Fårö. C'est là qu'Ingmar Bergman tourna – entre autres – *À travers le miroir*, et qu'il se retira pour vivre, tel un ermite contemplatif. Mais on ne se souvient plus du toponyme original ; le monument s'est approprié le nom géographique et, grâce à l'héritage du grec, le mot existe toujours aujourd'hui.

Avant de commencer la construction, Ptolémée demanda à un ingénieur grec d'unir l'île de Pharos aux quais au moyen d'une digue de plus d'un kilomètre de long, qui divisa le port en deux docks, le premier pour les navires marchands, l'autre pour les bateaux militaires. Au centre de toutes ces embarcations, on érigea la grande tour blanche. Les Arabes qui la virent encore debout au Moyen Âge décrivent une structure à trois étages – une base carrée, une colonne octogonale, une petite tour ronde –, communiquant entre eux par une rampe. Au sommet, à environ 120 mètres de haut, se trouvait un miroir qui reflétait le soleil le jour, et l'éclat d'un feu la nuit. Dans le silence nocturne, les esclaves montaient par la rampe avec des recharges de combustibles pour entretenir le feu.

Le miroir du phare est entouré de légende. À cette époque, les lentilles étaient de la haute technologie, des objets fascinants capables de transformer le regard et le monde. Parmi les scientifiques du Musée, qui tentaient d'ouvrir tous les chemins de la connaissance, il y avait aussi des experts en optique, sous les ordres desquels serait créé le grand miroir. Bien qu'on ne puisse savoir avec certitude ce qu'ils réussirent à obtenir, de nombreux siècles plus tard les récits des voyageurs arabes parlent de lentilles qui permettaient de surveiller depuis le phare, à une grande distance, les navires se dirigeant vers Alexandrie. On raconte que du haut du phare on pouvait voir la ville de Constantinople reflétée dans la vitre du miroir. À partir de ces souvenirs confus – vrais pour les uns, exagérés pour les autres –, on pourrait peut-être considérer le phare comme l'ancêtre du télescope, un œil géant capable de pénétrer loin dans la mer et les étoiles.

Ce fut la dernière et la plus moderne des Sept Merveilles de l'Antiquité. Elle symbolisait ce qu'Alexandrie voulait être : la ville-phare, le point de rencontres, la capitale du monde élargi, le signe lumineux qui guidait et dirigeait tous les navires. Et même s'il fut détruit par les secousses des tremblements de terre qui se succédèrent du Xe au XIVe siècle, on devine sa trace dans tous les phares postérieurs, qui ont suivi son modèle architectural.

La Bibliothèque, qui était aussi, d'une certaine manière, un phare, est cependant un lieu qu'aucun auteur ne nous permet d'imaginer. Dans tous les textes, les détails restent imprécis sur l'espace, la distribution des salles et des cours, les atmosphères et les recoins, comme s'ils étaient reflétés par un miroir dans l'obscurité.

18

Lire est un rituel qui implique des gestes, des attitudes, des espaces, du matériel, des mouvements, des modulations de lumière. Pour imaginer comment lisaient nos ancêtres, nous avons besoin de connaître, à chaque époque, ce réseau de circonstances qui entourent le cérémonial intime consistant à entrer dans un livre.

La manipulation d'un rouleau ne ressemble pas à celle d'un livre papier. Quand on ouvrait un rouleau, les yeux rencontraient une rangée de colonnes de texte, les unes derrière les autres, de gauche à droite, à l'intérieur du papyrus. À mesure qu'il avançait, le lecteur le dépliait avec la main droite pour accéder au texte suivant, tandis qu'avec la main gauche il enroulait les colonnes déjà lues. Un mouvement tranquille, cadencé, intériorisé ; une danse lente. Quand on avait terminé de le lire, le livre restait enroulé à l'envers, de la fin au début, et la politesse exigeait de le rembobiner – comme nos anciennes cassettes – pour le lecteur suivant. Les céramiques, les sculptures et les bas-reliefs représentent des hommes et des femmes en pleine lecture, reproduisant ces gestes. Ils sont debout, ou assis avec le livre sur les genoux. Leurs deux mains sont occupées ; il est impossible de déplier le rouleau avec une seule. Leurs postures, attitudes et gestes ne sont pas les nôtres sans différer totalement : le dos se cambre légèrement, le corps se voûte sur les mots, le lecteur s'absente de son monde pendant un moment et entreprend un voyage, transporté par le mouvement latéral de ses pupilles.

La Bibliothèque d'Alexandrie accueillit bon nombre de ces voyageurs immobiles, mais on ne sait pas très bien quel cadre et quels espaces elle offrait pour la lecture. Il existe à peine quelques descriptions, toutes étrangement vagues. On peut juste tenter de deviner ce que cachent ces silences. L'information la plus décisive provient d'un auteur né dans l'actuelle Turquie, Strabon, qui arriva à Alexandrie depuis Rome en 24 av. J.-C. pour travailler à un grand traité géographique avec lequel il souhaitait compléter ses recherches sur l'histoire. Dans le récit de son séjour dans la ville – où il vit le phare, la grande digue, le port, les rues en damier, les quartiers, le lac Mariout et les canaux du Nil –, il raconte que le Musée fait partie de l'immense palais royal. Avec les siècles, le palais s'était agrandi, car chaque roi avait ajouté de nouvelles dépendances et ailes, au point que l'ensemble avait fini par occuper, d'après Strabon, un tiers de la ville. Dans cette gigantesque forteresse interdite, à laquelle peu de gens avaient accès, Strabon contempla un microcosme affairé. Après l'avoir parcouru attentivement, il rédigea une description du Musée et du mausolée d'Alexandre, sans mentionner une seule fois la Bibliothèque.

Le Musée, explique-t-il, comprend le *peripato* (galerie couverte et décorée avec des colonnes), l'exèdre (zone semi-circulaire à l'air libre, avec des sièges) et une grande salle dans laquelle les savants mangent ensemble. Ils vivent en communauté de biens et ont un prêtre, qui est le chef du Musée, autrefois nommé par les souverains et désormais par Auguste.

C'est tout.

Où était la Bibliothèque ? Peut-être l'avons-nous cherchée en vain et, bien qu'elle soit sous nos yeux, ne la voyons-nous pas car elle ne correspond pas à nos attentes ? Certains spécialistes pensent que Strabon ne parle pas de la Bibliothèque, où il travailla sans aucun doute, car ce n'était pas un bâtiment indépendant, mais un ensemble de niches ouvertes dans les murs de la grande galerie du Musée. Là, empilés sur des étagères, se seraient trouvés les rouleaux, à la disposition des chercheurs. Dans des pièces annexes auraient été entreposés les documents et les livres d'un usage moins fréquent, plus précieux et plus rares.

C'est l'hypothèse la plus vraisemblable sur les bibliothèques grecques, qui n'étaient pas des salles, mais des étagères. Elles ne possédaient pas d'installations pour les lecteurs, qui devaient travailler sous un portique voisin, ensoleillé et protégé des intempéries, très semblable au cloître d'un monastère. Si tout se passait comme on l'imagine, ces lecteurs du Musée d'Alexandrie choisissaient un livre et cherchaient une place assise dans l'exèdre. Ou bien ils se retiraient dans leur logement pour s'allonger. Ou encore, ils lisaient en se promenant lentement entre les colonnes et sous le regard aveugle des statues. Et ainsi devaient-ils déambuler sur les chemins de l'invention et les routes de la mémoire.

19

Aujourd'hui, en revanche, certains des bâtiments les plus fascinants de l'architecture contemporaine sont précisément des bibliothèques, des espaces ouverts à l'expérimentation et aux jeux de lumière. On pense à l'admirable Staatsbibliothek de Berlin, dessinée par Hans Scharoun et Edgar Wisniewski, où Wim Wenders tourna une scène des *Ailes du désir*. La caméra glisse à travers l'immense salle de lecture ouverte, monte les escaliers et embrasse l'impressionnant espace vertical depuis les passerelles superposées qui flottent comme les loges d'un auditorium. Les gens fourmillent sous la lumière zénithale, entre les rangées parallèles de rayonnages, portant des piles de livres collés au ventre. Ou bien ils restent assis, dans différentes postures de concentration (main sous le menton, poing sur la joue, stylo tournant entre les doigts comme une hélice…).

Sans que personne ne les remarque, des anges entrent dans la bibliothèque, avec ce look mémorable des années 1980 : longs manteaux noirs, pulls à col roulé et, dans le cas de Bruno Ganz, petite queue de cheval. Comme les humains ne peuvent pas les voir, les anges s'approchent d'eux en toute liberté, s'assoient à leur côté ou leur posent une main sur l'épaule.

Intrigués, ils se penchent sur les livres qu'ils lisent. Ils caressent le crayon d'un étudiant, s'interrogeant sur le mystère de tous les mots qui sortent de ce petit objet. Comme des enfants, ils imitent sans le comprendre le geste d'effleurer les lignes avec l'index. Ils observent autour d'eux, avec curiosité et étonnement, les visages concentrés et les regards plongés dans les mots. Ils veulent comprendre ce que ressentent les vivants dans ces moments-là et pour quelle raison les livres retiennent leur attention avec une telle intensité.

Les anges possèdent le don d'entendre les pensées. Même si personne ne parle, ils captent quand ils passent près des personnes un murmure constant de paroles susurrées. Ce sont les syllabes silencieuses de la lecture. Lire construit une communication intime, une solitude sonore qui semble aux anges étonnante et miraculeuse, quasi surnaturelle. Dans la tête des gens, les phrases lues résonnent tel un chant *a cappella*, une prière.

Comme dans cette scène du film, la Bibliothèque d'Alexandrie devait être peuplée de rumeurs et de chuchotements. Dans l'Antiquité, quand les yeux reconnaissaient les lettres, la langue les prononçait, le corps suivait le rythme du texte, et le picd frappait le sol comme un métronome. L'écriture était sonore. Peu nombreux étaient ceux qui imaginaient une autre façon de lire.

Parlons un instant de toi, qui lis ces lignes. À présent, le livre ouvert entre les mains, tu te consacres à une activité mystérieuse et inquiétante, même si l'habitude t'interdit de t'étonner de ce que tu es en train de faire. Réfléchis bien. Tu es silencieux/se, parcourant des yeux des rangées de lettres qui ont un sens pour toi et te communiquent des idées indépendantes du monde qui t'entoure en ce moment même. Tu t'es retiré/e, pour ainsi dire, dans une pièce intérieure où on te parle de personnes absentes, c'est-à-dire de fantômes visibles seulement pour toi (dans le cas présent, mon je spectral), et où le temps passe plus ou moins vite selon ton intérêt ou ton ennui. Tu as créé une réalité parallèle semblable à l'illusion cinématographique, une réalité qui dépend juste de toi. Tu peux, à tout moment, détourner les yeux de ces paragraphes et retourner participer à l'action et au mouvement du monde extérieur. Mais en attendant tu restes à la marge, où tu as choisi d'être. Il y a une aura presque magique dans tout cela.

Ne crois pas qu'il en ait toujours été ainsi. Depuis les premiers siècles de l'écriture jusqu'au Moyen Âge, la norme était de lire à voix haute, pour soi-même ou pour les autres, et les écrivains prononçaient les phrases à mesure qu'ils les écrivaient, pour entendre de cette manière leur musicalité. Les livres n'étaient pas une chanson qui se chantait dans la tête, comme maintenant, mais une mélodie qui bondissait sur les lèvres et résonnait à voix haute. Le lecteur devenait l'interprète qui lui prêtait ses cordes vocales. Un texte écrit était perçu comme une partition très basique, et c'est pour cette raison qu'apparaissaient les mots les uns derrière les autres en une chaîne continue sans séparations ni signes de ponctuation – il fallait les prononcer pour les comprendre. Il y avait généralement des témoins quand on lisait un livre. Les lectures en public étaient fréquentes, et les récits qui plaisaient allaient de bouche en bouche. Il ne faut pas imaginer les portiques des bibliothèques anciennes silencieux, mais envahis par les voix et les échos des rouleaux. Sauf exception, les lecteurs de ces époques n'avaient pas la liberté dont tu jouis pour lire à ta guise les idées ou les récits écrits dans les textes, pour faire une pause afin de réfléchir ou de rêver les yeux ouverts quand tu le souhaites, choisir et cacher ce que tu choisis, interrompre ou abandonner, créer tes propres univers. Cette liberté individuelle, la tienne, est une conquête de la pensée indépendante face à la pensée sous tutelle, et elle a été gagnée pas à pas au fil du temps.

C'est pourquoi sans doute, les premiers à lire comme toi, en silence, en conversation muette avec l'écrivain, attirèrent puissamment l'attention. Au IVe siècle, saint Augustin fut tellement étonné de voir l'évêque Ambroise de Milan lire ainsi qu'il le mentionna dans ses *Confessions*. C'était la première fois que quelqu'un faisait cela devant lui ce qui, manifestement, lui parut hors du commun. Quand il lit – nous raconte-t-il avec stupéfaction –, ses yeux parcourent les pages et son cerveau comprend ce qu'elles disent, mais sa langue se tait. Saint Augustin se rend compte que ce lecteur n'est pas à côté de lui, malgré sa grande proximité physique, mais qu'il s'est échappé dans un autre monde, plus libre et fluide, choisi par lui, qu'il voyage sans bouger et sans révéler à personne où il est. Ce spectacle lui sembla déconcertant et fascinant.

Tu es un type très particulier de lecteur/trice, et tu descends d'une généalogie de pionniers. Ce dialogue silencieux entre toi et moi, libre et secret, est une invention incroyable.

20

Quand il mourut, Ptolémée avait résolu les incertitudes professionnelles de ses héritiers sur plus de dix générations. La dynastie qu'il avait fondée dura presque trois cents ans, jusqu'au moment où les Romains annexèrent l'Égypte à leur empire. Tous les rois de la famille – il y en eut quatorze – s'appelèrent Ptolémée, et les auteurs anciens ne font pas toujours l'effort de les différencier les uns des autres – ou peut-être perdent-ils le compte. Quand on lit les sources, on a l'illusion d'un unique souverain vampirique qui vit pendant trois siècles tandis qu'autour de lui le monde hellénistique – hédoniste, nostalgique et assujetti – vacille et change de main.

L'époque dorée de la Bibliothèque et du Musée coïncide avec le règne des quatre premiers Ptolémées. Au cours des trêves entre les batailles et les conspirations de cour, ils profitèrent tous de la compagnie un tant soit peu excentrique de leur collection particulière de savants. Ils avaient des velléités intellectuelles : Ptolémée I voulut être historien de la grande aventure qu'il avait vécue et écrivit un récit des conquêtes d'Alexandre ; Ptolémée II s'intéressa à la zoologie ; Ptolémée III à la littérature ; et Ptolémée IV était dramaturge à ses heures perdues. Ensuite, l'enthousiasme diminua peu à peu, et la splendide Alexandrie commença légèrement à se fissurer. On raconte que Ptolémée X eut des difficultés économiques et que, pour payer la solde de ses soldats, il ordonna de remplacer le sarcophage en or d'Alexandre par un cercueil moins précieux en albâtre ou en cristal de roche. Il fit fondre le métal pour frapper sa monnaie et s'en tira ainsi, mais les Alexandrins ne lui pardonnèrent jamais le sacrilège. Pour cette poignée de drachmes, quelque temps plus tard, il fut assassiné en exil.

Les bons temps, néanmoins, durèrent des décennies, et les livres continuèrent d'arriver en cascade à Alexandrie. De fait, Ptolémée III fonda une deuxième bibliothèque en dehors du district du palais, dans le sanctuaire du dieu Sérapis. La Grande Bibliothèque resta réservée aux chercheurs, tandis que la bibliothèque affiliée fut mise à la disposition de tous. Comme le dit un professeur de rhétorique qui la connut un peu avant sa destruction, les livres du Serapeum « prédisposaient la ville entière à philosopher ». Ce fut peut-être la première bibliothèque publique réellement ouverte aux riches et aux pauvres ; aux élites et aux défavorisés ; aux hommes libres et aux esclaves.

La deuxième bibliothèque se nourrissait de copies de la première. Des milliers de rouleaux arrivaient au Musée, de toutes les provenances, que les savants étudiaient, comparaient et corrigeaient, préparant à partir de ceux-ci des exemplaires définitifs et soignés. Les duplicatas de ces éditions optimales allaient remplir le fonds de la seconde bibliothèque.

Le temple de Sérapis (le Serapeum) était une petite acropole, perchée sur un étroit promontoire avec vue sur la ville et sur la mer. On arrivait au sommet hors d'haleine après avoir monté un escalier monumental. Une grande galerie couverte entourait l'enceinte, tout au long de laquelle les livres étaient rangés, dans des niches ou de petites pièces ouvertes au public. La deuxième bibliothèque, comme probablement la première, n'eut pas de bâtiment propre ; elle était locataire du portique.

Tzetzès, un écrivain byzantin, affirme que la bibliothèque du Serapeum finit par réunir 42 800 rouleaux. On adorerait savoir combien de livres exactement contenaient les deux bibliothèques. C'est une question passionnante pour les historiens et les chercheurs. Combien y avait-il alors de livres au monde au total ? Il est difficile de croire les auteurs anciens, car les chiffres varient scandaleusement entre les uns et les autres, comme ceux des manifestations, de nos jours, entre les estimations du gouvernement et celles des organisateurs. Examinons rapidement les chiffres précis du désaccord. À propos de la Grande Bibliothèque, Épiphane mentionne le nombre étonnamment précis de 54 800 rouleaux ; Aristée, 200 000 ; Tzetzès, 490 000 ; Aulu-Gelle et Ammien Marcellin, 700 000.

Nous avons une certitude : l'unité de mesure des calculs bibliothécaires était le rouleau. C'est un système de comptage ambigu – il devait y avoir beaucoup de titres en double et, par ailleurs, la majorité des œuvres ne tenaient pas en un seul rouleau et s'étalaient sur plusieurs. D'un autre côté, la quantité de rouleaux était forcément variable – augmentant avec les acquisitions et diminuant à cause des incendies, accidents et pertes.

Les bibliothèques anciennes – quand on n'avait pas encore développé les méthodes d'inventaires et qu'il n'existait aucune assistance technologique – ne pouvaient pas savoir avec exactitude – et peut-être s'en fichaient-elles – combien de titres différents elles possédaient à un moment donné. Les chiffres qui sont arrivés jusqu'à nous sont seulement, je crois, des projections de la fascination pour la Bibliothèque d'Alexandrie. Née comme un rêve – le désir d'accueillir tous les savoirs connus –, elle finit par acquérir une dimension légendaire.

Une histoire de feu et de tunnels

21

J'ai vécu une des étapes les plus étranges de ma vie dans une ville peuplée par des millions de livres. Une ville qui, sans doute inspirée par cette singulière communauté de papier, a décidé d'exister dans un passé inventé.

Je me rappelle mon premier matin à Oxford. Munie de toutes mes références en ordre, fière de ma bourse de recherche, je prétendais pénétrer directement dans la Bibliothèque Bodléienne et consacrer quelques heures au plaisir de la première exploration. Cependant, je fus interceptée dès l'entrée par un employé qui, après avoir écouté mes explications, me conduisit dans un bureau à l'écart, comme si mon comportement était à ce point suspect et mes désirs tellement troubles qu'il convenait de les traiter à huis clos, sans contaminer l'innocence des touristes et des chercheurs. Assis derrière un bureau, un homme chauve m'interrogea sans me regarder. Je répondis à ses questions, justifiai ma présence et montrai tous les documents qu'il me demanda avec une politesse quelque peu intimidante. Il y eut un long silence, tandis qu'il introduisait des informations à mon sujet dans ses vastes bases de données. Puis, alors qu'il avait encore les doigts sur le clavier, par un étonnant saut dans le temps, il se campa dans le passé médiéval et m'annonça pompeusement qu'était arrivé le moment du serment. Il me tendit un petit jeu de cartes plastifiées, chacune dans une langue différente, sur lesquelles étaient inscrites les paroles que je devais prononcer. Je le fis. Je jurai de respecter les règles. De ne voler, endommager ni détruire aucun livre. De ne pas mettre le feu à la bibliothèque ni d'être complice d'un incendie pour le plaisir diabolique de regarder les flammes rugissantes engloutir ses trésors et les réduire en cendres. Tous les préliminaires paraissaient régis par la logique déformée des territoires frontaliers (de même que dans les vols pour les États-Unis, quand on vous remet ces formulaires d'immigration surréalistes où l'on vous demande si vous avez l'intention d'attenter à la vie du Président).

De toute façon, mon serment ne suffit pas ; je dus me soumettre aux détecteurs, accepter qu'on fouille mes poches et laisser mon sac à la consigne avant de passer enfin le tourniquet métallique de l'entrée. Tandis que je subissais le reste des contrôles, je me souvins de ces bibliothèques du Moyen Âge où on enchaînait les livres aux étagères ou aux tables pour éviter les vols. Je pensai aux fantastiques malédictions lancées tout au long de l'Histoire contre les voleurs de livres, des textes chargés d'une imagination funeste qui m'attirent de façon inexplicable, probablement parce qu'élaborer une bonne malédiction n'est pas à la portée de n'importe qui. Une anthologie encore non établie devrait commencer par les paroles menaçantes inscrites sur la bibliothèque du monastère de San Pedro de las Puellas, à Barcelone, citées dans *Une histoire de la lecture*, d'Alberto Manguel : « Celui qui vole ou emprunte et ne rend pas un livre à son propriétaire, qu'il soit mordu par le livre volé transformé en serpent dans sa main. Qu'il soit frappé de paralysie, que tous ses membres éclatent. Qu'il languisse dans la douleur, qu'il demande grâce en pleurant, et qu'il n'y ait pas de sursis à ses tourments avant qu'il ne soit anéanti. Que les vers lui rongent les entrailles, au nom du remords qui ne périt pas. Et quand, enfin, il descendra au châtiment éternel, que les flammes de l'enfer le consument à jamais. »

Ce premier jour, on me remit une carte qui, comme je l'appris plus tard, se situait tout en bas de l'échelle d'Oxford. Elle me donnait le droit d'entrer dans les bibliothèques et les *colleges*, mais uniquement dans des zones déterminées et aux horaires autorisés ; à consulter des livres et des revues, mais pas à les emprunter ; à contempler – sans oser y prendre part – les extravagantes liturgies de la vie académique. Je découvris vite que Lewis Carroll étudia et donna des cours pendant vingt-six ans à Oxford. Alors je me rendis compte qu'il y avait un énorme malentendu : *Alice au pays des merveilles* est du pur réalisme littéraire. Ce texte décrit à la perfection mes expériences au cours de ces premières semaines. Les lieux tentateurs que je pouvais entrevoir par le trou de la serrure, auxquels seule une potion magique aurait pu me permettre l'accès. Ma tête se cognant aux plafonds. Des pièces tellement étouffantes que j'avais envie de passer un bras par la fenêtre et d'avancer un pied dans la cheminée. Des tunnels, des pancartes, des thés chez les fous, des conversations d'une logique insaisissable. Et des personnages anachroniques plongés dans des cérémonies imprévisibles.

Je découvris également qu'à Oxford les relations – d'amitié, de solidarité doctorante ou de plagiat, de servitude féodale, sexuelle et autres variantes – sont saisonnières et rythmées par le calendrier des cours. J'avais commis l'erreur d'arriver en milieu de trimestre, alors que les étudiants avaient terminé la phase d'exploration et déjà pourvu à leurs besoins essentiels. La résidence calviniste où j'étais logée n'aidait pas non plus à mon intégration. Ses règles de conduite étaient aussi inhospitalières que la ville, et les horaires imposés, conventuels. Je me rappelle la tristesse de la cuisine collective à 19 heures, avec ses huit réfrigérateurs alignés ; sur l'un d'eux, il y avait une étiquette avec mon numéro de chambre, comme la cote d'un livre, et même les emplacements dans la boîte à œufs étaient répartis équitablement deux par deux. Tout était disposé pour que chacun reste dans son espace numéroté, sans envahir le territoire ni la nourriture des autres. On descendait dîner, on apportait sa petite contribution au sac poubelle commun et on retournait dans l'étroite chambre recouverte de moquette qu'on nous avait assignée.

J'avais un tel besoin de parler que je commençai à mendier des mots. J'entrepris mes premiers abordages linguistiques dans la bibliothèque Sackler, qui était mon quartier général. J'avais remarqué que le gardien avait un visage jovial et rougeaud – sans doute à cause de l'alcool – qui inspirait la confiance. Je me lançai également à l'assaut, attirée par ses yeux dubitatifs, d'une des gardiennes du musée Ashmolean. Je les interrogeai tous deux sur les secrets de la ville, les énigmes inconnues des bibliothèques, l'explication des mystères qui abondaient alentour et ceux sur lesquels ils veillaient. J'entendis ainsi des histoires fascinantes.

Je voulus en savoir plus sur l'étonnant rituel qu'il fallait observer pour réserver des livres : les bibliothécaires prenaient note de votre demande et vous convoquaient, un ou deux jours plus tard, dans une salle de lecture spécifique, à une heure précise, pour vous remettre le matériel. En fin de semaine, le délai pouvait se prolonger de trois à quatre jours. Où sont les livres ? demandai-je. Ils me parlèrent alors des deux villes superposées.

Chaque jour, me répondirent-ils, les bibliothécaires de la Bodléienne reçoivent mille nouvelles publications. Ils doivent leur trouver une place car le lendemain, implacablement, mille autres arriveront. Tous les ans, la collection augmente de quelque cent mille livres et deux cent mille revues, c'est-à-dire plus de trois kilomètres annuels de rayonnages. Et les statuts ne permettent d'éliminer aucune page de papier. Au début du XXe siècle, les bâtiments du circuit bibliothécaire furent débordés par l'avalanche de livres. À cette époque, me racontèrent-ils, on entreprit de construire des entrepôts souterrains et un réseau de tunnels pourvus d'un système mécanique de convoyage sous la ville. Au temps de la Guerre froide, quand les refuges nucléaires devinrent à la mode, ce labyrinthe souterrain atteignit son apogée mythique. Mais le déluge de livres inonda les tunnels et menaça par sa pression l'assainissement de la ville. On se mit alors à transférer les livres dans d'autres lieux, à l'extérieur d'Oxford – une mine abandonnée et des hangars industriels des environs. Ce sont les bibliothécaires qui se chargent du transport, ajoutèrent-ils, même s'ils ressemblent plutôt à des grutiers avec leur gilet fluorescent.

Grâce à ces conversations – les premiers courants de sympathie que je perçus –, je me réconciliai peu à peu avec la ville. Quand je me promenais seule, je croyais entendre sous mes pas l'écho des chaînes de roulements convoyant les livres, me tenant compagnie. Je les imaginais dans leurs tunnels humides et secrets, comme les créatures de *Fraggle Rock* de mon enfance, ou les personnages du film *Underground*. Je me détendis. Je baissai la garde. J'acceptai qu'à Oxford les extravagances puissent avoir des raisons objectives. Je me sentis plus à l'aise, voire libre, dans mon statut marginal d'étrangère maladroite. Et, avec patience, je réussis à rencontrer d'autres inadaptés mémorables.

Dans la brume du matin, quand je m'aventurais dans les rues voilées, je sentais que la ville entière gravitait sur une mer de livres, tel un tapis magique en plein vol.

22

Un matin de pluie monotone et d'ombres humides sur les murs, mon amie la gardienne m'expliqua que le musée Ashmolean, où elle travaillait et où je venais la voir, avait été le premier musée public, au sens moderne du terme. Je fus heureuse de l'apprendre. Je suis toujours émue de me trouver dans des lieux où quelque chose a commencé ; sur le terrain des premières fois.

Ce fut un petit bouleversement historique, quasi imperceptible sur le moment : en 1677, Elias Ashmole offrit son cabinet de curiosités – monnaies anciennes, gravures, échantillons géologiques rares, animaux exotiques disséqués – à la ville d'Oxford. Ce ne serait plus une collection privée, un luxe personnel dont hériteraient ses enfants et ses petits-enfants, symbole de sa position sociale privilégiée : elle appartiendrait désormais aux étudiants et à toutes les personnes intéressées qui voudraient la visiter.

À cette époque, les innovations, qui dans un monde décidément conservateur n'avaient pas très bonne réputation, étaient toujours déguisées en tradition réappropriée. Dans le souci de ressusciter d'anciennes gloires, la collection publique offerte par Ashmole, nouveauté sans nom ni précédents, fut appelée « musée ». Une manière de tracer un axe imaginaire entre Alexandrie et Oxford. Il existait déjà une Grande Bibliothèque ; il leur fallait leur Musée. Croyant restaurer le passé, ils créèrent quelque chose de différent, qui triompherait : un alliage d'idées anciennes et d'inquiétudes contemporaines. Ce fut ce concept de musée comme lieu d'exposition qui finit par s'établir en Europe, et non le modèle alexandrin de communauté de savants.

En 1759, fut inauguré le British Museum de Londres. En France, l'Assemblée nationale révolutionnaire confisqua à la monarchie, en 1793, le palais du Louvre avec toutes ses œuvres d'art pour le transformer en musée. Ce fut un nouveau symbole radical. Les révolutionnaires voulaient abolir l'idée que le passé était la propriété d'une seule classe sociale. Les œuvres anciennes ne pouvaient pas continuer d'être uniquement un caprice de la noblesse : la Révolution française déposséda les aristocrates de l'Histoire. À la fin du XIXe siècle, se rendre à des expositions de babioles antiques, de tableaux de vieux maîtres, de manuscrits et de premières éditions de livres devint un passe-temps à la mode chez les Européens. Puis il traversa l'océan, en direction des États-Unis. En 1870, un groupe d'hommes d'affaires fonda le Metropolitan Museum of Art de New York ; le MoMA deviendrait le premier musée privé d'art contemporain. Un industriel minier, Solomon R. Guggenheim, et ses héritiers suivraient ce sillage, à l'origine d'une grande activité touristique, commerciale et même immobilière. L'héritage d'Alexandrie, par une décision insolite d'Elias Ashmole, a irradié jusqu'à former un puissant réseau. Les musées ont été appelés « les cathédrales du XXIe siècle ».

Un charmant paradoxe se niche ici : que nous puissions tous aimer le passé est un fait profondément révolutionnaire.

23

Les plus anciennes bibliothèques connues, au Proche-Orient – Mésopotamie, Syrie, Asie Mineure et Perse – lancèrent également des malédictions contre les voleurs et destructeurs de livres.

« Celui qui vole une tablette, ou s'en saisit de force, ou oblige son esclave à la dérober, que Shamash lui arrache les yeux, que Nabû et Nibasa le rendent sourd, que Nabû dissolve sa vie comme l'eau. » « Celui qui brise cette tablette, ou la plonge dans l'eau, ou l'efface, que les dieux et déesses du ciel et de la terre le punissent par une malédiction impossible à rompre, terrible et sans pitié, tant qu'il vivra, afin que son nom et sa postérité soient rayés de la terre et que sa chair soit donnée aux chiens en pâture. » Quand on lit les effrayantes menaces qu'ils profèrent, on devine l'importance que ces lointaines collections avaient pour leurs propriétaires. En ce temps-là, le commerce des livres n'existait pas encore et on pouvait uniquement en obtenir en les copiant soi-même (pour cela il fallait un scribe professionnel), ou en les prenant à d'autres comme butin de guerre (pour cela il fallait vaincre l'ennemi lors de dangereuses batailles).

Inventés il y a cinq mille ans, les livres dont nous parlons, en réalité les ancêtres de nos livres – et des tablettes électroniques – étaient des tablettes d'argile. Il n'y avait pas de roseaux de papyrus sur les rives des fleuves de Mésopotamie, et on manquait d'autres matériaux comme la pierre, le bois ou la peau, mais l'argile était abondante. Pour cette raison, les Sumériens commencèrent à écrire dans la terre sur laquelle ils marchaient. Ils obtenaient une surface ad hoc en formant de petits galets d'argile d'une vingtaine de centimètres de long, de forme rectangulaire et aplatie, semblables à nos tablettes 7 pouces. Et ils développèrent un style d'écriture en creusant dans l'argile molle au moyen d'un calame. L'eau effaçait les lettres écrites dans la terre, mais le feu, en revanche, bourreau de tant de livres, cuisait les tablettes d'argile comme un four de potier, les rendant plus dures. La plupart des tablettes que les archéologues ont retrouvées sont précisément conservées car elles ont brûlé dans les flammes d'un incendie. Les livres cachent d'incroyables histoires de survie ; à de rares occasions – les incendies de Mésopotamie et de Mycènes, des sites égyptiens, l'éruption du Vésuve –, les forces destructrices les ont sauvés.

Les premières bibliothèques du monde furent des lieux simples, de petits entrepôts avec des étagères aux murs et des rangées de tablettes placées debout, en position verticale, les unes à côté des autres, sur les rayonnages. En réalité, les spécialistes du Proche-Orient antique préfèrent les appeler « archives ». C'était là qu'étaient rangés les factures, les bordereaux de livraison, les reçus, les inventaires, les contrats de mariage, les conventions de divorce, les actes de justice, les livres de droit. Et, dans une faible proportion, également de la littérature, surtout des poèmes et des hymnes religieux. Au cours des excavations du palais d'Hattousa, la capitale hittite, en Turquie, on a trouvé plusieurs spécimens d'un curieux genre littéraire : des prières pour combattre l'impuissance sexuelle.

Dans la bibliothèque d'Hattousa – et auparavant à Nippur, au sud de la Mésopotamie – sont apparues des tablettes contenant des catalogues des collections. Dans ceux-ci, comme il n'était pas habituel encore de donner un titre aux livres, chaque œuvre était identifiée par la première ligne ou par un bref résumé du contenu. Pour éviter la dispersion des textes qui étaient très longs, on mentionnait le nombre de tablettes qui les constituaient. Parfois figuraient le nom de l'auteur et d'autres éléments accessoires. L'existence de ces inventaires nous prouve que vers le XIIIe siècle av. J.-C., les bibliothèques commençaient à croître et que les lecteurs ne pouvaient plus embrasser d'un simple regard l'étagère des tablettes. Cela révèle par ailleurs une grande avancée théorique : la conscience de l'unité de la collection comme réalisation et aspiration. Un catalogue n'est pas juste un appendice de la bibliothèque ; c'est son concept, son liant et son apogée.

Les bibliothèques du Proche-Orient ne furent jamais publiques. Elles appartenaient aux écoles élitistes de scribes, qui avaient besoin de textes comme modèle pour l'apprentissage, ou bien elles étaient la prérogative exclusive des rois. Le monarque assyrien Assurbanipal, qui vécut au VIIe siècle av. J.-C., fut le plus grand collectionneur de livres avant Ptolémée. Assurbanipal dit dans une tablette qu'il créa la Bibliothèque de Ninive pour sa « royale contemplation et sa lecture ». Il avait un talent peu courant dans la monarchie de cette époque et dont il aimait se vanter : il connaissait l'art d'écrire, « que parmi les rois mes prédécesseurs, personne n'apprit ». Dans sa bibliothèque, les archéologues ont déterré près de trente mille tablettes, dont cinq mille seulement sont littéraires. On a retrouvé le mélange habituel de documents d'archives, de livres d'augures, de religion, de magie, au côté des œuvres les plus célèbres de la littérature du Proche-Orient.

La Bibliothèque de l'orgueilleux roi Assurbanipal, le précédent le plus proche de la Grande Bibliothèque d'Alexandrie, ne possédait pas l'universalité de cette dernière. Elle comportait un ensemble de documents et de textes utiles pour les cérémonies et rituels publics. Même les œuvres littéraires y avaient leur place pour des raisons pratiques, parce que le roi avait besoin de connaître les mythes fondateurs de son peuple. Sans exception, toutes les bibliothèques du Proche-Orient disparurent et tombèrent dans l'oubli. Les écrits de ces grands empires demeurèrent enterrés dans le sable des déserts à côté de leurs villes détruites, et ce qu'on retrouva de leur écriture s'avéra indéchiffrable. L'oubli fut si complet que quand des voyageurs découvrirent des inscriptions cunéiformes dans les ruines des villes achéménides, beaucoup pensèrent qu'il s'agissait de simples ornements sur les jambages des fenêtres et des portes. Après des siècles de silence, il fallut la passion des chercheurs pour déterrer leurs vestiges et réussir à déchiffrer les langues oubliées de leurs tablettes.

En revanche, les livres d'Athènes, d'Alexandrie et de Rome ne se sont jamais totalement tus. Tout au long des siècles, ils ont maintenu une conversation à voix basse, un dialogue traitant de mythes et de légendes, mais aussi de philosophie, de sciences et de lois. D'une certaine façon, peut-être sans le savoir, participons-nous à cette conversation.

24

La Bibliothèque d'Alexandrie avait également des ancêtres égyptiens, mais ce sont les plus flous sur la photo de famille. Au cours des siècles pharaoniques, il y eut des bibliothèques privées et d'autres dans des temples, mais on ne possède à leur sujet que de vagues informations. Les sources mentionnent des maisons de livres, des archives où étaient conservés les documents administratifs, et des maisons de vie, dépositaires de la tradition millénaire, où les textes sacrés étaient copiés, interprétés et protégés. C'est un voyageur grec, Hécatée d'Abdère, qui, bénéficiant d'une visite guidée du temple d'Amon à Thèbes (aujourd'hui Louxor), à l'époque de Ptolémée I, donne les détails les plus précis d'une bibliothèque égyptienne. Il décrit comme une expérience exotique son parcours dans le labyrinthe de salles, cours, couloirs et chambres du monument. Dans une galerie couverte, il dit avoir vu la bibliothèque sacrée sur laquelle était écrit : « Lieu de soin de l'âme. » En dehors de cette belle idée – la bibliothèque comme clinique de l'âme –, on ne sait pas grand-chose sur les collections de livres égyptiens.

De même que l'écriture cunéiforme, les hiéroglyphes furent oubliés pendant plus d'un millénaire. Comment cela arriva-t-il ? Pour quelle raison le long passé écrit devint-il un brouillamini de dessins incompréhensibles ? En réalité, très peu d'individus savaient lire et écrire en Égypte (seuls les membres de la caste des scribes, le groupe le plus puissant du pays après le roi et sa famille). Pour parvenir à être scribe, il fallait dominer des centaines (et avec le temps des milliers) de signes. C'était un long apprentissage que seuls pouvaient se permettre les plus riches dans des écoles particulières, semblables à nos MBA pour coacher des cadres supérieurs. Parmi les scribes formés à cet endroit étaient choisis les hauts fonctionnaires et prêtres du royaume, qui intervenaient ensuite dans les batailles de succession des pharaons et en profitaient au passage pour servir leurs propres intérêts. Je ne peux pas m'empêcher de citer un texte égyptien très ancien et, pourtant, étrangement familier. Dans celui-ci, un vieux monsieur riche, Dua-Hety, dans une attitude typiquement paternelle, invective son fils Pepy car il ne fiche rien à l'école de scribes qui coûte les yeux de la tête à sa famille : « Concentre-toi sur les livres. J'ai vu le forgeron à l'œuvre. Ses doigts sont comme des griffes de crocodile. Le barbier, lui, travaille toute la journée et il doit encore battre le pavé pour trouver un client à raser. [...] Quant au coupeur de roseaux, il faut qu'il aille dans le delta, et quand il en a fait plus que ses bras n'en peuvent, les moustiques l'ont détruit et les mouches l'ont tué. [...] Écoute, aucune profession n'est exempte de chef, sauf celle de scribe. C'est lui le chef. Si tu connais l'écriture, tu t'en sortiras mieux que dans les professions que je viens de mentionner. Rejoins les gens distingués. » On ignore si Pepy prit au sérieux la tirade de son père et, maugréant, étudia pour se frayer un chemin dans l'élite sociale égyptienne. Dans ce cas, après de dures années à s'exercer aux traits et à encaisser les coups des professeurs, connus pour avoir la main leste, Pepy aura gagné le droit d'exhiber les outils distingués du scribe : des pinceaux avec des poils de différentes tailles, une palette avec une cavité, des sacs de pigments, une carapace de tortue pour les mélanger, et une planche en bois noble pour pouvoir poser le papyrus et avoir un support ferme, car on n'avait pas l'habitude d'utiliser des tables pour écrire, on s'appuyait, assis, jambes croisées, sur ses genoux.

On connaît, en revanche, l'histoire des derniers scribes égyptiens, qui furent les témoins du naufrage de leur civilisation. À partir de l'édit de Théodose Ier, en 380, le christianisme devint la religion d'État, unique et obligatoire, et les cultes païens furent interdits dans l'Empire romain. Tous les temples des anciens dieux furent fermés, à l'exception du temple d'Isis sur l'île de Philae, au sud des premières chutes du Nil. Là se réfugia un groupe de prêtres, qui étaient dépositaires des secrets de leur écriture sophistiquée et avaient l'interdiction de transmettre leur savoir. L'un d'eux, Nesmet-Akhom, grava sur les murs du temple l'ultime inscription hiéroglyphique jamais écrite, qui s'achevait par ces mots : « pour toujours et à jamais. » Quelques années plus tard, l'empereur Justinien eut recours à la force militaire pour fermer le temple où les prêtres d'Isis résistaient, faisant emprisonner les rebelles. L'Égypte enterra ses anciens dieux, avec lesquels elle cohabitait depuis des millénaires. Et, avec eux, leurs objets de culte et le langage même. En une seule génération, tout disparut. Il fallut quatorze siècles pour redécouvrir la clé de ce langage.

Au début du XIXe siècle commença une course passionnante pour déchiffrer les hiéroglyphes égyptiens. Les meilleurs orientalistes européens se lancèrent le défi de retrouver la langue perdue, s'espionnant les uns les autres. Ce furent des décennies d'exaltation et de suspense dans le monde scientifique, et aussi de jalousies et de soif de gloire. Le coup d'envoi de la compétition eut lieu à quarante-huit kilomètres d'Alexandrie, en juillet 1799. L'année précédente, Napoléon Ier, qui rêvait de suivre les pas d'Alexandre, avait laissé ses troupes se consumer dans le désert égyptien avec la saine intention de nuire à ses ennemis britanniques. L'expédition fut un fiasco, mais elle permit aux Européens de tomber amoureux des antiquités pharaoniques. Près du port de Rashid, que les Français appelaient Rosette, un soldat trouva – alors qu'il travaillait à la construction d'une forteresse militaire – une pierre avec d'étranges inscriptions. Quand sa pelle heurta le lourd morceau de basalte sombre enfoncé dans la boue, le soldat proféra sûrement un chapelet d'injures. Il ne savait pas qu'il avait découvert quelque chose d'extraordinaire. Ce bout de pierre serait universellement connu par la suite sous le nom de pierre de Rosette.

Cette pièce mémorable est un fragment d'une ancienne stèle égyptienne sur laquelle le roi Ptolémée V fit graver un décret sacerdotal en trois types d'écriture – hiéroglyphique, démotique (la dernière phase de l'écriture égyptienne) et grecque –, un peu comme de nos jours la publication d'une loi régionale dans les trois langues officielles de la région. Un capitaine du corps d'ingénieurs qui travaillait à Rosette comprit que cette stèle cassée était une découverte précieuse, et il fit transférer ses 760 kilogrammes à l'Institut égyptien du Caire, récemment fondé par l'essaim de savants et d'archéologues qui voyageaient au côté des troupes de l'expédition française. Ils réalisèrent des copies à l'encre, qu'ils distribuèrent ensuite aux chercheurs attirés par le défi. Quand l'amiral Nelson expulsa l'armée napoléonienne d'Égypte, il s'empara de la pierre de Rosette, en dépit des protestations françaises, et la transporta au British Museum de Londres dont elle est aujourd'hui un des joyaux.

C'était en 1802. Une bataille d'intelligences débuta alors.

Celui qui tente de déchiffrer une langue inconnue pénètre dans un chaos de mots, pourchassant des ombres. C'est une tâche quasiment impossible si on ne décèle pas un minimum de sens, si on ignore totalement le sujet dont traitent les phrases énigmatiques. En revanche, quand il existe une traduction du texte mystérieux dans une langue connue, le chercheur n'est plus perdu car il tient entre les mains une carte du territoire inexploré. Pour cette raison, les linguistes devinèrent vite que le fragment grec de la pierre de Rosette ouvrirait les portes de la langue perdue de l'Égypte ancienne. L'aventure de son déchiffrage éveilla un intérêt nouveau pour la cryptographie qui, à la fin du XIXe siècle et au début du XXe, nourrirait l'imagination d'Edgar Allan Poe dans sa nouvelle *Le Scarabée d'or* et celle d'Arthur Conan Doyle dans *Les Hommes dansants*.

Au cours des premières années du XIXe siècle, l'énigme égyptienne résista aux assauts des linguistes, désorientés par la mutilation des inscriptions. Comme le début du texte hiéroglyphique et la fin du texte grec manquaient, il était presque impossible d'établir des correspondances claires entre la source égyptienne et sa traduction. Mais vers 1820, les pièces commencèrent à correspondre, et les noms propres des rois macédoniens furent la clé. Sur l'inscription hiéroglyphique, plusieurs signes apparaissaient sculptés à l'intérieur d'anneaux de forme ovale que les spécialistes appellent « cartouches ». La première avancée fut de supposer que les cartouches contenaient les noms propres des pharaons. Le Britannique Thomas Young réussit à déchiffrer le nom de Ptolémée et, plus tard, le Français Jean-François Champollion lut celui de Cléopâtre. Grâce à ce premier groupe de sons dévoilés, Champollion, fabuleux polyglotte, découvrit des ressemblances entre l'énigmatique langue égyptienne et la langue copte, qu'il maîtrisait parfaitement. À partir de cette intuition, comparant les inscriptions et s'efforçant de les traduire pendant des années de travail obsessionnel, il élabora un dictionnaire de hiéroglyphes et une grammaire de l'égyptien. Il mourut peu après, à 41 ans, la santé détériorée par des décennies de privations, de froid, de pauvreté et de longues journées d'étude.

Le nom de Ptolémée fut la clé qui ouvrit la porte. Après des siècles de secret, les papyrus et les monuments égyptiens parlèrent de nouveau.

Il existe aujourd'hui une initiative nommée Projet Rosette qui vise à protéger les langues humaines de l'extinction. Les linguistes, anthropologues et informaticiens responsables de ce projet, dont le siège est à San Francisco, ont conçu un disque en alliage de nickel où ils ont eu l'idée d'enregistrer à l'échelle microscopique le même texte traduit dans mille langues différentes. Quand bien même mourrait la dernière personne capable de se souvenir d'une de ces mille langues, les traductions parallèles permettraient de retrouver les significations et les sonorités perdues. Le disque est une pierre de Rosette universelle et transportable, un acte de résistance face à l'oubli irrévocable des mots.

La peau des livres

25

Avant l'invention de l'imprimerie, chaque livre était unique. Pour qu'un nouvel exemplaire existe, il fallait que quelqu'un le reproduise lettre par lettre, mot après mot, en un exercice lent et épuisant. Il y avait peu de copies de la plupart des œuvres, et la possibilité qu'un texte déterminé disparaisse totalement était une menace très réelle. Dans l'Antiquité, à tout moment, l'ultime exemplaire d'un livre pouvait être détruit sur une étagère, dévoré par les termites ou rongé par l'humidité. Et, tandis que l'eau ou les mâchoires de l'insecte agissaient, une voix était réduite au silence pour toujours.

Cette petite œuvre de destruction se produisit souvent. En ce temps-là, les livres étaient fragiles. Tous avaient, au départ, plus de probabilités d'être anéantis que de perdurer. Leur survie dépendait du hasard, des accidents, de l'attachement que leur vouaient leurs propriétaires et, plus encore qu'aujourd'hui, de leur matière première. C'étaient des objets fragiles, fabriqués avec des matériaux qui se détérioraient, se brisaient ou se désagrégeaient. L'invention du livre est l'histoire d'une bataille contre le temps pour améliorer les aspects tangibles et pratiques – la longévité, le prix, la résistance, la légèreté – du support physique des textes. Chaque avancée, aussi infime qu'elle pût paraître, augmentait l'espérance de vie des mots.

La pierre est pérenne, bien entendu. Les anciens y gravèrent leurs phrases, comme nous continuons de le faire sur ces plaques, tombes, immeubles et socles qui émaillent nos villes. Mais un livre ne peut être en pierre que métaphoriquement. La pierre de Rosette, avec ses presque huit cents kilos, est un monument, pas un objet. Le livre doit être transportable, permettre l'intimité de celui qui écrit et lit, accompagner les lecteurs et tenir dans leurs bagages.

Les ancêtres les plus proches des livres furent les tablettes. J'ai déjà parlé des tablettes d'argile de Mésopotamie, qui se développèrent sur les territoires actuels de Syrie, d'Irak, d'Iran, de Jordanie, du Liban, d'Israël, de Turquie, de Crète et de Grèce, et restèrent en usage dans certaines régions jusqu'au début de l'ère chrétienne. Les tablettes durcissaient, comme le torchis, en séchant au soleil. En mouillant la surface, il était possible d'effacer les traits et d'écrire de nouveau. Il était rare de les cuire dans des fours, comme les briques, car alors on ne pouvait plus réutiliser l'argile. On les conservait, à l'abri de l'humidité, empilées sur des étagères en bois, également dans des paniers en osier et dans des jarres. Elles étaient bon marché et légères, mais cassantes.

Aujourd'hui, les tablettes ont la taille d'une carte de crédit ou d'un téléphone portable, et il en existe toute une gamme de taille croissante jusqu'aux grands exemplaires de 30 et 35 centimètres. Les tablettes anciennes ne pouvaient pas contenir de longs textes, même quand on écrivait des deux côtés. C'était un grave inconvénient : lorsqu'une seule œuvre était répartie sur plusieurs pièces, il y avait de fortes probabilités pour que certaines finissent par être égarées et, avec elles, des parties du récit.

En Europe, on eut davantage recours aux tablettes en bois, en métal ou en ivoire, couvertes d'un mélange de cire et de résine. On écrivait sur la surface de cire avec un instrument pointu en os ou en métal, dont l'extrémité opposée avait la forme d'une spatule afin d'effacer rapidement les erreurs. Ces pièces de cire accueillirent la plupart des lettres de l'Antiquité et aussi les brouillons, les notes et tous les textes éphémères. Les enfants apprenaient à écrire avec, comme nous avec nos inoubliables cahiers lignés.

Les tablettes rectangulaires furent une découverte formelle. Le rectangle produit un étrange plaisir au regard. Il délimite un espace équilibré, concret, accessible. Les fenêtres, les vitrines, les écrans, les photographies et les tableaux sont, pour la plupart, rectangulaires. Les livres également, après différentes recherches et tentatives, ont fini par être définitivement rectangulaires.

Le rouleau de papyrus représenta un fantastique progrès dans l'histoire du livre. Les Juifs, les Grecs et les Romains l'adoptèrent avec un tel enthousiasme qu'ils en vinrent à le considérer comme un trait culturel propre. Comparées aux tablettes, les feuilles de papyrus sont un matériau fin, léger et flexible et, quand elles sont enroulées, une grande quantité de texte est concentrée en très peu d'espace. Un rouleau aux dimensions ordinaires pouvait contenir une tragédie grecque complète, un bref dialogue de Platon ou un évangile. Cela représentait une prodigieuse avancée dans l'effort mené pour conserver les œuvres de la pensée et de l'imagination. Les rouleaux de papyrus reléguèrent les tablettes à un usage secondaire (aux notes, aux brouillons et aux textes périssables). Elles étaient comme ces feuilles rejetées par l'imprimante, dont on se sert ensuite pour établir des listes de tâches qui resteront inaccomplies, ou qu'on donne aux enfants pour dessiner.

Cependant, les papyrus avaient des inconvénients. Sous le climat sec de l'Égypte, ils conservaient leur flexibilité et leur blancheur, mais l'humidité de l'Europe les noircissait, les rendant fragiles. Quand les feuilles de papyrus sont humidifiées et séchées plusieurs fois, elles s'effritent. Dans l'Antiquité, les rouleaux les plus précieux étaient gardés dans des jarres, protégés dans des caisses en bois ou dans des sacs en cuir. Par ailleurs, on utilisait uniquement un côté du rouleau, la face où les fibres végétales étaient horizontales, parallèles aux lignes d'écriture. De l'autre côté, les filaments verticaux entravaient la progression du calame. La face écrite demeurait à l'intérieur du rouleau, protégée de la lumière et du contact.

Les livres en papyrus – légers, beaux et transportables – étaient des objets délicats. La lecture et l'usage habituel les consumaient. Le froid et la pluie les détruisaient. Constitués de matière végétale, ils éveillaient la gloutonnerie des insectes et brûlaient facilement.

Les rouleaux, je l'ai dit, étaient seulement fabriqués en Égypte. C'étaient des produits d'importation diffusés par une structure commerciale florissante qui perdura, y compris sous la domination musulmane, jusqu'au XIIe siècle. Les pharaons et les rois égyptiens, seigneurs du monopole, décidaient du prix des huit variétés de papyrus qui circulaient sur le marché. Et, de la même façon que les pays exportateurs de pétrole, les souverains égyptiens appliquaient à leur convenance des mesures de pression ou de sabotage.

Au début du IIe siècle av. J.-C., eut lieu un évènement aux conséquences inattendues pour l'histoire du livre. Le roi Ptolémée V, dévoré par l'envie, cherchait le moyen de nuire à une bibliothèque rivale fondée dans la ville de Pergame, en Turquie. Elle avait été créée par un roi hellénistique de culture grecque, Eumène II, qui avait repris un siècle plus tard les méthodes avides et peu scrupuleuses des premiers Ptolémées pour se procurer des livres. Il s'était également lancé à la chasse de brillants intellectuels et avait attiré un groupe de savants qui formèrent une communauté semblable à celle du Musée. Depuis sa capitale, Eumène tentait d'éclipser l'éclat culturel d'Alexandrie à un moment où le pouvoir politique égyptien déclinait. Cette provocation rendit furieux Ptolémée, conscient que les beaux jours étaient derrière lui. Il n'était pas disposé à supporter des affronts contre la Grande Bibliothèque qui symbolisait la fierté de sa lignée. On raconte qu'il fit emprisonner son bibliothécaire, Aristophane de Byzance, quand il découvrit qu'il prévoyait de s'installer à Pergame sous la protection du roi Eumène, accusant le premier de trahison et le second de vol.

Au-delà de cette incarcération, la riposte de Ptolémée contre Eumène fut viscérale. Il interrompit l'approvisionnement du papyrus dans le royaume d'Eumène pour faire plier la bibliothèque ennemie, la privant du meilleur matériau d'écriture existant. La mesure aurait pu se révéler dévastatrice mais – à la grande frustration du roi vengeur –, cet embargo fut à l'origine d'un progrès notable qui, en plus, immortaliserait le nom de la ville ennemie. À Pergame, on décida en effet de perfectionner l'ancienne technique orientale qui consistait à écrire sur de la peau, une pratique dont l'usage avait été jusque-là secondaire et local. En souvenir de la ville qui le rendit universel, le produit amélioré fut appelé « parchemin » (dérivé du grec *pergamènè*, de Pergame). Quelques siècles plus tard, cette découverte changerait la physionomie et l'avenir des livres. Le parchemin était fabriqué avec des peaux de veau, de mouton, d'agneau ou de chèvre. Les artisans plongeaient celles-ci dans un bain de chaux pendant plusieurs semaines avant de les sécher en les tendant sur un châssis en bois. L'étirement alignait les fibres de la peau, formant une surface lisse, qu'on râpait ensuite pour obtenir la blancheur, la beauté et l'épaisseur désirées. Résultat de ce long processus d'élaboration : de douces planches, fines, exploitables des deux côtés pour l'écriture et, surtout – c'est la clé –, pérennes.

L'écrivain italien Vasco Pratolini a dit que la littérature consiste à faire des exercices de calligraphie sur la peau. Même s'il ne pensait pas au parchemin, l'image est parfaite. Quand triompha ce nouveau matériau d'écriture, les livres devinrent précisément cela : des corps habités par des mots, des pensées tatouées sur la peau.

26

Notre peau est une grande page blanche ; notre corps, un livre. Le temps écrit peu à peu son histoire sur les visages, les bras, les ventres, les sexes, les jambes. À peine sommes-nous venus au monde qu'on nous imprime sur le ventre un grand « O », le nombril. Puis, lentement, apparaissent d'autres lettres. Les lignes de la main. Les taches de rousseur, comme des points à la ligne. Les ratures que nous laissent les médecins quand ils entaillent notre chair et la recousent. Avec le temps, les cicatrices, les rides, les taches et les ramifications variqueuses tracent des syllabes qui racontent une vie.

Je viens de lire le *Requiem* de la merveilleuse poétesse Anna Akhmatova où elle décrit les longues files de femmes devant la prison de Léningrad. Anna connut pleinement le malheur : son premier mari fut fusillé ; le deuxième mourut d'épuisement dans un camp de travail du Goulag ; son fils unique fut arrêté plusieurs fois et passa dix ans en prison. Un jour, contemplant dans le miroir ses traits émaciés et les sillons que la souffrance creusait sur son visage, elle se rappela l'image des anciennes tablettes mésopotamiennes. Et elle écrivit un vers triste, inoubliable : « À présent je sais comment la douleur trace de dures pages cunéiformes sur les joues. » Moi aussi, certaines fois, j'ai rencontré des gens dont le visage semble de l'argile incisée par le chagrin. Et, depuis que j'ai lu le poème d'Akhmatova, je ne peux pas m'en empêcher : les tablettes assyriennes me suggèrent le visage de personnes qui ont vécu et souffert – beaucoup.

Mais le temps n'est pas le seul à écrire sur la peau. Certaines personnes se font tatouer des phrases et des dessins pour s'orner comme des parchemins enluminés. Je ne l'ai jamais fait, cependant je comprends cette pulsion de laisser une marque, de colorier et de transformer en texte son propre corps. Je me souviens des semaines d'excitation que j'ai vécues avec une amie adolescente quand elle a décidé de se faire son premier tatouage. Elle avait soulevé devant moi la compresse qui le recouvrait. J'avais contemplé fixement les lettres encore tendres et la peau rougie du bras ; quand elle tendait le muscle, les mots paraissaient trembler avec un mouvement subtil qui leur était propre. Je m'étais sentie fascinée par cette phrase capable de palpiter, de suer, de saigner (un livre vivant).

J'ai toujours été intriguée par ce que les gens écrivent sur le livre de leur peau. Un jour, j'ai rencontré un tatoueur et nous avons parlé de son métier. Dans leur majorité, m'a-t-il dit, les personnes se font tatouer parce qu'elles désirent se souvenir pour toujours de quelqu'un ou de quelque chose. Le problème, c'est que « toujours » est souvent éphémère, et ce type de tatouages est celui qui, statistiquement, engendre le plus de regrets. D'autres clients choisissent des phrases positives, des paroles de chansons de variétés, des poèmes. Y compris quand les textes sont plats, mal traduits ou sibyllins, le fait d'être gravés sur le corps les rend uniques, spéciaux, beaux et pleins de vie. Je crois que le tatouage est une survivance de la pensée magique, la trace d'une foi ancestrale dans l'aura des mots.

Le parchemin vivant n'est pas uniquement une métaphore, la peau humaine peut transporter des messages écrits et être lue. Dans des circonstances exceptionnelles, les corps servent de canal secret d'information. L'historien Hérodote raconte une étonnante histoire

– inspirée de faits réels – sur des tatouages, des intrigues et des espions de l'Antiquité. À une époque de grands troubles politiques, un général athénien nommé Histiée voulait entraîner son gendre Aristagoras, tyran de Milet, dans une révolte contre l'Empire perse. Il s'agissait d'une conspiration hautement dangereuse dans laquelle tous deux risquaient leur vie. Les chemins étaient surveillés et les messagers d'Histiée seraient vraisemblablement fouillés avant d'arriver à Milet, dans l'actuelle Turquie. Où cacher une lettre qui les condamnait à la torture et à une mort lente si elle était découverte ? Le général eut une idée ingénieuse : il fit raser la tête de son plus fidèle esclave et tatouer le message sur son cuir chevelu. Puis il attendit que ses cheveux repoussent. Les mots tatoués étaient : « Histiée à Aristagoras : soulève l'Ionie. » Quand les nouveaux cheveux apparurent, couvrant la consigne subversive, il envoya l'esclave à Milet. Pour plus de sécurité, l'homme ne savait rien de la conjuration. Il avait juste reçu l'ordre de se raser la tête quand il serait chez Aristagoras et de lui demander de jeter un coup d'œil à son crâne. Discret comme un espion de la Guerre froide, le messager partit, resta calme quand il fut fouillé, arriva à destination sans que le complot soit découvert et se rasa la tête. Le plan fut mené à bien. Et l'esclave ne sut jamais – personne ne peut lire sur son propre crâne – ce que disaient les mots incendiaires tatoués pour toujours sur sa tête.

Cette mystérieuse toile que tissent le temps, la peau et les mots est au centre du thriller *Memento*, de Christopher Nolan. Son étrange protagoniste, Leonard, souffre d'amnésie antérograde à cause d'un traumatisme crânien. Il ne peut garder de souvenirs récents ; la conscience de tous ses actes s'évanouit rapidement sans laisser de traces. Chaque matin, il se réveille sans rien se rappeler de la veille, des mois précédents, de tout le temps passé depuis le tragique accident à l'origine de son traumatisme. Malgré ce handicap, Leonard a pour objectif de retrouver l'homme qui a violé et tué sa femme, et de se venger. Il a créé un système qui lui permet de se mouvoir dans un monde qui s'efface, semé d'intrigues, de manipulations et de pièges : il se fait tatouer sur les mains, les bras et la poitrine les informations essentielles sur lui-même, et retrouve là tous les jours sa propre histoire. Avec une identité menacée par l'oubli, seule la lecture de ses tatouages lui permet de poursuivre sa quête et son but. La vérité du récit nous échappe parmi l'entremêlement de mensonges des personnages, y compris Leonard, que nous finissons par soupçonner. Le film est construit avec la structure d'un puzzle fragmentaire, comme le cerveau de son héros, et comme le monde contemporain même. Indirectement, c'est aussi une réflexion sur la nature des livres : extensions de la mémoire, uniques témoins – imparfaits, ambigus mais irremplaçables – des temps et des lieux auxquels n'accède pas le souvenir vivant.

27

Plusieurs fois par mois, j'entrais dans le palais Medici-Riccardi par une porte arrière, Via de' Ginori, juste après le mur crénelé du jardin. La façade avait la couleur vanille typique de Florence. J'avais besoin de respirer la simplicité de ces maisons et de ces jardins avant d'affronter l'agression baroque et l'asphyxiante cascade de dorures qui m'attendaient à l'intérieur de la Bibliothèque Riccardiana. C'est là que je tins pour la première fois entre mes mains un manuscrit sur parchemin vraiment précieux.

Au cours de mes longues heures d'étude dans la luxueuse salle de lecture, j'eus l'occasion d'échafauder avec minutie chaque détail du plan qui me mènerait à ma proie. Je n'avais, en réalité, aucun besoin de consulter un manuscrit pour ma recherche, mais je pris ma meilleure expression d'intégrité académique devant les responsables de la Bibliothèque. L'objectif de mon entreprise était exclusivement hédoniste : je voulais effleurer et caresser ce livre, je désirais expérimenter la jouissance sensuelle si sévèrement surveillée par les gardiens du patrimoine. Cela m'excitait de toucher une œuvre d'art née pour le plaisir d'un aristocrate et de sa bande d'amis privilégiés ; c'était la délicieuse transgression d'une fille sans le sou qui avait à peine de quoi payer son loyer à Florence. Je n'oublierai jamais ces minutes d'intimité – quasi érotique – avec un Pétrarque du XIVe siècle. Tandis que j'accomplissais le rituel d'accès aux manuscrits de valeur inestimable – remettre mon sac aux bibliothécaires, conserver seulement une feuille de papier et un crayon, enfiler des gants en coton, me soumettre à la surveillance des gardiens du trésor –, je confesse avoir éprouvé d'agréables pincements de mauvaise conscience pour les tracas que provoquait mon extravagant fétichisme pour les livres. Parfois j'imaginais qu'une des allégories qui flottaient sur les peintures du plafond parmi des nuages et des armoiries allait s'abattre sur moi en guise de châtiment. La femme blonde et potelée qui lévitait tout en haut était particulièrement menaçante ; si je ne me trompe pas, c'était la Sagesse brandissant le globe terrestre.

Je profitai de mon imposture pendant presque une heure. Les notes que je prenais – jouant à la paléographe appliquée – décrivaient uniquement mes heureuses impressions sensorielles. Quand je le feuilletais, le parchemin crépitait. Le murmure des livres, pensai-je, est différent à chaque époque. J'étais impressionnée par la beauté et la régularité de l'écriture tracée par une main experte. Je vis les traces du temps, ces pages parsemées de taches jaunies comme les mains pleines de taches brunes de mon grand-père.

Le désir d'écrire ce livre surgit peut-être alors, à la chaleur de ce volume de Pétrarque qui susurrait comme un feu doux. Par la suite, j'ai tenu d'autres manuscrits sur parchemin entre les mains, et j'ai appris à mieux les regarder, mais la mémoire s'accroche toujours à la première fois.

En caressant les pages du codex, j'avais à l'esprit que ce merveilleux parchemin avait été un jour la peau d'un animal égorgé. En quelques semaines à peine, le bétail pouvait quitter la vie d'un champ, d'une étable ou d'une porcherie pour devenir la page d'une bible. Pendant la période la mieux documentée, le Moyen Âge, les monastères achetaient des peaux de vache, de mouton, d'agneau, de chèvre ou de porc, choisies sur l'animal vivant afin de pouvoir apprécier la qualité de l'exemplaire. Comme chez les êtres humains, les peaux des bêtes varient selon l'âge et l'espèce. La peau d'un agneau de lait est plus lisse que celle d'une chèvre de 6 ans. Certaines vaches ont la peau abîmée parce qu'elles aiment se frotter contre l'écorce des arbres ou parce que les insectes n'arrêtent pas de les piquer. Tous ces aspects, ajoutés à l'habileté de l'artisan, avaient une importance pour le résultat final. Pour nettoyer et retirer la chair du parchemin, on étendait la peau, comme sur un tambour, qu'on râpait de haut en bas avec un grand soin, en utilisant un couteau à lame incurvée. Sur le châssis fortement tendu, une entaille trop profonde du couteau, un follicule de poil mal cicatrisé ou le minuscule orifice d'une ancienne piqûre pouvait croître et finir par devenir un trou aussi gros qu'une balle de tennis. Les copistes aiguisaient leur imagination pour réparer les défauts de la matière première et parfois leur ingéniosité embellissait encore davantage le manuscrit. Un trou dans le parchemin pouvait se transformer en une fenêtre à travers laquelle apparaissait la tête d'une miniature de la page suivante. Je connais aussi le curieux cas d'une brèche réparée par les religieuses d'un couvent suédois par un travail au crochet, tissant un harmonieux treillis de fils entre les lettres.

Tandis que je tenais ce délicat parchemin entre mes mains gantées afin de ne pas l'endommager, je pensai à la cruauté. De même qu'à notre époque on tue les bébés phoques à coups de bâton sur la neige pour pouvoir s'envelopper dans de chauds manteaux de fourrure, les manuscrits les plus luxueux du Moyen Âge exigeaient de considérables doses de sadisme. Il existe des exemplaires magnifiques fabriqués avec des peaux d'un blanc profond et d'une texture soyeuse, qu'on appelle « vélin », provenant de nouveau-nés, voire d'embryons avortés dans le ventre de leur mère. J'imagine les gémissements des animaux et leur sang versé des siècles durant pour que les mots du passé parviennent jusqu'à nous. Derrière l'exquis travail du parchemin et de l'encre se cachent, comme des frères jumeaux rejetés, la peau blessée et le sang – la barbarie qui hante les angles morts de la civilisation. Nous préférons ignorer que le progrès et la beauté incluent douleur et violence. Conséquence de cette étrange contradiction humaine, nombre de ces livres ont servi à diffuser dans le monde des flots de paroles sages sur l'amour, la bonté et la compassion.

Un grand manuscrit pouvait causer la mort d'un troupeau entier. De nos jours, il n'y aurait plus assez d'animaux dans le monde pour le massacre gigantesque que demanderaient nos publications. Selon les calculs de l'historien Peter Watson, si chaque peau occupe une surface d'un demi-mètre carré, un livre de cent cinquante pages nécessite le sacrifice de dix à douze bêtes. D'autres experts attribuent des centaines de peaux à un seul exemplaire de la bible de Gutenberg. Produire des copies d'une œuvre sur parchemin, unique façon de favoriser sa survie, supposait des frais énormes, à la portée de très peu de personnes. Dans ces conditions, posséder un livre, y compris un exemplaire courant, fut pendant longtemps le privilège exclusif des nobles et des ordres religieux. Dans une bible du XIIIe siècle, le scribe, accablé par l'insuffisance de matériel, note dans la marge : « Oh, si seulement le ciel était un parchemin et la mer de l'encre. »

28

J'ai vécu à Florence pendant un an. C'était étrange d'aller travailler tous les matins en protégeant l'ordinateur portable des coups de coude et des bousculades des foules de touristes. Sur mon chemin, j'esquivais l'hystérie photographique de centaines de personnes posant avec un sourire figé. Je voyais des files perpétuelles – ondulants mille-pattes humains – devant les mêmes musées. Assis dans les rues, les gens mangeaient des aliments sous vide. Les guides conduisaient leurs troupeaux, vociférant à travers leurs micros dans toutes les langues imaginables. Parfois la multitude bloquait le passage, comme des hordes de fans attendant l'arrivée d'une star. Tout le monde brandissait son téléphone. Cris. Il fallait laisser passer les calèches tirées par des chevaux apathiques. Odeurs de transpiration, de bouse, de café, de sauce tomate. Oui, c'était étrange d'aller au travail au milieu de ce festival de groupes humains et de *selfies*. Quand j'arrivais près du bâtiment de l'université et que j'apercevais au loin le Guernica peint sur le mur, je respirais avec le soulagement de quelqu'un qui sort, légèrement secoué, du métro à une heure de pointe.

La paix et le recueillement sont également possibles à Florence, mais on doit aller les chercher, sortir des sentiers battus : il faut les mériter. Je les rencontrai pour la première fois un lumineux matin de décembre dans le couvent San Marco. Au rez-de-chaussée déambulaient quelques visiteurs silencieux, mais au premier étage je me retrouvai seule, incrédule, comme quelqu'un qui a échappé à une ruée d'animaux sauvages dans la savane. Apaisée par l'atmosphère cristalline, je visitai une à une les cellules des moines, où Fra Angelico avait peint des fresques d'une douceur franciscaine qui semblent une déclaration d'amour aux humbles, aux innocents, aux optimistes, aux faibles, aux rêveurs. On raconte que c'est précisément là, entouré par ce défilé de sublimes naïfs, que Cosme, patriarche de la famille de Médicis, se retirait pour se repentir des dommages qu'il causait sur sa route afin d'accroître sa fortune et d'étendre ses filiales bancaires dans toute l'Europe. Le grand homme d'affaires s'était réservé une cellule double; les puissants, on le sait, ont besoin de plus de confort que le reste du monde, y compris pendant leurs heures d'expiation.

Entre deux cellules, au début d'un long couloir, je découvris un coin extraordinaire du couvent. Les spécialistes pensent que ce lieu accueillit la première bibliothèque moderne. À cet endroit firent escale les livres splendides que l'humaniste Niccolò Niccoli légua à la ville « pour le bien commun, pour le service public, pour qu'ils demeurent dans un lieu ouvert à tous, où les personnes qui ont soif d'éducation pourront récolter en eux, comme dans un champ fertile, le riche fruit de l'apprentissage ». De son côté, Cosme finança la construction d'une bibliothèque Renaissance, dessinée par l'architecte Michelozzo, qui remplaça les pièces sombres et les livres enchaînés du monde médiéval par un symbole des temps nouveaux : une vaste salle baignée de lumière naturelle, conçue pour faciliter l'étude et la conversation. Les sources décrivent avec admiration l'aspect original de la bibliothèque : une arcade aérienne soutenue par deux rangées de délicates colonnes, des ouvertures des deux côtés, *pietra serena*, des murs de couleur vert d'eau pour inspirer le calme, des rayonnages pleins de livres, et soixante-quatre bancs en bois de cyprès pour les religieux et les visiteurs qui venaient lire, écrire et copier des textes. Un accès depuis l'extérieur réalisait le rêve de Niccolò : sa collection de quatre cents manuscrits restait ouverte à tous les amoureux des lettres et de la lecture florentins et étrangers. Inaugurée en 1444, ce fut, après la destruction de ses ancêtres hellénistiques et romains, la première bibliothèque publique du continent.

Je marche lentement dans l'immense salle. Les tables ont disparu, remplacées par des vitrines où sont exposés les manuscrits précieux. Plus personne ne vient lire dans cet espace de lumière et de silence, transformé en musée. Cependant, entre ces murs on respire l'atmosphère chaleureuse des espaces habités. C'est peut-être ici que se sont réfugiés les fantômes qui, comme tout le monde le sait, sont des créatures peureuses préférant les lieux solitaires, craignant les hordes terrifiantes des vivants.

Un travail de détective

29

Réaliser à la main une copie fidèle d'un texte n'est pas une tâche facile. Cela exige une série d'opérations répétitives et épuisantes. Le copiste doit lire dans le livre qui lui sert de modèle un extrait du texte, le garder en mémoire, le reproduire avec une belle calligraphie, puis revenir à l'original, en posant le regard à l'endroit exact où il s'était arrêté. Il fallait une énorme concentration pour arriver à être un bon scribe. Même la personne la plus entraînée et attentive connaît des défaillances (erreurs de lecture, lapsus à cause de la fatigue, traductions mentales, mauvaises interprétations et corrections fallacieuses, substitutions de mots et sauts dans le texte). La personnalité du copiste se dessine dans les fautes qu'il commet. La main qui copie un livre a beau être anonyme, on peut savoir, à travers ses erreurs, où le scribe est né, quel était son niveau de culture. Son agilité mentale, ses goûts et même sa psychologie transparaissent dans ses omissions et ses confusions.

C'est un fait avéré : toute copie sème des erreurs dans le texte qu'elle reproduit. Une copie de la copie reproduira les fautes du modèle et en ajoutera toujours d'autres de son propre cru. Les produits artisanaux ne sont jamais identiques. Seules les machines sont capables de reproduire en série. Les livres manuscrits variaient à mesure qu'ils se multipliaient, comme ce jeu qui consiste à se raconter la même histoire à l'oreille, d'une personne à une autre, et à constater à la fin que le récit, de bouche en bouche, est devenu différent de l'original.

La compétition folle et passionnée entre rois collectionneurs avait fait d'Alexandrie le plus grand arsenal de livres jamais connu. Dans la Grande Bibliothèque, on pouvait trouver beaucoup de copies d'œuvres, surtout d'Homère. Les savants du Musée eurent l'occasion de comparer plusieurs versions et de détecter des différences manifestes entre elles. Ils observèrent que le processus de copies successives altérait sournoisement les messages littéraires. Dans de nombreux passages, on ne comprenait pas ce que l'auteur voulait dire et, à d'autres endroits, on disait des choses distinctes selon la copie. Quand ils se rendirent compte de l'ampleur du problème, ils comprirent qu'à travers les siècles les textes s'éroderaient par la force silencieuse de la faillibilité humaine – comme les rochers sont érodés par l'assaut perpétuel des vagues – et que les récits deviendraient de plus en plus incompréhensibles, jusqu'à la dissolution du sens.

Les gardiens de la Bibliothèque se lancèrent alors dans un travail de quasi détective, comparant toutes les versions de chaque œuvre qu'ils avaient à leur portée pour reconstruire la forme originale des textes. Ils cherchaient les fossiles de mots perdus et des strates de signification sous l'absence de sens des couches supérieures. Cet effort fit avancer les méthodes d'étude et d'investigation, et servit d'entraînement à une importante génération de critiques. Les philologues alexandrins préparèrent des exemplaires corrigés et extrêmement soignés des œuvres littéraires qu'ils considéraient comme les plus précieuses. Ces versions optimales étaient à la disposition du public comme matrice pour de futures copies et même pour le marché des livres. Les éditions que nous lisons et traduisons aujourd'hui sont les enfants des chercheurs de mots d'Alexandrie.

En plus de restaurer les textes en circulation, le

Musée d'Alexandrie – également appelé la cage des muses – produisit des tonnes de travaux d'érudition, de discours et de traités sur la littérature. Ses contemporains respectaient le gigantesque travail alexandrin, mais en même temps ils aimaient se moquer de ces savants, comiques malgré eux. La cible préférée des blagues fut un érudit nommé Didyme, qui finit par publier le nombre fantastique de trois mille, voire quatre mille monographies. Didyme travailla sans relâche dans la Bibliothèque au cours du Ier siècle av. J.-C., rédigeant des commentaires et des glossaires tandis que le monde autour de lui se déchirait à la suite des guerres civiles de Rome. Didyme avait deux surnoms : Tripes de Bronze (*Chalkénteros*), car il fallait des entrailles solides pour pouvoir écrire ses innombrables et prolixes commentaires sur la littérature ; et Oublie-Livres (*Biblioláthas*), parce qu'un jour il avait raillé en public une théorie qu'il avait défendue lui-même dans un essai. Le fils de Didyme, un certain Apion, hérita de l'infatigable sacerdoce paternel. On raconte que l'empereur Tibère l'appelait Cymbale du Monde. Les philologues alexandrins – passionnés, méticuleux, cultivés, parfois pédants et confus – effectuèrent rapidement un trajet que nous avons nous-mêmes parcouru bien plus tard, avec les mêmes succès et les mêmes excès. Pendant l'hellénisme, et pour la première fois dans l'Histoire, les écrits sur la littérature commencèrent à remplir plus de livres que la littérature elle-même.

Homère, énigme et crépuscule

30

La Grande Bibliothèque acquérait tout, des poèmes épiques aux livres de cuisine. Au milieu de cet océan de lettres, les savants devaient choisir à quels auteurs et à quelles œuvres ils consacreraient leurs efforts. Comme il n'y avait aucune discussion possible sur le grand protagoniste de la littérature grecque, ils se focalisèrent tous sur lui et Alexandrie devint la capitale homérique.

Homère est enveloppé de mystère. C'est un nom sans biographie, peut-être uniquement le surnom d'un poète aveugle – « Homère » peut se traduire par « celui qui ne voit pas ». Les Grecs n'avaient aucune certitude à son sujet et n'arrivaient même pas à se mettre d'accord quand ils essayaient de le situer dans le temps. Hérodote croyait qu'il avait vécu au IXe siècle av. J.-C. (« quatre siècles avant mon époque, pas davantage », écrivit-il), alors que d'autres auteurs l'imaginaient contemporain de la guerre de Troie au XIIe siècle av. J.-C. Homère était un souvenir flou, l'ombre d'une voix à laquelle on attribuait la musique de l'*Iliade* et de l'*Odyssée*.

Tout le monde à cette époque connaissait l'*Iliade* et l'*Odyssée*. Ceux qui savaient lire avaient appris ces histoires à l'école avec Homère, et les autres avaient entendu raconter à voix haute les aventures d'Achille et d'Ulysse. De l'Anatolie aux portes de l'Inde, dans le monde hellénistique étendu et métis, être grec cessa d'être une question de naissance ou de génétique ; c'était beaucoup plus lié à l'amour des poèmes homériques. La culture des conquistadors macédoniens se résumait à une série de traits distinctifs, que les peuples natifs étaient obligés d'adopter s'ils voulaient s'élever : la langue, le théâtre, le gymnase – où les hommes s'entraînaient nus, au grand scandale des autres peuples –, les jeux athlétiques, le symposium – une façon raffinée de se réunir pour boire –, et Homère.

Dans une société qui n'eut jamais de livres sacrés, l'*Iliade* et l'*Odyssée* étaient ce qui ressemble le plus à la Bible. Fascinés ou exaspérés par Homère, mais sans la surveillance d'une classe sacerdotale, les écrivains, artistes et philosophes grecs se sentirent libres d'explorer, de questionner, de tourner en dérision ou d'élargir les horizons homériques. On raconte qu'Eschyle dit humblement que ses tragédies étaient seulement « les miettes du grand banquet d'Homère. » Platon consacra de longues pages à attaquer la sagesse présumée du poète et l'expulsa de sa république idéale. Un jour, débarqua à Alexandrie un savant ambulant nommé Zoïle, qui promouvait ses conférences en se déclarant subversivement « le pourfendeur d'Homère ». Le roi Ptolémée assista en personne à son spectacle pour « l'accuser de parricide ». Personne ne restait indifférent face aux épopées d'Achille et d'Ulysse. Les papyrus déterrés en Égypte confirment que l'*Iliade* fut de loin le livre grec le plus lu dans l'Antiquité, et des extraits du poème ont été retrouvés sur les sarcophages de momies gréco-égyptiennes – des défunts qui ont emporté avec eux des vers homériques pour l'éternité.

Les poèmes homériques étaient plus qu'un divertissement pour un public ensorcelé, ils exprimaient les rêves et les mythologies des peuples anciens. Depuis des temps reculés, de génération en génération, les êtres humains racontent les faits historiques qui ont marqué la mémoire collective, mais ont la fâcheuse tendance de les transformer en légende. Au XXIe siècle, le mécanisme d'invention de gestes héroïques peut sembler primitif et dépassé. Pourtant, ce n'est pas le cas : chaque civilisation choisit ses épisodes nationaux et consacre ses héros pour s'enorgueillir d'un passé légendaire. Le dernier pays à avoir forgé son univers mythique a été les États-Unis avec le *western*, et ils ont réussi à exporter la fascination exercée par ce mythe dans tout le monde globalisé contemporain. John Ford a réfléchi à la mythification de l'Histoire dans *L'Homme qui tua Liberty Valance*, où le rédacteur en chef d'un journal, déchirant l'article solidement documenté de son journaliste d'investigation, conclut : « On est dans l'Ouest, ici. Et dans l'Ouest, quand la légende dépasse la réalité, alors on publie la légende. » Peu importe si l'époque regrettée (les temps du génocide indien, la guerre civile, la ruée vers l'or, le pouvoir des cow-boys sauvages, les villes sans foi ni loi, l'apologie du fusil et l'esclavage) n'était en réalité pas très glorieuse. On pourrait affirmer à peu près la même chose – et certains Grecs eurent le courage de le dire – au sujet du grand évènement fondateur hellénique, la sanglante guerre de Troie. Mais, de même que le cinéma nous a appris à aimer les paysages poussiéreux et grandioses du Far West, les territoires frontaliers, l'esprit pionnier et la soif de conquête de la terre, Homère émouvait les Grecs avec ses récits violents et vibrants du champ de bataille et du retour des vétérans au foyer.

Comme les meilleurs westerns, Homère est plus qu'un simple pamphlet patriotique. Certes, ses poèmes représentaient le monde aristocratique sans se révolter contre ses injustices ni le remettre en question, mais il savait également capter l'ambivalence de ses histoires. On reconnaît là une mentalité et des conflits peu éloignés des nôtres – ou, pour être exacte, deux mentalités, car l'*Odyssée* est beaucoup plus moderne que l'*Iliade*.

L'*Iliade* raconte l'histoire d'un héros obsédé par la renommée et l'honneur. Achille peut choisir entre une vie sans éclat, longue et paisible, s'il reste dans son pays, et une mort glorieuse, s'il embarque vers Troie. Il décide de partir à la guerre, alors que les prophéties l'avertissent qu'il ne reviendra pas. Achille appartient à la grande famille des êtres aveuglés par un idéal, courageux, engagés, mélancoliques, insatisfaits, obstinés et enclins à se prendre très au sérieux. Alexandre rêva de lui ressembler depuis l'enfance, et il chercha l'inspiration dans l'*Iliade* pendant les années de sa fulgurante campagne militaire.

Dans l'univers cruel de la guerre, les jeunes meurent et les parents survivent à leurs enfants. Une nuit, le roi de Troie s'aventure seul jusqu'au camp ennemi pour supplier qu'on lui rende le cadavre de son fils afin de pouvoir l'enterrer. Achille, l'assassin, la machine à tuer, a pitié du vieil homme et, devant cette image de digne douleur, il se souvient de son propre père, qu'il ne reverra plus. C'est une scène émouvante, au cours de laquelle le vainqueur et le vaincu pleurent ensemble, partageant des certitudes : le droit d'enterrer les morts, l'universalité du deuil et la beauté étrange de ces éclairs d'humanité qui illuminent provisoirement la catastrophe de la guerre. Cependant, bien que l'*Iliade* ne le raconte pas, on sait que la trêve sera brève. La guerre continuera, Achille mourra au combat, Troie sera rasée, ses hommes passés par les armes et ses femmes tirées au sort comme esclaves entre les vainqueurs. Le poème s'achève au bord de l'abîme.

Achille est un guerrier traditionnel, habitant d'un monde sévère et tragique ; en revanche, le vagabond Ulysse – créature littéraire tellement moderne qu'elle séduisit Joyce – se lance avec plaisir dans des aventures fantastiques, imprévisibles, amusantes ; parfois érotiques, parfois ridicules. L'*Iliade* et l'*Odyssée* explorent des options vitales éloignées, et leurs héros affrontent les épreuves et les hasards de l'existence avec des tempéraments opposés. Homère laisse clairement entendre qu'Ulysse apprécie intensément la vie, avec ses imperfections, ses instants d'extase, ses plaisirs et sa saveur douce-amère. C'est l'ancêtre de tous les voyageurs, explorateurs, marins et pirates de fiction – capable d'affronter n'importe quelle situation, menteur, séducteur, collectionneur d'expériences et grand narrateur d'histoires. Même si son foyer et son épouse lui manquent, il s'attarde à loisir sur sa route. L'*Odyssée* est la première représentation littéraire de la nostalgie, qui cohabite, sans trop de conflits, avec l'esprit de navigation et d'aventure. Quand son bateau s'échoue sur l'île de la nymphe Calypso aux belles tresses, Ulysse reste avec elle pendant sept ans.

Dans ce petit éden méditerranéen où poussent les violettes et où le doux ressac baigne les plages paradisiaques, Ulysse fait l'amour avec la déesse, jouissant à ses côtés de l'immortalité et de l'éternelle jeunesse. Toutefois, après plusieurs années de plaisir, tant de bonheur le rend malheureux. Il se lasse de la monotonie de ces vacances perpétuelles et pleure au bord de la mer en souvenir des siens. Mais Ulysse connaît bien la race divine et réfléchit à deux fois avant d'avouer à sa puissante amie qu'il en a assez d'elle. C'est Calypso qui finit par aborder l'épineux sujet : « Ulysse, tu veux donc repartir chez toi sur ta terre natale ? Si tu savais combien de malheurs te réserve le destin, tu resterais ici avec moi et serais immortel. Je me targue de ne pas être inférieure à ton épouse, ni en beauté ni en allure, aucune femme ne peut rivaliser avec le corps et le visage d'une déesse. » C'est une offre très tentante : être pour toujours l'amant d'une nymphe voluptueuse, dans la plénitude du corps, sans vieillesse, sans maladies, sans mauvaises passes ni problèmes de prostate ou démence sénile. Ulysse répond : « Déesse, ne te fâche pas contre moi. Je sais bien que Pénélope est inférieure à toi, mais malgré cela je désire rentrer chez moi. Si un dieu me tourmente sur la mer rouge comme le vin, je le supporterai avec patience. J'ai déjà tant souffert sur les vagues, à la guerre… » Et, après que la rupture fut décidée – dit le poète avec un naturel charmant –, le soleil se coucha, le crépuscule arriva et tous deux allèrent profiter encore de l'amour ensemble. Cinq jours plus tard, il quitta l'île, heureux de redéployer ses voiles au vent.

Le rusé Ulysse ne fantasme pas, comme Achille, sur

un destin grandiose et unique. Il aurait pu devenir un dieu, mais il choisit de revenir à Ithaque, la petite île rocheuse où il vit, et d'affronter la décrépitude de son père, l'adolescence de son fils et la ménopause de sa femme. Ulysse est une créature battante et ballotée, qui préfère les tristesses authentiques à un bonheur artificiel. Le cadeau que lui offre Calypso ressemble trop à une illusion, à une fuite, à la vision d'une drogue hallucinogène, à une réalité parallèle. La décision du héros exprime une nouvelle sagesse, loin du sévère code de l'honneur qui animait Achille. Cette sagesse nous murmure que la vie humaine, humble, imparfaite et éphémère, en vaut la peine, malgré ses limites et ses malheurs, la jeunesse qui s'enfuit, la chair qui se ramollit et nos pieds qui finissent par se traîner sur le sol.

Le monde perdu de l'oralité : une tapisserie d'échos

31

Le premier mot de la littérature occidentale est « colère » (en grec, *ménin*). Ainsi commence l'hexamètre initial de l'*Iliade*, nous plongeant d'un coup, sans cérémonie, dans le bruit et la fureur. Avec la colère d'Achille s'ouvre la route qui nous emmène sur les terres d'Euripide, de Shakespeare, Conrad, Faulkner, García Lorca, Rulfo.

Toutefois, Homère est plus une fin qu'un début. En réalité, c'est la pointe d'un iceberg submergé presque entièrement dans l'oubli. Quand on écrit son nom au côté de celui d'écrivains de la littérature universelle, on mélange deux univers incomparables. L'*Iliade* et l'*Odyssée* sont nées dans un monde différent du nôtre, à une époque antérieure à la diffusion de l'écriture, quand le langage était éphémère (gestes, expressions, échos). Une époque de « paroles ailées », comme les nomme Homère, qu'emportait le vent et que seule la mémoire pouvait retenir.

Le nom d'Homère est associé à deux textes épiques qui proviennent d'une période où la notion d'auteur a peu de sens. Au temps de l'oralité, les poèmes étaient récités en public, perpétuant une coutume héritée des tribus nomades, quand les anciens racontaient près du feu les vieilles histoires de leurs ancêtres et les exploits de leurs héros. La poésie était socialisée, elle était à tout le monde et n'appartenait à personne en particulier. Chaque poète pouvait utiliser librement les mythes et chants de la tradition, et les retoucher, se débarrassant de ce qu'il estimait sans importance, ajoutant des nuances, des personnages, des aventures inventées et aussi des vers qu'il avait entendus chez ses collègues professionnels. Derrière tout récit se trouvait une galaxie de poètes qui n'auraient pas compris le concept de « droits d'auteur ». Au cours des longs siècles d'oralité, les poèmes héroïques grecs furent modifiés et se développèrent, couche après couche, génération après génération, sans que les textes ne parviennent jamais à une version ferme et définitive.

Les poètes analphabètes créèrent des centaines de poèmes qui ont été perdus pour toujours. Certains d'entre eux laissèrent une trace chez les auteurs anciens et grâce à leurs allusions – résumés et brefs fragments – nous connaissons leur thème principal. En plus du cycle troyen, il y en eut au moins un autre, sur la ville de Thèbes, où naquit le malheureux Œdipe. Un très vieux chant, antérieur à l'*Iliade* et à l'*Odyssée*, avait pour protagoniste le guerrier Memnon, né en Éthiopie. Si les hypothèses sur son ancienneté sont exactes, cela signifierait, étonnamment, que la plus ancienne chanson de geste que nous connaissons en Europe relate les exploits d'un héros noir.

Dans la société orale, les bardes intervenaient lors des grandes fêtes et des banquets de nobles. Quand un professionnel des paroles ailées interprétait son répertoire de récits devant un auditoire, aussi restreint fût-il, il « publiait » son œuvre. Si on veut imaginer cette façon de raconter et d'écouter des histoires – qui n'est pas encore de la littérature car elle ne connaît ni les lettres ni l'écriture –, on a deux sources d'information. L'*Iliade* et l'*Odyssée* offrent des touches de la vie, du métier (et aussi des privations) des aèdes grecs. Par ailleurs, les anthropologues ont étudié d'autres cultures où l'épopée orale a survécu – cohabitant avec l'imprimerie et les nouvelles technologies de communication – jusqu'à aujourd'hui. Même s'ils nous apparaissent comme des visiteurs du passé, les chants traditionnels refusent de mourir et, dans certaines zones de la planète, ils servent à raconter les guerres nouvelles et les vies dangereuses du présent. Les spécialistes du folklore ont enregistré la chanson d'un barde crétois qui retrace l'attaque des parachutistes allemands en Crète en 1941. Il est tellement ému au souvenir de ses amis tombés que soudain sa voix vacille, tremble et se tait.

Imaginons une scène de la vie quotidienne dans le petit palais d'un seigneur local au Xe siècle av. J.-C. On célèbre un banquet et, pour égayer l'ambiance, l'hôte a engagé un barde ambulant. Sur le seuil de la porte, à la place des mendiants, l'étranger attend qu'on l'invite à s'assoir dans le salon où les plus riches de la région engloutissent de la viande grillée et boivent, des gouttes de graisse leur dégoulinant sur le menton. Quand les regards se posent sur lui, il a honte de sa tunique usée et pas très propre. Il accorde en silence son instrument, la cithare, tandis qu'il se prépare à intervenir. C'est un grand narrateur d'histoires, il pratique depuis l'enfance le métier de tisseur de mots. D'une voix claire, accompagnée par le pincement des cordes, assis tout seul, comme un auteur-compositeur avec sa guitare, il emporte tout le monde dans la magie d'un récit passionnant, riche d'aventures et de combats. Les convives du banquet hochent la tête, acquiescent, battent le rythme avec le pied. Ils sont immédiatement ensorcelés. L'histoire les plonge en eux-mêmes, fait briller leur regard, et ils commencent à sourire sans s'en rendre compte. Les Grecs anciens et les témoins modernes de récitations dans les villages slaves se ressemblent sur ce point : la chanson épique saisit, envahit et fascine qui l'écoute.

Mais l'astucieux barde ne s'appuie pas uniquement sur le charme de son récit : il possède également un répertoire de petits trucs. Dès son arrivée, il s'est informé sur les ancêtres de la famille qui l'a embauché, il a appris leurs noms et leurs particularités, afin de les introduire dans l'histoire et de leur faire côtoyer les héros légendaires. Il glisse toujours dans la narration un épisode qui glorifie, comme par hasard, les parents de ses clients. Il raccourcit ou allonge la chanson en fonction de l'humeur et de l'atmosphère de la salle. Si l'auditoire apprécie les descriptions luxueuses, il décore l'armure du guerrier, les harnais de ses chevaux, et couvre les princesses de bijoux – des richesses qu'il n'a pas à payer de sa poche, cela va de soi. Il domine l'art de la pause et du suspense, et interrompt l'histoire à un moment bien calculé pour qu'on lui demande de continuer le lendemain. Le récit se poursuit soir après soir, parfois pendant une semaine ou plus, jusqu'à ce que l'intérêt de ses hôtes commence à diminuer. Alors le musicien voyageur reprend la route, l'errance, en quête d'un nouveau refuge.

Au temps des paroles ailées, la littérature était un art éphémère. Chaque représentation de ces poèmes oraux était unique. Tel un musicien de jazz qui, à partir d'une mélodie populaire, se livre à une improvisation passionnée sans partition, les bardes jouaient avec des variations spontanées sur les chants appris. Et quand ils récitaient le même poème, retraçant la même légende avec les mêmes héros, ce n'était jamais identique à la fois précédente. Grâce à un entraînement précoce et discipliné, ils apprenaient à utiliser le vers comme un langage vivant, modulable. Ils connaissaient les sujets de centaines de mythes, maîtrisaient les règles du langage traditionnel, possédaient un arsenal de phrases préparées et de chevilles pour remplir les vers et, grâce à ces ficelles, tissaient pour chaque récitation un chant à la fois fidèle et différent. Mais il n'y avait aucune revendication d'auteur : les poètes aimaient l'héritage du passé et ne voyaient pas l'intérêt de faire preuve d'originalité si la version traditionnelle était belle. L'expression de l'individualité appartient au temps de l'écriture ; aux époques antérieures, le prestige de l'originalité artistique vivait des heures sombres.

Bien entendu, pour dominer son métier, il était nécessaire de posséder une mémoire prodigieuse. L'ethnologue Mathias Murko – qui ouvrit la voie, poursuivie ensuite par Milman Parry et Albert Lord – constata au début du XXe siècle que les chantres bosniaques musulmans maîtrisaient trente ou quarante chants oraux ; certains plus de cent, et d'autres jusqu'à cent quarante. Les chants pouvaient durer sept ou huit heures – comme les poèmes grecs, il s'agissait chaque fois de versions différentes d'un même récit –, et il fallait plusieurs nuits entières (jusqu'à l'aube) pour les réciter intégralement. Quand Murko demanda à quel âge ils commençaient à apprendre, ils lui répondirent qu'ils jouaient déjà de l'instrument dans les bras de leurs parents et racontaient des légendes depuis leurs 8 ans. Il y avait des enfants prodiges, de petits Mozart de la narration. L'un d'eux se rappelait qu'à 10 ans il accompagnait sa famille dans les cafés du bazar, où il absorbait tous les chants ; il n'arrivait pas à dormir tant qu'il n'avait pas répété les histoires entendues et, quand il dormait, elles restaient dans sa mémoire. Parfois, les bardes voyageaient pendant des heures pour aller écouter un collègue. Une seule audition d'un chant – deux, s'ils avaient beaucoup bu – leur suffisait pour être capables de l'interpréter eux-mêmes. Ainsi survivait l'héritage des poèmes.

Il s'est probablement produit en Grèce quelque chose de semblable. Les poètes épiques conservaient le souvenir du passé car dès l'enfance ils grandissaient dans un monde double – le vrai et celui des légendes. Quand ils parlaient en vers, ils se sentaient transportés dans le monde du passé, qu'ils connaissaient seulement à travers le sortilège de la poésie. Tels des livres de chair et d'os, vivants et palpitants, à des époques sans écriture et donc sans Histoire, ils empêchaient que toutes les expériences, les vies et le savoir accumulé terminent dans le néant de l'oubli.

32

Une nouvelle invention commença à bouleverser silencieusement le monde au cours de la seconde moitié du VIIIe siècle av. J.-C., une révolution paisible qui finirait par transformer la mémoire, le langage, l'acte de création, la manière d'organiser la pensée, notre relation avec l'autorité, le savoir et le passé. Les changements furent longs, mais extraordinaires. Après l'alphabet, rien ne fut plus comme avant.

Les premiers lecteurs et les premiers écrivains étaient des pionniers. Le monde de l'oralité résistait – il n'a pas totalement disparu encore aujourd'hui –, et la parole écrite souffrit au début d'un certain opprobre. De nombreux Grecs préféraient les mots chantés. Les innovations ne leur plaisaient pas beaucoup, ils se plaignaient et maugréaient. Contrairement à nous, les habitants du monde ancien croyaient que la nouveauté tendait à provoquer plus de dégénérescence que de progrès. Un peu de cette réticence a perduré dans le temps ; toutes les grandes avancées – l'écriture, l'imprimerie, Internet… – ont dû affronter des détracteurs apocalyptiques. Il y eut sûrement des grincheux pour accuser la roue d'être un instrument décadent et préférer jusqu'à leur mort porter des menhirs sur leur dos.

Cependant, il était difficile de résister à la promesse d'une nouvelle invention. Toute société aspire à perdurer et souhaite qu'on se souvienne d'elle. L'acte d'écrire prolongeait la vie de la mémoire, empêchait le passé de se dissoudre pour toujours.

Aux premiers temps, les poèmes naissaient et voyageaient encore par des voies orales, mais certains bardes apprirent le tracé des lettres et se mirent à les transcrire sur des feuilles de papyrus (ou les dictèrent), en guise de passeport pour le futur. Certains alors prirent peut-être conscience des conséquences inattendues de cette audace. Écrire les poèmes signifiait immobiliser le texte, le figer définitivement. Dans les livres, les mots cristallisent. Il fallait choisir une seule version des chants, la plus belle possible, pour qu'elle survive aux autres. Jusqu'alors, le chant était un organisme vivant qui croissait et se transformait. L'écriture allait le pétrifier. Opter pour une version du récit, c'était sacrifier toutes les autres et, en même temps, le sauver de la destruction et de l'oubli.

Grâce à cet acte audacieux, presque téméraire, sont arrivées jusqu'à nous deux œuvres mémorables qui ont façonné notre vision du monde. Les 15 000 vers de l'*Iliade* et les 12 000 vers de l'*Odyssée* qu'on lit aujourd'hui comme deux romans sont un territoire frontalier entre l'oralité et le nouveau monde. Un poète, sans doute éduqué à la maîtrise des récitations, mais en contact avec l'écriture, tissa plusieurs chants traditionnels sur le canevas d'une trame cohérente. Homère fut-il ce personnage sur le seuil de deux univers ? On ne le saura jamais. Chaque chercheur imagine son propre Homère : un barde analphabète de la nuit des temps ; le responsable de la version définitive de l'*Iliade* et de l'*Odyssée* ; un poète qui leur apporta la touche finale ; un copiste appliqué qui signa le manuscrit de son nom ; ou un éditeur séduit par cette invention farfelue des livres, des paroles ailées. Qu'un auteur aussi important pour notre culture soit seulement un fantôme ne cessera jamais de me fasciner.

Compte tenu du peu d'information disponible, il est impossible de percer le mystère. L'ombre d'Homère disparaît sur des terres obscures. Et cela rend encore plus éblouissantes l'*Iliade* et l'*Odyssée* – documents exceptionnels qui nous permettent de nous approcher de l'époque des récits ailés et des paroles perdues.

33

Toi qui lis ce livre, tu as vécu pendant quelques années dans un monde oral. Depuis tes petits balbutiements jusqu'au moment où tu as appris à lire, les mots existaient uniquement dans la voix. Tu rencontrais partout les dessins muets des lettres, mais ils ne signifiaient rien pour toi. Les adultes qui contrôlaient le monde, en revanche, lisaient et écrivaient. Tu ne comprenais pas bien ce que c'était, et peu importait car tu aimais parler. Les premiers récits de ta vie entrèrent par le pavillon de tes oreilles ; tes yeux ne savaient pas encore voir. Puis arriva l'école : les bâtons, les ronds, les lettres, les syllabes. En toi s'est accompli à petite échelle le même parcours que fit l'humanité de l'oralité à l'écriture.

Ma mère me lisait des livres tous les soirs, assise au bord de mon lit. Elle était la rhapsode ; moi, son public fasciné. Le lieu, l'heure, les gestes et les silences étaient toujours les mêmes, notre liturgie intime. Pendant que ses yeux cherchaient l'endroit où elle avait arrêté la lecture et revenaient quelques phrases en arrière pour retrouver le fil de l'histoire, la douce brise du récit emportait toutes les préoccupations du jour et les peurs à venir de la nuit. Ce temps de lecture me semblait un petit paradis provisoire – plus tard j'ai appris que tous les paradis sont ainsi, simples et temporaires.

Sa voix. J'écoutais sa voix et les sons de l'histoire qu'elle m'aidait à imaginer : le clapotis de l'eau contre la coque d'un bateau, le doux crissement de la neige, le choc de deux épées, le sifflement d'une flèche, des pas mystérieux, des hurlements de loup, des chuchotements derrière une porte. Nous nous sentions très unies, ma mère et moi, ensemble dans deux lieux à la fois, plus ensemble que jamais mais scindées en deux dimensions parallèles, à l'intérieur et à l'extérieur, avec un réveil qui faisait tic-tac dans la chambre pendant une demi-heure et pendant les années entières que durait l'histoire, seules et en même temps entourées d'une foule, espionnes et amies des personnages.

Ces années-là, j'ai perdu mes dents de lait une par une. Mon geste préféré pendant que ma mère me racontait des histoires était de toucher ma dent tremblante avec le doigt, la sentir se détacher de ses racines, bouger de plus en plus et, quand finalement elle tombait avec quelques filets de sang salés, la placer dans la paume de ma main pour la regarder – l'enfance se brisait, faisait en chemin des trous dans mon corps et des bris d'émail blanc, et le temps des histoires le soir se terminerait bientôt, même si je l'ignorais.

Quand nous arrivions à des épisodes particulièrement émouvants – une persécution, l'imminence d'un assassinat ou d'une découverte, le signe d'une trahison –, ma mère s'éclaircissait la voix, feignait d'avoir un picotement dans la gorge, toussait ; c'était le signal convenu de la première interruption. Je ne peux plus lire. Alors c'était à moi de supplier avec désespoir : non, n'arrête pas maintenant, continue encore un peu. Je suis fatiguée. S'il te plaît, s'il te plaît. On jouait cette petite comédie, puis elle reprenait. Je savais qu'elle faisait semblant, bien entendu, mais j'avais toujours peur. À la fin, une de ses interruptions serait la bonne, elle fermerait le livre, m'embrasserait, me laisserait seule dans le noir et se livrerait à cette vie secrète que vivent les adultes la nuit, leurs nuits passionnantes, mystérieuses, désirées ; ce pays étranger et interdit aux enfants. Le livre fermé resterait sur la table de chevet, muet et buté, m'expulsant des campements du Yukon ou des rives du Mississippi, ou du château d'If, de l'auberge de « L'Amiral Benbow », de la montagne des Âmes, de la forêt de Misiones, du lac Maracaibo, du quartier de Benia Kirk, à Odessa, de Vintimille, de la perspective Nevski, de l'île de Barataria, de l'antre de Torech Ungol à la frontière du Mordor, de la lande à côté de la maison des Baskerville, de Nijni Novgorod, du château de tu iras et ne reviendras pas, de la forêt de Sherwood, du sinistre laboratoire d'anatomie d'Ingolstadt, de l'arbre du baron Cosimo à Ombrosa, de la planète des baobabs, de la mystérieuse maison d'Yvonne de Galais, du repaire de Fagin, de l'île d'Ithaque. Et, même si j'ouvrais le livre au bon endroit, signalé par un marque-pages, cela ne servait à rien, je voyais seulement des lignes pleines de pattes d'araignée qui refusaient de me dire un misérable mot. Sans la voix de ma mère, la magie ne devenait pas réalité. Lire était un sortilège, en effet ; réussir à faire parler ces étranges insectes noirs des livres, qui me paraissaient alors d'immenses fourmilières en papier.

34

On imagine communément que les cultures orales sont primitives, rudimentaires et tribales. Si on mesure aujourd'hui le développement d'un pays au degré d'alphabétisation de sa population, rien d'étrange à ce qu'on projette sur cette période préhistorique le cliché d'un monde attardé et éteint. Cependant, on sait qu'il n'en fut rien – du moins, pas toujours. La culture inca péruvienne, par exemple, conquit et gouverna un empire puissant, sans s'appuyer sur l'écriture (hormis d'un système de messages transmis au moyen de nœuds dans des cordes ou *quipus*), et elle fut capable de créer un art propre et une architecture herculéenne qui attire chaque année des foules de touristes vers les hauteurs andines de Cuzco et du Machu Picchu.

Bien entendu, l'absence de l'écriture était un inconvénient culturel. Plus grande était la complexité qu'atteignaient les sociétés orales, plus constante et angoissante devenait pour ses habitants la menace de l'oubli. Ils avaient besoin de préserver leurs lois, leurs croyances, leurs découvertes, leur connaissance technique – leur identité. S'ils ne transmettaient pas leurs progrès, chaque génération devrait recommencer péniblement depuis le début. Mais ils pouvaient seulement communiquer à travers un système d'échos, léger et fugace comme l'air. Dans la fragile mémoire humaine, ils trouvaient leur unique espoir de permanence dans le temps. Pour cette raison, ils entraînaient la mémoire au maximum de sa capacité, c'étaient des athlètes du souvenir aux prises avec leurs propres limites.

Dans leur effort pour durer, les habitants du monde oral se rendirent compte que le langage rythmique était plus facile à mémoriser, et, sur les ailes de cette découverte, naquit la poésie. Quand on récite des vers, la mélodie des mots aide à répéter le texte sans l'altérer, car la musique se brise dès qu'on se trompe. Nous avons tous dû apprendre des poèmes à l'école et maintenant, malgré les années, après avoir oublié tant de choses, on constate qu'on s'en souvient encore avec une étonnante clarté.

Ce n'est pas un hasard si, dans la mythologie grecque, les muses étaient les filles de la déesse Mnémosyne (d'où vient le mot « mnémotechnique »), la personnification de la mémoire comme activité : le souvenir et l'évocation. À cette époque – comme à toutes les époques –, personne ne pouvait créer sans être capable de se souvenir. En dépit de leurs différences radicales, si le barde oral et l'écrivain postmoderne ont quelque chose en commun, c'est la façon d'envisager leur œuvre comme version, nostalgie, traduction et recyclage permanent du passé.

Le rythme n'est pas uniquement un allié de la mémoire, il est aussi un catalyseur de nos plaisirs – la danse, la musique et le sexe jouent avec la répétition, la mesure et les cadences. Le langage possède également d'infinies possibilités rythmiques. L'épopée grecque s'écoule en hexamètres, qui forment un rythme acoustique particulier à travers des combinaisons de syllabes longues et brèves. Le verset hébraïque, en revanche, préfère les rythmes syntactiques : « Il y a un moment pour tout et un temps pour chaque chose sous le ciel : un temps pour naître et un temps pour mourir ; un temps pour planter et un temps pour arracher ce qui a été planté ; un temps pour tuer et un temps pour soigner ; un temps pour détruire et un temps pour construire… » On dirait que ces phrases de L'Ecclésiaste chantent, d'ailleurs elles inspirèrent au musicien Pete Seeger une chanson – *Turn ! Turn ! Turn ! (To Everything There Is A Season)* – qui fut en tête des ventes en 1965. Aux origines de la poésie, le plaisir du rythme se mit au service de la continuité culturelle.

Aux côtés de la musique linguistique, on découvrit d'autres stratégies pour la conservation du souvenir. Les poèmes oraux transmettaient leur enseignement en action, sous forme de récits et non de réflexions ; les phrases abstraites sont propres au langage écrit. Aucun poète n'aurait dit à son public quelque chose d'aussi peu captivant que : « les mensonges minent la confiance. » À la place, il aurait préféré raconter l'histoire du berger plaisantin qui s'amusait à effrayer les gens de son hameau en criant « Attention au loup ! » Au temps de l'oralité, il y avait toujours une aventure en marche, les personnages se trompaient et subissaient, dans leur chair de fiction, les conséquences de leurs erreurs pour que la communauté en tire les leçons. L'expérience acquérait du sens et se transmettait par un récit – légende, conte, fable, dilemme, blague, devinette ou souvenir. Le monde chimérique de l'oralité imaginait des histoires pleines de vitalité et de mouvement dans lesquelles les vivants côtoyaient les morts, les humains les dieux, les corps les fantômes, et où le lien entre le ciel, la terre et l'enfer permettait un chemin d'éternel retour. Les contes traditionnels humanisaient même les animaux, les rivières, les arbres, la lune ou la neige, comme si la nature entière désirait s'unir à la joie et au vertige de la narration. La littérature jeunesse conserve toujours cet ancien plaisir pour l'action exubérante et la cohabitation joyeuse entre animaux parlants et enfants.

L'*Iliade* et l'*Odyssée* – comme les poèmes perdus de cette époque – étaient, selon les mots de Eric A. Havelock, des encyclopédies orales pour les Grecs, rassemblant le savoir populaire dont ils avaient hérité. Elles racontaient, avec un rythme énergique et passionnant, le mythe de la guerre de Troie, suivi du difficile retour chez eux des conquérants grecs. L'intrigue, le caractère dramatique et l'aventure captaient l'attention du public. Et, à l'intérieur du récit, camouflés dans le flux rapide des épisodes, se succédaient de brefs enseignements regroupés en quelques vers prêts à être mémorisés. Quiconque écoutait les récits apprenait des notions de navigation et d'agriculture, des techniques pour construire des bateaux ou des maisons, des règles pour réunir une assemblée, prendre une décision collective, se préparer au combat ou organiser un enterrement. Il intégrait comment doit agir un guerrier dans la bataille, comment parler à un prêtre, lancer un défi, réparer une offense, se comporter au foyer, il apprenait ce que les dieux attendent des humains, ce que dictent les lois, les coutumes et le code de l'honneur. Dans les vers homériques, ce n'est pas un individu rebelle et bohème qui exprime son originalité, mais la voix collective de la tribu.

Parmi les enseignements hérités, on trouve de précieuses doses de sagesse antique, mais aussi des expressions d'idéologie oppressive. Au premier chant de l'*Odyssée*, Télémaque commande sans ménagement à sa mère, Pénélope, de se taire : « Mère, va dans ta chambre, veille aux travaux de ton sexe, métier et quenouille, et ordonne à tes servantes d'aller à leur besogne. La parole est l'affaire des hommes, la mienne surtout, car c'est moi qui suis le maître dans la maison. » Quand on lit cet épisode aujourd'hui, on est troublé par la dureté de l'adolescent qui commence à se sentir homme et veut prendre les rênes du foyer, reléguant sa mère aux travaux du rouet. Mais le poète approuve cette précoce affirmation de la domination masculine dans la bouche du jeune fils d'Ulysse, et la donne en exemple à son public. Pour les Grecs, la parole appartenait aux hommes ; c'était leur prérogative. Dans l'*Iliade*, Zeus lui-même reproche à son épouse Héra pendant un banquet de tenter de lui faire avouer ses intentions, et l'humilie en public avec un grossier « Ferme-la ! », exprimé par de solennels hexamètres épiques. Par leurs actes et leurs paroles, les personnages homériques proposaient constamment des modèles de comportement au sein du foyer, où le chef de famille s'érigeait en maître et seigneur.

Plus loin, l'*Iliade* nous offre un exemple de discrimination sociale, également associé à l'épineuse question de l'usage de la parole. Quand un homme du peuple, appelé Thersite – l'unique plébéien qui apparaît dans le poème, décrit comme le plus laid des Grecs qui se rendirent à Troie –, ose intervenir dans l'assemblée de guerriers, Ulysse le menace de son sceptre et lui dit sur un ton impérieux de laisser parler ceux qui valent mieux que lui, c'est-à-dire les rois et les généraux. Mais Thersite le révolté a suffisamment d'insolence et de culot pour se lancer dans un discours revendicatif, critiquant la cupidité du roi Agamemnon : « Atride ! De quoi te plains-tu, de quoi as-tu besoin encore ? Elles sont pleines de bronze, tes baraques ; beaucoup de femmes s'y trouvent aussi, des femmes de choix, que nous, les Achéens, nous te donnons, à toi avant tout autre, quand nous prenons une ville. [...] Il ne convient pourtant pas à leur chef de jeter dans le malheur les fils d'Achéens. » Le poème décrit comment Ulysse blesse le médisant et boiteux Thersite, tandis que la foule de soldats qui assiste à la scène applaudit, l'encourage et rit aux éclats (« Il dit, et de son sceptre, sur le dos et les épaules, lui donna des coups. Thersite se courba, laissant tomber de grosses larmes ; une tumeur sanguinolente se gonfla sur son dos, frappé par le sceptre doré. Il s'assit, effrayé, et, souffrant, regardant sans voir, essuya ses larmes. »).

Tout en savourant l'épopée homérique, avec son pouvoir de fascination et ses instants d'écrasante beauté, nous devons, en tant que lecteurs, faire preuve de vigilance, conscients qu'elle vient d'un monde dominé par l'aristocratie patriarcale grecque, que l'auteur glorifie sans remettre en question ses valeurs. La possibilité de raconter une histoire libre et transgressive est inimaginable à une époque où les poètes étaient les sentinelles de la tradition. Il faudra attendre l'invention de l'écriture et des livres pour que certains écrivains – toujours minoritaires – commencent à faire entendre la voix des réfractaires, des rebelles, des humiliés et des offensés, des femmes réduites au silence ou de plébéiens comme Thersite, laids et roués de coups.

35

C'est un grand paradoxe : nous venons d'un monde disparu que nous pouvons seulement entrevoir au moment où il s'évanouit. Notre image de l'oralité émane des livres. Nous connaissons les paroles ailées grâce à leur contraire, celles, immobiles, de l'écriture. Une fois transcrits, ces récits perdirent pour toujours leur fluidité, leur élasticité, leur liberté d'improvisation et, dans beaucoup de cas, leur langage caractéristique. Sauver cet héritage exigea de le blesser à mort.

Blessée mais toujours fascinante, la grande richesse de l'imaginaire auroral de notre culture a survécu sans totalement s'effacer avec le temps. On entend ses échos lointains dans la transcription de mythologies, fables, sagas, chansons folkloriques et contes traditionnels. Transformée, refondue et réinterprétée, on la trouve dans l'*Iliade* et l'*Odyssée*, les tragédies grecques, la Torah – et l'Ancien Testament –, le Râmâyana, les Eddas, *Les Mille et Une Nuits*. Et, précisément, ces récits exilés – réfugiés littéraires au pays étranger des textes écrits – constituent la colonne vertébrale de notre culture.

Quand la muse apprit à écrire – selon les mots de Havelock –, des bouleversements étonnants se produisirent. Les nouveaux textes purent commencer à se multiplier en une variété infinie car ils n'étaient plus sujets à l'économie de la mémoire. L'entrepôt de la connaissance cessa d'être exclusivement acoustique et se transforma en archive matérielle. Par conséquent, susceptible d'être agrandi sans limites. Ainsi, la littérature gagna la liberté de se développer dans toutes les directions, elle n'avait plus besoin de gérer avec parcimonie la capacité bornée de la mémoire. Cette liberté imprégna aussi les thèmes et points de vue du récit. Face à l'oralité, qui favorisait les formes et idées traditionnelles, identifiables pour leur auditoire, le discours alphabétisé pouvait s'ouvrir à des horizons inconnus car le lecteur avait le temps d'assimiler et de méditer avec tranquillité les idées novatrices. Les livres contiennent des approches excentriques, des voix d'identités individuelles, des défis à la tradition.

Quand il abandonna l'oralité, le langage expérimenta des réajustements architecturaux : la syntaxe déploya de nouvelles structures logiques, et le vocabulaire devint plus abstrait. Par ailleurs, la littérature découvrit de nouveaux chemins en dehors de la discipline du vers. Comme le bourgeois gentilhomme de Molière, qui un beau jour se rendit compte qu'il parlait en prose sans le savoir depuis plus de quarante ans, les auteurs grecs s'aperçurent que leurs personnages pouvaient arrêter de dialoguer en hexamètres.

La prose devint le véhicule d'un surprenant univers de faits et de théories. Les énoncés novateurs élargirent l'espace de la pensée. Cette extension de perspectives fut à l'origine de l'Histoire, de la philosophie et de la science. Pour se référer à son travail intellectuel, Aristote choisit le mot *theoría* et le verbe correspondant *theoreîn*, qui en grec font allusion à l'acte de regarder quelque chose. Ce choix est très révélateur : le métier de penser le monde existe grâce aux livres et à la lecture, c'est-à-dire quand on peut voir les mots et réfléchir lentement à leur sujet, au lieu uniquement de les entendre prononcer dans le cours rapide du discours.

Toutes ces transformations eurent lieu à un rythme lent. On imagine généralement que les nouvelles inventions balaient rapidement les anciennes habitudes, or ces processus ne se mesurent pas en années-lumière mais plutôt en années « stalactite ». Peu à peu, comme des gouttes qui glissent sur la roche, laissant derrière elles de fines rigoles de calcite, les lettres créèrent de nouvelles consciences et mentalités. L'abandon de l'oralité dans la Grèce antique fut un processus long qui dura du VIIIe au IVe siècle av. J.-C. Aristote, avec sa vaste collection de livres – inspirée par l'ambitieuse Bibliothèque alexandrine –, fut sûrement le premier homme de lettres européen au sens strict.

En réalité, on ne devrait pas parler de substitution, mais d'une étrange fusion entre l'oralité et le langage écrit, une délicate union. Il est paradoxal, par exemple, que dans les écoles grecques les enfants aient appris à lire avec l'*Iliade* et l'*Odyssée*. Homère a toujours conservé sa place centrale dans l'enseignement ; comme au temps des encyclopédies orales, il fut le maître indiscutable de toute l'Hellade. Dans le même temps, les grands raconteurs d'histoires et les individus doués pour composer des discours continuaient indubitablement d'éblouir les Grecs, ainsi que le prouve leur passion inépuisable pour la rhétorique. En général, l'autorité politique des cités-États grecques revenait à des personnes à l'éloquence facile. Cette division caractéristique du monde médiéval, entre seigneurs féodaux forts en muscles mais sans rien dans la tête et lettrés cultivés qui rédigeaient les documents à leur place, n'a jamais existé. Les Grecs adoraient l'art oratoire efficace, assaisonné d'une certaine causticité expressive. Un cliché humoristique de l'Antiquité les présente toujours en train de brailler, papoter, parlementer. À cause de cet amour immodéré pour les mots et pour le débat, les Romains qui conquirent la Grèce les considéraient comme d'incurables charlatans.

Si on tend l'oreille, on entend encore résonner les paroles ailées dans les chœurs de la tragédie, les odes de Pindare, l'histoire d'Hérodote foisonnante de récits, les dialogues de Platon. Dans le même temps, toutes ces œuvres possèdent un parti pris novateur de langage et de conscience individuelle. Comme cela arrive habituellement, il n'y a pas eu de rupture totale ni de continuité absolue. Même le pari littéraire le plus novateur contient toujours des fragments et des emprunts à d'innombrables textes précédents.

Le cas de Socrate présente un amalgame saisissant de nouveau et d'ancien. Socrate, un petit artisan, passa sa vie à déambuler dans les gymnases, les ateliers et sur l'agora d'Athènes afin d'engager des conversations philosophiques avec qui voulait bien s'arrêter parler avec lui. Ce goût pour l'errance bavarde et son désintérêt pour le foyer, en plus de faire le malheur de son épouse Xanthippe, lui attirèrent une réputation d'excentrique. C'était un formidable causeur qui refusa toujours de mettre par écrit ses enseignements. Il accusait les livres d'entraver le dialogue d'idées, car la parole écrite ne sait pas répondre aux questions et objections du lecteur. Il se sentait sûrement plus proche des anciens bardes qui vivaient le nez au vent que des écrivains au teint pâle et à l'air hagard. Cependant, la muse de la philosophie, qui séduisit Socrate et lui inspira son heureux absentéisme professionnel, était fille de l'écriture. Dans le monde des traditions, un personnage comme lui, avec ses origines humbles et sa laideur impressionnante – il était petit, avec un nez camus et un ventre imposant –, n'aurait pas eu le droit de prendre la parole en public et aurait connu le même sort que Thersite. Alors que dans l'Athènes éclairée de son époque, les aristocrates non seulement renoncèrent à le rosser en public, mais ils le respectèrent et encouragèrent son activité philosophique ambulante.

Socrate ne fut pas l'unique grand penseur qui, à la croisée des chemins de la communication, s'abstint d'écrire. Comme lui, Pythagore, Diogène, Bouddha et Jésus de Nazareth choisirent l'oralité. Pourtant, tous savaient lire et maîtrisaient l'écriture. Dans l'Évangile de Jean, Jésus s'accroupit et écrit avec le doigt dans le sable, juste avant de lancer son fameux défi : « Que celui parmi vous qui n'a jamais péché jette la première pierre. » Jean ne nous révèle pas ce qu'il écrivit dans le sable – peut-être le vent emporta-t-il une maxime aussi mémorable que la précédente, ou simplement une liste de courses –, mais l'essentiel est que nous puissions lire aujourd'hui toute la scène. Les apôtres accomplirent la tâche que leur mentor avait négligée et, grâce à leurs chroniques, il reste une trace nette de leur passage sur Terre. Même si ces maîtres prirent le parti de l'oralité, les livres furent le véhicule décisif pour divulguer leur message. Quand la mémoire était l'unique entrepôt des mots, les discours dissidents avaient très peu de chances de se perpétuer en dehors d'un petit cercle d'adeptes.

Il est important de nuancer : dans la nouvelle civilisation de l'écriture, l'oralité perdit le monopole de la parole, mais ne disparut pas. De fait, elle continue de vivre parmi nous. Jusqu'au XXe siècle, ceux qui savaient lire étaient minoritaires dans toutes les sociétés, et il existe encore aujourd'hui des centaines de millions d'analphabètes dans le monde. Comme le savent les anthropologues, la voix des chants et des mythes ne s'est jamais totalement tue. Dans la période de l'entre-deux-guerres, Milman Parry, chercheur à l'université d'Harvard, se rendit dans les Balkans pour être le témoin de récitations épiques à la manière d'Homère et tenter de percer l'énigme homérique. À son grand étonnement, l'histoire de son voyage scientifique devint à son tour une nouvelle épopée de style ancien. Un barde analphabète interpréta en 1933 un chant qui élevait le philologue au rang inattendu de héros mythique : « Un faucon gris s'envola des beaux confins d'Amérique, survolant pays et villes, jusqu'à la rive de notre mer. Notre histoire s'en souviendra à travers le temps. » Un autre chercheur américain, Hiram Bingham, qui deux décennies plus tôt avait découvert le site du Machu Picchu, entra dans l'imaginaire populaire comme une sorte d'Indiana Jones brandissant son fameux fouet. Pendant une courte période, certains professeurs universitaires acquirent une place dans le panthéon héroïque de l'univers épique.

Bien qu'en apparence cela semble paradoxal, l'oralité doit beaucoup aux progrès technologiques. Depuis la nuit des temps, la puissance de la voix humaine atteignait uniquement les personnes physiquement présentes. La radio et le téléphone firent voler en éclats ces limites – le son des discours solennels comme celui du bavardage quotidien sont en mesure de toucher toute la population mondiale. Avec la prolifération des portables, les satellites et le réseau téléphonique, nos paroles voyagent d'un bout à l'autre du globe avec des ailes plus immenses que jamais.

Le cinéma, qui commença comme spectacle muet, poursuivit frénétiquement son voyage jusqu'au parlant. Tant que dura la période muette, les salles fournirent du travail à d'étranges personnages, les bonimenteurs, qui appartenaient à l'ancienne tribu des rhapsodes, troubadours, marionnettistes et conteurs. Leur tâche consistait à lire les cartons des films pour le public analphabète et à animer la séance. Au début, leur présence rassurait les gens qui étaient effrayés de voir une projection pour la première fois. Ils ne comprenaient pas comment d'un drap tendu pouvait surgir une rue – ou une usine, un train, une ville, le monde ! Les bonimenteurs aidèrent à accepter l'étrangeté du cinéma quand les images en mouvement entrèrent dans nos vies. Ils étaient munis de gadgets comme des klaxons, des crécelles et des noix de coco pour reproduire les sons qu'on voyait à l'écran. Ils montraient les personnages avec une baguette. Ils répondaient aux exclamations du public. Ils improvisaient des monologues expressifs au fil de l'action. Ils interprétaient, donnaient du caractère à l'intrigue silencieuse. Ils déclenchaient des rires. Au fond, ils tentaient de combler l'inquiétant vide que créait l'absence de voix. Les bonimenteurs les plus amusants et les plus éloquents finirent par être annoncés dans les programmes des cinémas car beaucoup de spectateurs venaient dans les salles attirés par eux, plus que par les films.

Heigo Kurosawa fut un admirable *benshi*, narrateur de films muets pour le public japonais. Il devint une star. Les gens accouraient en masse pour l'entendre. Il introduisit son petit frère, Akira, qui à cette époque voulait être peintre, dans les milieux cinématographiques de Tokyo. Vers 1930, avec l'arrivée tonitruante du parlant, les *benshi* perdirent leur travail, leur réputation s'évanouit et ils furent oubliés. Heigo se suicida en 1933. Akira consacra toute sa vie à réaliser des films comme ceux qu'il avait appris à aimer par la voix de son frère aîné.

36

Alors que je suis plongée dans le chapitre précédent, concentrée sur les voix lointaines de temps révolus, l'onde de choc de l'actualité troublée me rattrape. La nouvelle a provoqué un bruyant concert de commentaires, d'indignations et de sarcasmes sur les réseaux sociaux agités. Les « ce n'est pas possible » et autres « il était temps » résonnent, la polémique bat son plein. Les journaux et les émissions de radio font appel à leurs experts habituels. C'est du non-stop. Twitter crache le morceau : l'académie suédoise a octroyé le prix Nobel de littérature à Bob Dylan.

J'assiste avec amusement à la cacophonie médiatique des scandalisés et des réjouis. Les enthousiastes sont ravis que la hiérarchie et le snobisme littéraire aient enfin volé en éclats. Les indignés se méfient de l'avant-garde de pacotille du vétuste comité suédois. Ils suspectent qu'il n'y ait là-dedans aucune intention de désacraliser ou d'étendre le concept d'écrivain, aucun pied de nez aux douaniers en uniforme qui surveillent les frontières de la littérature et exigent un visa d'entrée ; dans ce choix, ils voient simplement de l'opportunisme et une soif de médiatisation. Les plus exaltés préfèrent parler de banalisation et se demandent, consternés, quelle sera la prochaine étape après une telle absurdité. Dans le sillage de l'auteur-compositeur-interprète, une série de sous-produits littéraires – scénaristes de cinéma et de télévision, auteurs de bandes dessinées, humoristes, créateurs de jeux vidéo et de projets transmédias, twitteurs – fera-t-elle irruption dans le *sancta sanctorum* de l'académie ? Sont-ils les tribus de l'avenir ?

Habitée par le livre que j'écris, je pense à Homère. Je pense à la multitude de bardes itinérants blottis derrière son nom. Ils furent les premiers. Ils chantaient pour divertir les riches dans leurs palais et les gens humbles sur les places des villages. En ce temps-là, être poète signifiait semelles usées, poussière des chemins, instrument sur le dos, récitals à la tombée de la nuit et rythme dans le corps. Ces artistes itinérants, envoyés débraillés des muses, savants bohèmes qui expliquaient le monde en chansons, moitié encyclopédistes moitié bouffons, sont les ancêtres des écrivains. Leur poésie vint avant la prose, et leur musique avant la lecture silencieuse.

Un Nobel pour l'oralité. Comme demain peut être ancien !

37

Enfant, je croyais que les livres avaient été écrits pour moi, que l'unique exemplaire au monde se trouvait dans ma maison. J'en étais persuadée. Mes parents, qui à cette époque de leur vie étaient de splendides géants tout puissants, s'étaient occupés, à leurs heures perdues, d'inventer et de fabriquer les récits qu'ils m'offraient. Couchée dans mon lit, la couverture remontée jusqu'au menton, je savourais à travers la voix de ma mère mes histoires préférées qui, bien évidemment, n'existaient que pour que je les écoute. Et elles accomplissaient leur unique mission dans le monde quand je suppliais la géante narratrice : « Encore ! » J'ai grandi, mais je conserve une relation très narcissique avec les livres. Quand un récit m'envahit, quand sa pluie de mots se déverse sur moi, quand je comprends de manière presque douloureuse ce qu'il raconte, quand j'ai la certitude – intime, solitaire – que leur auteur a changé ma vie, je crois à nouveau que je suis, moi, en particulier, la lectrice que ce livre cherchait.

Je n'ai jamais demandé à quelqu'un d'autre s'il ressentait la même chose. Dans mon cas, tout remonte au pays de l'enfance, et je crois qu'il y a une raison essentielle : mon premier contact avec la littérature a été la lecture à voix haute ; un carrefour où convergent tous les temps – le présent de l'écriture et le passé de l'oralité ; un petit théâtre à un seul spectateur, un rendez-vous fidèle, une prière libératrice. Quand une personne lit pour vous, elle désire votre plaisir ; c'est un acte d'amour et un armistice au milieu des combats de la vie. Tandis qu'on écoute avec une attention rêveuse, le narrateur et le livre se fondent en une unique présence, une seule voix. Et, de la même façon que le lecteur module pour vous les inflexions, les sourires ténus, les silences et les regards, l'histoire devient la vôtre par un droit inaliénable. On n'oubliera jamais qui nous a raconté un joli conte dans la pénombre de la nuit.

Une femme écoute son amant adolescent lire à chacun de leurs rendez-vous érotiques. J'adore imaginer ces moments décrits dans *Le Liseur*, de Bernhard Schlink. Tout commence avec l'*Odyssée*, que le garçon traduisait en cours de grec au lycée. Lis-le-moi, lui dit-elle. Tu as une très belle voix, mon garçon. Quand il tente de l'embrasser, elle se dérobe : tu dois d'abord me lire quelque chose. À partir de ce jour, le rituel de leurs rencontres inclut toujours la lecture. Pendant une demi-heure – avant la douche, le sexe et le repos –, dans l'intimité du désir, il égrène des histoires tandis que la femme, Hanna, écoute avec attention, rie parfois, se moque avec mépris ou réagit par des exclamations indignées. Au fil des mois et des livres – Schiller, Goethe, Tolstoï, Dickens –, le garçon à la voix peu assurée acquiert les compétences du narrateur. Quand le printemps arrive et que les jours rallongent, ils consacrent encore plus de temps à la lecture. Une après-midi d'été torride, alors qu'ils viennent de terminer un livre, Hanna refuse d'en commencer un autre. C'est leur dernier rendez-vous. Quelques jours plus tard, le garçon arrive à l'heure habituelle et frappe à la porte, mais la maison est vide. Elle a disparu soudain, sans explications – la fin des lectures a marqué la fin de leur histoire. Et, des années durant, il ne peut voir un livre sans penser à le partager avec Hanna.

Plus tard, alors qu'il étudie le droit dans une université allemande, il découvre par hasard la sombre histoire de son ancienne amante : elle a été gardienne dans un camp de concentration nazi. Là aussi, elle obligeait les prisonnières à lui lire des livres, nuit après nuit, avant de les jeter dans le convoi qui les conduisait à une mort certaine à Auschwitz. Grâce à certains indices, par regroupements, il comprend qu'Hanna est analphabète. Il reconstruit l'histoire de cette jeune émigrée du monde rural, sans éducation, habituée à des tâches sans importance, qui s'enivre du poste de commandement qu'on lui a confié dans un camp féminin près de Cracovie. Sous ce nouvel éclairage, il comprend la dureté d'Hanna, qui frôlait parfois la cruauté, ses mutismes, ses réactions incompréhensibles, sa soif de lectures à voix haute, sa marginalisation, ses efforts pour se cacher, son isolement. Les souvenirs amoureux du jeune étudiant se teintent d'horreur. Pourtant, il prend la décision d'enregistrer l'*Odyssée* sur des cassettes et de les lui envoyer en prison pour soulager sa solitude. Tout le temps où Hanna purge sa longue peine, il ne cesse de lui envoyer des enregistrements d'Anton Tchekhov, Franz Kafka, Max Frisch, Theodor Fontane. Prisonniers de leur labyrinthe de culpabilité, d'effroi, de souvenirs et d'amour, tous deux se retranchent dans l'ancien refuge des lectures à voix haute. Ces années de récits partagés ressuscitent les mille et une nuits où Shéhérazade apaise par ses contes le sultan meurtrier. Naufragés de la catastrophe de la Seconde Guerre mondiale, dont les blessures européennes sont encore vives, le protagoniste et Hanna retournent aux histoires anciennes en quête d'absolution, de soin, de paix.

La révolution paisible de l'alphabet

38

Nous autres, habitants du XXIe siècle, tenons pour acquis que tout le monde apprend à lire et à écrire pendant l'enfance. Cela nous semble une connaissance accessible, à la portée de tous. On n'imagine même pas qu'il puisse y avoir parmi nous des personnes analphabètes, comme Hanna.

Pourtant, elles existent (670 000 en Espagne en 2016, d'après les données de l'Institut national de la statistique). J'en ai connu une. J'ai été témoin de son impuissance face à des situations quotidiennes telles que s'orienter dans la rue, trouver le bon quai dans une gare, déchiffrer la facture d'électricité – même si on peut se demander si ceux qui savent lire arrivent à comprendre l'imbroglio des tarifs électriques –, choisir le bon bulletin de vote ou un plat dans un restaurant. Seuls les lieux connus et les routines répétées la rassuraient dans un monde où elle était incapable d'évoluer comme les autres. Elle déployait une énergie surhumaine pour cacher sa condition d'analphabète – j'ai oublié mes lunettes à la maison, pourriez-vous me lire ceci ? –, et ce besoin de feindre finissait par la marginaliser socialement. Je me souviens surtout de sa détresse, du répertoire de petits mensonges nécessaires pour demander de l'aide aux inconnus sans avoir honte, cette infantilisation infinie. Dans *La Cérémonie*, le réalisateur Claude Chabrol a capté le côté obscur et inquiétant de cette exclusion silencieuse, montrant la violence refoulée de l'héroïne, ironiquement appelée Sophie. Le film est basé sur un roman noir de Ruth Rendell, *L'Analphabète*, qui décrit l'obsession désespérée – et à la fin meurtrière – d'une femme analphabète pour protéger son secret.

Nous lisons plus que jamais. Nous sommes cernés par des affiches, des panneaux, des publicités, des écrans, des documents. Les rues regorgent de mots, des graffitis sur les murs aux enseignes lumineuses. Ils clignotent sur les téléphones portables et sur les écrans des ordinateurs. Des textes de différents formats cohabitent avec nous, chez nous, comme de tranquilles animaux de compagnie. Il n'y en a jamais eu autant. Nos journées sont traversées par des rafales continues de lettres écrites et d'alertes annonçant leur arrivée. On passe plusieurs heures de notre quotidien et de notre temps libre à tapoter sur plusieurs claviers. Quand on nous prie de remplir un formulaire à un guichet, personne auparavant n'a la politesse de nous demander si on sait lire. Et si nous n'étions pas capables d'écrire rapidement, nous serions vite exclus, même des situations les plus courantes.

Ana María Moix m'a raconté que dans les années 1970 elle a un jour déjeuné avec la prodigieuse couvée du *boom* latino-américain : Mario Vargas Llosa, Gabriel García Márquez, Alfredo Bryce Echenique, José Donoso et Jorge Edwards. C'était dans un restaurant à Barcelone où il fallait noter par écrit sa commande et la remettre ensuite au serveur. Mais comme ils buvaient et discutaient, ils ne prêtèrent pas attention au menu ni aux regards insistants des garçons. Finalement, le maître d'hôtel fut obligé d'intervenir, irrité par tant de bavardage passionné et une telle indifférence gastronomique. S'adressant à eux sans les reconnaître, il leur lança d'une voix courroucée : « Personne ne sait donc écrire à cette table ? » Aujourd'hui, nous présumons qu'autour de nous l'immense majorité des gens lit et écrit. Pour arriver à cet état de fait, il a fallu des siècles. Comme l'informatique, l'écriture fut au début la chasse gardée de quelques rares spécialistes. Des simplifications successives permirent à des millions de personnes d'utiliser ces outils de la vie quotidienne. Pour parvenir à ce progrès – qui dans le cas des ordinateurs s'est accompli seulement en quelques décennies –, des milliers d'années dans l'histoire de l'écriture ont été nécessaires. Les temps anciens ne se distinguent pas par la rapidité des évolutions.

Il y a six mille ans, les premiers signes écrits apparurent en Mésopotamie, mais les origines de cette invention sont drapées de silence et de mystère. Quelque temps plus tard, et de façon indépendante, l'écriture fit également son apparition en Égypte, en Inde et en Chine. L'art d'écrire eut, selon les théories les plus récentes, une origine pratique : les registres de propriété. Ces hypothèses affirment que nos ancêtres apprirent le calcul avant les lettres. L'écriture vint résoudre un problème de riches propriétaires et d'administrateurs de palais qui avaient besoin de prendre des notes car ils avaient du mal à tenir leur comptabilité oralement. L'heure de transcrire des légendes et des récits n'était pas encore venue. Nous sommes des êtres économiques et symboliques. On commence par écrire des inventaires, puis des inventions (d'abord des comptes, ensuite des contes).

Les premières notes étaient des représentations schématiques (une tête de bœuf, un arbre, une jarre d'huile, un petit homme). Grâce à ces symboles, les anciens propriétaires terriens recensaient leurs troupeaux, leurs bois, leur garde-manger et leurs esclaves. Au départ, ils imprimaient ces formes dans l'argile au moyen de petits sceaux, et plus tard, ils les tracèrent avec des calames. Les dessins devaient être simples, et identiques, pour qu'on puisse les apprendre et les déchiffrer. L'étape suivante fut de représenter des idées abstraites. Sur les premières tablettes sumériennes, deux lignes croisées décrivaient l'inimitié ; deux lignes parallèles, l'amitié ; un canard avec un œuf, la fertilité. J'aime imaginer nos ancêtres savourant l'excitation de traduire pour la première fois leurs pensées ; quand ils découvrirent que l'amour, la haine, la peur, le découragement et l'espoir pouvaient s'écrire.

Bientôt un problème survint : il n'y avait pas assez de symboles pour rendre compte du monde extérieur et intérieur – des puces aux nuages, de la douleur dentaire à la peur de mourir. Le nombre de signes n'arrêtait pas d'augmenter, surchargeant la mémoire. La solution fut une de nos plus grandes inventions humaines, originale, simple, aux conséquences incalculables : cesser de dessiner les choses et les idées, qui sont infinies, pour dessiner à la place les sons des mots, qui constituent un répertoire limité. C'est ainsi, à travers de successives simplifications, qu'apparurent les lettres. En combinant des lettres, nous avons obtenu la partition la plus parfaite du langage, et la plus durable. Mais les lettres n'ont jamais abandonné leur passé de représentations schématiques. Notre « D » signifiait à l'origine une porte, le « M » le mouvement de l'eau, le « N » était un serpent et le « O » un œil. Aujourd'hui encore, nos textes sont des paysages où nous peignons – sans le savoir – le ressac de la mer, hantée par de dangereux animaux et des regards qui ne cillent pas.

39

Les systèmes primitifs étaient de véritables labyrinthes de symboles. Ils mélangeaient les dessins figuratifs – pictogrammes et idéogrammes –, les signes phonétiques et les marques singulières qui aidaient à résoudre les ambigüités. Dominer l'écriture exigeait de connaître jusqu'à un millier de symboles et leurs combinaisons compliquées. Cette connaissance – difficile et merveilleuse – était seulement à la portée d'une minorité restreinte de scribes qui exerçaient un métier privilégié et secret. Les apprentis, d'origine noble, devaient survivre à un enseignement impitoyable. Un texte égyptien dit : « l'Oreille du garçon est dans son dos ; il écoute uniquement quand on le frappe ! » Dans les écoles de scribes, les enfants, le dos strié de cicatrices, étaient éduqués à la dure pendant des années, souvent battus. La discipline était violente. Il était interdit de lambiner, et le châtiment pour les mauvais élèves pouvait aller jusqu'à l'emprisonnement. Cependant, s'ils supportaient la cruauté et la monotonie de l'apprentissage, ils grimpaient au sommet des hiérarchies religieuses. Ceux qui maîtrisaient l'écriture formaient une aristocratie parfois plus puissante que celle des courtisans analphabètes ou que le souverain lui-même. La conséquence de ce système d'enseignement fut que, pendant de nombreux siècles, l'écriture fit seulement entendre la voix du pouvoir établi.

L'invention de l'alphabet abattit les murs et ouvrit

les portes afin que de nombreuses personnes, et pas seulement un conclave d'initiés, puissent accéder à la pensée écrite. La révolution germa entre les peuples sémitiques. Partant de l'épineux système égyptien, ils arrivèrent à une formule d'une étonnante simplicité. Ils conservèrent juste les signes qui représentaient les consonnes simples, l'architecture basique des mots. On retrouva les plus anciens vestiges de l'alphabet sur une paroi rocheuse couverte de graffitis, près d'une route aride à Wadi el-Hol («la Vallée terrible»), qui traverse le désert entre Abydos et Thèbes, dans la Haute-Égypte. Ces inscriptions simples d'émigrants, datées de 1850 av. J.-C., sont liées à l'ancienne écriture alphabétique de la péninsule du Sinaï et du territoire cananéen en Syrie-Palestine. Vers 1250 av. J.-C., les Phéniciens – Cananéens qui habitaient dans des villes côtières comme Byblos, Tyr, Sidon, Beyrouth et Ashkelon – parvinrent à un système de vingt-deux signes. Les anciennes écritures, qui constituaient une charge épuisante pour la mémoire et une longue spécialisation à la portée uniquement de cerveaux privilégiés, furent abandonnées. Utiliser moins de trente lettres pour représenter tous les mots de la langue aurait semblé une méthode très grossière à un scribe égyptien, habitué à employer des centaines de signes. Il aurait plissé le front et haussé les sourcils devant notre anodine lettre «E», dérivée d'un beau hiéroglyphe égyptien – un homme levant les bras – qui avait une signification poétique: «Ta présence apporte de la joie.» En revanche, pour les astucieux marins phéniciens, la question prenait une autre valeur. L'écriture alphabétique simplifiée libérait le commerçant du pouvoir du scribe. Grâce à elle, chacun pouvait tenir ses propres registres et diriger ses affaires.

L'onde d'expansion de l'invention n'affecta pas uniquement les marchands, elle toucha également de nombreuses personnes qui, en dehors des cercles du pouvoir et des collèges sacerdotaux, loin des gardiens de l'orthodoxie, eurent pour la première fois le moyen d'accéder aux histoires de la tradition par écrit, de prendre du recul par rapport à leur charme oral et de commencer à douter de celles-ci. Ainsi naquirent l'esprit critique et la littérature écrite. Certains individus se risquèrent à laisser une trace de leurs sentiments, de leurs questionnements et de leur propre vision de la vie. Les livres devinrent peu à peu le véhicule de l'expression individuelle. En Israël, les voix de virulents prophètes, qui n'étaient pas nécessairement scribes ou prêtres, firent irruption dans la Bible ; en Grèce, des gens sans origines aristocratiques se transformèrent en chercheurs avides de réponses pour expliquer le monde alentour. Même si les rebelles et les révolutionnaires se faisaient toujours massacrer comme avant, leurs idéaux avaient de nouvelles chances de leur survivre et d'être diffusés. Grâce à l'alphabet, certaines causes perdues furent gagnées avec le temps. Les textes, dans leur majorité, eurent beau continuer de servir le pouvoir des rois et des seigneurs, des interstices s'ouvrirent pour les voix indociles. Les traditions perdirent quelque chose de leur solidité inébranlable. Des idées neuves secouèrent les vieilles structures sociales.

Vers l'an 1000 av. J.-C., on découvrit l'écriture phénicienne dans un poème gravé sur la tombe d'Ahiram, roi de Byblos (aujourd'hui appelée Jbeil), ville célèbre pour son commerce d'exportation de papyrus, d'où vient le mot grec qui désigne le livre : *biblíon*. Toutes les branches postérieures de l'écriture alphabétique descendent de ce système des Phéniciens. La plus importante fut l'araméen, duquel découlent à leur tour les familles hébraïque, arabe et indienne. De cette même matrice provient aussi l'alphabet grec, et plus tard le latin, qui a pris racine dans les territoires qui s'étendent de la Scandinavie à la Méditerranée ainsi que dans les grands espaces autrefois colonisés par les occidentaux.

40

Les Grecs adoptèrent l'écriture phénicienne en toute liberté, sans aucune contrainte. Ils adaptèrent l'invention à leurs besoins et, au rythme lent d'un changement désiré, transcrivirent par écrit les traditions orales qu'ils aimaient le plus, les sauvant des failles de la mémoire. Ils jouirent de la même indépendance à l'époque de l'oralité qu'au cours de leur vie alphabétique. C'est un cas exceptionnel ; de nombreuses cultures orales, à l'inverse, ont fini dans une violente collision, encerclées ou envahies par des peuples qui leur ont imposé par la force leur langue et leur écriture. Les anthropologues et ethnologues ont pu trouver des témoins vivants de ce passage à l'écriture dans des pays colonisés où l'irruption de l'alphabet, unie au traumatisme des invasions, est un chemin jalonné de violence.

Le roman *Le Malaise*, de l'écrivain nigérian Chinua Achebe, reflète cet amour conflictuel pour les lettres des envahisseurs. Après le débarquement occidental et les premiers signes de la destruction du monde millénaire où ils sont nés, les personnages de cette histoire découvrent, fascinés, l'écriture. Parallèlement, ils pressentent avec douleur qu'entre les mains des colons cet instrument magique peut les dépouiller de leur propre passé. La civilisation étrangère possède le sortilège pour se perpétuer ; pendant ce temps, l'univers indigène s'effondre. « Le symbole du pouvoir blanc était la parole écrite. Un jour, avant de partir en Angleterre, Obi avait entendu parler avec une profonde émotion des mystères de la parole écrite sur un parent analphabète : nos femmes avant se faisaient des dessins noirs sur le corps avec la sève de l'*uli*. C'était beau, mais ça ne durait pas longtemps. Au maximum deux semaines de marché. Mais parfois les anciens nous parlaient d'un *uli* qui ne se décolorait pas, même si personne ne l'avait vu. Aujourd'hui nous le voyons dans l'écriture de l'homme blanc. Quand on va dans les tribunaux autochtones et qu'on regarde les livres des greffiers d'il y a vingt ans ou plus, ils sont comme le jour où ils ont été écrits. Ils ne disent pas une chose aujourd'hui et une autre demain, une chose cette année et une autre l'année prochaine. Dans un livre, Okoye aujourd'hui ne peut pas être Okonkwo demain. Dans la Bible, Pilate dit : "Ce que j'ai écrit, je l'ai écrit." C'est un *uli* qui jamais ne déteint. »

41

On ne sait pas son nom, ni quand il est né, ni combien de temps il a vécu. Je dis « il », car j'imagine que c'est un homme. Les femmes grecques de l'époque n'avaient pas de liberté de mouvements, aucune indépendance, et nullement le droit de prendre ce genre d'initiative.

Il a vécu au VIIIe siècle av. J.-C., il y a vingt-neuf siècles. Il a changé mon monde. Alors que j'écris ces lignes, je me sens pleine de gratitude pour cet inconnu oublié qui, avec son intelligence, réalisa un progrès merveilleux, même s'il ne fut sans doute pas conscient de l'importance de sa découverte. Je l'imagine voyageur, peut-être insulaire. Il fut sûrement l'ami de marchands phéniciens expérimentés, au visage tanné. Il but en leur compagnie dans les tavernes des ports, le soir, respirant l'odeur de salpêtre dans l'air mélangée à la fumée émanant d'un plat de seiches posé sur la table, sur fond d'histoires de marins. Des navires fendant la tempête, des vagues comme des montagnes, des naufrages, des rives étranges, de mystérieuses voix de femmes dans la nuit. Mais ce qui le fascinait surtout chez les marins, c'était un de leurs talents, en apparence simple et sans éclat : comment de modestes commerçants pouvaient-ils écrire aussi vite ?

Les Grecs avaient connu l'écriture à l'époque de l'apogée crétois et des royaumes mycéniens, avec leurs constellations de signes ésotériques au seul service de la comptabilité palatiale. Des systèmes syllabiques d'une grande complexité, à l'usage très limité, élitiste. Les époques de saccages et d'invasions, sans compter la pauvreté des derniers siècles, avaient quasiment jeté dans l'oubli ces labyrinthes de signes. Pour lui, pour qui l'art de l'écriture était un symbole de pouvoir, les traits rapides des marins phéniciens furent une révélation. Il éprouva de l'émerveillement, du vertige, le désir de posséder leur secret. Il décida de déchiffrer les mystères de la parole écrite et réussit à dénicher un ou plusieurs informateurs lettrés, peut-être en les payant de sa poche. Le lieu où se produisirent les rencontres fut probablement une île (les meilleures candidates sont Santorin, Milos et Chypre), voire la côte libanaise (par exemple le port de El-Mina où les marchands de l'Eubée traitaient en permanence avec les Phéniciens). De ses professeurs improvisés il apprit le maniement de l'outil magique qui permettait de saisir l'empreinte des paroles infinies au moyen de vingt-deux simples dessins. Il sut apprécier l'audace de l'invention. Dans le même temps, il découvrit que l'écriture phénicienne contenait des énigmes : seules étaient notées les consonnes de chaque syllabe, laissant au lecteur la tâche de deviner les voyelles. Les Phéniciens avaient sacrifié l'exactitude au nom de la facilité.

À partir du modèle phénicien, il inventa, pour sa langue grecque, le premier alphabet de l'histoire sans ambigüités – aussi précis qu'une partition. Il commença par adapter environ quinze signes phéniciens consonantiques, en suivant le même ordre, avec un nom ressemblant (*aleph*, *bet*, *gimel*… devinrent « alpha », « bêta », « gamma »…). Il prit les lettres qui n'étaient pas utiles pour sa langue, appelées consonnes faibles, et employa leurs signes pour les cinq voyelles minimum nécessaires. Il innova uniquement là où il se vit capable d'améliorer le modèle original. Le résultat fut exceptionnel. Grâce à lui, fut diffusé en Europe un alphabet amélioré, avec tous les avantages de la découverte phénicienne et une nouvelle avancée : la lecture cessa d'être sujette à conjecture et, par conséquent, devint encore plus accessible. Imaginons comment lire cette phrase sans voyelles : mgnns cmmnt lr ctt phrs ss vylls. Pensons un instant à la difficulté d'identifier le mot « idée » à partir de la consonne « d », ou « aérien » avec seulement « rn ».

On ne sait rien sur cet inconnu ; il nous reste juste l'instrument fantastique qu'il nous a offert. Son identité est une empreinte effacée par les vagues, mais il ne fait aucun doute qu'il a existé. Les spécialistes pensent que l'invention de l'alphabet grec ne fut pas un processus anonyme à la charge d'une collectivité sans nom et sans visage ; mais un acte individuel, délibéré et intelligent, qui exigea une grande sophistication auditive pour identifier les particules basiques – consonnes et voyelles – qui composent les mots. Un événement unique qui fut réalisé à un moment déterminé et dans un lieu précis. Dans l'histoire de l'écriture grecque, il n'y a pas d'indices d'un passage graduel d'un système moins complet à un système plus abouti. Il n'y a pas non plus de traces de formes intermédiaires, d'essais, d'hésitations, ni de retours en arrière. Quelqu'un – on ne saura jamais qui –, un savant anonyme, habitué des tavernes jusqu'à l'aube, ami des marins étrangers dans un lieu baigné par la mer, osa forger les mots du futur en donnant forme à toutes nos lettres. Et nous continuons d'écrire, en substance, de la même manière que l'imagina le créateur de cet instrument prodigieux.

42

Grâce à l'alphabet, l'écriture changea de main. Au temps des palais mycéniens, un petit groupe d'experts et de scribes gravaient sur des tablettes d'argile la comptabilité palatiale. Les inventaires monotones de richesses constituent la seule trace écrite de cette époque. En revanche, dans la Grèce du VIIIe siècle av. J.-C., la nouvelle invention révéla un paysage distinct. Les premiers vestiges alphabétiques que nous connaissons apparurent sur des vases en céramique ou sur de la pierre. Les mots que les potiers et les tailleurs de pierre inscrivirent ne parlent plus de ventes ni de possessions – esclaves, bronze, armes, chevaux, huile ou bétail. Ils immortalisent des moments particuliers de la vie de personnes ordinaires qui participent à des banquets, dansent, boivent et célèbrent leurs plaisirs.

Une vingtaine d'inscriptions entre 750 et 650 av. J.-C. ont survécu. La plus ancienne se trouve sur le vase du Dípylon, trouvé dans un ancien cimetière d'Athènes. Ce plus vieil exemple d'écriture alphabétique, bien qu'incomplet, est un vers sensuel et évocateur : « Le danseur qui danse avec la plus grande adresse… » Ces mots simples nous conduisent à un symposium célébré dans une résidence grecque, avec des rires, des jeux, du vin et un concours de danse pour les invités dont la récompense est le vase même. Homère décrit dans l'*Odyssée* ce genre de compétitions festives, fréquentes lors des banquets, qui faisaient partie, pour les Grecs, de leur conception de la bonne vie. À en juger par les termes de l'inscription, la danse devait être acrobatique, énergique, pleine d'érotisme. Pour cette raison, on imagine que le vainqueur du concours était très jeune, capable de réaliser un grand effort physique, les pirouettes et les sauts qu'exigeait la danse. Il fut si fier qu'il garda toujours le souvenir de ce jour heureux et, des années plus tard, demanda à être enterré avec le trophée de sa victoire. Dans sa tombe, après vingt-sept siècles de silence, on a découvert le vase et, gravé dessus, ce vers qui conserve des échos de musique et des traces de quelques beaux pas de danse.

La deuxième inscription – autour de 720 av. J.-C. – fut également découverte à l'intérieur d'une tombe de l'île d'Ischia, à l'extrémité occidentale du monde grec. Elle dit : « Je suis la coupe délicieuse de Nestor. Celui qui boit dans cette coupe sera bientôt prisonnier du désir d'Aphrodite, couronnée de beauté. » C'est un hommage à l'*Iliade*, écrit en hexamètres. La coupe de Nestor montre que même sur une petite île périphérique, dans un monde de marchands et de marins, la connaissance d'Homère était impeccable. Et elle nous révèle que la magie des lettres transformait de simples objets quotidiens, comme une coupe ou un vase en céramique, en biens précieux qui accompagnaient leurs propriétaires jusque dans la tombe. C'était le début d'une nouvelle ère. L'alphabet sortit l'écriture de l'atmosphère close des registres de palais et la fit danser, boire et succomber au désir.

Des voix dans la brume, temps incertains

43

Au commencement balbutiant de l'écriture, les voix qui racontaient des histoires abandonnèrent la brume de l'anonymat. Les auteurs désiraient passer à la postérité, vaincre la mort par la force de leurs récits. Nous savons qui ils sont. Ils nous disent leurs noms pour être sauvés de l'oubli. Parfois, ils sortent même des coulisses du récit pour parler à la première personne, une audace que ne s'autorise jamais le narrateur invisible de l'*Iliade* et de l'*Odyssée*.

On perçoit le changement quand on lit Hésiode, dont les œuvres principales datent du début du nouveau siècle, c'est-à-dire aux alentours de 700 av. J.-C. Ses hexamètres conservent la saveur de l'oralité, mais contiennent un ingrédient nouveau : le germe de ce qu'on appelle aujourd'hui l'autofiction. À sa manière abrupte et désinhibée, Hésiode – auteur, narrateur et personnage – nous donne des détails sur sa famille, ses expériences et son mode de vie. On pourrait presque dire que c'est le premier individu d'Europe et un lointain ancêtre littéraire d'Annie Ernaux ou d'Emmanuel Carrère. Hésiode raconte que son père émigra d'Asie Mineure en Béotie « ne fuyant pas précisément l'abondance, le bonheur et la richesse, mais la pauvreté ». Avec son humour acide coutumier, il se répand en critiques sur le bourg crasseux où sa famille s'installa, nommé Ascra, « hameau misérable, terrible en hiver, dur en été, jamais agréable ».

Il décrit la naissance de sa vocation poétique. Hésiode était un jeune berger qui passait ses journées dans la solitude de la montagne, dormant par terre avec les bêtes de son père. Tandis qu'il errait dans les pâturages l'été, il se construisit un monde imaginaire composé de vers, de musique et de mots. Un monde intérieur à la fois céleste et dangereux. Un jour, alors qu'il faisait paître le troupeau au pied du mont Hélicon, il eut une vision. Les neuf muses apparurent à ses yeux, lui enseignèrent un chant, lui insufflèrent son don et mirent entre ses mains une branche de laurier. Puis elles lui dirent une phrase inquiétante : « Nous savons raconter des mensonges qui ressemblent à des vérités, et nous savons, quand nous le voulons, proclamer la vérité. » C'est une des plus anciennes réflexions sur la fiction – ce mentir-vrai – et, peut-être, une confession intime. J'aime penser qu'Hésiode, l'enfant poète entouré de silence, de bêlements et de purin, comme des siècles plus tard Miguel Hernández, avoue ici son obsession pour les mots. Les mots qu'il aime et qui le terrifient à cause du pouvoir qu'ils ont sur le monde, et le mauvais usage qu'on peut en faire.

Dans *Les Travaux et les Jours*, ce berger poète raconte l'épopée de son présent, et non les exploits du passé. Il décrit un genre différent d'héroïsme : le dur combat pour survivre dans des conditions hostiles. Il utilise les solennels hexamètres homériques pour parler des semailles et de l'élagage, de la castration des porcs et du cri des cigognes, des épis et des chênes, de la terre sale, du vin qui réchauffe les froides nuits paysannes. Il forge des mythes, des fables d'animaux et des maximes d'austère sagesse rustique. Il attaque son frère Persès, avec qui il s'est disputé à cause de l'héritage. Il déballe sans pudeur les batailles familiales scabreuses pour le partage du patrimoine, et peu lui importe d'apparaître comme un homme avare. Au contraire, c'est un laboureur fier de savoir la valeur de la terre. Il nous explique que son frère, effronté et paresseux, lui fait un procès, et que non content de cette terrible iniquité, il essaie de corrompre le juge. Il dénonce la rapacité des petits chefs et les combines des tribunaux. Il emploie des expressions merveilleusement caustiques, comme « juges avaleurs-de-jambon ». Furieux et sombre, dans le style des prophètes, il menace de châtiment divin les autorités qui, pour s'en mettre plein les poches, favorisent toujours les puissants et pillent les pauvres paysans. Hésiode ne chante plus les idéaux de l'aristocratie. C'est un héritier du vilain Thersite, qui dans l'*Iliade* reproche au roi Agamemnon de s'enrichir sur le dos de tous dans une guerre dont il est le seul à bénéficier.

Beaucoup de Grecs à son époque désiraient des fondements plus justes pour la vie en commun et une répartition plus équitable des richesses. *Les Travaux et les Jours* leur parlait de la valeur du travail patient et difficile, du respect de l'autre et de la soif de justice. Le temps de l'alphabet permit à la protestation acide d'Hésiode de durer. Malgré – ou peut-être grâce à – ses mots insultants à l'encontre des rois, le poème finit par devenir un livre indispensable, puis un texte scolaire. Là, entre les sillons d'une petite ferme convoitée du bourg misérable d'Ascra, au nord-est de l'Attique, commence la généalogie de la poésie sociale.

44

L'alphabet – selon Eric A. Havelock – était au départ un intrus sans statut social. L'élite de la société continuait de réciter et de jouer. L'usage de l'écriture s'étendit à pas lents, progressifs, doux. Au début, et pendant des siècles, les récits prenaient forme sur la page blanche de l'esprit et étaient rendus publics par des lectures à voix haute. Ils étaient encore conçus, dans un sens, pour la communication orale. Les versions écrites des livres étaient juste une assurance contre l'oubli. Les textes les plus anciens servaient de partitions musicales du langage, que seuls les spécialistes – auteurs et interprètes – utilisaient et lisaient. La musique des mots arrivait au public à travers les oreilles, et non par les yeux.

Vers le VIe siècle av. J.-C. apparut la prose et, avec elle, les écrivains proprement dits, qui ne construisaient plus leurs œuvres dans les mystérieux tunnels de la mémoire, mais s'asseyaient pour tracer des lettres sur des tablettes ou des papyrus. Les auteurs se mirent à écrire leurs textes en personne, ou à les dicter à un secrétaire. Les quelques copies qui étaient réalisées, quand il y en avait, circulaient à peine. Pour cette raison, il n'y a pas de traces d'industrie ni de commerce de livres à l'époque archaïque.

Cependant, l'oralité même se transforma au contact de l'alphabet. Une fois écrits, les mots commencèrent à rester ancrés dans l'ordre, comme les notes sur une portée. La mélodie des phrases demeurait pour toujours ; le torrent spontané, l'agilité dans la réponse et la liberté du langage parlé disparurent. À l'époque mycénienne, les aèdes itinérants avaient l'habitude de chanter les légendes héroïques accompagnés de leur instrument et de se laisser emporter par la grâce de l'improvisation ; mais, avec l'apparition des livres écrits, ils furent remplacés par les rhapsodes, qui récitaient des textes mémorisés – toujours identiques et sans musique – en donnant des coups de métronome avec une canne pour marquer le rythme.

À l'époque de Socrate, les textes écrits n'étaient pas encore un outil habituel et ils suscitaient de la méfiance. On les considérait comme un succédané de la parole orale – légère, aérienne, sacrée. L'Athènes du Ve siècle av. J.-C. avait beau déjà connaître un commerce naissant de livres, ce serait seulement un siècle plus tard, au temps d'Aristote, qu'on prendrait l'habitude de lire sans réserve. Pour Socrate, les livres étaient des adjuvants de la mémoire et de la connaissance, mais il pensait que les vrais savants feraient mieux de s'en méfier. Cette question inspira un dialogue platonicien intitulé *Phèdre*, qui se passe à quelques pas des murailles d'Athènes, à l'ombre d'un platane feuillu au bord de la rivière Ilisos. Là, à l'heure chaude de la sieste, avec les cigales en fond sonore, naît une conversation sur la beauté qui dérive mystérieusement vers le don ambigu de l'écriture.

Il y a des siècles, dit Socrate à Phèdre, le dieu Thot d'Égypte, inventeur des dés, des dames, des chiffres, de la géométrie, de l'astronomie et des lettres, rendit visite au roi d'Égypte et lui proposa ces arts pour qu'il les enseigne à ses sujets. Je cite Socrate : « Le roi demanda à quel usage chacun pouvait servir. Le dieu le lui expliqua. […] Mais quand on en vint à l'écriture : "L'enseignement de l'écriture, ô roi, dit Thot, accroîtra la science et la mémoire des Égyptiens." […] Le roi répondit : […] "C'est ainsi que toi, père de l'écriture, tu lui attribues, par bienveillance, une efficacité contraire à celle dont elle est capable ; car elle produira l'oubli dans les âmes en leur faisant négliger la mémoire : confiants dans l'écriture, c'est du dehors, par des caractères étrangers, et non plus du dedans, du fond d'eux-mêmes, qu'ils chercheront à susciter leurs souvenirs. […] Car, quand ils auront beaucoup lu sans apprendre, ils se croiront très savants, et ils ne seront le plus souvent que des ignorants de commerce incommode, parce qu'ils se croiront savants sans l'être." »

Après avoir écouté l'exotique mythe égyptien, Phèdre dit qu'il est d'accord avec son maître. C'est une attitude habituelle chez les gentils disciples de Socrate, qui n'osent jamais le contredire. Dans les dialogues de Platon, ils répètent sans cesse des phrases comme : « C'est très juste, Socrate », « C'est vrai », « C'est bien cela, Socrate. » Bien que son interlocuteur s'avoue déjà vaincu, le philosophe porte un dernier coup d'épée : « La parole écrite semble parler avec toi comme si elle était intelligente, mais si tu lui poses une question, parce que tu veux en savoir plus, elle continue de te répondre inlassablement la même chose. Les livres sont incapables de se défendre. » Socrate craignait qu'à cause de l'écriture les hommes abandonnent la réflexion personnelle. Il craignait que grâce au support des lettres, on confie le savoir aux textes qu'on se contenterait d'avoir à portée de main, sans faire l'effort de les comprendre à fond. Ainsi, il ne s'agirait plus de connaissance propre, intégrée et indélébile, partie du bagage de chacun, mais d'un appendice extérieur. L'argument est subtil, et toujours d'actualité. Aujourd'hui, nous sommes immergés dans une transition aussi radicale que l'alphabétisation grecque. Internet transforme l'utilisation de la mémoire et la mécanique même du savoir. Une expérience réalisée en 2011 par D. M. Wegner, pionnier de la psychologie sociale, a mesuré la capacité de mémorisation de plusieurs volontaires. Seule la moitié d'entre eux savaient que les données à retenir étaient gardées dans un ordinateur. Ceux-là firent moins l'effort de les apprendre. Les scientifiques appellent « effet Google » ce phénomène de relaxation de la mémoire. On a tendance à se souvenir mieux de l'endroit où est conservée une information que de l'information elle-même. Il est évident que la connaissance disponible est plus importante que jamais, mais presque tout est stocké en dehors de notre cerveau. Des questions inquiétantes surgissent : sous ce déluge de données, que reste-t-il de la connaissance ? Notre mémoire paresseuse est-elle en train de devenir un carnet d'adresses où chercher une information, sans trace de l'information elle-même ? Sommes-nous au fond plus ignorants que nos ancêtres à forte mémoire des anciens temps de l'oralité ?

La grande ironie de toute cette affaire, c'est que Platon a expliqué le mépris du maître pour les livres dans un livre, conservant ainsi ses critiques de l'écriture pour nous, ses futurs lecteurs.

45

Au-delà de certaines limites, l'unique possibilité d'étendre notre mémoire dépend de la technologie. Ces transformations sont à la fois dangereuses et fascinantes. La ligne qui sépare nos cerveaux d'Internet est de plus en plus floue. On a l'impression qu'on sait tout ce qu'on peut tout savoir grâce à Google. Quand un groupe de gens se réunit, vient toujours le moment où quelqu'un cherche un renseignement sur son smartphone. On plonge dans l'écran comme un oiseau de mer et, après une consultation rapide, le poisson émerge dans le bec, levant tous les doutes sur le nom de tel acteur ou sur le moment idéal pour aller pêcher le poisson-chat.

Sur la base de ses expériences depuis les années 1980, Wegner pense que si on se rappelle où trouver des informations importantes, y compris sans les retenir concrètement, on agrandit les frontières de notre territoire mental. C'est le fondement de sa théorie de la mémoire transactive. Selon Wegner, personne ne se souvient de tout. On stocke de l'information dans les cerveaux des autres – qu'on peut interroger –, dans les livres et dans la gigantesque cyber-mémoire.

L'alphabet a été une technologie encore plus révolutionnaire qu'Internet. Il a construit pour la première fois cette mémoire commune, étendue et à la portée de tout le monde. Ni le savoir ni toute la littérature ne tient dans un seul cerveau mais, grâce aux livres, chacun de nous trouve les portes ouvertes à tous les récits et à toutes les connaissances. On peut penser, comme l'avait prédit Socrate, que nous sommes devenus une poignée de prétentieux ignorants. Ou que, grâce aux lettres, nous faisons partie du cerveau le plus grand et le plus intelligent ayant jamais existé. Borges, qui appartenait au deuxième groupe, écrivit : « De tous les instruments de l'homme, le plus étonnant est, sans doute, le livre. Les autres sont des extensions de son corps. Le microscope et le télescope sont des extensions de sa vue ; le téléphone est une extension de la voix ; puis nous avons la charrue et l'épée, extensions de son bras. Mais le livre est différent : le livre est une extension de la mémoire et de l'imagination. »

46

Lors de cette matinée splendide aux environs d'Athènes, Socrate dit à Phèdre que les mots écrits sont des signes morts et fantomatiques, enfants illégitimes du seul discours vivant : l'oral.

Le poète Friedrich Hölderlin, né vingt-trois siècles plus tard, aurait aimé voyager dans le temps jusqu'à ce jour lointain et ce pré paisible « à l'ombre des platanes, où l'Ilisos coulait entre les fleurs, où Socrate conquérait les cœurs et Aspasie se promenait entre les myrtes, tandis que résonnait l'agora bruyante et que mon Platon forgeait des paradis ».

Cela arrive fréquemment : l'époque que certains estiment décadente quand ils la vivent est contemplée avec nostalgie par d'autres. Hölderlin croyait être un ancien Athénien téléporté dans une Allemagne hostile. Sa véritable patrie était ce siècle doré contre lequel Socrate fulminait, l'accusant de détruire le vrai savoir.

Âgé d'à peine 30 ans, le poète allemand commença à souffrir de problèmes mentaux. On raconte qu'il avait des crises de colère, d'agitation et de logorrhée qu'il ne pouvait pas contrôler. Déclaré malade incurable, sa famille le fit interner dans une clinique. À l'été 1807, un menuisier nommé Ernst Zimmer, enthousiasmé par son livre *Hypérion*, rendit visite à Hölderlin et décida de l'héberger chez lui, au bord du Neckar. C'est là que le poète vécut jusqu'à sa mort en 1843, veillé par la famille de son lecteur.

Alors qu'il ne le connaissait pas, Zimmer recueillit, nourrit et protégea de sa folie l'auteur du roman qu'il aimait. Les mots silencieux d'un livre tissèrent entre deux étrangers, pendant presque quarante ans, un lien plus fort que la parenté. Les lettres ne sont peut-être que des signes morts et fantomatiques, enfants illégitimes de la parole orale, mais nous, lecteurs, savons leur insuffler la vie. J'adorerais raconter cette histoire à ce vieux ronchon de Socrate.

47

Farenheit 451 est à la fois la température à laquelle s'enflamment les livres et le titre d'un roman de science-fiction dystopique de Ray Bradbury. Peut-être pas si dystopique.

L'histoire se déroule à une époque sombre dans un pays où il est interdit de lire. Les pompiers ne sont plus chargés d'éteindre des incendies, mais de brûler les livres que quelques citoyens rebelles cachent dans leurs maisons. Le gouvernement a décrété que tout le monde doit être heureux. Les livres sont pleins d'idées nocives, par ailleurs la lecture solitaire prête à la mélancolie. Il faut protéger la population des écrivains, qui transmettent des pensées malignes.

Les dissidents sont persécutés. Ils se réfugient dans les forêts autour des villes, sur les chemins, au bord des rivières contaminées, sur les voies ferrées abandonnées. Ils se déplacent tout le temps, à la lumière des étoiles, déguisés en vagabonds. Ils ont appris par cœur des livres entiers et les gardent dans leur tête, où personne ne peut les voir ni soupçonner leur existence. « Au départ, il ne s'agissait pas d'un plan préconçu. Chaque homme avait un livre dont il voulait se souvenir, ce qu'il a fait. Puis nous sommes entrés en contact les uns avec les autres, nous avons voyagé, créé cette organisation et établi une stratégie. Nous transmettrons oralement les livres à nos enfants et les laisserons rendre à leur tour ce service aux autres. Quand la guerre sera finie, un jour, une année, les livres pourront être réécrits. Les personnes seront convoquées une par une, pour qu'elles récitent ce qu'elles savent, et nous l'imprimerons jusqu'à que survienne un nouvel Âge de l'Obscurité, au cours duquel nous serons peut-être obligés de répéter toute l'opération. » Ces fugitifs, qui ont vu ce qu'ils aimaient être détruit, doivent parcourir un long chemin pour fuir, dans la peur permanente, sans autre certitude que les livres archivés derrière leurs yeux paisibles.

Le livre semble être un roman de science-fiction dystopique, mais ce n'est pas le cas. Quelque chose de très semblable s'est réellement passé. En 213 av. J.-C., alors qu'un groupe de Grecs tentait de réunir la totalité des livres à Alexandrie, l'empereur chinois Shi Huangdi ordonna de brûler tous les livres de son royaume. Il épargna seulement les traités d'agriculture, de médecine et les prophéties. Il voulait que l'Histoire commence avec lui. Il prétendait abolir le passé que ses adversaires invoquaient, regrettant les anciens empereurs. Selon un document de l'époque, le plan fut mené à bien sans pitié (« Ceux qui se servent de l'Antiquité pour dénigrer les temps présents seront exécutés avec leur famille. Ceux qui cachent des livres seront marqués au fer rouge et condamnés aux travaux forcés. »). La haine de Shi Huangdi provoqua la destruction de milliers et de milliers de livres – entre autres, tous les écrits du confucianisme. Les sbires de l'empereur allèrent de porte en porte, s'emparant des livres qu'ils jetaient sur un bûcher. Plus de quatre cents intellectuels réticents furent enterrés vivants.

En 191 av. J.-C., sous une nouvelle dynastie, on put réécrire beaucoup de ces livres perdus. Courant d'incroyables risques, des hommes avaient conservé dans leur mémoire des œuvres entières, en secret, à l'abri de la guerre, des persécutions et des bûchers.

Ce ne fut pas la seule fois qu'un tel événement se produisit. Quand Alexandre occupa la ville de Persépolis et l'incendia, tous les exemplaires du livre sacré du zoroastrisme furent détruits. Ses fidèles le reconstituèrent grâce aux mots dont ils se souvenaient, un par un. Au moment où Bradbury imaginait son roman dystopique, pendant les années de cruauté du stalinisme, onze amis d'Anna Akhmatova mémorisaient les poèmes de son livre déchirant, *Requiem*, à mesure qu'elle l'écrivait, pour les préserver du moindre malheur susceptible d'arriver à l'autrice. L'écriture et la mémoire ne sont pas rivales. D'ailleurs, tout au long de l'Histoire, elles se sont sauvées l'une l'autre : les lettres préservent le passé ; la mémoire, les livres persécutés.

Dans l'Antiquité, quand il restait encore des lueurs de la culture orale, qu'il y avait moins de livres et qu'on relisait ceux-ci davantage, il n'était pas rare que les lecteurs apprennent des œuvres entières par cœur. On sait que les rhapsodes récitaient en plusieurs séances les quinze mille vers de l'*Iliade* et les douze mille de l'*Odyssée*. Des personnes ordinaires étaient également capables de répéter fidèlement de longs textes littéraires. Saint Augustin évoque dans un de ses livres son compagnon d'études, Simplicius, qui récitait des discours entiers de Cicéron et tous les poèmes de Virgile – c'est-à-dire des milliers et des milliers de vers – de la fin au début, à l'envers. Il raconte qu'il gravait les phrases qui le bouleversaient sur « les tablettes cirées de la mémoire » pour s'en souvenir et les réciter à volonté, comme s'il regardait les pages d'un livre. Un médecin romain du IIe siècle, appelé Antilus, est allé plus loin, affirmant même que mémoriser des livres était bon pour la santé. Il soutenait à ce sujet une théorie amusante et extravagante. Ceux qui n'ont jamais fait l'effort de mémoriser un récit, quelques vers, un dialogue – disait-il – ont de plus grandes difficultés à éliminer de leur corps certains fluides nocifs. En revanche, ceux qui sont capables de réciter de longs textes par cœur expulsent sans problèmes ces substances toxiques grâce à la respiration.

Peut-être sans le savoir conservons-nous – comme

les fugitifs de Bradbury, les lettrés chinois, les adeptes de Zoroastre ou les amis d'Anna Akhmatova – certaines pages qui nous importent, à l'abri dans notre cerveau. « Je suis *La République* de Platon », dit un personnage de *Fahrenheit 451*. « Je suis Marc-Aurèle. » « Le premier chapitre du *Walden* de Thoreau vit à Green River ; le deuxième chapitre à Willow Farm. » « Il y a un petit village avec seulement vingt-sept habitants qui abrite les essais complets de Bertrand Russell, divisés en autant de pages que de personnes. » Un de ces rebelles déguenillés, aux cheveux et aux ongles sales, plaisante : « Personne ne juge un livre à sa couverture. » D'une certaine manière, nous tous, lecteurs, portons en nous d'intimes bibliothèques clandestines de mots qui nous ont marqués.

Apprendre à lire les ombres

48

Les livres durent créer leur public. Et, ce faisant, ils transformèrent le mode de vie des Grecs.

L'alphabet se développa dans un monde de guerriers. Seuls les rejetons de l'aristocratie recevaient un enseignement – militaire, sportif et musical. Pendant leur enfance, ils avaient des professeurs dans leurs palais. Quand ils arrivaient à l'adolescence, entre 13 et 18 ans, ils apprenaient l'art de la guerre de leurs amants adultes – la pédérastie grecque avait une fonction pédagogique. Cette société admettait l'amour entre des combattants d'âge mûr et leurs jeunes protégés, toujours de haut rang. Les Grecs pensaient que la tension érotique augmentait la valeur de chacun : le guerrier vétéran désirait briller devant son petit favori, et l'aimé s'efforçait d'être à la hauteur du prestigieux guerrier qui l'avait séduit. Les femmes étant reléguées dans des gynécées, les cités-États étaient des clubs d'hommes qui s'observaient les uns les autres, se stimulant et s'aimant, obsédés par l'héroïsme guerrier. Entre deux batailles, ils se consacraient à des banquets, à des tournois et à la chasse. Ils mettaient en pratique leurs idéaux chevaleresques dans les massacres les plus sanglants. L'historien Thucydide raconte que tous les habitants de Grèce portaient toujours des armes sur eux, car personne ne pouvait se sentir en sécurité dans les villes ou sur les routes. Il dit aussi que les Athéniens furent les premiers à laisser leur arsenal chez eux et à se comporter de manière un peu moins rude.

Au cours du VIe siècle av. J.-C., l'éducation cessa d'être essentiellement militaire et athlétique. Cependant, l'entraînement au combat ne disparut pas, c'est certain, car les habitants des villes anciennes passaient tout leur temps à se battre avec les États voisins et à pointer leurs lances contre ceux qui vivaient juste au-delà de la frontière. Mais, peu à peu, l'enseignement des lettres et des chiffres gagna du terrain. Dans quelques bastions seulement, telle l'archaïsante Sparte, on conserva les treize années obligatoires de conscription et d'instruction militaire.

Alors il se produisit quelque chose d'inattendu. La fièvre de l'alphabet s'étendit au-delà des cercles de la noblesse, qui considéraient l'éducation comme un de leurs privilèges. Les fiers aristocrates durent supporter un nombre croissant de parvenus qui, avec une audace insupportable, prétendaient initier leurs enfants aux secrets de l'écriture et étaient prêts à payer pour cela. Ainsi naquit l'école. L'enseignement personnel d'un instructeur ou d'un amant ne suffisait plus pour couvrir les besoins de tous et devint une pratique minoritaire. De plus en plus de jeunes – libres mais sans nom noble – réclamaient leur droit à l'éducation et, sous leur pression, apparurent les premiers lieux collectifs dédiés à l'apprentissage.

Pour dater cet événement décisif, il faut explorer les textes anciens en quête de traces. On découvre ainsi l'existence d'une des toutes premières écoles, au détour d'une phrase, dans un texte d'une troublante actualité. Il s'agit du récit d'un fait divers sur l'île reculée d'Astypalée. L'écrivain Pausanias raconte, dans sa *Description de la Grèce*, un multiple assassinat qui bouleversa les habitants de l'archipel du Dodécanèse en 492 av. J.-C. Le crime était encore présent dans la mémoire des insulaires au cours du IIe siècle, quand l'écrivain voyageur en entendit parler. Cette sinistre histoire semble un croisement entre *Bowling for Columbine* et la légende de Samson. Pausanias narre qu'un jeune homme qui en voulait à la terre entière, avec des antécédents violents, fit irruption dans une école pour décharger sa haine, perpétrant un massacre d'enfants : « On raconte que le pugiliste Clèomède d'Astypalée tua lors d'un combat son adversaire Iccos d'Épidaure. À cause de sa brutalité, les Jeux olympiques lui retirèrent la victoire. Clèomède devint fou de rage. Quand il rentra à Astypalée, il pénétra dans l'école où se trouvaient soixante enfants, et arracha à la force de ses bras la colonne qui soutenait le toit. L'édifice tomba sur leurs têtes et les tua tous. » Au-delà de sa fin macabre, cette histoire nous révèle qu'une petite île de la mer Égée, d'à peine 13 kilomètres de large, possédait au début du ve siècle av. J.-C. une école où, à un moment, étudiaient soixante élèves. D'autres témoignages paraissent confirmer la véracité de cette information. À cette date, l'alphabet imprégnait la vie grecque, y compris dans ces lieux reculés qui sortent uniquement des coulisses de l'Histoire quand une catastrophe naturelle les frappe ou qu'ils sont le lieu d'une scène de crime épouvantable.

49

Ma mère a voulu m'apprendre à lire et j'ai refusé. J'avais peur. Dans mon école il y avait un garçon nommé Alvarito, fils d'instituteurs, qui avait appris chez lui. Alors que nous butions tous encore sur les dessins des syllabes, il lisait couramment, avec une perfection nonchalante. Une facilité stupéfiante, difficile à supporter. La vengeance se déchaîna dans la cour de récréation. On le persécutait, l'insultait : intello, gros tas. On a piétiné son cartable, accroché son anorak aux branches du figuier, où il ne pouvait pas le récupérer car il ne grimpait pas très bien. Alvarito avait brisé le code de l'école ; il avait fait le malin. Ses parents ont été obligés de le changer d'établissement.

Ça ne m'arrivera pas à moi, ai-je pensé avec fierté. De toute façon, je n'avais pas du tout besoin de prendre de l'avance sur les autres. Ma mère me lisait des histoires le soir. Notre petit théâtre nocturne ne courrait pas de danger tant que je ne saurais pas lire. Ce que je désirais vraiment apprendre, c'était à écrire. J'ignorais que ces deux choses vont ensemble et ont besoin l'une de l'autre.

Un jour, enfin, j'ai un crayon entre les doigts. Il ne se laisse pas manipuler facilement, il faut l'apprivoiser. Je le serre avec force contre la feuille pour qu'il ne s'échappe pas, mais parfois il se rebelle, s'écrasant contre le cahier. Alors j'ai besoin du taille-crayon pour affiner de nouveau sa pointe. Je me revois : je suis assise avec d'autres enfants à une table ronde, couleur vanille. Penchée en avant, je dessine des bâtons, des ponts, des ronds, des courbes. Ma langue apparaît entre mes lèvres, suivant le déplacement de ma main. Des rangées de *m* accrochés à leurs voisins. De *b* avec leur gros ventre. Je n'aime pas la barre transversale du *t* (qui complique l'affaire).

Quelque temps plus tard, je progresse : je suis capable de relier les lettres. Le *m* s'agrémente d'une petite queue vers le *a*. Au début, tout semble confus, une pelote de traits. Je persiste. Comme je suis gauchère, mon poing frotte sur les lignes quand j'avance, et je les efface. Je laisse une trace grise. Avec ma main noircie, je continue. Jusqu'à un matin où, sans m'en rendre compte, par surprise, je perce le secret de l'écriture. Je fais de la magie. Maman. Les bâtons et les ronds chantent en silence. J'ai attrapé la réalité avec un filet de lettres. Il n'y a plus seulement des lignes. C'est elle qui apparaît soudain sur le papier : sa voix si belle, ses cheveux ondulés, son regard doux, son sourire qui montre des incisives proéminentes et, pour cette raison, parce qu'elle a honte de ses dents qui se chevauchent, se termine toujours par une moue timide. Je l'ai appelée avec mon crayon, elle est là. Maman ! Je viens d'écrire et de comprendre mon premier mot.

Dans toutes les sociétés qui utilisent l'écriture, apprendre à lire a quelque chose du rite initiatique. Les enfants savent qu'ils se rapprochent des adultes quand ils sont capables de comprendre les lettres. C'est une étape toujours émouvante vers l'âge adulte. Cela scelle une alliance, interrompt une part déjà dépassée de l'enfance. On la vit avec joie et euphorie. Tout met à l'épreuve ce nouveau pouvoir. Qui aurait soupçonné que le monde entier était paré de chaînettes de lettres, comme un grand bal populaire ? Désormais il faut déchiffrer la rue : phar-ma-cie, bou-lan…ge-rie, à lou-er. Les syllabes explosent dans la bouche comme des feux d'artifice, lançant des étincelles. À la maison, à table, de toutes parts les messages vous assaillent. Et les rafales de questions : que signifie faibleencalories ? Eauminéralenaturelle ? Àconsommerdepréférence ?

Dans la société juive médiévale, on célébrait avec une cérémonie solennelle le moment de l'apprentissage, quand les livres faisaient participer les enfants à la mémoire communautaire et au passé partagé. Pendant la fête de Pentecôte, l'instituteur asseyait sur ses genoux le petit qu'il allait éduquer. Il lui montrait un tableau sur lequel étaient écrits les signes de l'alphabet hébraïque, puis un passage des Écritures. Le maître lisait à voix haute, et l'élève répétait. Puis on enduisait le tableau de miel que l'enfant léchait, pour que les mots pénètrent symboliquement dans son corps. On écrivait aussi les lettres sur des œufs durs pelés ou sur des gâteaux. L'alphabet devenait sucré et salé, on le mâchait et on le digérait. Il finissait par faire partie du corps.

Comment l'alphabet, qui déchiffre le monde et révèle les pensées, ne serait-il pas magique ? Les Grecs anciens aussi sentaient son envoûtement. En ce temps-là, les lettres étaient employées pour représenter, en plus des mots, des chiffres et des notes de musique. Chacune de ses sept voyelles symbolisait une des sept planètes et des sept anges qui les président. On les utilisait pour les sortilèges et les amulettes.

Dans ces lointaines écoles grecques – ciels bas et lourds, monotones, derrière les fenêtres –, les enfants chantaient en chœur les lettres : « Alpha, bêta, gamma, delta, epsilon, zêta... ». Puis les syllabes : bêta avec alpha, ba. L'instituteur les dessinait et, prenant la main d'un élève dans la sienne, il faisait repasser son trait sur le sien. Les élèves reproduisaient mille fois les modèles. Ils copiaient ou écrivaient sous la dictée de brèves maximes d'une ligne. Comme nous, ils apprenaient des poèmes par cœur – leurs *Pour faire le portrait d'un oiseau* et *Le Corbeau et le Renard* – et des ribambelles de mots rares. Je me rappelle une de ces rengaines de l'enfance : crisser, crépiter et craqueler ; je n'ai plus jamais buté sur ces verbes stridents.

La didactique était obsessionnelle et fatigante. L'instituteur-dompteur récitait, et les élèves répétaient. L'apprentissage avançait à pas lents (il n'était pas rare que des élèves de 10 ou 12 ans soient encore en train d'apprendre à écrire). Dès qu'ils en étaient capables, ils commençaient à lire, à réciter, à résumer, à commenter et à copier une sélection de textes essentiels, presque toujours les mêmes. Surtout d'Homère, également d'Hésiode. Et d'autres indispensables. Les Anciens, qui voyaient les enfants comme une sorte d'adultes miniatures sans goûts ni compétences propres, leur offraient les livres qu'ils lisaient eux-mêmes. Il n'existait rien de comparable à notre littérature jeunesse, aucune facilité. L'enfance n'avait pas encore été inventée, Freud n'était pas arrivé pour attribuer une importance cruciale aux premières années. Alors, ce qu'un enfant pouvait faire de mieux, c'était plonger la tête la première dans le monde adulte et se débarrasser de l'enfance en se frottant vigoureusement, comme si c'était de la crasse.

L'alphabet pouvait être magique, mais la méthode d'enseignement était souvent sadique. Les châtiments corporels étaient indissociables de la routine scolaire des enfants grecs, comme ils l'avaient été pour les scribes égyptiens ou juifs. Dans un petit ouvrage d'Hérode, le maître beugle : « Où est le martinet, la queue de bœuf avec laquelle je fouette les rebelles ? Donnez-le-moi avant que ma colère éclate. »

Le succès des mots indociles

50

Au cours des siècles de la lente expansion de l'alphabet, les Grecs continuèrent de chanter des poèmes, mais plus de la même manière. Certaines voix osèrent dire ce qu'aucun texte ancien n'avait osé auparavant. Malheureusement, il ne reste que quelques fragments de ces vers. Jusqu'à 500 av. J.-C., aucun livre de philosophie ou de poésie n'est conservé dans son intégralité, et les poèmes entiers ou les fragments des auteurs de prose constituent une exception. Mais ces petits extraits qui ont été sauvés sont si puissants que, même incomplets, ils sont bouleversants.

Ce fut la grande époque de la poésie lyrique, où les poèmes – courts, comparés à l'*Iliade* –, écrits pour être chantés, cessèrent d'être tournés vers le passé, comme les légendes traditionnelles du bon vieux temps. Les poètes parlaient des vicissitudes du présent, s'attachaient aux sensations qu'ils éprouvaient. Ici. Maintenant. Moi.

Pour la première fois, l'écriture s'alliait aux mots indociles, irrévérencieux, qui se heurtaient aux valeurs de l'époque. Cet incroyable courant commence avec Archiloque – enfant bâtard d'un noble grec et d'une esclave barbare – mercenaire et poète. Pendant sa courte vie (de 680 à 640 av. J.-C.), il dut se débrouiller seul, sans argent ni privilèges, louant ses services pour combattre dans des guerres lointaines. Comme il le dit, sa lance lui donnait chaque jour un quignon de pain et lui servait le vin qu'il buvait. Soldat de fortune à la frontière entre la culture et la barbarie, il connut les réalités sordides derrière les idéaux guerriers.

Selon le code de l'honneur, il fallait tenir sa position sur le champ de bataille, sans reculer ni fuir. Lors d'un accrochage avec les armées thraces, Archiloque eut à choisir entre mourir sur place, derrière son lourd et grand bouclier, ou jeter celui-ci par terre et détaler comme un lapin pour survivre. Il existait dans la Grèce antique une insulte gravissime, *rhípsaspis*, « lanceurde-bouclier ». On raconte que les mères spartiates, quand elles disaient au revoir à leurs fils avant le combat, leur demandaient de revenir « avec leur bouclier ou sur celui-ci », c'est-à-dire le portant au bras après avoir lutté bravement, ou morts dessus.

Que décida Archiloque ? De prendre la poudre d'escampette et de le revendiquer dans ses vers : « Ce bouclier, que bien malgré moi j'ai abandonné dans des buissons, une arme irréprochable, c'est aujourd'hui un Thrace qui le brandit. Mais j'ai sauvé ma peau. Que m'importe ce bouclier ? Adieu. J'en achèterai un autre aussi bon. » Aucun soldat homérique n'aurait osé formuler un tel aveu, n'aurait eu assez de sens de l'humour pour cela. Mais cela amusait Archiloque de se présenter comme anti-héros et de ridiculiser effrontément les conventions. Bien qu'il fût courageux – sinon il n'aurait pas pu gagner sa vie pendant des années en combattant –, il aimait l'existence « qu'on ne peut plus récupérer ni acheter dès que le dernier souffle franchit la palissade des dents ». Il savait que le soldat qui fuit à temps sert dans une autre bataille, et peut écrire de nouveaux poèmes. À cause de cette sincérité provocante, précisément, j'ai du mal à l'imaginer lâche. Plutôt réaliste et caustique.

Dans ses vers, la langue est franche, sans détours, à la limite de la brutalité. Avec lui, un réalisme affirmé fait irruption dans la poésie lyrique grecque. Il ouvre la voie à une nouvelle poésie insolente. Il ne cache pas son tempérament vindicatif, passionné, moqueur. Quant à son désir sexuel, il est on ne peut plus explicite : « Ah je voudrais pouvoir toucher la main de Néoboulé... et me jeter, prompt à l'action, sur son outre et pousser mon ventre sur son ventre, mes cuisses sur ses cuisses. » Un très court fragment conservé prouve qu'il ne craignait pas de parler de fellation dans sa poésie : « comme un Thrace ou un Phrygien qui suce un roseau pour boire de la bière, elle, tête baissée, s'activait. » Archiloque mourut sur le champ de bataille comme Achille, mais il était clair qu'il ne croyait pas à la promesse d'une gloire posthume : « Personne, après sa mort, n'est honoré par ses compatriotes. Nous, vivants, préférons les louanges des vivants. » Richard Jenkyns, professeur à Oxford, le considère comme « le premier emmerdeur d'Europe ». Je crois que cette épitaphe l'aurait fait rire.

Le premier livre

51

Il ne reste rien des plus anciens livres d'Europe. Le papyrus est un matériau périssable et fragile qui ne survit pas plus de deux cents ans environ dans les climats humides. On peut juste, aujourd'hui, retrouver dans les textes grecs les premières mentions de livres concrets, réels, que quelqu'un a pu voir et toucher dans un lieu dont il voulait se rappeler le nom. Cette recherche me conduit au passage du VIe au Ve siècle av. J.-C. On raconte qu'à cette époque le philosophe Héraclite déposa un exemplaire de son œuvre *Sur la nature* sur l'autel d'Artémis à Éphèse.

Éphèse était une cité-État située en Anatolie, l'ancienne Asie Mineure, aujourd'hui Turquie. Ce que nous entendons désormais par philosophie surgit au début du VIe siècle av. J.-C., soudain, sans aucune raison apparente, dans cette étroite bande côtière qu'occupaient les Grecs, à la limite du monde asiatique. Les premiers philosophes furent des enfants de la frontière, du mélange de sangs, du seuil. Alors que la Grèce continentale restait ancrée dans le passé, les habitants de la périphérie métisse s'aventurèrent vers des innovations radicales.

La naissance de la philosophie grecque coïncida avec le début des livres, et ce n'est pas un hasard. Face à la communication orale – basée sur les récits traditionnels, connus et faciles à mémoriser –, l'écriture permit de créer un langage complexe que les lecteurs pouvaient assimiler et méditer tranquillement. Développer un esprit critique est plus simple pour celui qui a un livre entre les mains – et peut interrompre sa lecture, relire, s'arrêter pour réfléchir – que pour l'auditeur captivé par un rhapsode.

Héraclite fut surnommé « l'énigmatique », puis « l'obscur ». Dans son œuvre, l'opacité de la vie et ses stupéfiantes contradictions semblent s'infiltrer dans le texte, l'imprégner. Avec lui commence la littérature difficile, qui exige du lecteur un effort pour en saisir le sens. C'est le père de Proust, avec ses phrases pleines de circonvolutions ; de Faulkner et de ses monologues confus, souvent disloqués ; et de Joyce, qui dans *Finnegan's Wake* donne l'impression d'écrire dans plusieurs langues à la fois – certaines de son invention. Je ne veux pas dire qu'il y a une parenté entre eux parce que leurs styles se ressemblent. En réalité, seul un ensemble de brèves maximes d'Héraclite, étranges et puissantes, sont parvenues jusqu'à nous. Non, ce qu'ils ont en commun, c'est leur attitude face à la parole : si le monde est mystérieux, le langage adéquat pour le représenter doit être dense, énigmatique et difficile à comprendre.

Héraclite pensait que la réalité s'explique comme une tension permanente. Il l'appelait « guerre » ou lutte entre contraires. Jour et nuit ; veille et sommeil ; vie et mort se transforment l'un l'autre et n'existent que dans leur opposition ; ce ne sont au fond que les deux faces d'une même pièce (« C'est la maladie qui rend agréable et bonne la santé ; la faim la satiété ; la fatigue le repos... Immortels, mortels ; mortels, immortels ; notre vie est la mort des premiers, et leur vie, notre mort. »).

Héraclite avait hérité de la fonction honorifique de roi de sa ville. Il renonça à cette charge qui, depuis l'avènement de la démocratie, était en réalité un sacerdoce, en faveur de son frère cadet. Apparemment, il considérait comme de purs « trafiquants de mystères » les mages, prédicateurs et devins. On raconte qu'il refusa de dicter des lois pour les Éphésiens, préférant jouer avec les enfants dans le temple. On dit aussi qu'il devint très hautain et méprisant. Peu lui importaient les honneurs et le pouvoir, il était obsédé par sa quête du *logos* de l'univers, qui signifiait « parole » et également « sens ». Dans la première phrase du quatrième Évangile – « au commencement était le *logos* » –, c'est Héraclite qui parle.

Pour lui, la clé de tout était le changement. Rien ne

dure. Tout coule. On ne se baigne pas deux fois dans le même fleuve. Cette image aquatique d'un monde toujours en mouvement, qui impressionna Platon, fait partie de nous. Nous l'avons réécrite et reformulée des milliers de fois. Depuis Manrique – « Nos vies sont comme les rivières qui se jettent dans la mer pour y mourir » – jusqu'à Bauman et sa modernité liquide. Borges, fasciné par le fleuve d'Héraclite, lui dédia, entre autres, ce poème : « Héraclite se promène vers le soir à Éphèse. Le soir l'a laissé, sans que sa volonté y soit pour quelque chose, au bord d'un fleuve silencieux. [...] Sa voix énonce : "Personne ne descend deux fois dans les eaux du même fleuve." Il s'arrête. Il ressent avec le frisson d'une horreur sacrée que lui aussi est un fleuve et une fuite. Il veut recouvrer ce matin-là, et sa nuit et son crépuscule. Il ne le peut. »

Je crois que les phrases étranges d'Héraclite saisissent le mystère et le frisson qui furent à l'origine de la philosophie. Et aussi le présent. Pour écrire ce chapitre, j'ai relu les quelques fragments de ses abruptes pensées qui sont arrivés jusqu'à nous. Ils m'ont paru être une explication de l'actualité qui nous secoue comme un séisme. Au bord de la violence, nous nous débattons entre deux extrêmes opposés : la globalisation et la loi des frontières ; le métissage et la peur des minorités ; l'envie d'accueillir et la fureur d'expulser ; la soif de liberté et le rêve de construire des refuges fortifiés ; le désir de changement et la nostalgie de la grandeur perdue.

La tension de ces contradictions peut devenir presque insupportable. C'est pourquoi on se sent pris au piège. Mais, selon les thèses d'Héraclite, une petite altération dans l'équilibre de la dynamique des forces bouleverse tout. C'est pourquoi, aussi, l'espoir de changer le monde a toujours raison.

52

Il veut être célèbre à tout prix. Il n'a jamais brillé en rien, mais il se rebelle contre l'idée d'être anonyme. En secret, il rêve que les gens le reconnaissent dans la rue, chuchotent et le montrent du doigt. Une voix intérieure lui murmure qu'un jour il sera illustre, comme les champions olympiques ou les acteurs qui séduisent le public émerveillé.

Il a décidé qu'il fera quelque chose de grand ; il ne lui reste plus qu'à découvrir quoi.

Un jour, il échafaude enfin un plan. Incapable de réaliser des exploits, il peut toujours rester dans l'Histoire en tant que destructeur. Dans sa ville se trouve une des Sept Merveilles du monde, que viennent visiter rois et voyageurs depuis des terres très éloignées. Sur un promontoire rocheux, perché dans les nuages, le temple d'Artémis domine tous les quartiers d'Éphèse. Il fallut cent vingt ans pour le construire. L'entrée est une épaisse forêt de colonnes. À l'intérieur, entourée d'or et d'argent, repose l'image sacrée de la déesse qui tomba du ciel, en plus des sculptures précieuses de Polyclète et de Phidias, ainsi que de fantastiques richesses.

La nuit sans lune du 21 juillet 365 av. J.-C., tandis que dans la lointaine Macédoine naissait Alexandre le Grand, il se glisse entre les ombres et monte les marches qui conduisent au temple. Les gardiens de nuit dorment. Dans le silence brisé par leurs ronflements, il s'empare d'une lampe, répand de l'huile et met le feu aux tissus qui décorent l'intérieur. Bientôt les flammes montent jusqu'au plafond. Au début, l'incendie progresse lentement, mais quand il réussit à atteindre les poutres en bois, la danse du feu s'accélère, comme si le bâtiment rêvait de brûler depuis des siècles.

Il regarde, hypnotisé, les flammes qui rugissent et s'enroulent. Puis il sort de l'édifice en toussant pour le voir illuminer la nuit. Les gardiens l'arrêtent sans résistance. Il est jeté, enchaîné dans un cachot où il est heureux pendant quelques heures solitaires, respirant l'odeur de la fumée. Il est torturé et avoue la vérité : il a planifié de mettre le feu au plus beau bâtiment du monde pour être connu dans le monde entier. Les historiens racontent que toutes les villes d'Asie Mineure interdirent, sous peine de mort, de révéler son nom, mais elles ne réussirent pas à l'effacer de l'Histoire. Il figure dans toutes les encyclopédies, même virtuelles. L'écrivain Marcel Schwob fut son biographe dans un chapitre des *Vies imaginaires*. Sartre lui consacra également un court récit. Il a donné son nom au trouble psychologique de ceux qui, simplement pour apparaître quelques minutes à la télévision ou obtenir le plus de vues sur YouTube, sont capables de faire n'importe quelle monstruosité gratuitement. L'exhibitionnisme à tout prix n'est pas un phénomène exclusivement contemporain.

Son nom maudit est Érostrate. En sa mémoire, le désir pathologique de célébrité a fini par s'appeler syndrome d'Érostrate.

L'incendie qu'il provoqua pour atteindre son but réduisit en cendres le rouleau de papyrus qu'Héraclite avait offert à la déesse. Ironiquement, le philosophe croyait que de manière cyclique le feu anéantit l'univers, et il prédisait dans son œuvre un embrasement cosmique final. Je ne sais pas pour l'univers, mais les livres – qui sous toutes leurs formes brûlent bien – comptent une triste succession de destruction dans les flammes.

Les librairies ambulantes

53

Combien de livres existait-il pendant l'âge d'or de la Grèce ? Quel pourcentage de la population était capable de les lire ? On l'ignore. On dispose de données informelles, de brins d'herbe voltigeant dans l'air qui ne permettent pas de calculer l'étendue du champ. Par ailleurs, la plupart d'entre elles font référence à un lieu exceptionnel : la ville d'Athènes. Le reste est dans l'ombre.

Quand on cherche des traces de cette alphabétisation invisible, on arrive aux peintures sur céramique représentant des lecteurs. À partir de 490 av. J.-C., les vases à figures rouges sont décorés de scènes d'enfants à l'école, en train d'apprendre à lire et à écrire, ou de personnes assises sur une chaise, un rouleau ouvert sur les genoux. Souvent, l'artiste trace des lettres ou des mots à grands caractères sur les papyrus qu'il dessine, avec parfois une telle précision qu'on parvient à les lire – il s'agit de vers d'Homère, de Sappho… Dans presque tous les cas, le livre contient de la poésie. On trouve aussi un livre sur la mythologie. Le plus frappant, c'est que les protagonistes habituels de ces petits tableaux sont des femmes, alors que, paradoxalement, dans les scènes scolaires, il n'y a pas de filles. Cette contradiction nous place face à un mystère. Les femmes lectrices appartenaient peut-être à des familles aisées et recevaient une éducation à domicile. Ou bien il s'agissait plus d'un motif iconographique que d'une réalité quotidienne. On ne le saura jamais.

Sur une tombe qu'on situe entre 430 et 420 av. J.-C. apparaît un jeune homme de profil, plongé dans les mots d'un rouleau qu'il déplie sur ses genoux, la tête légèrement inclinée, les jambes croisées au niveau des chevilles, exactement dans la position qui est la mienne au moment où j'écris. Sous le relief qui représente la chaise, on distingue la forme d'un chien réfugié là, taillé dans la pierre usée. Le relief reflète la quiétude des heures passées entre les livres. Cet Athénien aimait tellement la lecture qu'il l'emporta dans sa tombe.

Entre les Vᵉ et IVᵉ siècles av. J.-C., des personnages jusque-là inconnus sont mis en scène pour la première fois : les libraires. À cette époque, un nouveau mot, *bybliopólai* (« vendeurs de livres »), apparaît dans les textes des poètes comiques athéniens. D'après ce qu'ils nous racontent, des stands de vente de rouleaux littéraires s'installaient sur le marché de l'agora entre les étals proposant des légumes, de l'ail, de l'encens et des parfums. Pour une drachme, dit Socrate dans un dialogue de Platon, n'importe qui peut acheter au marché un traité de philosophie. Qu'il existât déjà une telle disponibilité de livres est surprenant, plus encore d'œuvres philosophiques difficiles. À en juger par leur prix peu élevé, il s'agissait sûrement de copies en petit format ou d'occasion.

On ne sait pas grand-chose sur le prix des livres. Le coût des rouleaux de papyrus suggère que la norme se situait entre 2 et 4 drachmes par exemplaire – l'équivalent du salaire journalier moyen d'un ouvrier. Les sommes élevées mentionnées pour des exemplaires rares – Lucien de Samosate parle d'un livre d'environ 750 drachmes – ne sont pas les prix normaux des livres ordinaires. Pour les élites, comme pour les plus modestes, les livres étaient une marchandise relativement accessible.

C'est à la fin du Ve siècle av. J.-C. que fut instaurée l'immémoriale tradition consistant à railler les rats de bibliothèques, dont l'archétype serait Don Quichotte. Aristophane, souhaitant avec ironie la bienvenue à l'intertextualité, se moque des écrivains qui « expriment leurs œuvres à partir d'autres livres ». Un autre auteur de comédies utilisa une bibliothèque privée comme décor pour une scène. Dans celle-ci, un maître montre avec fierté à Héraclès, le célèbre héros, ses étagères remplies de livres d'Homère, d'Hésiode, de tragiques et d'historiens. « Prends le livre que tu veux pour le lire ; fais-le calmement, regarde les titres. » Héraclès, qui dans la comédie grecque est toujours représenté comme un gourmand, choisit un livre de cuisine. On sait, c'est vrai, qu'à cette époque circulaient des manuels des matières les plus diverses pour satisfaire la curiosité des lecteurs, entre autres le manuel par excellence : le livre de recettes culinaires d'un chef sicilien à la mode.

Les libraires athéniens avaient des clients à l'étranger. Ce fut le début de l'exportation de livres. Le reste du monde grec était en demande de la littérature créée à Athènes, en particulier des livrets de tragédies, qui étaient le grand spectacle alors. Le théâtre attique passionnait même ceux qui détestaient l'impérialisme athénien, comme c'est le cas aujourd'hui avec la puissante industrie du cinéma américain. Xénophon, qui écrivit dans la première moitié du IVe siècle av. J.-C., raconte que sur la dangereuse côte de Salmydessos, aujourd'hui turque, le littoral était plein de vestiges de naufrages. Il y avait « des lits, des petites boîtes, beaucoup de livres écrits et d'autres objets que les marchands transportent habituellement dans des coffres en bois ».

Il dut exister une certaine organisation pour approvisionner le marché des livres, et des personnes qui dirigeaient des ateliers de copies. Mais, comme on ne possède pas d'éléments pour reconstituer leur envergure et leur fonctionnement, on entre sur le terrain fragile de la supposition. Les ateliers réalisaient probablement des copies de livres avec l'autorisation des auteurs qui cherchaient un public plus large que leur cercle d'amis. Mais ils reproduisaient aussi des textes sans consulter leurs créateurs. Dans l'Antiquité, on ne connaissait pas le droit d'auteur.

Un disciple de Platon commanda des copies des œuvres de son maître et embarqua pour la Sicile dans le but de les vendre. Il eut l'intelligence de deviner qu'il y avait là-bas un marché pour les dialogues socratiques. Ses contemporains laissent entendre que cette initiative lui valut une épouvantable réputation à Athènes, non pas pour s'être approprié le *copyright* de son maître, mais pour s'être lancé dans le commerce, ce qui était absolument plébéien et indigne d'un homme de bonne famille appartenant, qui plus est, au cercle de Platon.

L'Académie platonicienne eut certainement sa propre bibliothèque, mais la collection du Lycée aristotélicien dut sensiblement dépasser les bibliothèques précédentes. Strabon dit qu'Aristote fut « le premier collectionneur de livres que nous connaissons ». On raconte qu'Aristote acheta tous les rouleaux que possédait un autre philosophe pour l'immense somme de 3 talents (18 000 drachmes). Je l'imagine passant des années à dépenser en permanence de l'argent pour réunir les textes essentiels afin de couvrir le spectre des sciences et l'art de cette époque. Il n'aurait pas pu écrire ce qu'il a écrit sans une lecture constante.

Un petit coin d'Europe commençait à être gagné par la fièvre des livres.

54

Aristote parle d'auteurs de tragédies qui écrivaient plus pour les lecteurs que pour le public des théâtres. Il ajoute que leurs livres ont une « grande circulation ». Que pouvait bien signifier une grande circulation à cette époque primitive ?

Une autre phrase attribuée à Aristote révèle un monde méconnu. Il raconte que les libraires transportaient de grandes quantités d'ouvrages sur des charrettes. Peut-être fait-il référence aux vendeurs de littérature ambulante qui voyagent sur les routes, cahotant de village en village en rase campagne ?

En réalité, comme le dit Jorge Carrión, les librairies sédentaires sont une anomalie moderne dans une tradition essentiellement nomade et poétique. Ce sont les voyageurs qui alimentèrent en manuscrits la Bibliothèque d'Alexandrie ; les marchands d'encre et de papier qui firent circuler les idées sur la route de la Soie ; les vendeurs ambulants de livres d'occasion – entre autres marchandises – qui s'installaient dans les auberges et dans les foires, jusqu'à récemment encore, après avoir parcouru de grandes distances, chargés de coffres, de caisses volumineuses et de stands amovibles. Aujourd'hui, ce sont les bibliobus et les ânes bibliothèques – dans certains pays – qui maintiennent cette vieille coutume des livres itinérants.

The Haunted Bookshop, de Christopher Morley, décrit cette existence nomade. Aux États-Unis, dans les années 1920, Mr. Mifflin sillonne le monde rural américain dans une étrange roulotte ressemblant à une voiture de tramway, tirée par un cheval blanc. Quand il lève les portes latérales, on découvre que le long wagon est un stand de livres – multiples étagères, toutes remplies. À l'intérieur, la caravane ne manque pas de confort : poêle à mazout, table pliante, couchette pour dormir, chaise en rotin et géraniums sur les minuscules rebords des deux fenêtres.

Pendant de nombreuses années, Mr. Mifflin avait été instituteur dans une école rurale, « se donnant du mal pour un salaire de misère ». Pour des raisons de santé, il décide d'aller vivre à la campagne. Il construit de ses propres mains sa roulotte – qu'il baptise « Parnasse ambulant » – et achète une bonne quantité de livres dans une boutique d'occasion à Baltimore. Ne manquant ni de la malice ni du bagout du commerçant, Mifflin se considère comme un prédicateur itinérant, appelé à divulguer l'évangile des bons livres. Il bringuebale sa marchandise de ferme en ferme, sur des routes poussiéreuses où les charrettes en bois côtoient les premières automobiles fabriquées en série. Quand il arrive près de l'entrée d'une maison de paysans, il bondit du siège du cocher, traverse la cour où des poules grattent le sol et s'efforce de convaincre une femme qui épluche des pommes de terre de l'importance de la lecture. Il tente de convertir les fermiers à son credo enthousiaste. « Quand on vend un livre à quelqu'un, non seulement on lui vend douze onces de papier, de l'encre et de la colle. Mais on lui vend une vie totalement nouvelle. De l'amour, de l'amitié, de l'humour et des bateaux qui naviguent dans la nuit. Il y a tout dans un livre, le ciel et la terre ; dans un vrai livre, je veux dire. Nom d'une pipe ! Si au lieu d'être libraire, j'étais boulanger, boucher ou vendeur de balais, les gens accourraient pour m'accueillir, avides d'acquérir ma marchandise. Et me voilà, avec ma cargaison de salvations éternelles. Oui, salvation pour leurs petites âmes troublées. On n'imagine pas comme c'est dur de le leur faire comprendre. » Les paysans à la peau tannée et aux mains meurtries par le gel n'ont jamais eu l'occasion d'acheter de la littérature, et encore moins que quelqu'un leur explique ce que cela signifie. Mifflin a constaté que plus il pénètre dans la campagne, moins nombreux sont les livres, et ceux-ci sont de plus en plus mauvais. Avec son éloquence singulière, il clame qu'il faudrait une armée de libraires comme lui disposés à se rendre en personne dans les foyers des paysans, à raconter des histoires à leurs enfants, à parler avec les professeurs des petites écoles et à faire pression sur les rédacteurs en chef des revues agricoles pour obtenir que les livres circulent dans les veines du pays ; en résumé : à apporter le Saint Graal jusqu'aux fermes reculées du Maine.

Si telle était la situation en Amérique du Nord dans la première moitié du XXe siècle, quelle était celle des marchands que mentionne Aristote, parmi les oliveraies ensoleillées, quand les livres étaient nouveaux et que tout arrivait pour la première fois ?

La religion de la culture

55

Alexandre avait déclenché le vertige et les peurs de la globalisation. Jusqu'alors, les Grecs, dans leur majorité, avaient été les citoyens de petites nations qui englobaient à peine plus qu'une localité et ses environs. Chacun de ces pays minuscules était fier de sa politique et de sa culture. Ils étaient farouchement indépendants et se battaient fréquemment avec leurs voisins au nom de l'amour de la liberté. Quand les villes de Grèce furent annexées aux nouvelles monarchies, leurs habitants se retrouvèrent orphelins en masse. Les braves communautés vacillèrent, cessant d'être des centres autonomes pour devenir la vaste périphérie d'un empire. Ceux qui, la veille, avaient été citoyens étaient désormais sujets. Ils continuèrent de se battre les uns contre les autres, se divertissant avec des alliances, des traités, des arbitrages et des déclarations de guerre, mais après avoir perdu l'indépendance, les combats n'avaient plus un goût aussi intense. Face au vide, les nouvelles structures d'État – naissantes, autoritaires et plongées dans des luttes dynastiques – n'offraient aucun ancrage. À la dérive, les Grecs cherchèrent d'autres branches auxquelles s'accrocher. Ils adoptèrent des croyances orientales, des rituels exotiques, des philosophies salvatrices. Certains se réfugièrent dans une religion toute nouvelle : la religion de la culture et de l'art.

Face au déclin de la vie citoyenne, certaines personnes décidèrent de consacrer leur énergie à apprendre ; à s'éduquer avec l'espoir de rester libres et indépendants dans un monde soumis ; à développer au maximum tous leurs talents ; à atteindre la meilleure version possible d'eux-mêmes ; à modeler leur intériorité comme une statue ; à faire de leur propre vie une œuvre d'art. C'est cette esthétique de l'existence qui impressionna tant Michel Foucault quand il étudiait les Grecs pour son *Histoire de la sexualité*. Dans son dernier entretien, fasciné par cette idée ancienne, Foucault dit : « Ce qui m'étonne, c'est le fait que dans notre société l'art est devenu quelque chose qui n'est en rapport qu'avec les objets et non pas avec les individus ou avec la vie [...]. Mais la vie de tout individu ne pourrait-elle pas être une œuvre d'art ? Pourquoi une lampe ou une maison sont-elles des objets d'art et non pas notre vie ? »

Même si cette idée n'était pas nouvelle, elle devint

à l'époque hellénistique un refuge pour les orphelins désorientés des libertés perdues. À cette période, la *paideía* – en grec, « éducation » – se transforme pour certains en la seule tâche qui vaut la peine qu'on y voue sa vie. La signification du mot s'enrichit petit à petit et, quand des Romains comme Varron ou Cicéron ont besoin de traduire le mot en latin, ils choisissent le terme *humanitas*. C'est le point de départ de l'humanisme européen et de ses irradiations postérieures. Les échos de cette constellation de mots ne se sont pas encore éteints. L'*Encyclopédie illustrée* – dérivée de l'expression *en kýklos paideía* – sauva l'ancienne *paideía*, qui aujourd'hui résonne toujours dans l'expérimentation globale et polyglotte de Wikipédia.

Parfois, on oublie que cette ancienne foi dans la culture apparut comme une croyance religieuse, avec son côté mystique et sa promesse de salut. Les fidèles croyaient que, dans la vie après la mort, les âmes des élus vivraient dans des prairies irriguées par des sources fraîches, où il y aurait des théâtres pour les poètes, des chœurs de danse, des concerts et des colloques autour de banquets éternels – avec du vin en abondance. Un lieu divin pour les philosophes les plus bavards : là-bas, personne ne s'énerverait contre eux ni ne leur demanderait de se taire.

C'est pourquoi on trouve sur tant de monuments funéraires – épitaphes, bas-reliefs ou statues – le souvenir de la culture des défunts. Ils quittent l'existence terrestre dans la posture d'hommes de lettres, d'orateurs, de philosophes, de passionnés d'art ou de musiciens. Ces tombes ne sont pas celles, comme on le croyait au départ, de savants, de professeurs ou d'artistes. On sait aujourd'hui que dans la plupart des cas il s'agit de commerçants, de médecins ou de fonctionnaires. Mais ils voulaient qu'on se souvienne d'eux pour une seule raison : parce qu'ils s'initièrent au culte de l'intelligence et aux merveilles de l'art, savoirs protégés par les muses.

« La seule chose qui vaille la peine, c'est l'éducation – écrit au IIe siècle un adepte de ce culte. Tous les autres biens sont humains et petits, et ne méritent pas d'être convoités avec un grand acharnement. Les titres nobiliaires sont un héritage des ancêtres. La richesse est un don du sort, qui l'enlève ou l'octroie. La gloire est instable. La beauté est éphémère ; la santé, inconstante. La force physique est soumise à la maladie et à la vieillesse. L'instruction est l'unique chose immortelle et divine. Car seule l'intelligence rajeunit avec les années et le temps (qui prend tout), apporte de la sagesse à la vieillesse. Même la guerre qui, comme un torrent, balaie et arrache tout, ne peut nous retirer ce qu'on sait. » Les anciennes croyances s'étaient effondrées mais, à l'inverse, l'immortalité était à la portée de tout le monde, à travers la culture, la parole et les livres. N'oublions pas que le Musée d'Alexandrie, auquel appartenait la Grande Bibliothèque, était un temple où un prêtre pratiquait les rituels des muses. C'est émouvant de penser à ces Grecs qui rêvèrent de frapper aux portes du ciel en brandissant leurs rouleaux.

56

Du IIIe au Ier siècle av. J.-C., le paysage se transforma et les livres trouvèrent de nouveaux toits. Les papyrus égyptiens révèlent que, sans être généralisée, à l'époque hellénistique l'alphabétisation se développa beaucoup, au-delà de la classe dirigeante. Bien entendu, les riches étaient les premiers à entrer à l'école et les derniers à la quitter. Cependant, dans la Grèce européenne au moins, les enfants de condition libre avaient plus de chance de recevoir une éducation primaire qu'à n'importe quelle autre époque – les lois scolaires de Milet ou de Téos le montrent bien. La législation de cette dernière ville prouve que l'enseignement de base s'adressait aussi bien aux garçons qu'aux filles, ce qui était apparemment courant. Plus encore, dans un grand nombre de villes de la mer Égée et d'Asie Mineure, l'offre d'enseignement pour filles de bonnes familles augmenta – enfin s'ouvrent des brèches qui permettent d'entrevoir l'entrée d'élèves de sexe féminin dans les classes et les premières générations de lectrices.

L'accès à l'éducation s'étendait de plus en plus loin. On pourrait établir une longue liste d'intellectuels nés dans des villes insignifiantes, aux noms sonores et lointains, comme Cotyaion, Eukarpia, Rhodiapolis, Amasya, Séleucie… Non seulement on créa des bibliothèques dans les capitales – la bibliothèque d'Alexandrie et sa rivale de Pergame –, mais des institutions culturelles plus modestes naissaient également à la périphérie. Une inscription du IIe siècle av. J. C., découverte sur la petite île de Kos, rappelle les donations de plusieurs mécènes privés à la bibliothèque locale.

Sur les deux nouveaux continents envahis par les Macédoniens – Afrique et Asie –, les théâtres, les gymnases et les livres exprimaient la conscience de leur identité grecque. Pour les indigènes, dominer la langue de leurs gouvernants en lisant Thucydide et Platon leur permettait de prétendre à des postes prestigieux. Les conquérants, bien sûr, imposaient leur culture, persuadés de civiliser des barbares. Dans un lieu aussi reculé qu'Aï Khanoum, en Afghanistan, des textes grecs sont conservés sur la pierre, sans doute arrivés jusqu'à cette contrée lointaine par le truchement des livres – qui voyageaient de plus en plus.

Un fait attire l'attention : les écrivains de cette immense zone géographique lisaient et citaient les mêmes auteurs, d'Homère à Aristote et Ménandre. Avoir appris à écrire et à lire avec ces livres était quasiment la seule chose qu'avaient en commun un Grec né dans l'actuel Iran et un Grec né en Égypte, tous deux aussi loin d'Athènes.

La préservation et la protection de cette littérature ne pouvaient pas être laissées au hasard. Les savants, qui peuplaient le fantastique labyrinthe de livres construit à Alexandrie, s'en chargèrent.

Un homme à la mémoire prodigieuse et un groupe de filles avant-gardistes

57

Il était une fois, dans la Grande Bibliothèque, un homme à la mémoire prodigieuse. Jour après jour, il s'employait à lire les rouleaux dans l'ordre, l'un après l'autre. Et les mots caressés par ses yeux restaient gravés dans son esprit, transformant peu à peu celui-ci en une archive magique de tous les livres.

Il s'appelait Aristophane de Byzance. Son père était chef mercenaire et l'avait formé à son métier aventureux et dangereux. Il préféra les voyages immobiles, les multiples vies imaginaires du lecteur. Sur son front, derrière ses mèches de cheveux gris comme du lichen, se dessinaient des rides parallèles suggérant les lignes d'un texte indéchiffrable, comme si cet homme maigre et végétal, enveloppé en permanence de silence mais habité par d'innombrables fantômes susurrants, ressemblait de plus en plus aux livres qu'il dévorait.

Un jour, on célébra à Alexandrie un concours de poésie. Le roi choisit six personnages illustres de la ville comme jurés littéraires. Il en manquait un pour obtenir un chiffre impair, et quelqu'un suggéra le nom d'Aristophane. Les jurés écoutèrent les poètes réciter mais, quand les six autres applaudirent, Aristophane se contenta de se taire, le visage inexpressif. Il laissa les autres délibérer sans se mêler à la discussion. À la fin seulement, il demanda la parole et affirma que tous les participants, sauf un, étaient des imposteurs. Il se leva, entra sous les arcades de la bibliothèque et, grâce à sa mémoire, sortit une montagne de rouleaux de différents endroits. Là se trouvaient, mot pour mot, cachés, les poèmes que les plagiaires avaient pillés. Les voleurs de mots n'avaient pu abuser Aristophane. Pour lui, chaque vers était aussi singulier qu'un visage, et il se rappelait sa place dans les rayonnages comme d'autres connaissent la position de chaque étoile dans le ciel nocturne.

Selon la légende, le roi d'Égypte nomma ce lecteur à la mémoire fabuleuse directeur de la Bibliothèque.

Cette anecdote, racontée par Vitruve, révèle que le plagiat et les scandales sont aussi anciens que les prix littéraires – pour cette raison peut-être, en espagnol, c'est le même mot, *fallo*, qui désigne la décision d'un jury et un échec. Par ailleurs, l'histoire d'Aristophane de Byzance nous montre le développement de la Grande Bibliothèque qui, un siècle après sa création, ne pouvait être contenue que dans une mémoire prodigieuse. Le temps des catalogues et des listes était venu.

En réalité, comme l'explique l'essayiste Philipp Blom, tout collectionneur a besoin d'un inventaire. Les choses qu'il s'efforce de réunir peuvent de nouveau être dispersées un jour, vendues ou saccagées, sans nulle trace de la passion et des connaissances qui animaient leur propriétaire précédent. Même les plus modestes collectionneurs de timbres, de livres ou de disques souffrent à l'idée que ces objets qu'ils ont choisis un par un pour d'intimes raisons puissent retrouver dans le futur la pagaille et le fatras d'un dépôt-vente. C'est uniquement dans son catalogue que la collection survit à son propre naufrage. C'est la preuve qu'elle a existé comme ensemble, comme plan rigoureux, comme œuvre d'art.

Dans le catalogue se manifeste le pouvoir du nombre. J'ai raconté que, selon plusieurs sources, le roi Ptolémée passait régulièrement en revue les rayons de la Bibliothèque en demandant au responsable : « Combien de livres possédons-nous déjà ? » Le chiffre qui sortait de la bouche du bibliothécaire résumait le succès ou l'échec de son plan grandiose. Cette scène a une certaine ressemblance avec un épisode mettant en scène Don Juan, qu'on pourrait considérer comme l'archétype littéraire du collectionneur insatiable. Dans l'opéra *Don Giovanni*, Mozart et son librettiste Da Ponte ont inclus le fameux « Air du catalogue » où le valet Leporello énumère un inventaire de conquêtes : « Ce catalogue contient les amours de mon maître, c'est un catalogue bien tenu par moi-même, regardez et lisez avec moi. En Italie, six cent quarante, en Allemagne, deux cent trente et une, cent en France, quatre-vingt-onze en Turquie, mais en Espagne, déjà mille trois ! » Les Ptolémées, comme Don Juan, avaient besoin de serviteurs-comptables capables de leur garantir que le nombre de leurs succès continuait d'augmenter, qu'ils avaient le droit de se sentir de plus en plus importants et puissants. De la même façon, les réseaux sociaux sont les Leporello de notre monde virtuel. Alimentant le narcissisme et la tendance à la collection qui résident en nous, ils tiennent le compte de nos amis, de nos followers et des « j'aime » que nous sommes capables de conquérir.

La Bibliothèque d'Alexandrie, qui tenta de toucher du doigt l'infini, posséda également un grand catalogue. On sait qu'il occupait au moins cent vingt rouleaux, cinq fois plus que l'*Iliade* d'Homère. Ce détail à lui seul est un aperçu de cette magnifique collection perdue. Il signifie qu'à cette époque la mer de livres avait franchi les digues de la mémoire humaine. Plus jamais la somme du savoir, de la poésie et des récits écrits n'habiterait dans une seule tête – comme on l'avait prétendu dans le cas d'Aristophane.

58

Au IIIe siècle av. J.-C., un poète né en territoire libre, Callimaque de Cyrène, le premier cartographe de la littérature, prit en charge le grand catalogue. Avec ses galeries, ses arcades, ses salles intérieures, ses couloirs et ses rayonnages pleins à craquer, il était désormais possible de se perdre dans la Bibliothèque d'Alexandrie. Il fallait une carte du territoire, une direction et une boussole.

On considère Callimaque comme le père des bibliothécaires. Je l'imagine en train de remplir les premières fiches bibliographiques de l'Histoire – sûrement des tablettes – et d'inventer une sorte d'ancêtre de la cote. Peut-être connut-il les secrets des bibliothèques babyloniennes et assyriennes et s'inspira-t-il de leurs méthodes d'organisation, mais il alla beaucoup plus loin que tous ses prédécesseurs. Il traça un atlas de tous les écrivains et de toutes les œuvres. Il résolut des problèmes d'authenticité et de fausses attributions. Il trouva des rouleaux sans titre qu'il était nécessaire d'identifier. Quand deux auteurs portaient le même nom, il enquêta sur chacun pour les différencier. Dans certains cas, on avait confondu le nom et le surnom. Par exemple, le véritable nom – oublié – de Platon était Aristoclès. Aujourd'hui, on le connaît seulement par ce qui semble avoir été son surnom au gymnase, Platon, qui en grec signifiait « dos large » – le philosophe devait être très fier de ses talents de pugiliste sur le sable.

En résumé, le nouveau géographe des livres dut faire face à une multitude de questions avec patience et amour du détail. Callimaque rédigea une courte biographie de chaque auteur, rechercha des éléments personnels – nom du père, lieu de naissance, surnom – et dressa une liste complète de leurs œuvres par ordre alphabétique. Le titre de chaque livre était suivi d'une citation de la première phrase du texte – quand elle était conservée – pour faciliter son identification.

On doit, pour une large part, aux savants alexandrins l'usage de l'alphabet pour classer et archiver des textes. Dans notre vie quotidienne, c'est quelque chose de très courant, si évident et pratique qu'on en oublie que cela a été inventé. Pourtant, il s'agit d'un outil – comme le parapluie, les lacets de chaussures ou le dos des livres – dont quelqu'un a eu l'idée dans un moment d'inspiration après une longue quête. Certains chercheurs pensent que ce simple coup de génie fut peut-être précisément ce qu'Aristote enseigna aux bibliothécaires d'Alexandrie. L'hypothèse est séduisante, même si elle est impossible à démontrer. Dans tous les cas, le système s'imposa grâce aux intellectuels du Musée. Quant à nous, avec un alphabet différent, nous continuons de les imiter.

Le catalogue de Callimaque – appelé *Pinakes*, « tableaux » – n'a pas été conservé, mais dans les textes des siècles suivants apparaissent suffisamment de références et d'allusions pour s'en faire une idée approximative. Des listes nous sont également parvenues, sans doute copiées des *Pinakes*. Par exemple, les titres de soixante-treize pièces de théâtre d'Eschyle par ordre alphabétique, et plus de cent de Sophocle. Ces

énumérations sont un véritable inventaire d'œuvres perdues – aujourd'hui on peut seulement lire sept tragédies complètes de chacun d'eux.

Une des décisions de Callimaque qui eut le plus de répercussions fut d'organiser la littérature par genre. Il classa – pour toujours – les livres en deux grandes catégories : vers et prose. Puis il divisa chacun de ces territoires littéraires en provinces : épopée, poésie lyrique, tragédie, comédie, histoire, éloquence, philosophie, médecine, droit, suivis d'une dernière section d'œuvres diverses, n'entrant dans aucun des principaux genres, par exemple, quatre livres de pâtisserie. Le classement alphabétique par genre, qui est arrivé jusqu'à nos bibliothèques actuelles, répondait à des critères purement formels, utiles, mais arbitraires. Depuis lors, les livres mixtes, expérimentaux, déroutants et désobéissant aux lois des genres – il y en eut aussi dans l'Antiquité – assument l'inconvénient d'être inclassables.

Malgré leur formalisme, les *Pinakes* devinrent un instrument de recherche essentiel, la première grande carte de la littérature, un portulan pour naviguer sur le grand océan de la Bibliothèque d'Alexandrie. Et, dans le sillage d'Aristote, une audacieuse taxonomie du savoir et de l'invention. Pendant toute l'Antiquité, le catalogue de Callimaque était consulté et actualisé constamment. Il eut un énorme succès et jeta les fondements des sciences bibliographiques et encyclopédiques, branches du savoir au service de toutes les autres.

Callimaque devait rêver de sauver de l'oubli tous les petits mondes encapsulés à l'intérieur des livres,

y compris les plus enfouis; il y puisa des forces et de la patience pour fournir cet immense effort. Après tout, lui-même était un écrivain soucieux du devenir des mots. Ironie du sort, sa propre œuvre fut presque entièrement perdue. D'après ce qu'on sait, ce fut un poète transgressif, qui défendait bec et ongles l'expérimentation créative. Les fidèles imitateurs d'un passé littéraire irrécupérable l'ennuyaient. Il aimait la brièveté, l'ironie, l'esprit, la fragmentation. Parfois, il n'y a rien de mieux que de connaître les classiques pour savoir où percer de nouvelles voies.

59

Silencieusement, les bibliothèques ont envahi le monde.

Entre 1500 et 300 av. J.-C., il exista 55 bibliothèques, uniquement pour un public restreint, dans certaines villes du Proche-Orient, et aucune en Europe. Selon des statistiques publiées en 2014 en Espagne, 97 % de la population dispose d'au moins une bibliothèque publique dans le lieu où elle vit – sur un total de 4 619 bibliothèques dans tout le pays. Ces chiffres disent l'histoire d'un énorme changement et d'une prolifération fantastique. Bien que passée quasiment inaperçue, il s'agit d'une des réalités anciennes qui nous ont colonisés avec le plus d'efficacité. Si on se demandait, comme les extravagants membres du Front populaire de Judée dans *La Vie de Brian* : « Mais que nous ont apporté les Grecs et les Romains ? », on répondrait sans hésiter : les routes, les caniveaux, les lois, la démocratie, le théâtre, les aqueducs. Peut-être inclurait-on dans la liste l'épopée des gladiateurs, cette meute bruyante de combattants à moitié nus qui fascinent tellement les scénaristes de Hollywood, ou les conducteurs de chars, mais on ne penserait pas le moins du monde au succès discret des bibliothèques publiques, plus vivantes que jamais.

Je n'oublie pas la première bibliothèque de mon enfance. Petite déjà, je savais que dans toutes les histoires il y a une forêt ; dès qu'il emprunte ses mystérieux chemins, le héros est toujours confronté à la magie et finit par découvrir une merveille. Je marchais moi aussi entre les arbres, tenant la main de mon père, ces longues après-midi de juillet. Nous nous dirigions tous les deux vers la petite bibliothèque du Parque Grande. C'était une maisonnette qui, à son aspect et à son toit, me donnait l'impression de sortir d'un conte ou éventuellement d'un paysage alpin. J'entrais à l'intérieur dans la pénombre, je choisissais une bande dessinée et je ressortais, dans la lumière du parc, mon trésor pressé contre moi, en quête d'un banc pour lire. Je lisais attentivement, de la première à la dernière lettre, buvant les dessins et les mots, tandis que l'après-midi déclinait lentement et qu'on entendait la musique métallique des vélos qui passaient. Quand j'avais fini, je rapportais la bande dessinée qui avait été mon butin pendant des heures, je sortais de la forêt et rentrais à la maison, l'imagination en ébullition malgré la fraîcheur du soir.

Les merveilles de ce parc, promu au rang de forêt par mon regard d'enfant, étaient, bien entendu, du pur fantasme ; les livres et les héros qui le peuplaient ;

le murmure des peupliers qui, avec leurs chuchotements secrets, semblaient promettre une histoire ; la bibliothèque. J'étais devenue une junkie des bandes dessinées, je réclamais des doses de plus en plus fortes.

Les plus de dix mille bibliothécaires qui travaillent en Espagne – des centaines de milliers dans le monde – alimentent notre addiction aux mots. Ce sont nos fournisseurs de drogue. Nous leur confions la somme de nos connaissances et de nos rêves, des contes de fées aux encyclopédies, des opuscules érudits aux BD les plus canailles. À présent que de nombreuses maisons d'édition détruisent leur fonds pour éviter les frais de stock, nous avons là un entrepôt de mots qui ne sont plus au catalogue ; le coffre du trésor.

Chaque bibliothèque est unique et, comme quelqu'un me l'a dit un jour, elle ressemble toujours à son bibliothécaire. J'admire ces centaines de milliers de personnes qui croient encore à l'avenir des livres ou, plus exactement, à leur capacité d'abolir le temps. Qui conseillent, encouragent, ourdissent des opérations et trouvent des prétextes pour que le regard du lecteur réveille les mots endormis, parfois pendant des années, d'un exemplaire classé sur une étagère. Ils savent que cet acte si quotidien est, au fond, la résurrection d'un monde. Lazare, lève-toi et marche !

Les bibliothécaires ont une longue généalogie qui commence dans le Croissant fertile de Mésopotamie, mais on ne sait rien sur ces lointains ancêtres de la corporation. Le premier qui nous parle avec sa propre voix est Callimaque, que nous pouvons imaginer de profil, plongé dans son patient travail d'archivage et dans ses longues nuits d'écriture. Après Callimaque, beaucoup d'écrivains ont exercé le métier de bibliothécaires à une période de leur vie, entre des murs de livres qui à la fois stimulent et paralysent. Goethe, Casanova, Hölderlin, les frères Grimm, Lewis Carroll, Musil, Onetti, Perec, Stephen King. « Dieu m'a faite poétesse et je suis devenue bibliothécaire », écrivit Gloria Fuertes.

Et Borges, le bibliothécaire aveugle qui a fait de lui-même quasiment un genre littéraire à part entière. Un ami de l'écrivain qui parcourut un jour avec lui la Bibliothèque nationale de Buenos Aires raconte que Borges se déplaçait entre les rayonnages comme s'il était chez lui. Il embrassait du regard, sans les voir précisément, les étagères une par une. Il savait où était rangé chaque livre et, quand il en ouvrait un, il trouvait immédiatement la page recherchée. Se perdant dans des couloirs tapissés de livres, glissant dans des lieux presque invisibles, Borges se frayait un passage dans l'obscurité de la bibliothèque avec la précision délicate d'un équilibriste ; comme Jorge de Burgos, le gardien aveugle – et assassin discret – de la bibliothèque de l'abbaye du *Nom de la rose* qu'Umberto Eco, entre hommage et irrévérence, imagina en s'inspirant de lui.

Au début du XXe siècle, ce métier exercé par des hommes depuis l'époque de Ninive, Babylone et Alexandrie commença à se transformer en un territoire pacifiquement colonisé par les femmes. En 1910, 80 % des bibliothécaires étaient des femmes. Et, comme seules les célibataires avaient le droit de travailler, dans l'imaginaire collectif apparut la caricature de la bibliothécaire vieille fille, aigrie, antipathique, avec un chignon gris, des lunettes, des vêtements démodés et grognant en permanence. Selon la mentalité de cette époque (pas si lointaine), une femme qui travaillait au milieu de livres ne pouvait être que frustrée du fiancé qui ne lui avait jamais passé la bague au doigt et de la progéniture qu'elle n'avait pas eue. *La vie est belle*, qui date pourtant de 1946, reflète ce cliché. Il y a une scène pour moi extrêmement parodique, mais qui hélas est tournée sans la moindre ironie. Le personnage principal, George Bailey, interprété par James Stewart, est au bord du suicide le soir de Noël. Alors son ange gardien intervient pour lui montrer comment serait le monde s'il n'était pas né et le convaincre que sa vie n'est pas si absurde. Après avoir constaté que tous ses amis et connaissances auraient été très malheureux sans lui, George l'interroge au sujet de sa femme : et Mary ? L'ange hésite. Ne me demande pas ça. Angoissé, George imagine le pire, attrape l'ange par le revers de sa veste. Si tu sais où est ma femme, dis-le-moi. Je ne peux pas te le dire. S'il te plaît. Ça ne va pas te faire plaisir, George. Où est-elle, où est-elle ?, insiste George, désespéré. Elle est restée célibataire, George… Elle est en train de fermer la bibliothèque. George abandonne l'ange et court à la bibliothèque. Alors Mary apparaît à l'écran. En effet, elle est en train de fermer la porte de la Bibliothèque publique de Pottersville. Elle porte l'uniforme complet : tailleur austère, chignon, grosses lunettes. Elle marche, serrant son sac contre elle, complexée et malheureuse. La bande-son du film crée une atmosphère lugubre. Et, face à l'expression horrifiée de George, on imagine que le spectateur, prenant sa tête entre ses mains, pense : Non, pas une bibliothécaire !

Ces clichés, comme l'a montré la chercheuse Julia Wells, perdurent dans le cinéma contemporain. De nombreuses bibliothécaires de fiction continuent d'apparaître comme des grincheuses qui lancent de furibonds « chut » à quiconque ose parler sur leur territoire. Ironie de l'histoire : pendant les années qui précédèrent le tournage du film de Frank Capra, dans l'Espagne de l'après-guerre civile, la plupart des bibliothécaires qui avaient exercé leur métier sous la République furent considérées comme de dangereuses révolutionnaires et soumises à des procès d'épuration. En général, elles étaient à l'opposé de l'image de Mary dans *La vie est belle* : des filles modernes, d'avant-garde, pionnières dans les universités espagnoles. Les autorités franquistes enquêtèrent sur leurs activités publiques, leur vie professionnelle et leur conduite privée. Celles qui purent conserver leur place dans le corps public des bibliothécaires et archivistes subirent d'humiliantes baisses de salaire, des affectations forcées, et toute promotion leur fut interdite. Je pense à María Moliner, qu'on fit descendre de dix-huit échelons dans la hiérarchie, l'excluant pour toute sa carrière des postes de direction ou de confiance. Reléguée dans un premier temps aux archives du ministère du Travail, puis à l'École d'ingénieurs de Madrid, elle élabora toute seule son fantastique dictionnaire. La bibliothèque de l'enfance de ma mère n'était pas, comme la mienne, une maisonnette enchantée dans la forêt ; c'était le bâtiment où travaillaient deux femmes victimes de représailles.

Les bibliothèques et les bibliothécaires possèdent

leur propre histoire universelle de l'infamie : attaques, bombardements, censure, épurations, persécution. Ils ont inspiré une galerie de personnages fantastiques, comme Jorge de Burgos dans *Le Nom de la rose*, capable de transformer un livre d'Aristote en arme du crime ; ou Mary, qui vit dans deux dimensions spatio-temporelles à la fois, comme mère de famille heureuse et comme bibliothécaire tourmentée (nous ignorons laquelle de ces vies elle préfère). Mais le plus étonnant dans tout cela, c'est le chemin parcouru des origines orientales – avec leurs guildes de scribes et castes de prêtres qui maintenaient la connaissance sous surveillance – aux bibliothèques d'aujourd'hui, ouvertes à quiconque souhaite lire et apprendre.

Sur leurs rayonnages cohabitent des livres provenant de pays ennemis, voire en guerre. Des manuels de photographie et d'interprétation des rêves. Des essais qui parlent de microbes ou de galaxies. L'autobiographie d'un général à côté des mémoires d'un déserteur. L'œuvre optimiste d'un écrivain incompris et l'œuvre sombre d'un auteur à succès. Les notes d'une autrice voyageuse à côté des cinq tomes nécessaires à un écrivain sédentaire pour raconter en long et en large ses rêveries. Le livre imprimé hier à côté de celui vieux de vingt siècles. Dans une bibliothèque, il n'y a ni frontières temporelles ni frontières géographiques. Et, pour finir, nous sommes tous invités à entrer : étrangers et locaux, personnes à lunettes, lentilles ou aux yeux chassieux, hommes à chignon et femmes à cravate. On dirait une utopie.

60

Mallarmé, au XIXe siècle, a écrit : « La chair est triste, hélas, et j'ai lu tous les livres. » Le poète faisait probablement allusion à l'ennui d'une existence encombrée et flétrie. Cependant, quand on lit ces mots à l'époque d'Amazon et du Kindle, ils nous rappellent avec ironie que l'aspiration à connaître tous les livres n'est guère que le rêve impossible des bibliophiles les plus fous. L'humanité publie un livre toutes les trente secondes. En supposant un prix de 20 euros et une épaisseur de 2 centimètres, il faudrait plus de 20 millions d'euros et quelque 20 kilomètres d'étagères pour l'extension annuelle de la bibliothèque de Mallarmé.

Le catalogue de Callimaque fut le premier atlas complet des livres connus. Le continent cartographié se révéla énorme, et les Grecs se sentirent, c'est la moindre des choses, aussi dépassés que nous. Personne ne lirait jamais la totalité des rouleaux archivés dans la Bibliothèque d'Alexandrie. Personne ne saurait tout. La connaissance de chacun serait un minuscule archipel dans l'incommensurable océan de son ignorance.

L'angoisse du choix apparut alors : que lire, voir, faire avant qu'il ne soit trop tard ? Pour la même raison, nous continuons aujourd'hui d'être obsédés par les listes. Il y a quelques années à peine, Peter Boxall a publié une énième liste des livres qu'il faut avoir lus avant de mourir – dans ce cas, 1 001, comme les nuits de Shéhérazade. De nos jours pullulent les sélections des disques qui méritent d'être écoutés, des films qu'il est important de ne pas rater ou des lieux où nous devrions voyager. Internet est aujourd'hui la grande liste, fragmentaire, avec des ramifications infinies. Le moindre manuel de développement personnel digne de ce nom, n'importe quel mode d'emploi pour devenir millionnaire, obtenir du succès ou vaincre l'obésité intègre le conseil basique de dresser des listes. Si l'on persévère dans les objectifs répertoriés, on améliorera sa vie. Les énumérations ont à voir avec l'ordre comme anxiolytique, c'est-à-dire comme système de défense pour neutraliser l'expansion du chaos. Elles sont également liées à l'angoisse, à la peur, à la conscience douloureuse que nos jours sont comptés. D'où nos tentatives pour réduire les choses qui nous submergent à dix, cinquante, cent rubriques.

Quand on parcourt des yeux le catalogue démesuré de Callimaque, on se dit que sans nul doute les savants de la Grande Bibliothèque furent infectés par le même virus contagieux des listes. Quels étaient les livres indispensables dans chaque genre ? Quels récits, quels poèmes, quelles idées méritaient de passer à la postérité ?

À l'époque de la reproduction manuscrite, la survie d'un livre ancien exigeait un énorme effort car le matériel se détériorait et il était nécessaire de le recopier au bout d'un certain temps. Ces copies successives obligeaient également à réviser l'édition et à la commenter afin que son sens ne devienne pas obscur avec les années. Les savants de la Bibliothèque, dont les jours étaient comptés, ne pouvaient pas porter cette attention à tous les livres du catalogue. Il fallait choisir. Leurs listes, furent, comme la plupart des nôtres, un programme de travail. Ils créèrent par ailleurs un système de références qui nous est parvenu. Dans *Vertige de la liste*, Umberto Eco affirme que les listes sont en réalité l'origine de la culture, une part de l'histoire de l'art et de la littérature. Il ajoute que dans les encyclopédies et les dictionnaires on trouve des formes élaborées de listes. Et toutes – répertoires, bibliographies, index, tableaux, catalogues, dictionnaires – rendent l'infini plus compréhensible.

Les Grecs avaient un mot pour les auteurs inclus dans les listes : *enkrithéntes*, « ceux qui sont passés au crible, l'écrémage ». Le mot choisi suggère la métaphore rurale du tamis, qui sépare et distingue le bon grain de l'ivraie. À une plus petite échelle qu'aujourd'hui, les listes d'auteurs *enkrithéntes* qu'il fallait avoir lus avant de mourir abondaient aussi dans l'Antiquité. On connaît les titres de quelques manuels de la période impériale qui résonnent comme des nouveautés contemporaines : *Connaître les livres*, de Télèphe de Pergame, *Sur le choix et l'acquisition des livres*, d'Hérennius Philon, ou *Le Bibliophile*, de Damophile de Bithynie. Ces traités orientaient les lecteurs vers un choix de livres, leur montrant les œuvres essentielles. Certaines de ces listes anciennes ont survécu jusqu'à nos jours et, bien qu'elles présentent des différences entre elles – les sélections sont constamment actualisées –, elles gardent un fond commun. Après les avoir recherchées et comparées, je crois que toutes remontent aux savants d'Alexandrie et au catalogue de Callimaque. Et je pense que le sens originel de ces sélections fut de déployer des efforts pour empêcher qu'une poignée de livres merveilleux, préférés, ne tombent dans l'oubli.

Choisir, c'est, d'une certaine façon, sauvegarder.

Aujourd'hui, on continue d'établir des listes de paysages et de monuments, qu'on déclare Patrimoine mondial de l'humanité, pour tenter de les protéger des vagues de la destruction.

Alexandrie est un point de départ. Là, l'argent des rois et l'engagement des savants permirent un grand travail de conservation et de protection. Pour la première fois peut-être, les Grecs comprirent que les mots fragiles des livres étaient un héritage dont leurs enfants et petits-enfants auraient besoin pour expliquer la vie ; que quelque chose d'aussi éphémère – le dessin d'une bulle d'air, la vibration musicale de nos pensées – avait besoin d'être préservé en pensant aux générations futures ; que les histoires anciennes, légendes, contes et poèmes étaient le témoignage de quelques aspirations et d'une façon de saisir le monde qui refusait de mourir.

Je crois que la grande originalité des savants de la Bibliothèque d'Alexandrie n'a rien à voir avec leur amour pour le passé. Ce qui les rendit visionnaires fut de comprendre qu'Antigone, Œdipe et Médée – ces êtres d'encre et de papyrus menacés par l'oubli – devaient voyager à travers les siècles ; que des millions de personnes pas encore nées ne pouvaient en être privées ; qu'ils inspireraient nos rébellions, nous rappelleraient combien certaines vérités peuvent être douloureuses, nous révéleraient nos plis les plus sombres ; qu'ils nous gifleraient chaque fois que nous serions trop fiers de notre condition d'enfants du progrès ; qu'ils resteraient importants pour nous.

Pour la première fois, ils envisagèrent les droits des générations futures – nos droits.

61

Au moment où j'écris ces lignes, le mois de décembre s'achève, avec sa névrose habituelle de listes – des meilleures ventes aux plus belles robes de l'année. Les douze derniers mois sont résumés dans ces listes-podium qui sont publiées dans tous les journaux et déversées sur les réseaux. La réalité se transforme en un grand tournoi, et savoir qui sont les vainqueurs nous passionne.

Pour une fois, la responsabilité de cette pulsion n'est pas imputable à Internet. Les Grecs furent pionniers de la classification avec leurs fameuses listes : les sept sages et les Sept Merveilles. Gagnés comme nous par la fièvre culinaire, ils anticipèrent le Guide Michelin, dressant leur propre palmarès gastronomique. On trouve une liste des sept grands cuisiniers grecs dans un curieux essai du IIe siècle intitulé *Les Deipnosophistes*. Dans celui-ci, un cuisinier érudit enseigne à son apprenti les noms des sept chefs les plus illustres et la spécialité de chacun : Agidès de Rhodes et ses merveilleux poissons rôtis ; Néré de Chios, qui cuisinait un congre digne des dieux ; Chariadès d'Athènes, le maître des œufs à la béchamel ; Lamprias et le brouet noir ; Aphthonétos, inventeur de la charcuterie ; Euthynos, le grand cuisinier des lentilles ; Aristion, créateur de nombreux ragoûts et également de la cuisine à la vapeur – ce qu'on appellerait aujourd'hui cuisine d'auteur. Il conclut : « Voilà donc quels furent les sept sages de notre art. » On dirait de l'humour contemporain : dans le même essai, un célèbre artiste des fourneaux affirme avec beaucoup d'ironie que, « de tous les condiments, le plus important dans la cuisine est la vantardise ».

Les écrivains, évidemment, furent victimes des listes, y compris avant la fondation de la Bibliothèque d'Alexandrie. Au IVe siècle av. J.-C., les grands noms de la tragédie constituaient un répertoire fermé : Eschyle, Sophocle et Euripide. Un demi-siècle après la mort du dernier d'entre eux, la représentation de leurs célèbres pièces de théâtre était devenue l'ingrédient principal des menus scéniques. Elles attiraient plus de spectateurs que celles de leurs successeurs vivants. Le gouvernement athénien décida de créer des archives nationales pour protéger – comme bien public – les versions authentiques des tragédies d'Eschyle, de Sophocle et d'Euripide, et seulement les leurs.

Les tragiques grecs seraient, désormais pour toujours, un trio. Ce fut sûrement dans la Grande Bibliothèque que s'établirent d'autres listes célèbres – les neuf poètes lyriques, les dix orateurs. Et, depuis ces temps révolus, les listes préfèrent certains nombres dotés d'un halo magique (trois, sept, neuf, dix).

Le plaisir d'énumérer existe, sans aucun doute. Je le sais ; je l'ai connu. Pendant les derniers mois de sa vie, mon père consacra de nombreuses heures, et le peu de forces qui lui restaient, à surfer sur les pages de sport sur Internet. Il cherchait des photos de matchs de foot de la grande époque – la sienne, bien entendu –, des finales des années 1950 et du début des années 1960. Pour mon père, le foot, était toujours mieux avant. Il était ému de retrouver une vieille équipe dont il avait mémorisé la composition quand il était enfant.

D'abord il la chantait à voix haute, en lisant les noms sur l'écran, savourant l'ordre précis des joueurs. Puis il notait ceux-ci dans un cahier à spirale, avec des feuilles à carreaux, que j'ai gardé. Il me montrait avec fierté ses listes, des équipes de fantômes, des colonnes et des colonnes de noms écrits de sa belle calligraphie déjà un peu tremblante à cause des ravages de la maladie. Les strophes de ces chansons – onze noms appris par cœur puis oubliés – avaient le pouvoir de lui restituer son enfance. Les listes sont aussi une part intime de l'autobiographie de chacun.

L'écriture, d'après les chercheurs, est née pour faire de la comptabilité, c'est-à-dire des listes de chèvres, d'épées et d'amphores de vin. Pour cette raison peut-être, la littérature a toujours continué d'inventer des moyens de recenser. Dans le chant II de l'*Iliade* est égrenée une très longue énumération des navires grecs qui combattent contre les Troyens. La Bible ne serait pas la même sans les dix commandements ni sans ses généalogies infinies. Une écrivaine japonaise du Xe siècle, Sei Shōnagon, introduisit 164 listes dans ses *Notes de chevet*. Elle consignait tout ce qu'il était possible de cataloguer dans un ordre décroissant et par écrit. Elle commençait ses énumérations par des épigraphes suggestives comme « Choses qui font battre le cœur », « Choses qui doivent être brèves », « Choses qui ne valent pas la peine d'être peintes », « Choses qui sont proches bien que distantes », « Personnes qui semblent satisfaites d'elles-mêmes », « Nuages et choses qui me plaisent particulièrement ».

Dans l'avant-dernier chapitre d'*Ulysse*, Joyce détaille une liste fournie des ustensiles qu'on peut trouver dans les tiroirs de la cuisine de Leopold Bloom. J'ai un faible pour les six propositions pour le prochain millénaire d'Italo Calvino ; pour les énumérations de Borges, en particulier ses poèmes des dons ; et pour la tentative de Perec, assis dans un café de la place Saint-Sulpice, d'épuiser un lieu parisien.

Joe Brainard a publié en 1975 le livre *I remember, je me souviens*, dans lequel il énumère sur cent cinquante pages ses souvenirs dans une liste émouvante. « Je me souviens de l'époque où je croyais que rien de vieux ne pouvait avoir de valeur. » « Je me souviens que je lisais douze livres chaque été pour obtenir un diplôme de la bibliothèque municipale. Je me foutais de lire, mais j'adorais avoir des diplômes. Je me souviens que je choisissais des livres écrits gros avec beaucoup de dessins. » « Je me souviens que j'avais une liste où je notais les États que j'avais visités. » « Je me souviens de fantasmer à l'idée d'arriver un jour à lire une encyclopédie entière et de tout savoir. » Je ne peux pas omettre la « contribution à la statistique » de Wisława Szymborska : « Sur cent personnes : / qui en savent plus que tout le monde : cinquante-deux ; / qui doutent à chaque pas : pratiquement tout le reste ; / prêtes à aider, pour peu que ça ne soit pas trop long : bien quarante-neuf ; / toujours bonnes, parce qu'elles ne savent pas faire autrement : quatre, allez, peut-être cinq ; / […] douées pour le bonheur : au maximum un peu plus de vingt ; / individuellement innocentes, mais que la foule rend sauvages : plus de la moitié certainement ; / cruelles sous la contrainte des circonstances : mieux vaut ne pas le savoir, même approximativement ; / […] mortelles : 100 %. / Un nombre jusqu'ici inchangé. » On passe notre vie à dresser des listes, à les lire, à les mémoriser, à les déchirer, à les jeter à la poubelle, à barrer les objectifs atteints, à les détester et à les aimer. Les meilleures sont celles qui accordent de l'importance à ce qu'elles énumèrent et tentent de lui donner du sens. Celles qui sont attentives aux détails et à la singularité du monde, nous empêchant de perdre de vue ce qui est précieux. Même si à la fin de l'année, nous sommes tellement bombardés et saturés que nous mourons d'envie de les mettre sur une liste noire.

Fileuses d'histoires

62

Il n'y a qu'une seule présence féminine dans la littérature grecque : Sappho. Il est tentant d'attribuer ce déséquilibre criant au fait que les femmes n'écrivaient pas dans la Grèce antique. C'est vrai, en partie seulement. Même si c'était plus difficile pour elles d'avoir accès à une éducation et à la lecture, beaucoup réussirent à franchir les obstacles. De certaines, il reste quelques fragments épars de poèmes ; de la plupart, à peine un nom. Voici ma liste provisoire d'autrices quasi oubliées : Corinna, Télésille, Myrtis, Praxilla, Eumétis – également appelée Cléobuline –, Boiô, Érinna, Nossis, Moïro, Anytè, Moschiné, Hédylé, Philinné, Mélinnô, Caecilia Trebulla, Julia Balbilla, Damô, Théosébéia.

Je suis intriguée par les vers qu'on ne lira jamais de chacune d'elles car, pour moi, le grec a commencé par une voix de femme – celle de ma professeure au lycée. Je me souviens qu'au début ses cours ne m'impressionnaient pas beaucoup – on met tellement de temps à reconnaître ceux qui vont changer notre vie. J'étais alors une adolescente déterminée à vendre cher son admiration. Je m'attendais à des enseignants charismatiques, sûrs d'eux-mêmes, de ceux qui entrent dans une classe avec un air rebelle – j'en avais vu dans des films –, posent leur cul sur le bord du bureau et se mettent à parler, intelligents, brillants, spirituels. Physiquement, Pilar Iranzo ne correspondait pas à ce fantasme. Très grande et mince, elle arrondissait légèrement les épaules comme pour s'excuser de sa haute taille. Elle portait une blouse blanche classique. Quand elle parlait, ses longues mains de pianiste s'agitaient nerveusement dans l'air. Parfois elle bafouillait en expliquant la leçon, comme si soudain les mots sortaient de sa tête dans toutes les directions. Elle écoutait avec une attention intense, posait plus de questions qu'elle ne faisait d'affirmations et semblait se sentir particulièrement à l'aise sous la protection du point d'interrogation.

Bientôt, l'étonnante Pilar rompit les barrières de mon scepticisme. De ces deux années où elle fut mon enseignante, je me rappelle le plaisir de la découverte, du déclic, de l'incroyable joie de l'apprentissage. Nous étions si peu d'élèves qu'on finissait tous assis autour d'une table, formant un groupuscule comme des conspirateurs. On apprenait par contagion, par illumination. Pilar ne se retranchait pas derrière les déclinaisons, les dates et les chiffres froids, les théories abstraites, les concepts. Elle était transparente : sans artifices, sans étalage, sans poses, elle nous fit découvrir sa passion pour la Grèce. Elle nous prêtait ses livres préférés, nous racontait les films de sa jeunesse, ses voyages, les mythes dans lesquels elle se reconnaissait. Quand elle évoquait Antigone, elle était Antigone ; et quand elle parlait de Médée, on avait l'impression que c'était l'histoire la plus horrible qu'on avait jamais entendue. Lorsqu'on traduisait les œuvres classiques, on sentait qu'elles avaient été écrites pour nous. On oublia la peur de ne pas les comprendre. Elles arrêtèrent d'être de lourds fardeaux, imposés. Grâce à Pilar, certains d'entre nous annexèrent un pays étranger à leur monde intérieur.

Des années plus tard, quand j'ai dû moi-même affronter le vertige d'une classe, j'ai compris qu'il faut aimer ses élèves pour dévoiler devant eux ce qu'on aime ; pour oser montrer à un groupe d'adolescents ses enthousiasmes sincères, ses propres pensées, les vers qui nous émeuvent, sachant qu'ils pourraient ricaner, réagir avec dureté ou avec une indifférence ostentatoire.

Au cours de mes études, je rendais visite à Pilar pendant ses heures de garde, au séminaire de grec. Lorsqu'elle a pris sa retraite, j'ai continué de la voir dans un café près de chez elle. J'avais besoin de la remercier pour cette façon si imprudente d'enseigner, en nous faisant confiance à tous. En estimant que nous méritions d'apprendre. En partageant sa manière intime et mystérieuse d'écouter les voix du passé.

Lors de ces rendez-vous, nous parlions des heures,

bondissant dans le temps, de nos préoccupations quotidiennes à l'Antiquité grecque qui était notre lien. Mais nous nous heurtions à un paradoxe : comprendre que cela aurait été terrible de vivre à cette époque qui nous fascinait tant, où les femmes demeuraient à l'écart du pouvoir, n'avaient pas de liberté, étaient toujours considérées comme mineures. Pilar, qui avait consacré tant d'années de sa vie à transmettre l'héritage lumineux de la Grèce, savait que cette époque l'aurait condamnée à rester dans l'ombre. Elle regrettait les mots de ces écrivaines oubliées et leurs poèmes nés dans le silence.

63

L'histoire de la littérature commence de façon inattendue. Le premier auteur du monde à signer un texte de son propre nom est une femme.

Mille cinq cents ans avant Homère, Enheduanna, poétesse et prêtresse, écrivit un ensemble d'hymnes dont les échos résonnent encore dans les Psaumes de la Bible. Elle en revendiqua la maternité avec fierté. Elle était la fille du roi Sargon d'Akkad, qui unifia la Mésopotamie centrale et méridionale en un grand empire, et la tante du futur roi Naram-Sin. Quand les chercheurs déchiffrèrent les fragments de ses vers, perdus pendant des millénaires et retrouvés seulement au XXe siècle, ils la surnommèrent « la Shakespeare de la littérature sumérienne », impressionnés par son écriture brillante et complexe. « Ce que j'ai fait, personne ne l'a fait avant », dit Enheduanna. On lui doit aussi les plus anciens écrits astronomiques. Puissante et audacieuse, elle osa participer aux luttes politiques agitées de son époque, et subit à cause de cela le châtiment de l'exil et la nostalgie. Cependant, elle ne cessa jamais d'écrire des chants pour Inanna, sa divinité protectrice, déesse de l'amour et de la guerre. Dans son hymne le plus intime et le plus cité, elle révèle le secret de son processus de création : la déesse lunaire lui rend visite à minuit et l'aide à « concevoir » de nouveaux poèmes, « donnant naissance » à des vers qui respirent. C'est un événement magique, érotique, nocturne. Enheduanna fut la première personne – que l'on sache – à décrire le mystérieux accouchement des paroles poétiques.

Ce début prometteur n'eut pas de suite. Dans l'*Odyssée*, comme je l'ai raconté, l'adolescent Télémaque ordonne à sa mère de se taire car sa voix ne doit pas être entendue en public. Mary Beard a analysé avec un humour subtil cet épisode du poème homérique. « La parole est l'affaire des hommes », dit Télémaque. Il fait référence au discours public porteur d'autorité, pas à la conversation, au bavardage ou aux ragots, que n'importe qui – y compris les femmes, surtout elles – pouvait pratiquer.

Le silence forcé de Pénélope inaugure une longue liste d'impératifs répétés tout au long de l'Antiquité gréco-latine. Par exemple, le philosophe Démocrite, défenseur de la démocratie et de la liberté, dont la pensée est tellement subversive sur de nombreux plans, n'avait aucun problème à recommander : « la femme ne doit pas s'exercer à parler, car c'est terrible. » Se taire en public devait être considéré comme le plus beau bijou féminin, écrivit-il. La civilisation grecque avait cette idée bien ancrée dans la tête : la parole publique appartenait seulement aux hommes. La politique, l'art oratoire et, dans une grande mesure, la littérature, étaient leur territoire. Il ne faudrait pas oublier que la démocratie athénienne a été fondée sur l'exclusion des femmes – ainsi que des étrangers et des esclaves –, c'est-à-dire de la majeure partie de la population. Comme disait le protagoniste de la série britannique des années 1980 *Yes Minister* : « Nous avons le droit de désigner le meilleur homme pour ce poste, indépendamment de son sexe. » Bien entendu, cette exclusion n'était pas vécue de la même façon sur l'ensemble du territoire grec. C'est un autre paradoxe : Athènes, capitale des innovations politiques et de l'audace intellectuelle, fut sans doute la ville grecque la plus répressive envers les femmes. Dans ce lieu que nous admirons tant, ces dernières – si elles étaient nées dans de riches foyers – sortaient à peine dehors ; elles restaient confinées à la maison, tissant entre les murs du gynécée, loin de l'espace public et de l'ébullition de l'agora. Quant aux pauvres, inutile de dire qu'elles n'avaient pas assez d'argent ni les moyens nécessaires pour se permettre cet *apartheid* familial ; mais, d'un autre côté, leur vie étroite, la misère, la sueur et la force des habitudes ne laissaient pas non plus de grandes marges de manœuvre.

Comme tous les divertissements attiques, le théâtre était un club masculin. Les auteurs, les acteurs et les chanteurs du chœur étaient des hommes – aussi difficile qu'il soit pour nous d'imaginer aujourd'hui un barbu athénien interprétant Antigone ou Électre. À l'époque classique, quand Athènes dirigeait la Grèce, l'absence de femmes créatrices fut plus criante que jamais.

Il existait un autre monde, plus ouvert, sur la côte anatolienne et les îles proches de la mer Égée (Lesbos, Chios, Samos…), terre d'émigrants grecs à la frontière avec l'Asie. Là, les règles n'étaient pas aussi strictes, et la réclusion des femmes était moins sévère. Les filles recevaient une éducation et, si elles étaient riches et nobles, des femmes pouvaient faire entendre leur voix – certains chercheurs prétendent dénicher dans la région les dernières traces d'un matriarcat perdu. Selon Platon, en Crète, « la patrie était appelée *matrie* ». L'unique commandante en chef connue combattit à la tête d'une flottille lors de la fameuse bataille de Salamine. Elle s'appelait Artemisia et venait de la ville côtière d'Halicarnasse, en Asie Mineure, où elle régnait. Bien que grecque, elle s'allia aux envahisseurs perses. On raconte que les Athéniens offrirent pour sa tête une récompense de 10 000 drachmes, « considérant inadmissible qu'une femme fasse la guerre à Athènes ».

À Rhodes, on découvre avec surprise le cas insolite d'une jeune fille qui, sans se livrer à la prostitution, participait à des banquets masculins. Elle s'appelait Eumétis, qui signifie « l'ingénieuse », mais tout le monde la connaissait sous le nom de Cléobuline car elle était la fille de Cléobule, l'un des sept sages. Comme Enheduanna, fille d'un roi. Cléobuline avait une intelligence politique et sut bien utiliser son influence. On prétendait qu'elle avait fait de son père un dirigeant plus tolérant et équitable avec ses sujets.

Depuis l'enfance, pour jouer, elle inventait des devinettes, tandis qu'elle tissait des rubans et des mailles. Elle écrivit un livre d'énigmes en hexamètres dont on se souviendrait encore des siècles plus tard. Un texte ancien la montre dans un symposium, côtoyant des hommes en toute liberté. Elle s'amuse, intervient dans la conversation, taquine un des sept sages qu'elle coiffe et décoiffe. Comme elle était fine et spirituelle à une époque qui voulait des femmes silencieuses, Cléobuline se prêtait à la caricature. On sait qu'un comique athénien la parodia dans une pièce de théâtre intitulée – au pluriel – *Les Cléobulines*. On peut supposer que cette comédie, aujourd'hui perdue, mettait en scène des personnages semblables à ceux des *Précieuses ridicules* de Molière : de jeunes femmes absurdes qui s'abêtissent à force de jeux de mots et, se croyant très intelligentes, sont en réalité d'insupportables pédantes. Les femmes qui écrivaient étaient exposées à la menace du miroir déformant de la moquerie. Pour cette raison sans doute, elles aimaient le secret, la suggestion, l'énigme, l'interrogation. Comme l'écrit Carlos García Gual, « s'exprimer au moyen d'énigmes était, dans le monde grec, propre aux femmes, également fileuses de mots ».

64

Sappho – elle le dit elle-même – était petite, basanée et peu attirante. Née dans une famille aristocratique ruinée, contrairement à Cléobuline, elle n'était pas fille de roi. Son frère aîné dilapida la fortune familiale, ou ce qu'il en restait. On la maria avec un étranger, comme c'était l'usage, et elle eut une fille. Tout la menait vers une vie anonyme.

Les femmes grecques n'écrivaient pas de poésie épique, évidemment. Elles ne connaissaient pas l'expérience des armes car les batailles étaient le sport dangereux de l'aristocratie masculine. Par ailleurs, elles ne pouvaient pas mener la vie libre et itinérante des aèdes, voyageant de ville en ville pour offrir leur chant. Elles ne participaient pas non plus aux banquets, ni aux compétitions sportives, ni aux affaires politiques. Que faisaient-elles alors ? Elles recueillaient les souvenirs. Comme ces nourrices et ces grands-mères qui racontaient les contes des frères Grimm, elles transmettaient de génération en génération de très vieilles légendes. Elles composaient également des chants pour les chœurs féminins (chansons de mariage, chansons en l'honneur des dieux, chansons pour danser). Et elles parlaient d'elles-mêmes dans des poèmes pour une seule voix, accompagnées de la lyre – d'où le terme de « poésie lyrique ». Il s'agissait d'univers obligatoirement limités et locaux. Mais ainsi, de façon miraculeuse, certaines femmes portent un regard original depuis l'endroit où elles sont et abattent les murs qui les emprisonnent. C'est ce que fit Sappho. Et ce que feraient d'autres recluses transgressives comme Emily Dickinson ou Janet Frame.

Sappho écrivit : « Certains disent que sur la terre sombre et bleue rien n'est plus beau qu'une armée de cavaliers, ou de fantassins, ou qu'une flotte de vaisseaux. Mais moi je dis que c'est celle ou celui qu'on aime. » Ces paroles simples dissimulent une révolution mentale. Quand elles furent écrites, au VIe siècle av. J.-C., elles brisèrent les schémas traditionnels. Dans un monde profondément autoritaire, ce poème surprend parce qu'il contient de multiples perspectives, et semble même célébrer la liberté du désaccord. De plus, il ose remettre en question ce que la majorité admire : les défilés, l'armée, le faste et l'étalage du pouvoir. Sappho aurait sûrement chanté comme Georges Brassens dans *La Mauvaise Réputation* : « Le jour du 14 Juillet / je reste dans mon lit douillet ; / la musique qui marche au pas / cela ne me regarde pas. » Face aux ennuyeuses exhibitions de muscle guerrier, elle préférait sentir et évoquer le désir. « Moi je dis que c'est celle ou celui qu'on aime. » Ce vers inouï affirme que la beauté est d'abord dans le regard de la personne qui aime ; qu'on ne désire pas l'autre parce qu'il nous paraît attirant mais que l'autre nous paraît attirant parce qu'on le désire. D'après Sappho, la personne qui aime crée la beauté ; elle ne se soumet pas à elle comme le pensent les gens. Désirer est un acte créatif, de même qu'écrire des vers. Grâce au don de la musique, la petite et laide Sappho pouvait orner de ses passions le monde minuscule qui l'entourait et l'embellir.

À un moment, la vie de Sappho changea brusquement. Son mariage prit fin et elle bouleversa la routine de son foyer pour une nouvelle activité qu'on ne connaît pas bien. En étudiant les fragments abîmés de ses vers qui nous sont parvenus, et grâce à différentes informations sur elle, on peut reconstituer le cadre peu conventionnel dans lequel elle vécut pendant ces années-là. On sait qu'elle dirigea un groupe de jeunes filles, issues de familles illustres. On sait aussi qu'elle tomba amoureuse, successivement, de certaines d'entre elles – Athis, Dica, Irana, Anactoria –, qu'elles composaient ensemble de la poésie, faisaient des sacrifices à Aphrodite, tressaient des couronnes de fleurs, éprouvaient du désir, se caressaient, chantaient et dansaient, loin des hommes. De temps en temps, une de ces adolescentes partait, sans doute pour se marier, et la séparation faisait souffrir toutes les autres. Enfin, on sait que sur l'île de Lesbos il y avait d'autres groupes similaires, dirigés par des femmes que Sappho considérait comme des ennemies. Et elle se sentait douloureusement trahie par les filles qui la quittaient pour le cercle rival.

On pense – mais c'est seulement une hypothèse – que c'étaient des *thíasoi* féminins, sorte de clubs religieux où les adolescentes, sous la direction d'une femme charismatique, apprenaient la poésie, la musique et la danse, honoraient les dieux, et exploraient peut-être leur érotisme avant de se marier. Dans tous les cas, les amours de Sappho pour ses protégées n'étaient pas des sentiments condamnés, mais reconnus et même souhaités. Les Grecs croyaient que l'amour était la principale force éducative. Ils ne respectaient pas beaucoup le maître qui enseignait pour l'argent, courant après la clientèle et réclamant sa paie. Pour leur mentalité aristocratique, accepter un travail rémunéré était propre aux mendiants. Ils préféraient le professeur qui choisissait de nouveaux disciples uniquement quand il découvrait chez eux un éclat spécial, et transmettait son savoir sans l'entrave d'exigences salariales, plutôt en tombant amoureux et en séduisant – comme le faisait Socrate. En Grèce, ce type d'homosexualité pédagogique était même considéré comme plus digne et plus important que les relations hétérosexuelles.

Le poème le plus connu de Sappho met en scène le mariage d'une jeune amie qui ne reviendra plus dans le groupe. Pour Sappho, c'est la fête de l'adieu : « Il me semble l'égal des dieux cet homme / qui devant toi est assis / et, proche, t'écoute parler doucement, / et rire en suscitant le désir ; / cette vision dans ma poitrine a ébranlé mon cœur ; / si je te regarde, même un instant, je ne peux plus parler, / mais ma langue se brise, / un feu subtil aussitôt court sous ma peau, / avec mes yeux je ne vois plus rien, / mes oreilles bourdonnent, / sur moi une sueur glacée se répand ; / un tremblement m'envahit toute ; / je suis plus verte que l'herbe / et d'une morte j'ai presque l'apparence. » Ces vers dans lesquels palpite le désir ont scandalisé bon nombre de lecteurs. Siècle après siècle, Sappho a subi une véritable avalanche de critiques, de caricatures et de commentaires malintentionnés fouillant dans sa vie privée. Sénèque mentionne un essai intitulé : « Sappho fut-elle une pute ? » À l'extrême opposé, un philologue guindé du XIXe siècle écrivit, pour préserver les apparences et protéger le monde des obscénités païennes, qu'elle « dirigeait un pensionnat de jeunes filles ». En 1073, le pape Grégoire VII avait ordonné de brûler tous les exemplaires de ses poèmes, à cause de leur dangereuse immoralité.

Dans un fragment d'à peine une ligne qui, par hasard, a été conservé, on lit : « Quelqu'un plus tard se souviendra de nous. » Et, bien que cette possibilité parût alors quasi impossible, presque trente siècles plus tard nous continuons d'entendre la voix ténue de cette petite femme.

65

Je veux imaginer qu'il y eut à Athènes un courant de rébellion féminine dont aucun auteur grec ne nous parle et qui ne figure pas dans les livres d'Histoire. Pour retrouver les traces de ce moment chimérique oublié, je me suis risquée à plonger dans les textes et à lire entre les lignes. On ne saura probablement jamais avec certitude s'il a existé, mais la supposition m'a toujours attirée. Ce que je vais exposer est seulement une hypothèse, mais elle me fascine.

Les premières à se révolter auraient été les hétaïres, c'est-à-dire les courtisanes de luxe, seules femmes véritablement libres de l'Athènes classique. Comparables sur plusieurs plans aux *geishas* japonaises, elles occupaient une place ambigüe socialement, marquées par les avantages et les inconvénients de leur mauvaise réputation : elles vivaient dehors mais demeuraient indépendantes. La plupart d'entre elles étaient des Grecques nées en Asie Mineure et, par conséquent, sans droits de citoyenneté. Sur leur terre natale, elles avaient reçu une éducation musicale et littéraire qu'Athènes refusait à ses filles. Assujetties aux taxes comme les hommes, elles pouvaient également administrer leurs propres biens. Elles avaient accès aux cercles de la politique et de la culture à travers leurs amants. Elles n'étaient pas soumises à la pression que subissaient les épouses athéniennes, même si, en contrepartie, elles se savaient doublement exclues (parce qu'étrangères et parce que putes).

Ces femmes émigrantes, minoritaires, désirées et socialement vulnérables, avaient plus de pouvoir de protestation que les Athéniennes confinées dans leurs gynécées. Et, pendant un peu plus d'une décennie, leurs voix furent entendues grâce à un amour transgressif qui secoua les sphères du pouvoir.

Pour les Athéniens du Vᵉ siècle av. J.-C., la répartition des rôles suivait un schéma immuable. Un orateur de l'époque le décrit sans détours : « Nous avons les hétaïres pour le plaisir, les concubines pour le soin quotidien de notre corps, et les épouses pour nous donner des enfants légitimes et être les gardiennes fidèles de notre foyer. » Quand l'homme le plus puissant de l'Attique bouleversa ce système, la ville se mit à bouillonner d'indignation.

Périclès était marié à une femme « conforme à son rang », mère de ses deux enfants. Mais la cohabitation était difficile et il rompit son mariage pour s'unir à Aspasie, une hétaïre née en Asie Mineure. Presque cinq siècles plus tard, l'historien Plutarque relate une ribambelle d'insultes contre la subversive première dame athénienne, trouvées dans les textes de l'époque, où elle est taxée d'impudique, de concubine à tête de chienne et de femme de bordel, entre autres gentillesses.

Pendant la majeure partie de notre histoire, le mariage a été avant tout une institution économique, une communion d'intérêts partagés. Pour les politiciens grecs, y compris sous la démocratie, les mariages scellaient des alliances entre de grandes familles qui tenaient fermement les rênes du gouvernement. Et les mariages se défaisaient pour des raisons commerciales ou stratégiques, quand il y avait un autre clan plus prospère auquel s'unir. Périclès, cependant, choisit Aspasie – une étrangère avec une mauvaise réputation et sans pedigree – pour une raison absolument ridicule : l'amour. Plutarque raconte que les citoyens contemplaient bouche bée comment « chaque jour, quand il revenait de l'agora, il la prenait dans ses bras et l'embrassait tendrement ». Et, tel que l'écrit Plutarque, on comprend que cette exhibition de l'amour conjugal était dans l'Athènes de l'époque d'une scandaleuse immoralité. On peut imaginer les citoyens athéniens se plaignant et se moquant des perversions de leur dirigeant. S'il était déjà assez stupide pour s'être amouraché de cette femme, l'afficher en public frisait l'obscénité. Beaucoup pensaient qu'ils traversaient un sale moment et se souvenaient avec nostalgie d'un passé plus sain. Ce Ve siècle av. J.-C. à Athènes, âge d'or pour nous, leur paraissait une période obscure de collusion, métissage et excès.

Ce que ne disaient pas les commérages, c'est que l'intelligence d'Aspasie aida grandement la carrière politique de Périclès. On ne sait pas grand-chose d'elle car beaucoup d'incertitudes et de médisances entourent sa mémoire, mais les textes laissent entendre qu'elle était, dans l'ombre, une véritable oratrice. Socrate lui rendait visite avec ses disciples et appréciait sa conversation brillante ; il finit même par l'appeler « maîtresse ». D'après Platon, elle écrivait des discours pour son mari ; entre autres, la fameuse oraison funèbre dans laquelle Périclès défendit ardemment la démocratie. De nos jours encore, ceux qui ont rédigé les discours présidentiels d'Obama, et auparavant ceux de Kennedy, se sont inspirés de mots qui sont probablement ceux d'Aspasie. Cependant, elle n'apparaît pas dans l'histoire de la littérature. Ses écrits furent perdus ou attribués à d'autres.

Pendant quinze ou vingt ans, jusqu'à la mort de Périclès en 429 av. J.-C., Aspasie eut une influence considérable dans les cercles du pouvoir. La façon dont elle usa de ce rôle prépondérant et inattendu demeure un mystère. Mais à cette période, il se produisit une chose sans précédent : les textes des tragiques, des comiques et des philosophes commencèrent à évoquer – ou à ridiculiser – l'extravagante question de l'émancipation féminine, qu'aucun Grec n'avait mentionnée jusque-là.

Au cours de ces décennies flamboyantes, on entendit sur scène Antigone, la fille qui ose défier toute seule la loi injuste d'un tyran au nom de principes humains ; Lysistrata qui, en pleine guerre, a l'idée fantastique de s'allier aux femmes du camp ennemi pour qu'elles organisent ensemble une grève sexuelle jusqu'à la signature de la paix ; Praxagora qui, à la tête d'un groupe d'Athéniennes, supplante les hommes à l'assemblée et, grâce aux votes féminins, instaure un régime communiste et égalitaire ; et la rebelle étrangère Médée.

Personne ne va plus loin que la Médée d'Euripide. J'imagine le public masculin remplissant le théâtre lors de la première représentation en matinée en 431 av. J.-C. Les yeux fixés sur la scène, saisis par le magnétisme de la peur, ils observent comment une femme déshonorée et vengeresse déclenche l'horreur absolue. Ils voient l'innommable : une mère assassinant ses enfants de ses propres mains pour blesser le mari qui l'abandonnait et la condamnait à l'exil. Ils entendent des paroles totalement inouïes. Médée exprime à voix haute, pour la première fois, la fureur et l'angoisse qui se nichent dans les foyers athéniens. « Nous sommes, nous autres femmes, la créature la plus misérable. D'abord il nous faut, en jetant plus d'argent qu'il n'en mérite, acheter un mari et donner un maître à notre corps, ce dernier mal pire encore que l'autre. Puis se pose la grande question : le choix a-t-il été bon ou mauvais ? Car il y a toujours scandale à divorcer, pour les femmes, et elles ne peuvent répudier un mari. [...] Quand la vie domestique pèse à un mari, il va au-dehors guérir son cœur de son dégoût et se tourne vers un ami ou un camarade de son âge. Mais nous, il faut que nous n'ayons d'yeux que pour un seul être. Ils disent de nous que nous vivons une vie sans danger à la maison tandis qu'ils combattent avec la lance. » Médée, en conflit avec sa vie recluse et sa maternité, finit par dire qu'elle préférerait faire trois fois la guerre plutôt qu'accoucher.

Contaminées par Médée, les femmes du chœur abandonnent également leur attitude humble et apeurée. À un moment, l'une d'elles se risque à dire que les femmes ne doivent pas être exclues de la philosophie, de la politique, des raisonnements subtils et des débats : « Nous avons, nous aussi, notre Muse, qui entretient avec nous commerce de sagesse. » Dans la tragédie grecque, le chœur représentait la voix de la communauté. Par conséquent, ce n'était pas l'étrangère indocile qui parlait ici, mais la femme au foyer athénienne à la vie rangée. Pour boucler la boucle, toutes les audaces de Médée et de son chœur féminin étaient prononcées sur scène par des hommes travestis coiffés de longues perruques, perchés sur d'immenses chaussures à semelles compensées. Paradoxes de l'Histoire : la Grèce inventa les *drag queens*, mais aucune femme n'avait le droit d'être actrice.

Je veux imaginer que ces idées nouvelles flottaient dans l'air, qu'un type de mouvement social agitait le débat sur les places d'Athènes. Le théâtre a toujours été un lieu pour la discussion collective. En Grèce en particulier, les conflits les plus brûlants transparaissaient dans les comédies et les tragédies, qui cherchaient l'inspiration sur l'agora, dans les rues et les assemblées afin de mettre en scène les inquiétudes politiques du moment. On peut vraisemblablement supposer qu'Antigone, Lysistrata, Praxagora et Médée avaient, d'une certaine manière, une présence réelle dans la vie athénienne de ces années-là.

Il me plaît de croire que ce courant nouveau, sans doute soutenu par le charisme d'Aspasie, imprégna même la pensée de Platon, qui n'était pas un apôtre de l'égalité, loin de là. De fait, le philosophe soutint dans un de ses livres que les hommes injustes, en guise de châtiment, étaient réincarnés en femmes, c'était pour cette raison qu'existait le sexe féminin. On a du mal à croire que ce même individu, qui affirme que naître femme est une condamnation et une expiation, a écrit ces lignes stupéfiantes dans la *République* : « Aucune activité dans le gouvernement de l'État ne correspond à la femme parce qu'elle est une femme ni à l'homme parce qu'il est un homme, mais parce que les dons naturels sont équitablement distribués entre eux, et que la femme participe, par nature, à toutes les activités, comme l'homme. » Aspasie est un des plus grands mystères et une des plus grandes absences des documents anciens. Ce qu'elle fit, pensa et dit nous parvient filtré par d'autres. Ceux-ci nous racontent qu'elle passa sa vie à écrire et à enseigner ; je veux croire qu'en plus, avec son éloquence puissante, elle encouragea le premier mouvement d'émancipation connu. J'aime imaginer que grâce à elle les femmes d'Athènes et d'autres cités osèrent franchir le seuil des grandes écoles philosophiques. Il y eut au moins deux élèves femmes à l'Académie platonicienne : Lasthénie de Mantinée et Axiothée de Phlionte. Cette dernière, d'après ce qu'on sait, s'habillait en homme. Une hétaïre dénommée Léontia fut philosophe dans le Jardin et amante d'Épicure. Elle écrivit un livre sur les dieux – aujourd'hui perdu sans laisser de traces – dans lequel elle tentait de démolir les thèses de philosophes très respectés. Des siècles plus tard, Cicéron lança contre elle une diatribe méprisante : « Même une petite pute comme Léontia a eu l'audace d'écrire contre Théophraste ? » Mais la plus connue et la plus transgressive de toutes fut Hipparchia de Maronée, de l'école des cyniques. À ma connaissance, c'est l'unique philosophe à qui les anciens consacrèrent une brève biographie. Elle ne laissa aucun écrit, mais fut célèbre pour avoir dynamité toutes les conventions dans sa conduite publique. Elle renonça à la fortune familiale et vécut dans la rue, en haillons, avec son amant Cratès. Comme tous deux pensaient que les besoins naturels étaient bons et qu'il ne fallait pas en avoir honte, ils faisaient l'amour devant tout le monde, sans chasser les curieux. Un jour, un homme montra Hipparchia et demanda : « Cette femme-là ne devrait-elle pas se dédier au crochet ? » Alors elle répondit : « Vous croyez que je fais erreur en employant à parfaire mon éducation le temps que je perdrais à tisser ? » Après tout, Hipparchia pensait peut-être, avec un humour facétieux, que l'esprit est un grand métier à tisser de mots. Aujourd'hui encore, dans la terminologie littéraire, on utilise cette image de la narration comme canevas. On parle – à grand renfort de métaphores textiles – de trames, de tricotage, de tisser un récit ou une histoire. Qu'est-ce un texte pour nous, sinon un ensemble de fils verbaux noués entre eux ?

La poétesse portugaise Sophia de Mello Breyner Andresen se décrivait ainsi : « J'appartiens à la lignée de ceux qui parcourent le labyrinthe sans jamais perdre le fil de lin de la parole. »

66

Les mythes se font et se défont comme, d'après la légende, l'ouvrage de Pénélope. Durant les vingt années qu'elle passa à attendre le retour d'Ulysse, le palais d'Ithaque se remplit de prétendants qui voulaient déclarer mort le roi absent et occuper son lit. Elle leur promit qu'elle choisirait un mari quand elle terminerait le suaire qu'elle tissait pour feu son beau-père Laërte. Ainsi, pendant trois ans, elle tissa le suaire le jour et, rusée, défit son travail la nuit. Assise devant le métier à tisser, elle bougeait le crochet et feignait d'avancer dans son ouvrage que, chaque matin, elle recommençait.

Les écrivains de l'Antiquité comprirent rapidement que les chemins les plus fascinants sont ceux qui naissent dans les brèches, les angles morts et les manipulations du récit. Pénélope attendit-elle fidèlement Ulysse ou le trompa-t-elle pendant son absence ? Hélène est-elle ou non allée à Troie ? Ariane fut-elle abandonnée par Thésée ou enlevée ? Orphée aimait-il Eurydice plus que sa vie ou fut-il le premier pédéraste ? Toutes ces versions coexistèrent à l'intérieur du labyrinthe tortueux de la mythologie grecque. Comme dans *Rashōmon*, d'Akira Kurosawa, il faut choisir entre des récits incompatibles. Cette littérature primitive européenne nous a légué le goût pour la multiplicité des points de vue, les variations et les différentes lectures, les narrations inlassablement tissées et déconstruites.

Siècle après siècle, nous continuons de mettre en pelote et de dévider les légendes que les Grecs nous ont racontées sous la forme d'un kaléidoscope ambigu. Dans *Ulysse* de Joyce, la chanteuse Molly Bloom, une Pénélope originale et grossière, expose sa version du mythe dans une longue phrase sans ponctuation, qui ne se compte pas en lignes mais en pages – plus de quatre-vingt-dix –, pleine d'obscénités. Le livre s'achève par cet écrasant soliloque intime, tandis qu'elle est allongée sur son lit à côté de son mari. Elle se souvient de son enfance à Gibraltar, de ses amours, de sa maternité, du désir, de corps, de voix, de l'inavouable. Le dernier mot du roman lui revient. Et c'est le mot « Oui ». Pénélope peut enfin étaler un érotisme profond, affirmé : « [...] et d'abord je lui ai mis mes bras autour de lui oui et je l'ai attiré sur moi pour qu'il sente mes seins tout parfumés oui et son cœur battait comme un fou et oui j'ai dit oui je veux bien Oui. » La Canadienne Margaret Atwood a elle aussi voyagé dans le paysage homérique de l'*Odyssée*, où les monstres féminins autorisent une relecture humoristique. Margaret fait parler une sirène, une femme-oiseau narquoise qui, selon le mythe, habite sur une île rocheuse sans nom, pleine de squelettes et de cadavres. Dans une chanson, la grande séductrice révèle son secret mortel et doux, les paroles avec lesquelles elle attire jusqu'au naufrage et au trépas les marins qui osent s'approcher de ses récifs. En quoi consiste son charme puissant ? « C'est la chanson que tout le monde voudrait apprendre, la chanson qui oblige les hommes à sauter par-dessus bord en escadrons, même quand ils voient les crânes échoués sur la plage, la chanson que personne ne connaît car tous ceux qui l'ont entendue sont morts. [...] Je vais te raconter mon secret à toi, à toi et seulement à toi. Approche. Cette chanson est un appel à l'aide : Au secours ! Tu es le seul, tu es le seul à pouvoir m'aider, parce que tu es unique. Hélas, c'est une chanson ennuyeuse, mais ça marche toujours. » Ironique, la sirène reconnaît qu'il n'est nul besoin d'être une créature mythologique et fatale pour séduire les héros ; il suffit de les appeler avec une voix susurrante, de leur demander secours, de flatter leur vanité.

La poétesse Louise Glück permet à la magicienne Circé, tante de Médée, de s'expliquer. Homère l'accuse en effet d'utiliser ses onguents magiques pour transformer en porcs les compagnons d'Ulysse. Elle raconte une histoire infiniment plus sarcastique : « Je n'ai jamais transformé personne en porc. Certaines personnes sont déjà des porcs ; je fais en sorte qu'elles ressemblent à ce qu'elles sont. Je suis lasse de ton monde, où l'extérieur masque l'intérieur. » Et, quand son amant Ulysse décide de l'abandonner, la magicienne, seule sur la plage, dialogue avec la mer de tous les récits : « Le grand homme tourne le dos à l'île. Désormais, il ne mourra pas au paradis. [...] Désormais, il est temps qu'il entende à nouveau le pouls de la mer narrative, à l'aube. Ce qui nous a conduits ici nous emmènera d'ici ; notre bateau tangue sur les eaux d'encre du port. Le charme est rompu. Rends-lui sa vie, mer qui peux seulement aller de l'avant. » Les légendes proviennent d'un monde archaïque, mais sur nos métiers nous les retissons avec des fils neufs. Télémaque a beau s'efforcer de gouverner les mots et imposer le silence, tôt ou tard naissent des versions du mythe du point de vue de Pénélope et d'autres femmes, fileuses d'histoires.

C'est l'autre qui me raconte mon histoire

67

Sur les scènes des théâtres d'Athènes, on entendit des paroles incroyables. Les voix de femmes désespérées, de parricides, de malades, de fous, d'esclaves, de suicidaires et d'étrangers. Le public ne pouvait pas lâcher des yeux ces personnages insolites. « Théâtre », précisément, signifiait en grec « lieu pour regarder ».

Les Grecs avaient écouté des récits pendant des générations, mais découvrir une histoire en l'observant comme des espions à travers une porte entrebâillée était une expérience très différente, d'une étrange intensité. C'est ainsi que commença à triompher le langage audiovisuel qui nous hypnotise encore. Les tragédies, regroupées en trilogies, créaient le même type d'addiction que nos actuelles séries et sagas. C'étaient des pièces horribles, comme le savait Aristote, et les meilleures d'entre elles sont par ailleurs des voyages au bout de la nuit, où se tapissent les peurs ancestrales, les tabous, le sang versé, le crime familial, l'angoisse du conflit sans issue, le silence des dieux.

Il ne reste pas grand-chose, vraiment pas grand-chose de ces œuvres terrifiantes (sept tragédies d'Eschyle, sept de Sophocle et dix-huit d'Euripide). On sait qu'à eux trois ils ont écrit des centaines de pièces, dont la plupart ont disparu. Et on connaît, au moins, trois cents titres perdus d'autres auteurs. Le paysage de la tragédie grecque est aujourd'hui une terre brûlée. Seule nous est parvenue une poignée d'œuvres, mais elles comptent parmi les préférées des Athéniens d'alors. Ils n'avaient aucun doute sur l'identité des meilleurs. Vers 330 av. J.-C., ils placèrent des statues de bronze des trois dramaturges devant le grand théâtre de Dionysos, au pied de l'Acropole. Et, comme je l'ai dit, ils décidèrent de conserver des copies officielles uniquement pour leurs textes. La destruction a été terrible, mais ciblée.

Les tragédies survivantes offrent un étrange mélange de violence et de joute verbale sophistiquée. En elles cohabitent les belles paroles et les armes sanglantes.

D'une façon mystérieuse, ces tragédies réussissent à être sauvagement délicates. En général, elles racontent les mythes primitifs d'un passé légendaire – la guerre de Troie, le destin d'Œdipe –, dont les échos résonnaient encore dans l'actualité du Ve siècle av. J.-C. Mais il y a une curieuse exception, une tragédie inspirée de faits réels. C'est par ailleurs la plus ancienne œuvre théâtrale conservée. Il s'agit des *Perses*, où Eschyle ouvre la voie à Shakespeare et où, sans le savoir, il invente peut-être le roman historique.

Du vivant d'Eschyle, l'Empire perse lança plusieurs expéditions militaires contre la nuée de cités minuscules en conflit permanent qu'était alors la Grèce. La défense d'Athènes dépendait d'une armée citoyenne, et Eschyle combattit sur plusieurs champs de bataille ; parmi eux, celui de Marathon, où il perdit son frère, et peut-être aussi à la bataille navale de Salamine. La guerre était très différente en ce temps-là. Il faut imaginer une lutte au corps à corps, à courte distance, à une époque où on n'avait pas encore inventé les balles ni les explosifs. Les combattants se regardaient dans les yeux alors qu'ils tentaient de se tuer. Ils plongeaient avec force des lances et des épées dans la chair de l'ennemi, mutilaient des corps, marchaient sur des cadavres, entendaient des cris de mort, étaient couverts de terre et de viscères. On raconte que, dans son épitaphe, Eschyle mentionne ses combats sans rien dire de son énorme œuvre littéraire. Il était plus fier d'avoir participé à la résistance de la petite Grèce contre le puissant envahisseur perse que de ses vers.

Je crois que notre idée du choc de civilisations n'aurait pas paru étrange à ses oreilles. La lutte entre l'Orient et l'Occident est une vieille histoire. Les Athéniens sentaient la menace constante d'un État tyrannique. Si cet ennemi parvenait à soumettre la Grèce, il anéantirait pour toujours sa démocratie et son mode de vie. Les fameuses guerres médiques furent le grand conflit de l'époque, et Eschyle décida de le représenter sur scène, quand les victoires grecques étaient encore dans toutes les mémoires.

L'ancien combattant poète aurait pu se contenter d'écrire un pamphlet patriotique, mais il prit une série de décisions inattendues. La plus surprenante fut d'adopter le point de vue des vaincus, comme Clint Eastwood dans *Lettres d'Iwo Jima*. L'action se passe à Suse, capitale des Perses, et aucun personnage grec n'apparaît dans la pièce. Eschyle semble s'être documenté sur la société perse – il connaît les généalogies royales, des mots iraniens, des caractéristiques de la pompe et du protocole de la cour. Mais le plus frappant, c'est qu'on ne perçoit aucune trace de haine, au contraire : une compréhension inespérée. La pièce commence sur l'esplanade du palais. Les Perses sont inquiets car ils n'ont pas de nouvelles de leur expédition militaire. Alors surgit un messager qui raconte la terrible défaite et évoque les héros d'Asie tombés au combat. À la fin arrive le roi Xerxès, qui a perdu en chemin son arrogance et revient en guenilles, laissant un carnage inutile derrière lui.

C'est une vision insolite de l'ennemi qui a failli détruire la Grèce. Les Perses ne sont pas décrits comme partie d'un axe du mal ni comme des criminels nés. Eschyle nous amène à contempler l'impuissance des anciens conseillers qui s'opposaient à la guerre et ne furent pas écoutés, l'angoisse de ceux qui attendent à la maison le retour des armées, les divisions internes entre les faucons et les colombes du régime, la douleur des veuves et des mères. On devine le malheur des soldats entraînés dans ce massacre à cause de la mégalomanie de leur roi.

Le messager des *Perses* relate avec une douloureuse émotion la bataille de Salamine, qui a fini par devenir un symbole contemporain. *Les Soldats de Salamine*, auxquels se réfère le roman de Javier Cercas, sont ces Grecs qui stoppèrent l'invasion de l'Empire perse et aussi les soldats qui ont résisté au nazisme. Cercas sait qu'il peut y avoir des soldats de Salamine à toutes les époques : ceux qui affrontent une bataille décisive – et en apparence perdue – pour défendre leur pays, la démocratie et leurs rêves. Salamine n'est plus seulement une petite île de la mer Égée, à deux kilomètres du port du Pirée. Par-delà les cartes, elle existe partout où quelqu'un, en infériorité numérique, se rebelle contre une agression dévastatrice.

Les représentations théâtrales sont plus anciennes qu'Eschyle. Lui-même écrivit d'autres pièces avant *Les Perses*. Mais tout a été perdu, de sorte que cette œuvre est pour nous un commencement. J'ai toujours été fascinée par le fait qu'Eschyle, après avoir combattu contre les Perses face à face, corps à corps, les yeux dans les yeux, après avoir vu mourir son frère au champ d'honneur, à côté de lui, ait mis en scène la peine de ses ennemis vaincus. Sans moquerie, sans haine, sans accusations. Et c'est ainsi, entre le deuil, les cicatrices et le souci de comprendre l'autre, que commence l'histoire connue du théâtre.

68

Eschyle et ses contemporains pensaient que leur guerre contre les Perses faisait partie d'un grand affrontement entre l'Orient et l'Occident, avec des majuscules. Habités par l'expérience tragique du combat, ils considéraient leurs ennemis comme des gens sanguinaires et avides de conquêtes. Ils croyaient que leur victoire sur eux était le triomphe de la civilisation sur la barbarie.

Dans la péninsule d'Anatolie, carrefour de plusieurs cultures, naquit un Grec aux origines multiples, d'une nature inquiète, qui était obsédé par ce vieux conflit. Pourquoi ces deux mondes – Europe et Asie – étaient-ils engagés dans une lutte à la vie à la mort ? Pourquoi s'affrontaient-ils depuis des temps immémoriaux ? Que cherchaient-ils, comment se justifiaient-ils, quelles étaient leurs raisons ? En avait-il toujours été ainsi ? En serait-il toujours ainsi ?

Ce Grec ami des questions passa sa vie à chercher des réponses. Il écrivit une longue œuvre de voyages et de témoignages qu'il intitula *Historíai*, ce qui dans sa langue signifiait « recherches » ou « enquêtes ». Nous utilisons toujours, sans le traduire, le mot qu'il redéfinit quand il donna son nom au livre et à sa tâche : « histoire. » Avec son œuvre, apparut une nouvelle discipline et, peut-être, une façon différente de regarder le monde. Car l'auteur des *Histoires* était un individu à la curiosité inlassable, un aventurier, un homme qui pourchassait l'inexplicable, un nomade, l'un des premiers écrivains capables de penser à l'échelle planétaire, je dirais presque un pionnier de la globalisation. Je parle, bien entendu, d'Hérodote.

À une époque où la majeure partie des Grecs pointaient à peine le bout de leur nez hors des limites de leur village natal, Hérodote fut un voyageur infatigable. Il s'enrôla sur des navires marchands, rejoignit de lentes caravanes, noua des conversations avec quantité de gens et visita un grand nombre de villes à l'intérieur de l'Empire perse pour pouvoir raconter la guerre avec une connaissance du terrain et une ouverture d'esprit. Grâce à sa connaissance de l'ennemi dans sa vie quotidienne, en temps de paix, il offrit une vision différente et plus juste qu'aucun autre écrivain. Selon Jacques Lacarrière, Hérodote s'efforça de démolir les préjugés de ses compatriotes grecs en leur montrant que la ligne qui sépare la barbarie de la civilisation n'est jamais une frontière géographique entre différents pays, mais une frontière morale à l'intérieur de chaque peuple ; plus encore, à l'intérieur de chaque individu.

Il est curieux de constater, tant de siècles après qu'Hérodote eut écrit son œuvre, que le premier livre d'Histoire commence de façon rageusement actuelle : en parlant de guerres entre Orientaux et Occidentaux, d'enlèvements, d'accusations croisées, de différentes versions des mêmes événements, de faits alternatifs.

Dans les premiers paragraphes de son œuvre, l'historien s'interroge sur le début des luttes entre Européens et Asiatiques. Il trouve des échos de ce conflit originel dans les mythes anciens. Tout commença par l'enlèvement d'une femme grecque, dénommée Io. Un groupe de marchands ou, plutôt, de trafiquants – les différences entre les uns et les autres furent toujours floues dans l'Antiquité – débarqua dans la ville grecque d'Argos pour exposer sa camelote. Certaines femmes s'approchèrent de la rive, attirées par ces produits exotiques. Elles fouinaient, regroupées près de la poupe du navire étranger quand, soudain, les vendeurs, qui étaient d'origine phénicienne, se jetèrent sur elles. La plupart d'entre elles se défendirent vigoureusement et réussirent à s'enfuir, mais Io n'eut pas cette chance. Elle fut capturée et emmenée de force en Égypte, considérée à son tour comme une marchandise. Cet enlèvement, d'après le récit d'Hérodote, fut le début de toute la violence. Peu après, un détachement de Grecs en mission punitive se présenta en Phénicie – le Liban actuel – et s'empara d'Europe, la fille du roi de Tyr. L'égalité dura peu, car les Grecs séquestrèrent à leur tour l'Asiatique Médée sur le territoire de l'actuelle Géorgie. À la génération suivante, Pâris décida de se trouver une épouse par le biais d'un enlèvement, emmenant de force la belle Hélène à Troie. Cette agression mit la patience des Grecs à bout : la guerre éclata, et une inimitié incurable s'instaura entre l'Asie et l'Europe.

Le début des *Histoires* recèle un mélange fascinant de mentalité ancienne et de criante modernité. À l'évidence, Hérodote croit que les légendes, les oracles, les contes merveilleux et les interventions divines doivent figurer au côté des faits documentés. Il vivait dans un monde où le cauchemar d'un roi, provoqué par une mauvaise digestion, pouvait être interprété comme un message des dieux et changer le cours d'un empire ou la stratégie d'une guerre. Les frontières entre le rationnel et l'irrationnel étaient diffuses. Cependant, Hérodote ne fut pas un individu crédule ni révérencieux. Je suis fascinée par le culot avec lequel il transforme certains des grands épisodes mythiques de sa culture – l'enlèvement d'Europe, le voyage des Argonautes, le commencement de la guerre de Troie – en une série de forfaits plutôt mesquins. J'admire la lucidité avec laquelle il élimine les oripeaux légendaires pour dénoncer la manière dont les femmes deviennent facilement des victimes en temps de guerre et de vengeance, quand la violence fait rage.

Très vite, Hérodote livre une déclaration inattendue à propos de ses sources. Il dit qu'il tient de Perses cultivés les explications qu'il vient d'offrir sur la genèse du conflit. Les Phéniciens, en revanche, racontent une autre histoire, « et je ne prendrai pas parti entre les uns et les autres, ne chercherai pas à savoir si les choses se sont déroulées ainsi ou autrement ». Après des années de voyages et de conversations, Hérodote constata que les témoins qu'il interrogeait lui fournissaient des récits contradictoires des mêmes événements, oubliaient souvent ce qui avait eu lieu, et se souvenaient en revanche de faits qui s'étaient uniquement produits dans l'univers parallèle de leurs désirs. Il découvrit ainsi que la vérité est fuyante, qu'il est presque impossible d'exhumer le passé tel qu'il s'est déroulé car nous disposons seulement de versions différentes, intéressées, contradictoires et incomplètes des faits. Dans les *Histoires*, il y a beaucoup de phrases comme : « que je sache », « d'après ce que je crois », « conformément à ce que j'ai entendu dans la bouche de… », « je ne sais pas si c'est vrai ; j'écris juste ce qui se dit. » Des millénaires avant l'approche multiperspectiviste contemporaine, le premier historien grec comprit que la mémoire est fragile, évanescente, et que, quand quelqu'un évoque son passé, il déforme la réalité pour se justifier ou se faire pardonner. Pour cette raison, comme dans *Citizen Kane*, comme dans *Rashōmon*, on n'arrive jamais à connaître la vérité la plus profonde, mais juste ses contours, ses variations, ses versions, son ombre infinie, ses innombrables interprétations.

Et le plus incroyable : notre auteur ne consigne pas la version des Grecs, uniquement celle des Perses et des Phéniciens. Ainsi, l'histoire occidentale naît en expliquant le point de vue de l'autre, l'ennemi, le grand inconnu. Je trouve que c'est une approche profondément révolutionnaire, y compris vingt-cinq siècles plus tard. Nous avons besoin de connaître des cultures lointaines et différentes, car nous y verrons le reflet de la nôtre. Nous comprendrons notre identité seulement si nous la confrontons à d'autres. C'est l'autre qui me raconte mon histoire, qui me dit qui je suis.

69

De nombreux siècles plus tard, un parent intellectuel d'Hérodote, le philosophe Emmanuel Levinas – lituanien, français d'adoption et juif –, survivant d'un camp de concentration allemand, après avoir perdu toute sa famille à Auschwitz, écrirait : « Mon accueil de l'autre est le fait décisif par lequel s'illuminent les choses. »

70

J'aimerais faire une pause et raconter la version grecque de l'enlèvement d'Europe. Pour Hérodote, c'est un simple épisode de plus dans l'obsédant ressac des séquestrations légendaires, mais je suis attirée par l'histoire de la mystérieuse femme qui donna son nom au continent où j'habite.

Comme tous les Grecs le savaient, Zeus était un coureur de jupons, en permanence à l'affût de jeunes mortelles. Quand l'une d'elles lui plaisait, il prenait les apparences les plus farfelues pour toucher son singulier droit de cuissage. Ses viols sous la forme d'un cygne, d'une pluie dorée ou d'un taureau sont célèbres. Cette dernière métamorphose fut le piège qu'il choisit pour capturer Europe, la fille du roi de Tyr.

Il n'y a pas précisément d'amour et d'harmonie dans le foyer du père des dieux – écrit le poète Ovide avec ironie. Zeus vient de se disputer avec son épouse Héra, et il sort de son palais en claquant la porte. Loin du mont Olympe, il décide de s'octroyer une aventure avec une mortelle pour effacer le goût amer de cette altercation et de son mariage malheureux. Il descend sur la plage de Tyr, où il a déjà repéré la charmante fille du roi, qui se promène avec sa suite de servantes. Pour approcher sa proie, le dieu se transforme en taureau blanc comme la neige, avec un cou musclé et – toujours selon Ovide – un fanon majestueux qui s'étale sur ses pattes avant. Europe remarque l'animal à la couleur étrange et le contemple tandis qu'il paît tranquillement près de la mer, sans soupçonner qu'elle a sous les yeux une créature rusée et maligne, comme la baleine blanche qu'Herman Melville imaginera de nombreux siècles plus tard.

La séduction commence : le taureau baise les mains d'Europe avec son museau blanc, bondit, gambade sur le sable, lui présente son ventre pour qu'elle le caresse. La jeune fille rit. Elle n'a plus peur et se prête à son jeu. Pour le plaisir de désobéir à ses vieilles servantes, qui lui font des signes d'avertissement, elle se risque à monter sur le dos du taureau. Dès qu'il sent les cuisses de la jeune fille sur ses flancs, le dieu court vers la mer et galope, sans problème, sur ses eaux. Terrorisée, Europe se retourne pour regarder la plage. Sa tunique légère ondule avec le souffle du vent. Elle ne reverra jamais plus sa maison ni sa ville.

Le galop de Zeus sur la mer la conduit en Crète, où leurs enfants bâtiront l'éblouissante civilisation des palais, du labyrinthe, du Minotaure menaçant et des peintures solaires que les touristes actuels, déversés par les navires de croisière, viennent photographier dans les ruines de Cnossos.

Un frère d'Europe, Cadmos, reçoit l'ordre de la retrouver où qu'elle soit. Son père le roi le menace d'exil s'il ne la ramène pas. Comme Cadmos n'est qu'un simple mortel, il n'arrive pas à découvrir la cachette qu'a choisie Zeus pour ses forfaits clandestins. Il sillonne la Grèce de fond en comble, appelant Europe jusqu'à ce que son nom soit taillé sur les pierres, les oliviers et dans les champs de blé du continent inconnu. Fatigué de cette quête sans fin, il fonde la ville de Thèbes, berceau de la malheureuse lignée d'Œdipe. La légende raconte que ce fut Cadmos qui apprit aux Grecs à écrire.

Depuis que le linguiste Ernest Klein en proposa l'étymologie, beaucoup de philologues affirment que le mot « Europe » possède, en effet, une origine orientale. Ils le relient à l'akkadien *Erebu*, parent du terme arabe actuel *ghurubu*. Tous deux signifient « le pays où meurt le soleil » ; la terre du couchant ; l'Occident, du point de vue des habitants de l'est de la Méditerranée. Au temps qu'évoquent les mythes grecs, la terre privilégiée des grandes civilisations s'étendait à travers la région du soleil levant, entre le Tigre et le Nil. En comparaison, notre continent était un territoire sauvage, le Far West, obscur et barbare.

Si cette hypothèse est exacte, notre continent a un nom arabe – paradoxes du langage. J'essaie d'imaginer les traits de la femme qui se nomma Europe – une Phénicienne ; on dirait aujourd'hui une Syro-Libanaise, sans doute à la peau sombre et aux traits marqués, aux cheveux bouclés ; le genre d'étrangère qui de nos jours susciterait la méfiance de ces Européens observant, les sourcils froncés, les vagues de réfugiés.

En réalité, la légende de l'enlèvement d'Europe est un symbole. Derrière l'histoire de la princesse arrachée à son foyer, palpite un vieux souvenir historique : le voyage de la connaissance et de la beauté orientale du Croissant fertile à l'Occident et, en particulier, l'arrivée de l'alphabet phénicien sur les terres grecques. C'est pourquoi l'Europe est née quand elle a accueilli les lettres, les livres, la mémoire. Son existence même est redevable au savoir volé en Orient. Rappelons qu'il y eut un temps où, officiellement, les barbares, c'étaient nous.

71

Au milieu des années 1950, dans une Europe divisée par le Rideau de fer, voyager au-delà des territoires alliés était une mission plus difficile qu'à l'époque d'Hérodote. En 1955, un jeune journaliste polonais, Ryszard Kapuściński, aspirait, plus que tout, à « traverser la frontière ». Peu lui importait laquelle et où, il ne rêvait pas de lieux enveloppés d'une aura capitaliste inaccessible, comme Londres ou Paris. Non, il désirait juste accomplir l'acte presque mystique et essentiel de franchir la frontière. Sortir du cloisonnement. Connaître l'autre côté.

Il eut de la chance. Son journal – qui répondait au nom exalté de *L'Étendard de la jeunesse* – l'envoya comme correspondant en Inde. Avant de partir, la rédactrice en chef lui offrit un gros volume relié : les *Histoires* d'Hérodote. Avec ses centaines de pages, ce n'était pas précisément un livre léger à embarquer dans une valise, mais Ryszard l'emmena avec lui. C'était un élément rassurant pour lui à un moment où il se sentait vulnérable, inquiet. La première escale du vol pour New Delhi allait être Rome. Il était sur le point de « poser le pied en Occident » et, comme on le lui avait enseigné dans sa patrie communiste, il fallait craindre l'Occident comme la peste.

Le livre d'Hérodote fut son vade-mecum et sa boussole dans la découverte de ce monde extérieur mystérieux. Des décennies plus tard, avec des kilomètres de déambulations internationales derrière lui,

Kapuściński écrivit un livre merveilleux, *Mes voyages avec Hérodote*, qui déborde de sympathie pour le Grec tourmenté en qui il trouva un compagnon de route et une âme sœur. « Je lui étais très reconnaissant car, là-bas, dans les moments où je m'étais senti fragile et perdu, il avait toujours été à mes côtés, m'épaulant. [...] Ensemble nous avons parcouru le monde pendant de longues années. Mon savant grec expérimenté n'a jamais cessé d'être un guide exceptionnel. Et, même si la meilleure façon de voyager c'est de le faire en solitaire, je ne crois pas que nous nous soyons mutuellement gênés : une distance de deux mille cinq cents ans nous séparait, à laquelle il faut en ajouter une autre, fruit du respect qu'il m'imposait. La sensation de côtoyer un géant ne m'a jamais quitté. » Kapuściński découvre en Hérodote le tempérament d'un journaliste débutant, doté de l'intuition, de la vue et de l'ouïe d'un reporter. D'après lui, les *Histoires* sont le premier reportage de littérature universelle. C'est l'œuvre d'un individu intrépide qui sillonne les mers, traverse des steppes et s'aventure dans des déserts, un homme possédé par la passion, le désir et l'obsession de la connaissance. Il s'était fixé un objectif incroyablement ambitieux (immortaliser l'histoire du monde) et ne laissait rien le décourager. Dans le lointain Ve siècle av. J.-C., il n'était pas possible de se documenter sur des pays étrangers dans des archives ou des bibliothèques. Sa méthode fut donc, essentiellement, celle d'un journaliste : voyager, observer et interroger ; tirer des conclusions à partir de ce que les autres lui racontaient et de ce qu'il voyait lui-même. De cette façon, il accumula ses connaissances.

Le journaliste et écrivain polonais imagine son maître grec dans des situations comme celle-ci : après une longue journée sur des chemins poussiéreux, il arrive dans un village au bord de la mer. Il pose sa canne quelque part, secoue le sable de ses sandales et, sans plus de tergiversations, se lance dans une conversation. Hérodote était fils d'une culture méditerranéenne avec ses grandes tables hospitalières où, le soir et les nuits chaudes, de nombreuses personnes prennent place ensemble pour manger du fromage et des olives, boire du vin frais et parler. Lors de ces conversations – autour d'un feu ou en plein air sous un arbre millénaire –, surgissent des histoires, des anecdotes, de vieilles légendes, des contes. Quand un nouveau-venu se présentait, on l'invitait. Et si cet hôte avait bonne mémoire, il pouvait recueillir une infinité d'informations.

On ne sait pas grand-chose sur la vie privée du voyageur Hérodote, et il est frappant de constater que dans son livre, regorgeant de personnages et d'anecdotes, il en dise si peu sur lui-même. Il se limite à consigner qu'il était originaire d'Halicarnasse (Bodrum, en Turquie), une ville bordée par une magnifique baie, avec un port très actif, lieu de passage des routes commerciales entre l'Asie, le Moyen-Orient et la Grèce. À 17 ans, Hérodote dut fuir sa ville natale car un de ses oncles fomenta une rébellion manquée contre le tyran favorable aux Perses. Très jeune, il devint apatride, une des pires choses qui pouvaient arriver à un Grec de cette époque. Alors, se désintéressant de l'avenir, il décida de s'élancer sur les mers et les routes pour tenter d'en savoir le plus possible sur le monde connu de l'Inde à l'océan Atlantique, de l'Oural à l'Éthiopie.

On ignore quels furent ses moyens de subsistance en exil. Il voyagea, consacra une énorme énergie à sa tâche d'enquêteur et succomba au charme des pays qu'il parcourait. Il rencontra des étrangers hospitaliers et se rafraîchit l'esprit en parlant avec eux de coutumes et de traditions. Il écrivit sur des peuples lointains et rivaux, sans faire aucune allusion offensante ou de jugement péjoratif à leur sujet. Ce fut sûrement, comme l'imaginait Kapuściński, un homme simple, aimable et compréhensif, ouvert et bavard, quelqu'un qui se débrouille toujours pour amadouer les autres et les faire parler. Malgré son exil forcé, il n'avait ni ressentiment ni colère. Il essayait de tout comprendre, par exemple pourquoi chaque individu agissait d'une manière et pas d'une autre. Il n'accusait jamais les êtres humains des calamités historiques, mais l'éducation, les coutumes et le système politique avec lesquels il leur avait été donné de vivre. Pour cette raison, comme son oncle insurgé, il fut un fervent défenseur de la liberté et de la démocratie, ennemi du despotisme, de l'autocratie et de la tyrannie. Le premier de ces systèmes, pensait-il, était le seul où un individu peut se comporter dignement. Notez-le bien – semble dire Hérodote : un groupe insignifiant de petits États grecs a vaincu la grande puissance orientale seulement parce que les Grecs se savaient libres et qu'ils étaient prêts à tout donner pour cette liberté.

Il y a un passage des *Histoires* qui m'a saisie et émerveillée dès la première lecture. Dans celui-ci, il est suggéré que la personnalité de chacun de nous est modelée – plus qu'on l'admet – par ses habitudes mentales, la répétition et le chauvinisme : « Si on demandait aux gens de choisir entre toutes les coutumes, les invitant à désigner les plus parfaites, chacun préférerait les siennes, hautement persuadé qu'elles sont les plus parfaites. Sous le règne de Darius, ce monarque convoqua les Grecs qui étaient à sa cour et leur demanda pour quelle somme d'argent ils accepteraient de manger les cadavres de leurs parents. Ils répondirent qu'ils ne le feraient à aucun prix. Aussitôt après, Darius fit venir les Indiens appelés Callaties, qui dévorent leurs parents, et leur demanda, en présence des Grecs, qui suivaient la conversation grâce à un interprète, pour quelle somme ils consentiraient à brûler sur un bûcher les restes mortels de leurs géniteurs; ils se mirent alors à vociférer, le suppliant de ne pas blasphémer. Pindare a bien fait de dire que la coutume est reine du monde. » Certains auteurs pensent que ce texte d'Hérodote contient en germe toute la tolérance et la nécessité de comprendre, de savoir et de réfléchir qui, des siècles plus tard, seront le b.a.-ba de l'ethnologie. Dans tous les cas, il révèle une énorme perspicacité dans l'observation des peuples qu'il a visités, et aussi de sa patrie grecque. Les coutumes sont très différentes dans chaque culture, mais leur force est gigantesque de toutes parts. Au fond, ce que les communautés humaines ont en commun c'est ce qui, inévitablement, les oppose: la tendance à se croire les meilleures. Comme le découvrit le regard ironique du Grec nomade, nous sommes tous disposés à nous considérer supérieurs. Sur ce plan, nous sommes égaux.

Si, pour Kapuściński, le livre d'Hérodote pesa lourd dans ses bagages, il devait être beaucoup plus encombrant pour les lecteurs de son temps. D'ailleurs, ce fut un des premiers gros pavés dont on a connaissance et, très certainement, la première œuvre importante qui fut écrite en prose grecque. Elle est arrivée jusqu'à nous divisée en neuf parties au nom des muses, et chacune d'entre elles devait occuper un rouleau de papyrus complet. Pour transporter ensemble ces neuf tomes, il devait falloir pratiquement posséder un esclave porteur.

Sans doute, l'invention des rouleaux signifia une grande avancée sur le moment. C'étaient des dispositifs littéraires plus pratiques que les précédents. Bien entendu, ils possédaient une plus grande capacité que les tablettes d'argile et étaient beaucoup plus mobiles que les signaux de fumée ou les inscriptions sur des blocs de pierre ; mais même ainsi, ils n'en étaient pas moins encombrants. Comme je l'ai expliqué, on écrivait seulement sur un côté du papyrus, raison pour laquelle les rouleaux avaient tendance à devenir de très longues bandes, saturées, sur le côté utilisable, de colonnes d'une écriture très serrée. Pour se frayer un passage à travers ce labyrinthe bigarré de lettres, le lecteur devait exécuter une manipulation gênante, enroulant et déroulant constamment des mètres et des mètres de texte. De plus, pour rentabiliser au maximum ce matériel coûteux, les livres étaient écrits sans laisser d'espaces entre les mots, ni entre les phrases, et sans les diviser en chapitres. Si, grâce à une machine à remonter le temps, on pouvait tenir entre les mains un exemplaire du Ve siècle av. J.-C. des *Histoires* d'Hérodote, on aurait l'impression d'une seule phrase ininterrompue et interminable s'étendant sur presque une dizaine de rouleaux de papyrus.

Seuls des textes brefs, comme une tragédie ou un dialogue socratique, tenaient confortablement sur un unique rouleau. Plus les rouleaux étaient longs, plus ils étaient fragiles, peu pratiques, et plus susceptibles de se casser. Chercher un passage précis dans un exemplaire de 42 mètres – le plus long qu'on connaisse – risquait fort de causer des crampes dans les bras et un léger torticolis.

Les œuvres de l'Antiquité occupaient donc, dans leur grande majorité, plus d'un rouleau chacune. Au IVe siècle av. J.-C., les copistes et libraires grecs développèrent un système pour assurer l'unité des œuvres réparties en plusieurs livres. Le même système avait déjà été mis en pratique avec les tablettes au Moyen-Orient. Il consistait à écrire à la fin d'un rouleau les premières phrases du rouleau suivant, afin d'aider le lecteur à localiser le nouveau volume qu'il était sur le point de commencer. Malgré toutes les précautions qu'on pouvait prendre, l'intégrité des œuvres était toujours menacée par une tendance incontrôlable à l'éparpillement, au désordre et à l'égarement.

Des boîtes étaient préparées pour ranger et transporter les rouleaux. Elles s'efforçaient aussi de protéger les livres de l'humidité, des marques des insectes, des morsures du temps. Chaque boîte contenait entre cinq et sept unités, cela dépendait de la longueur des œuvres. Curieusement, beaucoup de textes conservés de nombreux auteurs anciens sont des multiples de cinq ou de sept – sept tragédies d'Eschyle et autant de Sophocle, vingt-et-une comédies de Plaute, et des parties de l'*Histoire* de Tite-Live préservées par sections de dix livres, par exemple. Certains chercheurs pensent qu'au cours du parcours hasardeux de la transmission et des péripéties du temps, ces pièces furent sauvées précisément parce qu'elles étaient rangées ensemble dans une ou plusieurs de ces boîtes.

J'ai donné ces détails pour expliquer à quel point les livres étaient fragiles et difficiles à protéger à cette époque. Il y avait peu d'exemplaires en circulation de chaque titre, et leur survie exigeait des efforts titanesques. Les incendies et les inondations, qui détruisaient les livres sans remède, étaient des catastrophes relativement fréquentes. La détérioration à cause de l'usage, l'appétit des mites et les ravages du climat humide obligeaient à recopier régulièrement, un par un, tous les rouleaux des bibliothèques et des collections privées. Pline l'Ancien écrivit que, dans les meilleures conditions possibles et avec les soins les plus scrupuleux, un rouleau de papyrus pouvait atteindre une vie utile de 200 ans. Dans l'immense majorité des cas, la durée était bien inférieure. Les pertes étaient constantes et, à mesure que diminuait le nombre d'exemplaires survivants d'une œuvre précise, il devenait de plus en plus compliqué de la retrouver pour la reconstituer. Tout au long de l'Antiquité et du Moyen Âge, jusqu'à l'invention de l'imprimerie, des livres furent sans arrêt perdus – ou sur le point de tomber dans l'abîme de la disparition.

Imaginons un instant que nous soyons, chacun de nous, obligés de consacrer des mois entiers de notre vie à réaliser des copies à la main, mot pour mot, de nos livres les plus chers, pour empêcher leur extinction. Combien en sauverions-nous ?

Pour cette raison, il faut considérer comme un petit

miracle collectif – grâce à la passion inconnue de nombreux lecteurs anonymes – qu'une œuvre aussi longue que les *Histoires* d'Hérodote, et par conséquent aussi vulnérable, soit arrivée jusqu'à nous en longeant le précipice des siècles. Comme l'écrit J. M. Coetzee, le classique, c'est « ce qui survit à la pire barbarie, car il y a des générations de gens qui ne peuvent se permettre de l'ignorer et s'accrochent donc à lui à n'importe quel prix ».

Le drame du rire et notre dette envers les dépotoirs

72

Une série de crimes saisissants a lieu entre les murs d'une abbaye médiévale perchée dans les montagnes italiennes. La trace mortelle de ces meurtres conduit à la grande bibliothèque monastique où, caché comme un arbre dans un bois ou un diamant entre des glaçons, est conservé un manuscrit pour lequel les moines sont prêts à mourir et à tuer. L'abbé confie l'enquête de cette scabreuse affaire à un visiteur de passage dans le monastère, Guillaume de Baskerville, qui a appris le métier de l'interrogatoire quand il était inquisiteur. Tout se passe au tempétueux XIVe siècle.

Le Nom de la rose est un étonnant roman noir dont l'action se situe dans le monde rituel, silencieux et plein de recoins d'un couvent. Umberto Eco, jouant avec les clichés du genre et faisant un clin d'œil aux passionnés de littérature de toutes les époques, remplace l'habituelle *femme fatale* par un livre fatidique qui tente, pervertit et tue tous ceux qui osent le lire. Bien entendu, le lecteur se demande quels dangereux secrets cache ce texte interdit, dont on nous dit qu'il possède « le pouvoir mortifère de cent scorpions ». Évangile occulte et séditieux, prophéties catastrophiques d'un Nostradamus médiéval, nécromancie, pornographie, blasphèmes, ésotérisme, messes noires ? Non, aucune de ces bagatelles. Quand Guillaume de Baskerville rassemble les pièces du puzzle, on découvre qu'il s'agit – mon Dieu ! – d'un essai d'Aristote.

Vraiment ? On pourrait se sentir floué. Après tout, Aristote n'est pas précisément un auteur radical ni quelqu'un de connu pour ses idées subversives. Aujourd'hui, il est difficile d'imaginer le théoricien du juste milieu, l'encyclopédiste minutieux, la figure de proue du Lycée, écrivant un livre maudit. Cependant, Umberto Eco imagine la portée dangereuse d'une œuvre aristotélicienne qu'on ne lira jamais : le traité perdu sur la comédie, la seconde partie légendaire de la *Poétique*, c'est-à-dire l'essai – on le sait grâce à des allusions d'Aristote lui-même – qui s'aventurait dans l'univers révolutionnaire du rire.

Quand on approche du dénouement du *Nom de la rose*, on tombe sur un de ces laïus typiques des tueurs en série, les minutes de gloire de tout méchant digne de ce nom pendant lesquelles, alors qu'il pourrait en profiter pour liquider le détective et gagner la partie, il préfère s'employer stupidement à faire étalage de son intelligence. Le moine assassin explique donc – avec un style apocalyptique sensationnel – pourquoi les écrits d'Aristote sur le rire sont dangereux et doivent être éliminés : « Ce livre élève le rire au rang de l'art, il en fait un objet de philosophie et de perfide théologie. Le rire libère le vilain de la peur du diable, car à la fête des fous le diable aussi paraît pauvre et fol et, par conséquent, contrôlable. Mais ce livre pourrait enseigner que se libérer de la peur est un acte de sagesse. Quand il rit, tandis que le vin gargouille dans sa gorge, le vilain se sent le maître, car il a renversé les rapports de domination. […] Et de ce livre pourrait partir l'étincelle luciférienne qui allumerait dans le monde entier un nouvel incendie. […] Si un jour, confié au témoignage indestructible de l'écriture, l'art du rire finissait par être acceptable… alors nous n'aurions pas d'armes pour arrêter le blasphème, car il invoquerait les forces obscures de la matière corporelle, celles qui s'affirment dans le pet et le rot. Alors le pet et le rot s'arrogeraient le droit de souffler où ils veulent ! »

L'assassin inventé par Umberto Eco nous donne des pistes pour comprendre l'apparente malédiction qui poursuit la comédie. L'humour dans l'Antiquité a subi un grand naufrage. Tous les exemplaires du traité aristotélicien sur le rire ont disparu alors que l'autre moitié de l'œuvre, dédiée à la tragédie, a survécu sans problèmes. D'innombrables auteurs grecs de comédies étaient joués dans des théâtres remplis et enthousiastes, mais seules les œuvres de l'un d'entre eux ont été sauvées : Aristophane. La plupart des genres littéraires répertoriés dans le catalogue alexandrin (l'épopée, la tragédie, l'histoire, l'art oratoire, la philosophie) étaient sérieux, voire solennels.

Aujourd'hui encore, la norme a tendance à exclure

le rire. Une comédie a moins de probabilités qu'un drame de remporter un Oscar. On ne s'attend pas à ce qu'un écrivain avec une veine humoristique soit récompensé à Stockholm. Les publicitaires et programmateurs de télévision savent que l'humour fait vendre, mais l'académie résiste à l'élever au rang d'art. La culture de masse exploite le rire et finit par le dévoyer. On nous amuse avec de la télé-réalité et des sketchs, tandis que la haute culture rejette l'esthétique populaire et hausse les sourcils devant elle. Tous ces divertissements insignifiants – et le succès des séances de thérapie par le rire – semblent réduire le rire à un soulagement individuel et à une distraction éphémère.

Le chercheur Luis Ramiro Beltrán affirme que nous commettons une erreur quand nous considérons l'humour comme un phénomène marginal et étrange. Ce qui est étrange, ajoute-t-il, c'est le sérieux qui a triomphé dans cette période récente d'inégalité culturelle et économique que nous appelons « Histoire ». N'oublions pas que cette étape est seulement la pointe visible de l'iceberg. On a vécu d'une autre façon pendant des centaines de milliers d'années. La culture primitive, antérieure à l'écriture, aux monarchies et à l'accumulation de richesse, serait essentiellement égalitaire et joyeuse. Le théoricien russe Mikhaïl Bakhtine décrit comment au cours de leurs fêtes, nos ancêtres lointains, portant des masques et des déguisements, célébraient tous ensemble dans un joyeux mélange leurs triomphes dans la lutte pour la survie. Un esprit semblable d'égalité exista tant que les sociétés furent inévitablement pauvres et leurs systèmes d'organisation très simples. Mais, dès que les nouvelles civilisations agricoles et monétaires firent leur possible pour s'enrichir, ceux qui possédaient le grenier à blé le plus rempli s'empressèrent d'inventer les hiérarchies. Les secteurs qui depuis ont dirigé la société inégalitaire préfèrent le langage du sérieux. Car dans le rire le plus authentique palpite encore la rébellion face à la domination, l'autorité et les grades – cette irrévérence redoutée.

J'aime, dans cette théorie de Bakhtine, la revendication du rire, mais je ne crois pas à ce monde essentiellement égalitaire et joyeux. Je le vois plutôt terrifiant, autoritaire et violent. Je me retrouve assez bien dans la scène imaginée par Kubrick dans *2001, l'Odyssée de l'espace*. Quand le premier individu primitif découvrit qu'il pouvait utiliser un os comme outil, il s'empressa sûrement de l'éclater sur le crâne d'un congénère. Les tribus n'étaient pas des assemblées paradisiaques, elles avaient des chefs. Comparé à notre époque, il est certain qu'il n'y avait sans doute pas de différences de richesse au sein des groupes, mais je crains que ça n'ait pas empêché les manifestations de despotisme : toi, tu n'entres pas ici, c'est moi qui prends le plus gros morceau de viande, c'est votre faute si on traverse une passe difficile à la chasse, on vous exclut de la tribu, on vous massacre, et autres choses du même genre. Je ne pense pas non plus que le rire tente toujours de restaurer l'égalité ; il peut aussi être cruel et réactionnaire : les moqueries de cour d'école envers les plus faibles ou les blagues que devaient se raconter les nazis pendant leurs réunions tout en fumant une cigarette. Pourtant...

Pourtant, il existe un humour rebelle qui défie les

rapports de domination, brise l'aura d'un monde autoritaire, dénonce l'empereur et le dénude. Comme l'explique Milan Kundera dans son roman *La Plaisanterie*, le rire possède une énorme capacité à délégitimer le pouvoir, et c'est pour cela qu'il inquiète et qu'il est sanctionné. En général, les bien-aimés leaders de toutes les époques ont détesté et persécuté les comiques qui osaient les ridiculiser. Les humoristes se heurtent aux régimes et aux individus les plus intransigeants. Même dans les démocraties contemporaines, des polémiques enflammées éclatent sur les limites de l'humour et de la diffamation. En général, les attitudes à ce sujet dépendent de ceci : les convictions en jeu sont-elles les nôtres ou celles d'autrui ? La tolérance a une conjugaison irrégulière : je m'indigne, tu es susceptible, il est dogmatique.

Aristophane, comme Chaplin, incarne le rire rebelle et dissident. J'ai toujours pensé que l'humour de l'un et de l'autre ont un air de famille, une famille où Charlie serait le cousin débonnaire et Aristophane le grand-père sarcastique. Tous les deux s'intéressent aux gens simples et vulnérables ; leurs héros ne sont jamais des aristocrates. Charlot apparaît comme vagabond, prisonnier en fuite, émigrant, alcoolique, chômeur ou chercheur d'or famélique, c'est selon. Les protagonistes des comédies d'Aristophane sont des personnages – hommes et femmes – sans biens ni noblesse, coquins asphyxiés par les dettes qui magouillent pour ne pas payer d'impôts, lassés des guerres, avec des envies de sexe et de fête, mauvaises langues, pas forcément affamés mais fantasmant toujours à l'idée de se goinfrer de lentilles, de viande et de gâteaux. Charlot sympathise avec les orphelins et les mères célibataires, tombe amoureux d'autres vagabondes et, dès qu'il le peut, donne un bon coup de pied au cul aux policiers. Il a l'audace de ridiculiser les richards, les grands chefs d'entreprise, les agents de l'immigration, les militaires hautains de la Première Guerre mondiale ou Hitler en personne. De la même espèce, les créatures d'Aristophane tentent d'arrêter la guerre au moyen d'une guerre sexuelle, occupent l'Assemblée athénienne pour décréter la communauté de biens, se moquent de Socrate ou proposent de soigner la myopie du dieu de la richesse pour qu'il répartisse mieux les patrimoines. Après une série d'aventures effrénées et d'escroqueries, toutes les pièces finissent par un banquet pantagruélique, collectif et festif.

Aristophane et Chaplin ont eu tous deux des problèmes avec la justice.

Les comédies d'Aristophane étaient truffées d'allusions personnelles et de caricatures politiques, comme les guignols à la télévision. Sur scène, les acteurs faisaient des plaisanteries en citant le prénom et le nom de famille – ou plutôt le prénom et le patronyme – de certains spectateurs qui suivaient le spectacle : ils se moquaient de quelqu'un parce qu'il était chassieux ou radin, ou laid, ou corrompu. La ville d'Athènes, où avaient lieu les représentations, se considérait comme la métropole du monde et la cité la plus importante de la planète, mais avec ses 100 000 habitants, elle nous semblerait aujourd'hui une bourgade de province. Tout le monde se connaissait et pratiquait le sport intemporel de la médisance. Aristophane côtoyait ses concitoyens sur l'agora, où ils se réunissaient le matin pour faire leurs courses, critiquer leurs dirigeants, espionner leur voisin et commérer. Il fréquentait surtout les groupes de conservateurs nostalgiques du passé et peu friands des nouvelles tendances. Ensuite, au théâtre, avec presque la même liberté que les potins de rue, il contestait Périclès ou surnommait un autre dirigeant politique le roi de la saucisse. Les intellectuels, les nouveaux pédagogues et les esprits éclairés qui se retrouvaient à Athènes lui paraissaient de simples andouilles, mais il leur était reconnaissant de lui fournir la trame de ses comédies. Il peuplait ses pièces de personnages importants qu'il obligeait à commettre les actes les plus ridicules. Il employait le langage de la rue et de la campagne, puis, soudain, se mettait à parodier les phrases ampoulées de la tragédie ou de l'épopée. Selon les mots d'Andrés Barba, il donnait des réponses matérialistes à des questions idéalistes : « Pour nous, Aristophane inaugura une nouvelle voie, établie et créée à travers la magie du théâtre : la paix à travers le rire, la liberté à travers le rire, l'action politique à travers le rire. » Ce type de comédie, appelée comédie antique, dura exactement autant que la démocratie athénienne, qu'elle attaqua tant.

L'humour d'Aristophane n'eut pas de successeurs. On pourrait dire qu'il se termina non pas avec lui, mais avant lui. À la fin du Ve siècle av. J.-C., Athènes fut vaincue par Sparte, qui appuya un coup d'État oligarchique dans la ville. S'ensuivirent des décennies de troubles politiques et d'esprits brisés par la défaite. Le temps de la critique effrénée était passé. Le même Aristophane continua d'écrire des comédies, mais elles devinrent prudentes, avec des trames de plus en plus allégoriques, sans allusions personnelles ni satire des gouvernants.

À la génération suivante, les Grecs furent annexés à l'Empire d'Alexandre et aux royaumes de leurs successeurs. Ces monarques ne toléraient pas les plaisanteries. Apparut alors la Nouvelle Comédie, sentimentale, de mœurs, le genre d'humour auquel pensait Ortega y Gasset quand il écrivit : « La comédie est le genre littéraire des partis conservateurs. » D'après ce que nous savons, les ingrédients des intrigues étaient toujours les mêmes : protagonistes jeunes, esclaves rusés, retrouvailles inattendues, jumeaux échangés, pères sévères, prostituées au grand cœur. L'auteur le plus connu et le plus célébré de cette époque fut Ménandre.

Ménandre est un cas unique dans la transmission de la littérature antique. Lu avec enthousiasme pendant de longs siècles, il finit par disparaître progressivement, puis complètement. Jusqu'à ce que les papyrus égyptiens nous restituent de larges fragments de ses comédies, on connaissait juste des citations de ses pièces. C'est le seul auteur important de ce genre qui fut supprimé et retiré de la tradition manuscrite. Il fait partie du territoire dévasté de la comédie, où tant d'auteurs ont été perdus – il existe une longue liste de noms pratiquement muets : Magnès, Mylus, Eupolis, Cratinos, Épicharme, Phérécrate, un certain Platon le comique qui n'est pas le philosophe, Antiphane, Alexis, Diphile, Philémon, Apollodore de Carystos.

Même si les auteurs de la Nouvelle Comédie s'efforçaient de divertir le public de façon inoffensive, ils finirent par déranger. Quand la société antique devint plus puritaine, l'immoralité de ces intrigues récurrentes finit par choquer. Les jeunes et leurs excès, les putes et les parents abusés n'enseignaient rien d'édifiant aux nouvelles générations. Dans les écoles, les professeurs étudiaient des maximes isolées de Ménandre ou des extraits choisis de ses pièces, prenant soin de ne pas porter atteinte à la moralité des innocents élèves. Et ainsi, lentement censurées, leurs paroles se perdirent, de même que la majeure partie de l'humour antique. Le moine destructeur du *Nom de la rose* a eu beaucoup de soutiens au fil du temps. On se heurte ici au paradoxe et au drame du rire : le meilleur, c'est celui qui tôt ou tard a des ennemis.

73

Parler de « livres de textes » est aussi redondant que dire « planche en bois », « sortir dehors », « dénouement final » ou « cruauté inutile ». Malgré le pléonasme, on comprend tous à quoi l'expression fait référence : à ces livres destinés à l'enseignement, qui contiennent des compilations d'extraits littéraires pour des dictées, des commentaires et des exercices d'écriture. Ce type d'anthologies jouait un rôle très important dans la survie des livres, car la plupart des œuvres qui sont arrivées jusqu'à nous furent, à un moment ou à un autre, des textes scolaires.

Les enfants chanceux de la globalisation hellénistique qui pouvaient se permettre d'étudier au-delà des rudiments de base recevaient une éducation essentiellement littéraire. En premier lieu, parce que leurs parents valorisaient les mots – la capacité à communiquer, dirait-on à présent –, la fluidité du discours et la richesse de vocabulaire qu'on acquiert en lisant les grands écrivains. Les habitants du monde antique étaient persuadés qu'on ne peut pas parler bien sans penser bien : « les livres font les lèvres », disait un proverbe romain.

En deuxième lieu, à cause de la nostalgie. Sur les traces d'Alexandre, beaucoup de Grecs s'étaient installés en territoires inconnus, du désert de Lybie aux steppes d'Asie centrale. Là où les Grecs apparaissaient et s'implantaient, que ce fût dans les localités du Fayoum, de Babylonie ou de Susiane, ils développaient aussitôt leurs institutions, leurs écoles primaires et leurs gymnases. La littérature aidait les immigrants à conserver une langue en commun, un système de références partagées, une identité. C'était le plus sûr instrument de contact et d'échange entre les Grecs dispersés dans la vaste géographie de l'empire. Perdus dans l'immensité, ils retrouvaient une patrie dans les livres. Sans compter les nombreux indigènes désireux de prospérer en adoptant la langue et le mode de vie grecs. Celui qui résuma le mieux ce nouveau concept de citoyenneté culturelle fut l'orateur Isocrate : « Nous appelons Grecs ceux qui ont en commun avec nous la culture, plus que ceux qui ont le même sang. » Quel genre d'éducation recevaient ces Grecs ? Un bain de culture générale. Contrairement à nous, se spécialiser ne les intéressait absolument pas. Ils méprisaient l'orientation technique de la connaissance. Ils n'étaient pas obsédés par l'emploi ; après tout, pour travailler ils avaient déjà les esclaves. Tous ceux qui pouvaient se le permettre évitaient d'apprendre quelque chose d'aussi avilissant qu'un métier. L'oisiveté était élégante – c'est-à-dire cultiver son esprit, l'amitié et la conversation ; la vie contemplative. Seule la médecine, indiscutablement nécessaire à la société, réussit à imposer un type de formation propre. En revanche, les médecins souffraient d'un complexe évident d'infériorité culturelle. D'Hippocrate à Galien, tous répétaient dans leurs textes le mantra qu'un médecin est aussi un philosophe. Ne voulant pas se laisser enfermer dans leur sphère particulière, ils s'efforçaient de se montrer cultivés et de glisser dans leurs écrits telle ou telle citation des poètes incontournables. Pour les autres, les enseignements et les lectures étaient essentiellement les mêmes partout dans l'empire, ce qui créait un puissant facteur d'unité coloniale.

Ce modèle éducatif resta en vigueur pendant de nombreux siècles – le système romain en fut seulement une adaptation –, et on le trouve à la racine de la pédagogie européenne. L'empereur Julien l'Apostat expliqua dans un essai les issues professionnelles qui s'ouvraient à un étudiant formé selon la tradition gréco-latine des connaissances générales. Celui qui a reçu une éducation classique, c'est-à-dire littéraire, dit Julien, pourra contribuer à l'avancée de la science, être chef politique, guerrier, explorateur et héros. En ces temps-là, les lecteurs assidus jouissaient de vastes horizons professionnels.

Du IIIe au Ier siècle av. J.-C., je l'ai dit, l'alphabétisation gagna du terrain, y compris au-delà des élites. L'État commença à se préoccuper de réglementer l'éducation, mais sa structure était trop archaïque et les mécanismes administratifs trop fragiles pour assumer le défi d'un authentique enseignement public. Les établissements éducatifs dépendaient des municipalités, et les villes faisaient appel à la générosité de bienfaiteurs – qu'on appelait *évergètes* – pour financer l'enseignement et d'autres services d'intérêt général. La civilisation hellénistique, comme la romaine ensuite, fut principalement individualiste et libérale. À cette époque il y avait pléthore de Bill Gates qui exhibaient leur énorme fortune comme des muscles en faisant des dons pour des œuvres publiques – routes, écoles, théâtres, bains, bibliothèques ou salles de concerts – et en participant aux frais des fêtes patronales. L'évergétisme était considéré comme une obligation morale des gens riches, en particulier quand ils aspiraient à des fonctions politiques.

Une inscription du IIe siècle av. J.-C., trouvée à Téos, une ville côtière d'Asie Mineure, rappelle la mémoire d'un mécène dont le soutien permit que « tous les enfants nés libres reçoivent une éducation ». Le donateur demanda que trois maîtres soient engagés, un pour chaque degré d'instruction, et il précisait par ailleurs que tous trois devaient enseigner à des garçons et à des filles. À Pergame, on découvrit une inscription, datée du IIIe ou du IIe siècle av. J.-C., qui renseigne également sur la présence de filles à l'école, puisqu'elles figurent au palmarès des compétitions scolaires de lecture et de calligraphie. J'aime imaginer ces petites filles dessinant des lettres, l'air sérieux, le bout de la langue pointant entre leurs lèvres entrouvertes, sur le point d'obtenir un des premiers prix de l'Histoire pour filles. Pouvaient-elles imaginer, dans leurs fantasmes les plus fous, qu'elles étaient des pionnières et que vingt-cinq siècles plus tard on se souviendrait encore de leurs victoires contre l'ignorance ?

Un rapport passionné aux mots

74

Grâce aux dépotoirs de l'Antiquité, on peut plonger dans les textes écrits par des gens ordinaires en Égypte. Comme je l'ai expliqué, le papyrus, le matériau d'écriture habituel à cette époque, se conserve bien dans des climats très secs, alors que l'humidité d'un climat tempéré pluvieux le détruit. Dans certaines régions égyptiennes – malheureusement pas celle du Delta où se trouve Alexandrie –, on a réussi à récupérer des écrits abandonnés ou jetés à la poubelle il y a deux mille ans. Ces textes demeurèrent à l'endroit où ils étaient, sans se détériorer ni se désintégrer, recouverts peu à peu, au fil des siècles, par la couche protectrice du sable brûlant du pays. Et ils furent intégralement conservés. C'est ainsi que des milliers et des milliers de papyrus, trouvés par des paysans ou excavés par des archéologues, sont arrivés de l'Antiquité jusqu'à nos mains, et parfois l'encre paraissait aussi fraîche que le jour où ils avaient été écrits. Le contenu des textes est très varié – de la correspondance d'un officier orgueilleux à ses listes de linge sale à laver. Presque tous les papyrus étaient écrits en grec, la langue du gouvernement et de la population cultivée. Les dates vont de

300 av. J.-C. à 700, de l'occupation grecque en Égypte, en passant par les années de domination ptolémaïque et romaine, à la conquête arabe.

Les papyrus montrent que beaucoup de Grecs sans fonction dans l'administration savaient lire et écrire, s'occupaient personnellement de leurs démarches, rédigeaient des documents commerciaux et répondaient à leur correspondance sans recourir à des scribes professionnels. Par ailleurs, ils lisaient pour le plaisir. Dans une lettre à un ami, un homme désœuvré écrit d'un village égyptien à la vie monotone : « Si tu as copié des livres, envoie-les-moi, afin qu'on ait quelque chose pour passer le temps, car ici on n'a personne à qui parler. » Oui, il y avait des gens qui cherchaient dans les livres une échappatoire à l'ennui rural. On a déterré des vestiges de ce qu'ils lisaient, des extraits, voire des œuvres intégrales ; alors qu'on n'a pas retrouvé de papyrus dans l'humide Alexandrie, qui se vantait de posséder plus de lecteurs que n'importe quel autre lieu au monde. Les fouilles des régions sèches nous permettent ainsi de fouiner dans les lectures de l'époque. Et, si on se fie aux estimations basées sur le nombre de vestiges découverts de chaque œuvre, on peut même savoir quels étaient les livres préférés des lecteurs.

Je reconnais que j'éprouve une curiosité sans limites devant les lectures d'autrui. Dans les bus, dans le tramway ou le train, je me tords le cou en des contorsions invraisemblables pour espionner ce que lisent les voyageurs autour de moi. Je crois que les livres décrivent les personnes qui les ont entre les mains. Pour cette raison, je trouve émouvant de m'immiscer dans l'intimité de ces lecteurs de la campagne égyptienne à travers la distance des siècles. D'après la chronologie, ce pourrait être ces mêmes hommes et femmes qui nous interpellent avec leurs grands yeux nostalgiques sur les portraits du Fayoum, et ils sont tellement vivants qu'ils nous font penser à de vagues connaissances.

Que révèlent les papyrus sur eux ? Leur poète préféré, de loin, était Homère. Ils aimaient plus l'*Iliade* que l'*Odyssée*. Ils lisaient également Hésiode, Platon, Ménandre, Démosthène et Thucydide, mais le numéro deux sur le podium était Euripide, ce qui me rappelle une anecdote merveilleuse sur le pouvoir des livres.

Revenons en arrière, vers les années tumultueuses de la guerre du Péloponnèse. Les dirigeants de l'impérialiste Athènes, comme si ça ne leur suffisait pas de se battre contre la puissante Sparte, lancèrent une expédition, sillonnant les mers jusqu'à la Sicile pour assiéger Syracuse. La campagne fut un échec cuisant : quelque sept mille Athéniens, avec leurs alliés, furent faits prisonniers et condamnés aux travaux forcés dans des carrières – nommées « latomies » – de la cité des vainqueurs. Selon Thucydide, les conditions étaient éprouvantes. Parqués dans une enceinte creuse et étroite, exposés à la chaleur suffocante ou au froid, malades, cohabitant avec des cadavres, puant de leurs propres matières fécales et urines, nourris d'un quart d'eau et de deux d'orge par jour, ils moururent peu à peu. Plutarque raconte que les Syracusains aimaient tant la poésie qu'ils épargnèrent et laissèrent partir ceux qui furent capables de réciter par cœur un vers d'Euripide. « On prétend que beaucoup de ceux qui purent revenir sains et saufs chez eux rendirent visite, reconnaissants, à Euripide, et certains lui racontèrent qu'ils s'étaient libérés de cet esclavage en récitant des extraits de ses œuvres dont ils se souvenaient. D'autres, dispersés et errant après la bataille, avaient réussi à obtenir de la nourriture et de l'eau après avoir chanté ses vers. » Soit dit en passant, dans ces mêmes latomies siciliennes, aujourd'hui bondées de touristes, saint Paul prêcha la parole de Jésus et Churchill peignit des aquarelles.

Homère et Euripide étaient les gagnants de la compétition, les écrivains qui sculptaient les rêves des Grecs. Pendant l'enfance, tous apprenaient à lire et à écrire en recopiant leurs vers, ce qui explique la quantité de papyrus découverts. On n'initiait pas les enfants à la lecture avec des phrases faciles comme « Ma maman m'aime ». La méthode éducative consistait en une brusque immersion. Quasiment dès le début, on les attrapait par le cou et on les plongeait dans les phrases belles et difficiles d'Euripide qu'ils pouvaient à peine comprendre (« Précieux baume du rêve, soulagement des maux, viens à moi » ou « Ne gâche pas de fraîches larmes dans les douleurs passées »). Nombre de fragments retrouvés seraient, très probablement, des copies d'élèves. Mais il y avait aussi des lecteurs amoureux de la musique de ces vers. Un cas est particulièrement émouvant. Les archéologues ont trouvé un rouleau de papyrus sous la tête d'une momie féminine, presque au contact de son corps. Ce rouleau contient un chant particulièrement beau de l'*Iliade*. Je suppose que cette lectrice enthousiaste voulut être sûre d'avoir des livres dans l'éternité et de pouvoir se souvenir des paroles ailées d'Homère au-delà du fleuve de l'oubli que, selon ses croyances, elle devrait traverser pour arriver au monde des morts.

Sous le sable d'Égypte sont apparus des dizaines d'écrits appartenant à des collectionneurs privés – comédies, œuvres philosophiques, études historiques, traités de mathématiques et de musique, manuels techniques et même des textes d'auteurs inconnus pour nous jusqu'à leur découverte. Je pense à ces bibliophiles anonymes et je me demande comment ils ont réussi à se procurer tous ces livres peu diffusés. On trouvait sans doute aisément les rouleaux d'Homère, d'Euripide et de quelques autres auteurs célèbres dans les librairies d'Alexandrie. Mais il fallait commander les copies de livres plus rares. C'est le cas d'un exemplaire de *La Constitution d'Athènes*, d'Aristote. Le plus probable, c'est que son propriétaire en ait demandé la copie à un atelier, et l'établissement qui réalisa l'ouvrage dut peut-être envoyer un copiste à la Bibliothèque d'Alexandrie pour travailler à partir de l'original déposé là. Ces voyages augmentaient forcément de manière vertigineuse le prix de la commande. En ces temps-là, obtenir un livre rare pouvait devenir une petite odyssée et, sûrement, une saignée pour la bourse.

Les lecteurs qui n'avaient pas les moyens se consolaient en fréquentant les bibliothèques. Il y en eut même en dehors d'Alexandrie et de Pergame. Petites et locales, elles ne pouvaient sans doute pas être comparées aux stupéfiantes collections royales, mais offraient au moins aux visiteurs les œuvres fondamentales des grands auteurs. On connaît l'existence de ces établissements, une fois de plus, grâce aux inscriptions gravées sur des pierres. On sait, par exemple, qu'il y eut une bibliothèque sur l'île de Kos, près de la Turquie. Un fragment d'inscription énumérant une série de donations privées a survécu. Un père et son fils financèrent le bâtiment et donnèrent en plus 100 drachmes. Quatre personnes offrirent 200 drachmes et 100 livres chacune. Deux autres apportèrent 200 drachmes. L'argent était certainement destiné à acheter des livres. On trouve des traces semblables à Athènes et dans d'autres lieux.

Ces bibliothèques étaient très probablement associées au gymnase local de leur ville qui, à l'origine, était l'endroit où les jeunes pratiquaient l'athlétisme et la lutte. « Gymnase » vient du grec *gumnos* qui signifie « nu », car la coutume grecque était de s'entraîner en montrant sans pudeur ni faux-semblant – au grand dam des barbares – la splendeur du corps masculin barbouillé d'huile. À l'époque hellénistique, les gymnases s'étaient déjà transformés en centres d'éducation, avec des classes, des salles de conférences et de lectures. On sait que le gymnase d'Athènes possédait au moins une bibliothèque, car une partie d'un catalogue en pierre est conservé. Apparemment, cette liste du fonds devait être gravée sur le mur de la bibliothèque, où les lecteurs pouvaient la consulter rapidement sans l'inconvénient d'avoir à ouvrir et à plier un rouleau qui, en plus, risquait de se détériorer rapidement à cause d'un usage continu. D'après le catalogue, la bibliothèque était spécialisée dans la comédie et la tragédie. Il y avait plus d'une vingtaine de titres d'Euripide et plus d'une dizaine de Sophocle. Quinze comédies de

Ménandre y figurent également. On compte seulement deux livres en prose, l'un d'eux étant un discours de Démosthène. En revanche, la bibliothèque de Rhodes, célèbre centre d'études rhétoriques, possédait très peu de pièces de théâtre – elle était spécialisée dans des essais politiques et historiques.

Si l'on étend les exemples d'Athènes et de Rhodes à toutes les villes avec des gymnases, cela signifierait qu'il y eut pendant l'hellénisme plus d'une centaine de bibliothèques, un dense réseau d'artères qui distribuait un oxygène de mots et de récits à tous les coins du territoire.

75

Démosthène fut orphelin à l'âge de 7 ans. Son père, fabricant d'armes, lui laissa un patrimoine suffisant pour vivre sans angoisses économiques, mais ses tuteurs gaspillèrent son héritage. Sa mère, ruinée, ne put lui payer une bonne éducation et ils vécurent dans la misère. Les enfants du quartier se moquaient de lui à cause de sa maigreur, de son physique chétif et fragile. Ils l'affublèrent d'un surnom : *battalos*, qui signifie « petit bègue ». Il souffrait en effet d'un handicap douloureux qui le complexait et le paralysait quand il parlait : il bégayait probablement ou avait des difficultés pour prononcer certaines consonnes.

On raconte que Démosthène vainquit ses problèmes au moyen d'une discipline sadique. Il s'obligeait à parler avec des cailloux dans la bouche. Il allait courir dans la campagne pour renforcer ses poumons et récitait des vers, essoufflé, sur des sentiers grimpants, hors d'haleine. Il marchait le long de la mer les jours de tempête pour améliorer sa capacité de concentration entre le rugissement des vagues. Il s'entraînait chez lui debout devant un miroir, répétant des phrases compliquées et prenant des poses. La scène, racontée par Plutarque, semble préparer le terrain au « You talkin' to me ? » de Robert De Niro dans *Taxi Driver*. Pauvre, orphelin, bègue et humilié, il deviendra des années plus tard l'orateur le plus célèbre de tous les temps. Les Grecs de l'Antiquité, comme les Américains aujourd'hui, adoraient les bonnes histoires de dépassement de soi.

Le numéro dix symbolise la perfection. C'est la base de notre système décimal. Dans le monde académique, il représente la note maximum, c'est-à-dire l'excellence. Pour les pythagoriciens, c'était un chiffre magique et sacré. Ce n'est pas un hasard si les orateurs attiques canoniques, dont les œuvres méritaient d'être conservées et étudiées, étaient dix. Les anciens croyaient que le fascinant pouvoir des mots trouvait sa meilleure expression – précisément – dans les discours.

Les Grecs ont toujours eu une réputation de grands bavards et d'inépuisables apologistes. Les héros de leurs mythes n'étaient pas, comme dans l'imaginaire d'autres cultures, de purs guerriers brutaux et musclés. Tous savaient prononcer, au besoin, une harangue bien argumentée, car ils avaient été formés pour être experts dans l'art oratoire. Les institutions démocratiques d'Athènes élargirent la sphère des discours : tous les Athéniens – qu'on comprenne bien : ceux qui remplissaient les conditions d'être libres et hommes – avaient la possibilité de s'exprimer devant leurs concitoyens à l'Assemblée, où étaient votées les décisions politiques, et de se prononcer, en tant que membres de jurys populaires, sur la validité des discours d'autrui. Apparemment, ils adoraient les bavardages ininterrompus qui constituaient l'ingrédient principal de leur vie quotidienne, de l'agora au parlement. Aristophane écrivit une comédie parodique sur un individu nommé Philocléon, un véritable drogué des procès. Pour l'aider à vaincre son obsession judiciaire, son fils monte un procès dans leur propre maison et propose à son père de jouer le rôle du procureur. N'ayant pas d'accusés, ils jugent le chien de la famille pour avoir mangé un morceau de fromage dans la cuisine, improvisant de longues plaidoiries pour et contre l'animal. Cette mascarade soulage Philocléon comme un shoot de méthadone chez un junkie.

Hérodote raconte que, la veille de la bataille cruciale de Salamine, à laquelle ils étaient censés arriver frais et dispos, les généraux grecs passèrent la soirée à se quereller bruyamment jusque tard dans la nuit, tandis que les simples soldats se plaignaient et critiquaient l'attitude insensée de leurs supérieurs. Cette altercation ne les empêcha pas de gagner la bataille, mais Hérodote semble déplorer le caractère bagarreur des Grecs qui, selon lui, fut la raison pour laquelle ils n'arriveraient jamais à bâtir un État fort et unitaire. En effet, ils aimaient les mots et les arguments incisifs. Ils étaient capables d'inventer des poèmes d'une très grande sophistication verbale, mais aussi de transformer n'importe quelle conversation en une dispute stérile et destructive.

L'éloquence des avocats et hommes d'État grecs était assez différente de la nôtre. En l'absence de lois sur la diffamation et l'outrage, les orateurs s'attaquaient les uns les autres avec une véritable panoplie d'injures. Les interminables accusations personnelles et l'imputation de bas motifs à l'adversaire ajoutaient un intérêt malsain, quasiment de pugilat, aux débats. Ils en arrivèrent à perfectionner à tel point l'art de l'empoignade au moyen d'insultes ingénieuses que le spectacle devait être hypnotique. Dans les tribunaux – tous composés par des jurés –, les questions légales importaient moins que la fourberie de l'argumentation. Pour les procès privés, la pratique juridique exigeait que le propre plaignant défende son cas devant le tribunal avec deux discours successifs. Il n'existait pas d'avocats représentant leurs clients comme aujourd'hui. Généralement, les plaignants ne rédigeaient pas leur défense ou leur accusation eux-mêmes et avaient recours aux services d'un personnage appelé « logographe », qui étudiait le dossier et écrivait un discours convaincant, le plus naturel et simple possible. Le client l'apprenait par cœur pour le réciter devant le tribunal. C'est ainsi que la plupart des orateurs gagnaient leur vie. Pour le reste, ils s'arrangeaient pour défendre des affaires qui augmentaient leur prestige et contribuaient à l'essor de leur carrière politique.

Les meilleurs discours politiques et judiciaires étaient publiés peu après avoir été prononcés, quand la polémique était encore brûlante, et les gens les lisaient avec un plaisir comparable à celui qui nous rend accros aux séries judiciaires. Un de mes films de procès préféré, *Du silence et des ombres*, contient une allusion à cette époque. Le héros, un avocat, imaginé par Harper Lee et qu'on se rappellera toujours avec le visage mûr, transpirant et paternel de Gregory Peck, répond au nom d'Atticus Finch, référence évidente aux dix grands orateurs attiques classiques. Et, bien entendu, comme tout bon attique qui se respecte, le héros de la petite Scout sait prononcer une vibrante plaidoirie – en faveur d'un homme noir – devant un jury hostile, dans l'Alabama raciste et appauvrie par la Grande Dépression des années 1930.

Ces dix orateurs mythiques sont nés entre le Vᵉ et le IVᵉ siècle av. J.-C. Ils purent pratiquement tous se connaître et s'affronter avec rage. Leurs années de splendeur coïncidèrent avec la démocratie athénienne, et l'ère des monarchies hellénistiques marqua leur fin. D'ailleurs, parmi les discours les plus célèbres de Démosthène figurent les *Philippiques*, une série d'attaques furibondes et apocalyptiques contre l'impérialisme de Philippe II de Macédoine, père d'Alexandre. Tous ceux d'entre nous qui, depuis, ont prononcé une philippique sont de simples disciples de l'incroyable Démosthène.

Un autre des dix grands orateurs, Antiphon, fut un véritable pionnier qui pourrait figurer à l'avant-garde de la psychanalyse et des thérapies par la parole. L'exercice de sa profession lui avait appris que les discours, quand ils sont efficaces, peuvent agir puissamment sur l'état d'esprit des gens : ils bouleversent, réjouissent, passionnent, apaisent. Alors il eut une idée novatrice : il inventa une méthode pour soigner la douleur et l'affliction, comparable au traitement médical des malades. Il ouvrit un cabinet dans la ville de Corinthe et plaça une enseigne annonçant qu'il « pouvait consoler les personnes tristes avec des discours adéquats ». Quand un client se présentait, il l'écoutait avec une attention profonde pour comprendre le malheur qui l'affligeait. Puis il « l'effaçait de son esprit » grâce à des conférences consolatrices. Il utilisait le médicament de la parole persuasive pour soigner l'angoisse et, d'après ce que nous disent les auteurs anciens, il finit par devenir célèbre pour ses raisonnements sédatifs. Après lui, certains philosophes affirmèrent que sa tâche consistait à « expulser par le raisonnement le chagrin rebelle », mais Antiphon fut le premier à avoir l'intuition que guérir grâce à la parole pouvait devenir un métier. Il comprit aussi que la thérapie devait être un dialogue exploratoire. L'expérience lui apprit qu'il faut faire parler celui qui souffre sur les raisons de sa peine, car c'est en cherchant les mots que parfois on trouve le remède. De nombreux siècles plus tard, Viktor Frankl, un disciple de Freud survivant des camps de concentration d'Auschwitz et de Dachau, développerait une méthode similaire pour surmonter les traumatismes de la barbarie européenne de son époque.

Séduits par la beauté des mots, les Grecs initièrent le genre de la conférence, qui connut une étonnante fortune, déjà pendant l'Antiquité. Les sophistes, maîtres itinérants qui voyageaient de ville en ville en quête d'élèves, proposaient des démonstrations pour se faire connaître, étaler la qualité de leur enseignement et prouver leurs compétences devant un auditoire. C'étaient parfois des discours préparés et, parfois, des improvisations sur des thèmes suggérés à la volée par le public – des sujets aussi farfelus que l'éloge des moustiques ou de la calvitie. Dans certaines de ces conférences, les portes restaient ouvertes à tout type de curieux, mais en général les interventions étaient réservées à un public choisi qui payait une entrée. Les sophistes veillaient avec attention à la mise en scène de leurs discours, et il leur arrivait même de comparaître devant leur auditoire avec l'accoutrement des anciens aèdes itinérants, se déclarant héritiers de ces poètes qui fascinaient aussi bien les rois que les paysans avec le charme de leurs vers. À l'époque hellénistique, le phénomène s'étendit. Il y avait une véritable troupe d'intellectuels errants – bien entendu orateurs, mais aussi artistes, philosophes ou médecins hygiénistes – qui parcouraient les chemins de l'empire, trimbalant ici et là leur talent malmené avec la certitude de trouver un auditoire attentif même dans les coins les plus reculés du monde connu. La conférence devint le genre littéraire le plus vivant, celui qui, selon certains spécialistes, définit le mieux l'originalité de la culture de cette époque. C'est là que commence la route qui conduit à nos conférences TED et au business multimillionnaire des conférences données par d'anciens présidents.

Au Ve siècle av. J.-C., le formidable sophiste Gorgias écrivit : « le discours est un tyran très puissant ; avec un tout petit corps et totalement invisible, il réalise les travaux les plus divins : faire cesser la peur, dissiper le chagrin, exciter la joie, accroître la pitié. » L'écho de ces idées grecques résonne dans ce qui me paraît une des plus belles phrases de l'Évangile : « Dis seulement une parole et je serai guéri. » Cependant, cette vraie passion pour le langage engendra toute une série de techniques rhétoriques qui finirent par gangrener sa spontanéité. Les orateurs s'appliquèrent à construire une méthode usant à l'excès de formules, de principes et de procédés élaborés jusqu'au moindre détail. Toute cette enflure du style, ajoutée à l'appareil étouffant d'exordes, de preuves et de réfutations, eut des conséquences en général néfastes. Malheureusement, pendant toute l'Antiquité, les maîtres d'éloquence pédants et les artistes du verbiage inutile furent légion. L'amour des fioritures envahit trop la littérature et lui fut nuisible. Parfois, en traduisant des textes grecs ou romains, je n'ai pas pu m'empêcher d'éclater de rire. L'écrivain exprime ses émotions les plus profondes et essentielles – la douleur, le désir, l'abandon, l'exil, la solitude, la peur, les pensées suicidaires – quand, au moment le plus inopportun, ressurgit la leçon du bon élève qui a appris par cœur les figures de style. Alors la magie est brisée. Le monde s'écroule sous lui et il le raconte à grand renfort d'antithèses, d'homéotéleutes et autres paronomases.

Depuis cette époque, notre foi naïve dans les recettes bonnes pour la vie a nourri de nombreux charlatans de la rhétorique. Aujourd'hui, nous sommes inondés de décalogues du développement personnel proposant leurs listes miracle de la réussite : dix formules pour sauver notre couple, pour sculpter notre corps ou pour devenir des personnes grandement efficaces ; dix clés pour être de bons parents, dix trucs pour cuisiner une entrecôte parfaite, dix phrases brillantes pour terminer un chapitre. Cette dernière liste, hélas, je ne l'ai pas achetée.

76

En 2011, une maison d'édition de Louisville a publié les deux romans les plus célèbres de Mark Twain, *Les Aventures de Huckleberry Finn* et *Les Aventures de Tom Sawyer*, en remplaçant le terme péjoratif *nigger* – qu'on pourrait traduire par « négro » – par « esclave », plus neutre. Le responsable de cette prophylaxie littéraire, un professeur d'université spécialiste de Mark Twain, a déclaré qu'il avait pris la difficile décision d'amender le texte à la requête de nombreux professeurs de lycée pour qui *Huckleberry Finn*, dans sa forme originelle, n'est plus acceptable dans les classes à cause de son « langage racial insultant » qui suscite des réactions embarrassées manifestes chez beaucoup d'élèves. D'après lui, réaliser cette opération chirurgicale superficielle est le meilleur moyen d'empêcher que les classiques de la littérature américaine disparaissent définitivement des écoles. Ce n'est pas un fait isolé. Les dernières années ont vu surgir un ruissellement constant de polémiques liées aux classiques pour la jeunesse, surtout ceux qui font partie des programmes scolaires.

Une légion de parents angoissés par les traumatismes incurables que les frères Grimm ou Andersen peuvent engendrer chez leur fragile progéniture se demandent quelles valeurs – et peurs – inoculent *Cendrillon*, *Blanche-Neige* ou *Le Petit Soldat de plomb* aux enfants du XXIe siècle. Ces apôtres de la protection des mineurs préfèrent les adaptations édulcorées de l'usine Walt Disney aux contes originaux, si cruels, violents, patriarcaux et démodés. Nombre d'entre eux sont partisans, sinon d'éliminer la littérature traditionnelle de notre passé imparfait, du moins de l'adapter à la bonne conscience postmoderne.

L'humoriste et écrivain James Finn Garner a publié au milieu des années 1990 un livre intitulé *Politiquement correct. Contes d'autrefois pour lecteurs d'aujourd'hui*. Ce fut sa contribution comique à ce débat. La satire de Finn Garner ne s'adresse pas aux enfants, c'est plutôt un monologue humoristique tissé avec les euphémismes que les adultes du XXIe siècle emploient. Avec une ironie impeccable toujours à la limite de l'absurde, il reformule le début du *Petit Chaperon rouge* en ces termes : « Il était une fois une personne en bas âge, prénommée Chaperon rouge, qui vivait avec sa mère à la lisière d'une forêt. Un jour, sa mère lui demanda d'aller porter un panier avec des fruits frais et de l'eau minérale à sa grand-mère, non parce qu'elle considérait que c'est une tâche propre aux femmes, attention, mais parce que cela constitue un acte généreux qui contribue à renforcer la sensation de communauté. » En réalité, la controverse est plus ancienne qu'on croit, et les cohortes de fervents partisans de la censure rageuse et autres ligues de décence peuvent s'appuyer sur un coreligionnaire extrêmement prestigieux : le philosophe Platon. L'éducation des jeunes fut toujours une des grandes préoccupations de l'aristocrate athénien, et cela finit par devenir son métier. Après avoir échoué dans ses tentatives pour faire une carrière politique ou, du moins, avoir une influence sur les gouvernants, il consacra pleinement son enseignement à l'Académie, l'école qu'il avait fondée dans un jardin situé dans les faubourgs d'Athènes. D'après ce qu'on sait, il donnait ses cours assis sur une chaise haute, la *kathédra*, entouré de chaises symboliquement plus petites occupées par ses élèves, d'un tableau blanc, d'un globe céleste, d'un modèle mécanique des planètes, d'une horloge qu'il se vantait d'avoir construite lui-même et de cartes avec les représentations des principaux géographes. Son école prétendait être un centre de formation des élites dirigeantes des villes grecques – aujourd'hui on la considèrerait plutôt comme un *think tank* antidémocratique.

Les enseignements de Platon m'ont toujours semblé incroyablement schizophréniques dans leur mélange explosif de libre pensée et d'élans autoritaires. Parmi ses extraits les plus lus se trouve le mythe de la caverne, un récit idéal de ce que devrait être un processus éducatif critique. À l'intérieur d'une grotte, des individus sont enchaînés, tournant le dos à un feu flamboyant. Les prisonniers ne voient que les mouvements de leurs ombres projetées sur les parois de la caverne, et ces ombres constituent leur seule réalité. Finalement, l'un d'eux parvient à se libérer et s'aventure hors de la caverne, en direction du monde qui s'étend au-delà des projections hypnotiques. Il y a dans ce récit une très belle invitation à douter, à ne pas se fier aux apparences, à rompre les chaînes et à abandonner les préjugés pour regarder la réalité en face. La saga cinématographique *Matrix* a adapté le message rebelle de cette allégorie au monde contemporain de la réalité virtuelle, de la sphère médiatique, des mondes parallèles de la publicité et du consumérisme, des infox d'Internet et des autobiographies sublimées qu'on fabrique pour les réseaux sociaux.

Cependant, la plus célèbre utopie platonicienne, *La République*, où se trouve le mythe de la caverne, contient également l'antithèse obscure de son message lumineux. Le livre III pourrait être le manuel des bonnes pratiques d'un dictateur en herbe. Platon y affirme que dans une société idéale l'éducation devrait inculquer avant tout sérieux, tempérance et courage. Platon est partisan d'une censure rigide de la littérature que lisent les jeunes et de la musique qu'ils peuvent écouter. Les mères et les gouvernantes doivent seulement raconter aux enfants des contes autorisés, et il faut même réglementer les jeux. La lecture d'Homère et d'Hésiode sera interdite aux enfants pour diverses raisons. D'abord, parce qu'ils présentent des dieux frivoles, hédonistes et prédisposés à la mauvaise conduite, ce qui n'est pas édifiant. On doit enseigner aux jeunes que le mal ne vient jamais des dieux. Ensuite, parce que certains vers de ces deux poètes parlent de la peur de la mort, ce qui inquiète Platon puisque, à son avis, il faut que les jeunes acceptent de mourir sur le champ de bataille. « On ferait fort bien de supprimer les lamentations des hommes illustres et de les attribuer aux femmes », affirme-t-il. Platon n'a pas non plus une bonne opinion du théâtre. Pour lui, la plupart des tragédies et des comédies contiennent dans leurs intrigues de mauvaises personnes et, par conséquent, les acteurs – tous des hommes, comme dans l'Angleterre élisabéthaine – sont obligés de se mettre dans la peau de gens indésirables, comme des criminels ou des êtres inférieurs, des femmes ou des esclaves. Cette identification aux émotions de la racaille ne peut être bonne en rien pour la formation des enfants et des jeunes. Les pièces de théâtre, si on les tolère, devraient juste comprendre des personnages héroïques, masculins, purs et de haute lignée. Comme aucune œuvre ne remplit ces conditions, Platon bannit de son État parfait les dramaturges ainsi que les poètes.

Le temps ne calma pas les élans censeurs de Platon. Dans son dernier dialogue, *Les Lois*, il propose quasiment la création d'une police poétique pour surveiller la nouvelle littérature : « Le poète ne pourra rien composer qui contredise ce que la ville considère légal, juste, beau ou bon ; une fois qu'il aura écrit son poème, il ne le fera lire à personne avant qu'il soit approuvé par les juges que les gardiens des lois auront désignés pour cela [...] et par celui que nous avons choisi comme directeur pédagogique. » Le message est excessivement clair : il faut soumettre les textes poétiques à une censure sévère ; parfois les supprimer, d'autres fois les expurger, effectuer des corrections et, quand c'est nécessaire – et c'est souvent le cas –, les réécrire.

L'utopie de Platon est la sœur jumelle de la dystopie *1984*. La société du Parti unique imaginée par George Orwell comprend un Département de fiction où est produite toute la nouvelle littérature. C'est là que travaille l'héroïne, Julia, que nous voyons traîner au bureau, les mains toujours graisseuses, munie d'une clé anglaise. Elle s'occupe de l'entretien des machines qui écrivent des romans selon les directives ministérielles. Mais le régime s'intéresse aussi aux œuvres classiques. C'est ici qu'Orwell semble concrétiser les rêves érotiques de l'autoritaire Platon : son ministère de la Vérité a mis en marche un grand projet destiné à réécrire toute la littérature du passé. Cette fabuleuse tâche est censée prendre fin en 2050. « Chaucer, Shakespeare, Milton, Byron n'existeront plus qu'en versions néoparler – dit, enthousiaste, un de ses employés –, ils ne seront pas changés simplement en quelque chose de différent, ils seront changés en quelque chose qui sera le contraire de ce qu'ils étaient jusque-là. [...] Le climat total de la pensée sera autre. En fait, il n'y aura pas de pensée telle que nous la comprenons maintenant. Orthodoxie signifie non-pensant, qui n'a pas besoin de pensée, l'orthodoxie, c'est l'inconscience. » Bien que les affirmations de Platon ne puissent être plus claires et drastiques, je détecte une certaine résistance à prendre ses paroles au pied de la lettre. Quand les admirateurs de l'Athénien tombent sur des passages comme celui-là, ils commencent par détourner le regard, cherchant une échappatoire. Whitehead écrivit cette fameuse phrase, tant de fois répétée, qui définit toute la philosophie occidentale comme une suite de notes de bas de page aux dialogues de Platon. Pour sauver la boutique, ils prétendent que Platon s'est laissé aller quand il écrivait, qu'il exagère ses positions comme on le fait tous pendant les discussions politiques autour de la table le dimanche en famille.

Cependant, Platon savait très bien ce qu'il disait. Il n'a jamais aimé la démocratie athénienne que représente parfaitement, à ses yeux, l'assassinat de Socrate.

Il voulait instaurer un modèle politique immuable, dans lequel il n'y aurait plus jamais de changements sociaux ni de récits impudiques pour remettre en cause les fondations morales de la société. Il avait vécu des temps troublés et traumatisants à Athènes. Il désirait la stabilité, le gouvernement des savants et non pas celui de la majorité stupide. Si cet immobilisme ne pouvait être défendu que par un régime répressif, en avant ! C'est ainsi que le comprit Karl Popper quand il intitula la première partie de son essai *La Société ouverte et ses ennemis* « L'ascendant de Platon ».

Les lectures des jeunes préoccupaient Platon pour des raisons autant pédagogiques qu'économiques. Maître fondateur de la première académie pour les enfants des élites, il essayait de discréditer la concurrence. Il n'aimait pas le système éducatif de son temps, où les poètes – des gens aux idées erratiques et peu édifiants – étaient les éducateurs des Grecs. Les nouveaux professeurs devaient être philosophes – c'est-à-dire : lui. Dans son dialogue *Les Lois*, il dit que soumettre l'étude des poètes à la jeunesse « est un grand risque » et suggère à l'inverse – dans un surprenant exercice de la vertu d'humilité – ses propres œuvres comme objets d'étude en classe. « Quand j'ai examiné à nouveau, avec un regard d'ensemble, ces pensées qui sont notre œuvre, j'ai senti une forte impression de plaisir, et de tous les multiples raisonnements que j'ai pu lire dans les poèmes, aucun ne m'a paru plus sensé et plus convenable à faire lire aux jeunes. Je n'aurais aucun meilleur modèle que celui-ci à présenter au législateur et à l'éducateur, et le mieux serait que les maîtres enseignent aux enfants ces discours ainsi que d'autres qui leur sont liés et leur ressemblent. » Dans le fond, il s'agit de se battre pour les esprits des Grecs, avec l'éducation comme champ de bataille. Et, au passage, de faire des affaires.

À ce stade, inutile de préciser que Platon m'intéresse autant qu'il m'irrite. Devant ses idées, j'ai souvent envie de lancer un des fameux chapelets d'insultes que j'ai appris du capitaine Haddock : moussaillon ! phylloxéra ! anacoluthe ! bachi-bouzouk ! ectoplasme ! Je me demande comment il est possible qu'un philosophe aussi irrévérencieux défende un système éducatif qui condamne les élèves à connaître uniquement des textes aseptisés et des fables de vertu. Son programme supprime de la littérature toutes les nuances, les plongées dans l'abîme, l'inquiétude, la douleur, les paradoxes, les intuitions perturbatrices. La purge est effrayante. S'il avait lui-même écrit selon ces principes esthétiques, il nous ennuierait souverainement aujourd'hui. Cependant, il continue de nous fasciner car au contraire de ce qu'il prescrit, il est rude, paradoxal et inquiétant.

Mais le défi est toujours d'actualité, comme le savent les professeurs de Louisville qui ont voulu effacer l'insultant *nigger* de l'œuvre de Mark Twain. Les livres pour enfants et adolescents sont-ils des œuvres littéraires complexes ou des manuels de bonne conduite ? Un *Huckleberry Finn* assaini peut apprendre beaucoup aux jeunes lecteurs, mais il leur ôte un enseignement essentiel : il y eut une époque où presque tout le monde appelait ses esclaves « négros » et, à cause de cette histoire d'oppression, le mot est devenu tabou. Ce n'est pas en supprimant des livres tout ce qui nous paraît inapproprié qu'on éloignera les jeunes des mauvaises idées. En revanche, on les rendra incapables de les reconnaître. Contrairement à ce que croit Platon, les méchants sont un ingrédient crucial des contes traditionnels, pour que les enfants sachent que la méchanceté existe. Tôt ou tard, ils y seront confrontés (des brutes qui les harcèlent dans la cour de l'école aux tyrans génocidaires).

La merveilleuse et dérangeante Flannery O'Connor écrivit que « seul celui qui lit des livres édifiants suit un chemin sûr, mais sans espoir, car il n'a pas de courage. Si un jour, par hasard, il lisait un bon roman, il saurait très bien qu'il lui arrive quelque chose ». Éprouver une certaine gêne fait partie de l'expérience de la lecture ; il y a beaucoup plus de pédagogie dans l'inquiétude que dans le soulagement. On peut faire passer sur le billard et remodeler toute la littérature du passé, elle cessera alors de nous expliquer le monde. Si on s'aventure dans cette voie, il ne faudra pas s'étonner que les jeunes abandonnent la lecture et, comme le dit Santiago Roncagliolo, jouent à la PlayStation, où ils peuvent tuer un tas de gens sans que ça pose de problèmes à personne.

J'ai sous les yeux un article de presse récent : à l'Université de Londres, le syndicat d'étudiants de l'École d'études orientales et africaines (SOAS) exige que disparaissent du programme des philosophes comme Platon, Descartes ou Kant – parce que racistes et colonialistes.

Ironie de l'histoire : Platon, l'arroseur arrosé.

Le poison des livres. Leur fragilité

77

Les bibliothécaires d'Alexandrie n'expulsèrent pas les poètes grecs, ni même Platon. Sur les rives du Nil, le palais des livres offrait l'hospitalité aux deux camps rivaux. Ses rayonnages créèrent un de ces espaces insolites d'armistice où les hostilités cessent, les ennemis se frôlent à cause de la promiscuité, les frontières se volatilisent et la lecture devient une forme supplémentaire de réconciliation.

On sait que la Grande Bibliothèque accueillit les idées, les découvertes et les grognements de Platon. Non sans une certaine dose d'ironie, car le sage Callimaque, auteur des *Pínakes* et illustre membre du Musée, ne manqua pas de souligner le caractère meurtrier que peuvent avoir à terme les écrits platoniciens.

L'anecdote figure dans un très bref texte en vers. Callimaque, qui était poète, eut sans doute envie de lancer une pique à Platon au nom de la corporation. Son poème décrit le suicide d'un certain Cléombrote d'Ambracie, qui se jeta dans le vide du haut d'une muraille. Il nous explique qu'aucun mal ne poussait ce jeune homme à se tuer, mais «il avait lu un traité, un seul, de Platon, sur l'âme». On connaît, sous le titre de *Phédon*, ce dialogue qui conduisit le pauvre Cléombrote à la mort. Beaucoup de gens se sont demandé pour quelle raison il aurait pu se suicider après avoir lu cette œuvre, qui raconte les dernières heures de Socrate avant qu'il boive la cigüe. Certains affirment qu'il ne put supporter la mort du philosophe, mais d'autres argumentent que son saut dans le vide fut causé par un raisonnement de Platon lui-même, qui affirme que la plénitude de la sagesse ne sera atteinte qu'après la mort. Dans tous les cas, Callimaque formula sa critique de manière sibylline : les jeunes courent peut-être plus de danger, après tout, en lisant Platon qu'en lisant les poètes.

On ignore si Cléombrote fut un cas isolé ou si le *Phédon* provoqua une vague de suicides semblable à celle qu'engendrerait des siècles plus tard *Les Souffrances du jeune Werther*. Depuis sa publication en 1774, le roman tourmenté de Goethe poussa de nombreux jeunes européens avec des peines de cœur à mettre fin à leurs jours d'un coup de pistolet, imitant le héros. L'auteur vit avec inquiétude son livre devenir, réédition après réédition, un phénomène social – et morbide. On sait que les autorités de certains pays en vinrent à l'interdire pour des raisons de santé publique.

Goethe s'était inspiré du vrai suicide d'un ami, et de ses propres pulsions de mort d'adolescent. Plus de cinquante ans après, dans son autobiographie *Poésie et Vérité, souvenirs de ma vie*, il reconnaît qu'il se libéra seulement de cette tendance destructrice en tuant symboliquement Werther à sa place. Mais le fantasme que l'écrivain réussit à expulser par cet exorcisme littéraire tourmenta ses lecteurs, et certains succombèrent à sa macabre influence. Deux cents ans plus tard, en 1974, le sociologue David Phillips proposa l'expression « effet Werther » pour décrire le suicide mimétique. Même un personnage de fiction peut être l'agent infectieux, entraînant des cas identiques. Un autre merveilleux roman troublant, *Virgin Suicides*, de Jeffrey Eugenides, explore la profonde énigme psychologique des morts mimétiques.

Quoi qu'il en soit, le cas du lecteur du *Phédon* qui sauta d'une muraille – la version grecque du viaduc – allait inaugurer sans le vouloir un nouveau filon littéraire : les récits sur des livres qui causent la mort. Il n'est pas surprenant que le plus célèbre de tous, le *Necronomicon*, ait un nom grec. Ce volume maudit, dont la seule lecture provoque folie et suicide, est une invention de H. P. Lovecraft pour l'univers terrifiant de son *Mythe de Cthulhu*. Bien entendu, il est impossible de connaître le contenu du *Necronomicon* puisque personne n'a survécu pour le révéler. Une rumeur persistante prétend qu'il contient des savoirs anciens et des rituels de sorcellerie qui permettent d'établir le contact avec des extraterrestres aux pouvoirs malins, les Grands Anciens. Expulsés de notre planète il y a fort longtemps pour avoir pratiqué la magie noire, ces êtres planent dans l'espace dans l'attente d'une occasion de contrôler le monde, dont ils furent les maîtres autrefois.

Lovecraft s'amusa à écrire une minutieuse histoire du *Necronomicon* et de ses traductions avec un tel luxe de détails bibliographiques que certains lecteurs ont cru aveuglement à son existence, et des antiquaires escrocs ont prétendu en posséder un exemplaire, qu'ils ont mis en vente à l'intention d'éventuels pigeons. La plaisanterie bibliophile commence avec le nom même de l'auteur, un soi-disant poète arabe, fou, appelé Abdul al-Hazred. En réalité, il s'agit d'un surnom d'enfant de Lovecraft lui-même, inspiré des contes des *Mille et Une Nuits*. Al-Hazred est un clin d'œil à l'anglais *all has read*, « qui a tout lu ».

Les récits du *Mythe de Cthulhu* sont prodigues en avertissements sur les conséquences funestes de la lecture du *Necronomicon*. On nous prévient qu'au Moyen Âge son influence déclencha des événements épouvantables et que le livre fut condamné par l'Église en 1050. Toujours selon la version de Lovecraft, malgré les malédictions, une traduction en latin du livre sacrilège fut imprimée dans l'Espagne du XVIIe siècle. Quatre exemplaires de cette édition seraient conservés, le premier au British Museum, le deuxième à la Bibliothèque nationale de France, le troisième à Harvard, et le dernier à l'Université américaine (imaginaire) de Miskatonic, dans la ville (imaginaire également) d'Arkham. Des disciples farceurs de Lovecraft ont falsifié des fiches du livre pour les catalogues de différentes bibliothèques du monde, attribuant la provenance de l'édition interdite à la ville de Tolède. À l'endroit où apparaît un exemplaire présumé, les demandes de prêt montent en flèche – apparemment, la curiosité est plus forte que la peur de la démence et de la mort que laisse dans son sillon le *Necronomicon*.

Platon, l'arabe fou al-Hazred et Goethe écrivirent des livres capables de provoquer le malheur par le sortilège obscur de leurs paroles. Une autre étrange facette de la lecture mortelle, ce sont les livres empoisonnés. Il me semble que l'apparition la plus ancienne de ces volumes assassins remonte aux *Mille et Une Nuits*. À la fin de la quatrième nuit et pendant toute la cinquième, Shéhérazade raconte l'histoire du roi Yunan, de son vizir et du médecin Douban. Après avoir soigné la lèpre du roi, le médecin Douban découvre que l'ingrat monarque a l'intention de se débarrasser de lui, et il échafaude un plan pour le punir. Il lui offre un livre, « merveille des merveilles, rareté des raretés, qui contient des trésors inestimables ». En réalité, les pages sont imprégnées de poison et le roi finit par mourir : « Le roi Yunan fut des plus intrigués. Plein d'impatience, il prit le livre et l'ouvrit, mais trouva les pages collées. Alors il mit le doigt dans sa bouche, le mouilla avec sa salive et réussit à décoller la première page. Il dut faire la même chose avec la deuxième et la troisième, mais c'était de plus en plus difficile. De cette façon, le roi ouvrit six pages et tâcha de les lire, mais il n'y avait rien d'écrit. Quelques instants plus tard, le poison coula dans son organisme, car le livre était empoisonné. » Si, après avoir vu *Psychose*, de nombreuses personnes ont tremblé en prenant une douche, seules dans un hôtel, ce conte des *Mille et Une Nuits* peut causer de semblables frissons aux lecteurs habitués à mouiller le bout de leur doigt quand ils feuillètent un livre. Plusieurs fois au cours de mes lectures, je suis retombée sur le livre empoisonné, comme s'il commençait à devenir un classique de la peur bibliophile. Je me souviens du très beau traité de fauconnerie avec lequel la méchante reine Catherine de Médicis tue par erreur son fils Charles dans *La Reine Margot*, d'Alexandre Dumas, et du traité sur le rire d'Aristote – dont on a déjà parlé – qui déclenche une moisson sanglante dans la sombre abbaye du *Nom de la rose*. J'aime particulièrement la scène de la révélation du secret : quand le détective franciscain Guillaume de Baskerville résout le mystère des crimes, il ne peut s'empêcher d'éprouver une certaine admiration pour l'assassin. Il reconnaît que le livre est une arme exemplaire et discrète avec laquelle « la victime s'empoisonne seule, juste au rythme de sa lecture ».

Malheureusement, le dernier chapitre de cette histoire des livres homicides est strictement authentique. Je pense au livre-bombe, au volume à l'intérieur duquel on place un explosif de grande puissance pour tuer son destinataire quand il l'ouvre. La Maison Blanche reçoit tous les ans des centaines de livres contenant des bombes, que désactivent les organismes de sécurité. Des centaines d'employés des postes, des journalistes, des concierges, des secrétaires, des hommes et des femmes des métiers les plus divers sont morts, dans le monde entier, de cette façon. N'importe qui pourrait être victime de ce genre d'attaque. Le chercheur Fernando Báez affirme que des dizaines de manuels clandestins sur Internet apprennent à fabriquer des livres-bombes. Apparemment, les terroristes expriment des préférences pour certains auteurs et les listes de titres, de genres et de tailles pullulent. Certains groupes considèrent la Bible comme inadaptée, mais trouvent, allez savoir pourquoi, *Don Quichotte* très pratique. Le 27 décembre 2003, Romano Prodi, président de la Commission européenne, faillit mourir en ouvrant un exemplaire-bombe du *Plaisir*, de Gabriele D'Annunzio. À l'évidence, les politiques et hauts responsables qui ne lisent pas sont moins vulnérables.

78

On aime imaginer qu'ils sont dangereux, meurtriers, inquiétants, mais les livres sont, surtout, fragiles. Au moment où vous lisez ces lignes, une bibliothèque brûle quelque part dans le monde. Une maison d'édition détruit ses invendus pour refabriquer de la pâte à papier. Non loin, une inondation plonge dans l'eau une précieuse collection. Plusieurs personnes jettent à la poubelle la bibliothèque dont ils ont hérité. Une armée d'insectes percent, grâce à leurs mâchoires, des tunnels de papier pour déposer leurs larves dans un univers de petits labyrinthes sur d'innombrables étagères. Quelqu'un ordonne une purge d'œuvres dérangeantes pour le pouvoir. Un pillage a lieu à cet instant dans un territoire instable. Ailleurs, on condamne une œuvre pour immoralité ou blasphème et on l'envoie au bûcher.

Il existe une longue histoire d'horreur et de fascination qui unit le feu et les livres. Galien écrivit que les incendies, avec les tremblements de terre, sont les causes les plus fréquentes de leur destruction. Les flammes qui anéantissent les mots surgissent parfois accidentellement, mais le plus souvent elles sont intentionnelles. Brûler des livres est une entreprise absurde qui se répète avec obstination au long des siècles, de la Mésopotamie à nos jours. Le prétexte est de poser les fondations d'un ordre nouveau sur les cendres de l'ancien, ou de régénérer et de purifier un monde que les écrivains ont contaminé.

Quand les autorités de censure s'employaient à faire brûler des exemplaires d'*Ulysse*, Joyce commenta avec ironie que, grâce à ces flammes, il aurait sans doute un purgatoire moins long. À la même époque, la barbarie nazie exécutait son opération *Bücherverbrennung* (« autodafé ») sur les places publiques de dizaines de villes allemandes. Des milliers de livres étaient transportés dans des camions et empilés pour être détruits. On formait des chaînes humaines pour les conduire de main en main au bûcher. Les chercheurs estiment que durant le « bibliocauste » nazi les œuvres de plus de 5 500 auteurs que les nouveaux leaders considéraient comme dégénérés brûlèrent, un prologue aux fours crématoires qui s'ensuivraient, comme l'avait prophétisé Heinrich Heine en 1821, quand il écrivit : « Là où l'on brûle des livres, on finit par brûler des hommes. » La célèbre phrase, bien entendu, appartient à une pièce de théâtre intitulée *Almansor*, dans laquelle l'œuvre brûlée est le Coran, et les pyromanes les inquisiteurs espagnols.

En 2010, alors que la communauté internationale se préparait à commémorer le neuvième anniversaire des attentats du 11-Septembre, le pasteur d'une petite église chrétienne évangélique de Floride annonça qu'il allait brûler des exemplaires du Coran – exactement entre 18 et 21 heures, la tranche horaire d'audience télévisée maximum. Le visage de Terry Jones, religieux haineux avec une moustache en forme de fer à cheval, au look hésitant entre personnage du XIXe siècle et motard bronzé, apparut alors quotidiennement dans la presse mondiale et les journaux télévisés pendant ces journées de haute tension. Il déclara qu'il voulait transformer le 11-Septembre en journée internationale de destruction par le feu du Coran, et encourageait les gens à célébrer en famille cette joyeuse fête de vandalisme : le *Burn a Koran Day*. Les autorités ne pouvaient rien faire contre cet appel provocateur – aucune loi n'interdit de brûler, dans un cadre privé, un livre acquis légalement. Pour éviter de nombreuses protestations et des troubles dans les pays islamiques, le président Barack Obama et le chef de la CIA tentèrent de le dissuader au nom de la sécurité des troupes déployées en Afghanistan et en Irak. L'affaire devint une urgence internationale. Le pasteur Jones céda dans un premier temps aux pressions mais, en mars 2011, il ne put supporter le poids de la capitulation. Comme ce personnage d'Aristophane qui organise un procès chez lui pour juger son chien qui a avalé un fromage, Terry Jones mit en scène une pantomime de jugement du Coran. Après huit minutes de délibération, le tribunal autoproclamé condamna le livre pour crimes contre l'humanité et brûla un exemplaire, diffusant les images dans le monde entier au moyen d'une vidéo sur YouTube. Plusieurs personnes moururent ou furent gravement blessées en Afghanistan au cours des émeutes que déclencha cet enregistrement.

L'ascension rapide vers la gloire – et l'infamie – du pasteur Jones prouve que jeter un livre au feu, même quand l'œuvre ne court pas le moindre risque de disparaître, est un acte symboliquement puissant, presque magique. L'onde de choc d'un geste d'une si ancienne barbarie peut encore faire vaciller notre société globale, sophistiquée et technologique.

Les bûchers de papyrus, de parchemins et de papier sont l'emblème d'un vieux naufrage répété. L'histoire des premiers livres finit souvent dans le feu.

Un personnage mélancolique de Borges médite : « Une fois de temps en temps, à travers les siècles, il faut brûler la Bibliothèque d'Alexandrie. » Bref commentaire d'un désastre immense : dans la capitale du delta, un grand rêve de l'Antiquité brûla plusieurs fois, jusqu'à son anéantissement total. Et ces flammes, alimentées par les livres, semèrent l'obscurité.

Les trois destructions de la Bibliothèque d'Alexandrie

79

Cléopâtre fut la dernière reine d'Égypte, et la plus jeune. Elle porta la double couronne à l'âge de 18 ans à peine. Pour qu'une femme gouverne le pays du Nil, elle devait remplir une condition traditionnelle dérisoire : se marier avec son frère, comme Isis avec Osiris. Sans se laisser décourager par ces broutilles, Cléopâtre célébra ses noces avec un des cadets de la famille, Ptolémée XIII, âgé de 10 ans, sur lequel elle pensait prendre l'ascendant. Malgré les années de cohabitation antérieure, ce ne fut pas un mariage très uni. Les enfants rois s'affrontèrent rapidement pour le pouvoir. Cléopâtre intrigua davantage que le petit pharaon et fut renversée et expulsée du pays sous peine de mort. La jeune exilée apprit une précieuse leçon : les membres de sa famille étaient autant capables que n'importe qui de l'assassiner.

Cette même année, Jules César arriva à Alexandrie.

Rome était déjà une grande puissance qui s'octroyait le rôle de police mondiale et de médiatrice lors des conflits étrangers. Cléopâtre comprit que si elle désirait de nouveau régner, elle avait besoin du soutien de César. Elle quitta en cachette la Syrie, esquivant les espions de son frère qui avaient l'ordre de la tuer si elle posait une fois de plus le pied en Égypte. Plutarque raconte avec humour l'épisode comique de la rencontre entre la reine déchue et César. Au crépuscule d'une chaude journée d'octobre, en 48 av. J.-C., une embarcation accosta silencieusement dans le port d'Alexandrie. Un marchand de tapis, qui portait un long fardeau, en descendit avec une grande délicatesse. Une fois dans le palais, il demanda à voir César pour lui remettre un cadeau. Admis dans la chambre du général romain, il déroula le tapis. Apparut alors – éreintée, menue et transpirante – une jeune femme de 21 ans qui risquait sa vie au cœur même du danger par pure soif de pouvoir. Plutarque dit que César fut « fasciné par l'audace de la jeune femme ». C'était un homme de 52 ans, portant les cicatrices de mille batailles. Ce ne fut pas le désir qui mena Cléopâtre vers lui, mais l'instinct de survie. Elle avait peu de temps : si son frère la trouvait, elle mourrait ; si César ne se mettait pas de son côté, elle mourrait. En une nuit, Cléopâtre vint, vit et séduisit.

Jules César prit ses aises dans le palais. Protégée par son puissant amant, Cléopâtre récupéra le trône. Elle maintint le petit Ptolémée à ses côtés, davantage comme otage que comme roi. Ce fut une époque de beuveries et d'intrigues à Alexandrie. Comme le jeune pharaon ne se résignait pas à être une marionnette, il fomenta une révolte égyptienne contre les soldats romains. Quand éclata l'étincelle de l'insurrection, l'hôte étranger se retrouva enfermé dans le palais royal avec une troupe affaiblie. Le palais ptolémaïque, comme je l'ai dit, occupait tout un quartier fortifié près de la mer, où se dressaient, entre autres édifices, le Musée et sa Bibliothèque. Les savants du temple des muses – habitués à ce qu'on les laisse tranquilles pour étudier et se disputer sans pitié – se virent soudain assiégés en compagnie du général romain, dans une position stratégique très défavorable. Les assaillants attaquaient depuis la terre et la mer, avec une volonté de destruction. Les yeux affolés des chercheurs suivirent dans l'air la courbe brillante des projectiles incendiaires qui atterrissaient, les uns après les autres, menaçants, près de leur trésor de livres.

Les hommes de César contrattaquèrent en lançant des torches imprégnées de poix sur les bateaux prêts à l'attaque. Le feu ne tarda pas à prendre sur les ponts couverts de cire et les cordes des navires, qui plongeaient de manière hypnotique dans la mer, entourés de flammes. La dévastation s'étendit dans le port et les maisons voisines. Le feu, poussé par le vent, grimpait sur les toits avec la rapidité d'une étoile filante. Les troupes égyptiennes coururent éteindre l'incendie. César profita de ce répit pour se positionner sur l'île de Pharos et contrôler l'entrée maritime de la ville, dans l'attente des renforts. Comme toujours, le brillant général romain finit par gagner la partie tactique. Ptolémée XIII se noya opportunément dans le Nil, laissant sa sœur veuve et toute puissante.

Plutarque, qui écrivit un siècle et demi après les

événements, affirme que le feu de cet incendie provoqué par les sbires de César atteignit la Grande Bibliothèque et la réduisit en cendres, un requiem retentissant pour le rêve alexandrin. Tout se termina-t-il ainsi ?

Il y a des raisons d'en douter. César, dans ses *Commentaires sur la guerre civile*, évoque la destruction des bateaux, mais il ne parle pas de la Bibliothèque, pas même pour se justifier. Son lieutenant Hirtius, auteur de l'ouvrage *De Bello Alexandrino*, n'en dit rien non plus. Au contraire, il assure que les grands bâtiments de la ville étaient ignifugés, car ils étaient construits en marbre et en mortier, sans bois dans les toits ni dans les sols. Aucun personnage contemporain ne pleure la disparition du palais des livres. Et le géographe Strabon, qui visita Alexandrie quelques années après la révolte contre César, décrit en détail le Musée sans faire la moindre allusion à un désastre récent. D'autres écrivains romains et grecs (Lucain, Suétone, Athénée) n'en font pas mention non plus. Cependant, le philosophe Sénèque complique la donne : « Quarante mille rouleaux de papyrus brûlèrent à Alexandrie », écrivit-il.

Comme dans un polar, chaque nouvelle voix raconte une version différente et apporte des pistes contradictoires. Que peut-on apprendre de ce casse tête déconcertant ? Quelle est la réalité cachée derrière les récits et les silences ? Une réponse possible à l'énigme se trouve dans un détail qu'évoquent en passant deux auteurs très postérieurs : Dion Cassius et Orose. Tous deux prétendent que l'incendie provoqué par César dévasta l'arsenal, les stocks de blé et quelques entrepôts du port, où se trouvaient – par hasard – plusieurs milliers de rouleaux, livres susceptibles d'être les nouvelles acquisitions de la Bibliothèque attendant leur transfert définitif au Musée, ou simplement rouleaux vierges, propriété des marchands, qui les destinaient à la vente sur les routes commerciales de la Méditerranée.

Plutarque interpréta peut-être mal les sources qui décrivaient le ravage de ce dépôt de livres – qu'on appelle aussi en grec *bibliothéke* – et imagina un feu apocalyptique dans le Musée. Cette première destruction de la Grande Bibliothèque est sans doute, après tout, un souvenir imaginaire, un cauchemar prémonitoire, ou un incendie mythique qui, dans le fond, symbolisait le crépuscule d'une ville, d'un empire et d'une dynastie qui commença avec le rêve d'Alexandre et s'acheva par la défaite de Cléopâtre.

80

Les alliances politiques et sexuelles de Cléopâtre – avec César d'abord, puis avec Marc Antoine – avaient pour objectif d'empêcher la voracité romaine d'engloutir le royaume d'Égypte. Elles ne réussirent qu'à retarder la morsure. Après le suicide de la reine en 30 av. J.-C., le pays du Nil fut annexé par le jeune Empire romain. Alexandrie cessa d'être la capitale d'un fier territoire pour devenir une banlieue de la nouvelle globalisation.

Les fonds pour financer la communauté de savants, qui jusque-là dépendaient des rois Ptolémées, se retrouvèrent sous la responsabilité des empereurs de

séquelles d'une période de conflits et de purges. Dans ce territoire meurtri, les noms des rues – boulevard Ptolémée, perspective Néron, impasse Diogène, route des Pyramides – suggèrent la cartographie impossible d'une Alexandrie saccagée, fantôme, dans le naufrage de sa mémoire.

Anna est arrivée dans la ville à la recherche de son frère unique, un jeune journaliste qui a disparu sans explication. La perspective de leurs retrouvailles semble condamnée à l'échec dans un lieu où toutes les certitudes s'écroulent et où la catastrophe finale paraît imminente. Un jour, pendant ses errances, Anna sillonne le boulevard Ptolémée et débouche par hasard sur la Bibliothèque nationale dévastée (« C'était un bâtiment magnifique, avec des rangées de colonnes de style italien et de belles incrustations en marbre, un des édifices les plus élégants de la ville. Sa splendeur était derrière lui cependant, comme pour tous les autres. Un plafond au deuxième étage s'était effondré, les colonnes penchaient et se fissuraient, il y avait des livres et des papiers éparpillés partout. »).

Anna s'installe dans le grenier de la bibliothèque en compagnie de Sam, un correspondant pour la presse étrangère qui a connu son frère et entretient ses faibles espoirs de le retrouver. Bien qu'en ruine, la Bibliothèque sert de refuge aux naufragés de la belle époque. Là, vit une petite communauté de savants persécutés qui, instaurant une trêve provisoire entre leurs féroces désaccords, collabore pour protéger le dernier flot de mots, d'idées et de livres (« Je ne sais pas exactement combien de gens vivaient dans la Bibliothèque à l'époque, mais plus d'une centaine je crois, peut-être beaucoup plus. Les résidents étaient tous professeurs ou écrivains, survivants du Mouvement de purification qui avait eu lieu pendant les troubles de la décennie précédente. Entre les différents clans de la Bibliothèque avait surgi une certaine camaraderie, au point tout du moins que nombre d'entre eux étaient prêts à se réunir pour parler ou échanger des idées. Chaque matin, pendant deux heures – dénommées « heures péripatétiques » –, des colloques publics étaient menés à bien. On racontait qu'à une époque la Bibliothèque nationale abritait plus d'un million de volumes ; ce chiffre avait déjà beaucoup baissé quand je suis arrivée ici, mais il en restait quand même des centaines de milliers, une étonnante avalanche de paroles imprimées. »).

Le désordre et la catastrophe se sont également infiltrés dans la Bibliothèque. Anna remarque que le système de classification est totalement désorganisé et qu'il est quasi impossible de localiser un livre dans les sept étages d'archives. Quand un livre est perdu dans le labyrinthe de salles moisies, cela signifie qu'il a cessé d'exister : personne ne le retrouvera.

Soudain, une très violente vague de froid s'abat sur la ville, mettant en danger les réfugiés de la Bibliothèque. À défaut d'un autre combustible, ils décident de brûler des livres dans le poêle en fonte. Anna écrit : « Je sais que ça paraît horrible, mais on n'avait aucune autre option ; il fallait choisir celle-ci ou mourir de froid. Curieusement, je n'ai jamais éprouvé de remords, pour être honnête. Peut-être nourrissais-je une rancœur enfouie ; peut-être ai-je pris conscience que peu importait ce qui pouvait arriver aux livres.

Le monde auquel ils appartenaient avait disparu. De toute façon, la plupart d'entre eux ne méritaient pas d'être ouverts. Quand j'en trouvais un qui semblait acceptable, je le mettais de côté pour le lire. J'ai lu ainsi Hérodote. Mais, à la fin, tout finissait dans le poêle, tout se transformait en fumée. » C'est ainsi que je me représente les scientifiques et érudits du Musée, assistant avec effroi au saccage systématique de leur trésor de découvertes, à sa destruction par le feu et à son délitement. Dans un anachronisme impardonnable, j'imagine ces brillants intellectuels, victimes d'une épidémie d'humour noir et nihiliste, imitant Bakhtine au cours des jours sombres du siège nazi de Léningrad. On raconte que l'écrivain russe, fumeur compulsif, était enfermé dans un appartement, avec la peur quotidienne des bombardements. Il avait des réserves de tabac mais n'arrivait pas à se procurer du papier à cigarettes. Alors il utilisa les pages d'un essai auquel il avait consacré dix ans de travail. Feuille après feuille, bouffée après bouffée, il fuma une grande partie du manuscrit, certain de détenir en lieu sûr à Moscou une copie de ce texte qui, finalement, dans le chaos de la guerre, serait aussi perdue. Je me souviens que William Hurt raconte l'anecdote – presque légendaire – dans son fascinant film *Smoke*, dont Paul Auster écrivit le scénario. Je crois que les bibliothécaires alexandrins auraient apprécié l'absurdité désespérée de ce récit de survie. Au bout du compte, les livres dont ils étaient les gardiens se transformaient également en air, en fumée, en souffle, en illusion.

81

L'Alexandrie du IVe siècle était un lieu agité. Ses habitants, connus pour leur culture et leur sensualité, se consacraient également à des passe-temps plus brutaux. La ville avait une longue tradition de révoltes de rue. Les problèmes sociaux, les différences religieuses et les luttes de pouvoir éclataient sous la forme de bagarres tumultueuses et sanglantes à l'air libre. On peut imaginer un décor semblable à celui des quartiers de *Gangs of New York*, de Scorsese, traversés par de sauvages batailles urbaines.

Dans la capitale égyptienne, les convulsions d'une grande crise impériale romaine se matérialisaient. À cause d'une mystérieuse loi de répétition, certains territoires reçoivent constamment les décharges électriques des tensions mondiales et des conflits que personne n'arrive à résoudre. La région du Levant méditerranéen a été, depuis des temps immémoriaux, un de ces paratonnerres géopolitiques.

Dans les artères d'Alexandrie bouillonnaient des leaders exaltés de différentes confessions (juifs, païens et chrétiens – qui à leur tour étaient divisés en factions rivales : nicéens, ariens, origénistes, monophysites et autres). Les attaques entre eux étaient fréquentes, avec des oppositions à géométrie variable. Cependant, ce n'était pas uniquement le chaos, le bruit et la fureur. Derrière la violence trouble, un énorme changement historique se préparait. Au début du siècle, l'empereur Constantin légalisa le christianisme et, en 391, Théodose promulgua une série d'édits interdisant les sacrifices païens et ordonnant la fermeture de leurs principaux lieux de culte. Tout au long de ces décennies vertigineuses, persécutés et persécuteurs échangèrent leurs rôles. Plus rien ne serait comme avant : l'État s'était converti à la nouvelle foi et avait entrepris la démolition du paganisme.

Le Musée et la deuxième bibliothèque du Serapeum furent des centres névralgiques de batailles religieuses. Les deux bâtiments étaient des sanctuaires et leurs bibliothécaires, des prêtres. Les intellectuels qui travaillaient dans les deux institutions composaient un *thíaso*, c'est-à-dire une communauté de culte aux muses – les neuf déesses qui protégeaient la création humaine. Leur journée de travail se déroulait entre des statues de divinités, des autels et autres symboles liturgiques du culte païen, car les Ptolémées avaient maintenu l'ancienne tradition orientale de conserver les livres à l'intérieur des temples. Le maintien des bibliothèques, créées au service de la culture classique païenne, ne s'avérait pas facile sous un régime qui l'opprimait.

Le Serapeum – ou temple de Zeus Sérapis –, qui abritait la deuxième bibliothèque, était une des merveilles architecturales d'Alexandrie. Avec ses jardins élégants entourés d'arcades, ses dieux sculptés, ses œuvres d'art et son faste d'une autre époque, c'était un lieu de dévotion et de rencontre pour les païens qui étaient en train de perdre la bataille historique. Ils se retrouvaient là, comme les vétérans d'une guerre oubliée, pour se plaindre, nourrir leurs regrets et déclarer – comme on l'a fait à toutes les époques – que c'était mieux avant.

En 391, tout explosa.

L'évêque Théophile, chef spirituel de la communauté chrétienne alexandrine, fit exécuter les édits de l'empereur Théodose avec violence. Des groupes de zélotes chrétiens se mirent à harceler les païens. La panique et la haine chargèrent l'atmosphère d'une dangereuse électricité. Dans cette période de tension extrême, un scandale déstabilisa la situation. Pendant les travaux de rénovation d'une basilique chrétienne construite sur une chapelle du dieu Mithra, les ouvriers exhumèrent divers objets des mystères païens. Le patriarche Théophile ordonna que ces symboles secrets du culte soient exhibés en procession dans le centre de la ville. On peut se faire une idée de l'impact de cet acte quand on pense à la promenade provocante d'Ariel Sharon sur l'esplanade des Mosquées qui, il y a à peine deux décennies, alluma la mèche de la deuxième intifada. Les Alexandrins païens – en particulier les professeurs de philosophie, d'après ce que précisent les sources –, voyant leurs croyances profanées et exposées aux moqueries publiques, attaquèrent les chrétiens avec férocité. Les rues se teintèrent de sang. Craignant de possibles représailles, les émeutiers coururent au Serapeum et se retranchèrent dans les dépendances du sanctuaire. Ils avaient capturé des otages chrétiens, en guise de bouclier, et une fois à l'intérieur, ils les obligèrent à s'agenouiller devant les vieux dieux hors la loi. De l'autre côté des barricades, une foule armée de haches assiégeait le temple.

Le siège s'acheva après des jours de tension extrême. Alors qu'il semblait inexorable, le massacre fut évité. Une lettre de l'empereur arriva, qui reconnaissait comme martyrs les chrétiens morts dans la bagarre, pardonnait aux païens rebelles et ordonnait de détruire les images du Serapeum, comme l'exigeait la nouvelle législation religieuse. Un détachement de soldats romains et un renfort de moines anachorètes aguerris, débarqués du désert, se frayèrent un passage jusqu'à l'intérieur du sanctuaire. Ils renversèrent la fameuse statue en marbre, ivoire et or du dieu Sérapis – qu'une foule furieuse traîna pièce par pièce jusqu'au théâtre pour la brûler en public –, et détruisirent les installations. Sur les restes de l'édifice, on bâtit une église.

Le démembrement de la statue de Sérapis et le pillage du temple émurent les païens d'Égypte, y compris ceux qui n'étaient pas particulièrement dévots. Ce qui s'était passé était plus grave, plus définitif que la profanation d'un ancien autel et l'attaque d'une précieuse collection de livres. Ils l'interprétèrent comme une sentence collective. Ils comprirent qu'avec leur polythéisme hédoniste, leur passion philosophique et leur bagage de classiques, ils avaient tous été jetés dans le caniveau de l'Histoire.

La voix d'un de ces exilés, le professeur et poète païen Palladas, né et mort à Alexandrie entre le IVe et le Ve siècle, nous bouleverse encore à travers le temps. Son profond déracinement transparaît dans les épigrammes – environ cent cinquante – conservés dans l'*Anthologie grecque*. Il contempla comment la ville fondée par Alexandre le Grand pour être la synthèse de l'Orient et de l'Occident bouillait, agitée par les troubles sanglants et l'intransigeance. Il vit les ruines de ses dieux vaincus. Il confirma la destruction de la Bibliothèque et l'assassinat brutal d'Hypatie – qu'il appelle dans ses vers « l'étoile immaculée de la sagesse». Il mentionna l'invasion des Huns et l'entrée à Rome des barbares germains. Quand on le lit aujourd'hui, son témoignage très actuel d'une autre apocalypse nous touche. Avant le traumatisme du Serapeum, il écrivit son poème désespéré *Spectres* : «N'est-il pas exact, Grecs, que dans la nuit profonde, tandis que tout s'enfonce dans l'abîme, nous vivons seulement en apparence, imaginant que la vie est un pur rêve ? Ou peut-être sommes-nous vivants alors que la vie est morte ?»

Le dernier hôte du Musée fut le mathématicien, astronome et musicien Théon d'Alexandrie, dans la seconde moitié du IVe siècle. Il est difficile d'imaginer ce qui restait alors de la splendeur passée de l'institution, mais Théon essaya de raviver les braises. Au milieu de batailles de rue sauvages et de luttes sectaires, il s'employa à prédire des éclipses de soleil et de lune et à préparer l'édition définitive des *Éléments* d'Euclide. Il enseigna à sa fille Hypatie – dont le nom signifiait «la plus grande» – la science de la philosophie comme si c'était un garçon. Elle collabora avec son père et, selon l'opinion de ses contemporains, finit par le dépasser sur le plan intellectuel.

Hypatie décida de consacrer sa vie à l'étude et à l'enseignement. Elle ne voulut jamais se marier, sûrement davantage par désir de garder son indépendance que par amour de la virginité, comme le prétendent les sources. Même si ses œuvres ont été perdues – à l'exception de brefs fragments – dans le chaos de ces siècles agités, on sait qu'elle écrivit sur la géométrie, l'algèbre et l'astronomie. Elle réunit autour d'elle un groupe très sélectif d'élèves qui occuperaient des postes importants parmi les élites du pouvoir égyptien. À cause de l'influence de leurs croyances gnostiques – et de leurs préjugés aristocratiques –, ils n'acceptaient pas dans leur cercle des personnes de rang inférieur, incapables de comprendre leurs éminentes doctrines. Hypatie fut à l'évidence classiste, mais pas sectaire. Elle ne pratiquait pas le paganisme, simplement, elle le considérait comme un élément de plus du paysage culturel grec qui était le sien. Parmi ses élèves, il y eut des chrétiens – deux d'entre eux devinrent évêques, comme Synésios de Cyrène –, des païens et des athées philosophes. Hypatie encourageait l'amitié entre eux tous. Mais, malheureusement, c'était une époque où les modérés, ceux qui préfèrent la réflexion lente, les conciliateurs – que les exaltés nomment les « tièdes » – constituaient une cible facile, loin de la protection des rangs serrés.

Jusqu'à sa fin tragique, elle réussit à vivre selon ses propres règles, avec une insolite liberté. Jeune, elle fut d'une beauté légendaire, mais avec des idées très claires sur les hommes. On raconte qu'un élève, fou amoureux d'elle, la demanda en mariage. Hypatie, disciple de Platon et de Plotin, lui expliqua qu'elle aspirait uniquement au monde élevé des idées, que les plaisirs bas et canailles de la matière ne l'intéressaient pas, etc. Comme le prétendant demeurait à genoux devant elle, elle fit un acte insolite – et obscène – pour l'obliger à se taire. On connaît l'anecdote grâce à Damascios, directeur de l'école néoplatonicienne d'Athènes qui, oscillant entre la répugnance et l'admiration, décrit à sa façon l'étrange scène : « Elle prit des serviettes qu'elle avait tachées de sang menstruel et dit : “Voilà ce que tu aimes, jeune homme, et ce n'est pas beau." Il se sentit si honteux et effrayé devant l'horrible vision qu'un changement se produisit dans son cœur, et il devint rapidement un homme meilleur. » Car telle est la morale de l'histoire : épouvanté par la serviette hygiénique, l'élève d'Hypatie cessa d'aimer la corruption des corps et continua de chercher la perfection de la beauté en lui, à travers la philosophie.

Dans tous les cas, Hypatie résista et resta célibataire, sans se laisser distraire de ses passions intellectuelles. Ancienne professeure de nombreux dirigeants de la ville, elle intervenait dans la vie publique, et les autorités municipales alexandrines la respectaient. Tout le monde savait que les hauts fonctionnaires cherchaient ses conseils, et l'influence politique de cette femme si sûre d'elle commença à susciter des jalousies. Des rumeurs calomnieuses couraient sur ses prétendus pouvoirs magiques. Son intérêt pour l'astronomie et les mathématiques cachait forcément un arrière-fond plus sinistre : sorcellerie et satanisme.

Dans une ambiance de plus en plus lourde, le préfet Oreste, chrétien modéré, rompit ses relations avec l'évêque Cyrille d'Alexandrie, neveu de Théophile. L'atmosphère explosive de cette malheureuse année 415 est bien restituée dans le film *Agora*, même si Hypatie, qui certes continuait d'enseigner, devait alors plutôt approcher les 60 ans. Une nouvelle vague d'émeutes avait éclaté à Alexandrie, cette fois entre chrétiens et juifs. On assista aux habituels épisodes de violence dans le théâtre, les rues et aux portes des églises et des synagogues. Cyrille exigea l'expulsion de la nombreuse colonie juive de la ville. Oreste, soutenu par Hypatie et l'intelligentsia païenne, n'accepta pas l'ingérence du patriarche. La rumeur colportait que c'était elle la véritable cause de discorde entre Oreste et Cyrille.

En plein carême, une foule en colère, aux ordres d'un certain Pierre, partisan de Cyrille, vint chercher Hypatie, l'accusant de sorcellerie. Elle se défendit et cria tandis que les assaillants se jetaient sur elle, mais personne n'osa lui venir en aide. Les fanatiques la traînèrent jusqu'au Césaréum, qui avait été autrefois un temple des dieux de l'ancienne religion. Là, à la vue de tous, ils commencèrent à la frapper brutalement avec des morceaux de céramique. Ils lui arrachèrent les yeux et la langue. Quand elle fut morte, ils emportèrent son corps hors de la ville, prélevèrent ses organes et ses os et brûlèrent les restes sur un bûcher. Ils s'acharnèrent sur son cadavre, tentant d'anéantir totalement ce que représentait Hypatie comme femme, païenne et professeure.

Les sources ne sont pas d'accord sur le degré de responsabilité de Cyrille en tant qu'instigateur du crime. Les preuves de ce qu'on appellerait maintenant responsabilité morale sont toujours insaisissables, mais les soupçons retombèrent vite sur lui. Il n'y eut pas de véritable enquête. Oreste fut nommé ailleurs et ces faits épouvantables restèrent impunis. Quelques années plus tard, une autre foule assassina le préfet qui avait succédé à Oreste. Cyrille est aujourd'hui considéré comme saint par les Églises catholique, orthodoxe, copte et luthérienne.

Le lynchage d'Hypatie marqua l'effondrement d'un espoir. Le Musée et son rêve de réunir tous les livres et toutes les idées avaient succombé sur le ring sanglant des émeutes alexandrines. À partir de là, on ne mentionna plus la Grande Bibliothèque, comme si son immense collection avait disparu pour toujours.

On ignore ce qu'il advint des vestiges du naufrage pendant ces siècles de silence. Les bibliothèques, les écoles et les musées sont des institutions fragiles, qui ne peuvent pas survivre longtemps dans un environnement violent. Dans mon imagination, l'ancienne Alexandrie se teinte de la tristesse de tant de personnes douces, cultivées, pacifiques, qui se sentirent exilées dans leur propre ville, sans repères, face à l'effroi d'années de fanatisme. Palladas, ce vieux professeur de lettres, écrivit : « J'ai passé toute ma vie à bavarder dans la paix des livres avec les défunts. J'ai essayé de diffuser l'admiration à une époque dédaigneuse. Du début à la fin je n'ai été que le consul des morts. »

82

Alors qu'on pensait avoir perdu définitivement sa trace, la Bibliothèque réapparaît pour la dernière fois dans deux textes arabes. Le point de vue du récit n'est plus païen ni chrétien, mais musulman, et il nous oblige à sauter dans le temps jusqu'au vingtième anniversaire de l'hégire, c'est-à-dire l'an 642 de l'ère chrétienne. « J'ai conquis Alexandrie, la grande ville de l'Occident, par la force et sans condition », écrit le commandant Amr ibn al-As dans une lettre au deuxième successeur de Mahomet, le calife Omar. Après l'heureuse nouvelle, Amr fait l'inventaire des richesses et des beautés de la ville : « Elle possède quatre mille palais, quatre mille bains publics, quatre cents théâtres ou lieux de divertissement, douze mille commerces de fruits et quarante mille contribuables hébreux. » Le chroniqueur et penseur Ali ibn al-Kifti et le savant Abd al-Latif affirment que, quelques jours plus tard, un très vieil érudit chrétien demanda l'autorisation au commandant musulman d'utiliser les livres de la Grande Bibliothèque, confisqués depuis l'invasion. Amr écouta avec curiosité le discours du vieil homme sur la splendeur passée du Musée et sa collection détruite au fil du temps, mais précieuse malgré tout. Amr, qui n'était pas un guerrier inculte, comprenait l'importance de ce trésor poussiéreux et mangé par les mites, mais il n'osa pas en disposer librement et préféra envoyer une autre missive pour connaître les instructions d'Omar.

Avant d'aller plus loin, il faut préciser un point : s'il est exact qu'Amr conquit Alexandrie en 640 et que le cadre général des événements paraît véridique, beaucoup de spécialistes pensent qu'Ali ibn al-Kifti et Abd al-Latif inventèrent l'histoire de la fin tragique de la Grande Bibliothèque. Tous deux écrivirent en effet plusieurs siècles après les faits et, apparemment, ils avaient intérêt à discréditer la dynastie du calife Omar face au sultan cultivé Saladin. Toute ressem blance entre ce récit et la réalité est peut-être une pure coïncidence. Ou pas.

Une lettre mettait en moyenne douze jours en mer et idem sur terre pour arriver en Mésopotamie. Pendant un mois, Amr et le vieil homme attendirent la réponse du calife. Pendant ce temps, le commandant voulut visiter le bâtiment décati de la Bibliothèque. On le conduisit dans un dédale de venelles et de ruelles crasseuses jusqu'à un palais en état d'abandon avancé, surveillé par un groupe de soldats. À l'intérieur, les pas résonnaient et on pouvait presque entendre le murmure de tous ces mots endormis. Les manuscrits reposaient sur les rayons comme de grandes chrysalides dans leurs cocons de poussière et de toiles d'araignées. « Il est indispensable, dit le vieil homme, que les livres soient conservés et protégés par les souverains et par leurs successeurs jusqu'à la fin des temps. » Amr se prit de passion pour la conversation du vieil homme et lui rendit visite tous les jours. Il entendit de sa bouche, comme s'il s'agissait d'un conte des *Mille et Une Nuits*, l'incroyable histoire du roi grec qui voulut réunir dans son palais un exemplaire de tous les livres du monde et les recherches de son serviteur zélé, Zamira, – ainsi Ibn al-Kifti nommait-il Démétrios de Phalère – en Inde, en Perse, à Babylone, en Arménie et dans d'autres lieux.

L'envoyé d'Omar revint enfin à Alexandrie avec la réponse du calife. Amr lut le message, le cœur battant : « Quant aux livres de la Bibliothèque, voici ma décision : si leur contenu coïncide avec le Coran, ils sont superflus ; sinon, ils sont sacrilèges. Il faut donc les détruire. » Déçu, Amr obéit. Il répartit les livres entre les quatre mille bains publics d'Alexandrie où ils furent utilisés comme combustibles dans les poêles. On raconte qu'il fallut six mois pour brûler ce trésor d'imagination et de science. Seuls les livres d'Aristote furent épargnés. Dans la vapeur de ces bains, l'ultime utopie de son disciple Alexandre crépita jusqu'au silence définitif des cendres.

83

Après douze ans de travaux et 120 millions de dollars d'investissement, la nouvelle Bibliothèque d'Alexandrie fut inaugurée en grande pompe en octobre 2002, à l'endroit même où se dressa un jour son illustre ancêtre. Le bâtiment représente l'astre du savoir illuminant le monde ; il abrite une immense salle de lecture composée de sept étages avec un plafond unique formé de milliers de panneaux colorés qui régulent la lumière du soleil pendant la journée. Le président d'Égypte et environ trois mille dignitaires du monde entier assistèrent à la cérémonie. Les discours proclamèrent, avec l'emphase opportune, que c'était un moment de fierté pour la population égyptienne ; l'ancien espace de dialogue, d'entente et de rationalité renaissait ; l'esprit critique serait stimulé. Et on affirma la résurrection des gloires passées. Mais les fantômes de l'intransigeance, obstinés, vinrent également au rendez-vous. L'envoyé spécial de la BBC qui couvrait les célébrations chercha parmi les rayonnages tout neufs les livres de l'écrivain égyptien Naguib Mahfouz, interdit par les autorités religieuses du pays. Il n'en trouva aucun. Interrogé sur cette absence, un haut responsable répondit : « Les livres difficiles seront acquis lentement. » Le rêve fou de ce jeune macédonien poursuit son interminable combat contre les vieux préjugés.

Planches de salut et papillons noirs

84

Les trois destructions de la Bibliothèque d'Alexandrie peuvent paraître très anciennes, mais malheureusement l'hostilité à l'égard des livres est une tradition fermement enracinée dans notre histoire. La dévastation ne cesse jamais d'être une tendance. Comme disait un dessin de El Roto : « Les civilisations vieillissent ; les barbaries se renouvellent. » De fait, le XXe siècle a été un siècle d'effrayante biblioclastie : les bibliothèques bombardées pendant les deux guerres mondiales, les autodafés nazis, les régimes de censure, la Révolution culturelle chinoise, les purges soviétiques, la chasse aux sorcières, les dictatures en Europe et en Amérique latine, les librairies incendiées ou détruites par des bombes, les totalitarismes, l'apartheid, la volonté messianique de certains leaders, les fondamentalismes, les talibans ou la fatwa contre Salman Rushdie, entre autres sous-rubriques de la catastrophe. Et le XXIe siècle commença avec le saccage, autorisé par les troupes américaines, des musées et bibliothèques d'Irak, où l'écriture avait noté le monde pour la première fois.

Je travaille à ce chapitre les derniers jours d'août, vingt-cinq ans précisément après l'attaque sauvage de la Bibliothèque de Sarajevo. J'étais alors une enfant et, dans ma mémoire, cette guerre signifia la découverte du monde extérieur, plus grand – et aussi plus sombre – que je l'avais imaginé. Je me rappelle que cet été-là j'ai commencé à m'intéresser à ces livres bruissants des adultes qui auparavant ne m'importaient pas. Ce fut à cette époque que j'ai lu mes premiers journaux, les tenant devant mon visage les bras ouverts, comme les espions dans les dessins animés. Les premières informations, les premières photographies qui m'ont touchée furent celles de ces massacres de l'été 1992. Au même moment, nous vivions en Espagne l'euphorie et les fastes des Jeux olympiques de Barcelone, l'Exposition universelle de Séville et le triomphalisme d'un pays soudain moderne et riche. Il ne me reste pas grand-chose de ce rêve hypnotique, mais je vois toujours le paysage d'un Sarajevo gris et criblé de balles. Je me souviens qu'un matin à l'école, notre professeure de morale nous demanda de fermer nos cahiers – nous étions seulement trois ou quatre enfants – et, étonnamment, nous proposa de parler de la guerre dans l'ex-Yougoslavie. J'ai oublié ce qu'on a dit, mais nous nous étions sentis grands, importants, et tout près de devenir des experts internationaux qualifiés. Je me rappelle qu'un jour j'ouvris un atlas et voyageai avec le bout de l'index de Saragosse à Sarajevo. Je trouvai que les noms de ces deux villes partageaient une même mélodie. Je revois les images de sa Bibliothèque blessée par les bombes incendiaires. La photo de Gervasio Sánchez – où un rayon de soleil traverse l'atrium dévasté, caressant les décombres entassés et les colonnes mutilées – est l'icône de ce mois d'août brisé.

L'écrivain bosniaque Ivan Lovrenović a raconté qu'au cours de cette longue nuit d'été, Sarajevo brilla du feu qui jaillissait de Vijećnica, l'imposant édifice de la Bibliothèque nationale, près de la rivière Miljacka. D'abord vingt-cinq obus incendiaires tombèrent sur le toit, alors que les installations étaient recouvertes de drapeaux bleus indiquant leur statut de patrimoine culturel. Quand l'éclat, d'après Ivan, atteignit des proportions néroniennes, un bombardement maniaque, constant, eut lieu pour empêcher l'accès à Vijećnica. Depuis les collines autour de la ville, les snipers tiraient sur les habitants de Sarajevo, maigres et épuisés, qui sortaient de leurs refuges pour tenter de sauver les livres. L'intensité des attaques ne permit pas aux pompiers d'approcher. Finalement, les colonnes mauresques du bâtiment cédèrent et les fenêtres explosèrent, laissant sortir les flammes. Au matin, cent mille volumes avaient brûlé – livres rares, documents de la ville, collections entières de publications, manuscrits et éditions uniques. « Ici, il ne reste rien », commenta Vjekoslav, un bibliothécaire. « J'ai vu une colonne de fumée et des feuilles volant de toutes parts, et je voulais pleurer, crier, mais je suis resté à genoux, les mains sur la tête. Toute ma vie je porterai le poids d'avoir vu brûler la Bibliothèque nationale de Sarajevo. »

Arturo Pérez-Reverte, alors correspondant de guerre, assista au feu d'artillerie et à l'incendie. Le lendemain matin, il put contempler, sur le sol de la bibliothèque dévastée, les décombres des murs et des escaliers, les restes de manuscrits que plus personne ne lirait, les œuvres d'art démembrées : « Quand un livre brûle, quand un livre est détruit, quand un livre meurt, c'est une part de nous-mêmes qui est irrémédiablement mutilée. Quand un livre brûle, toutes les vies qui l'ont rendu possible meurent aussi, toutes les vies contenues en lui et toutes les vies auxquelles ce livre aurait pu, dans le futur, apporter de la chaleur et du savoir, de l'intelligence, du plaisir et de l'espoir. Détruire un livre c'est, littéralement, assassiner l'âme de l'homme. » Les ruines brûlèrent pendant des jours, fumantes, flottant sur la ville comme des chutes de neige noire. « Papillons noirs » : c'est ainsi que les habitants de Sarajevo nommèrent ces cendres des livres détruits qui tombaient sur les passants, les terrains bombardés, les trottoirs, les bâtiments à moitié effondrés, et qui finirent par se décomposer et se confondre avec les fantômes des morts.

Curieuse coïncidence : le capitaine des pompiers incendiaires de *Fahrenheit 451* utilisait la même métaphore. Un livre à la main, il dictait ses instructions poétiques pour le détruire : « La première page s'enflamme ; puis, la deuxième. Chacune devient un papillon noir. C'est beau, n'est-ce pas ? » Dans le sombre futur décrit dans le roman de Bradbury, il est formellement interdit de lire, et tous les livres sont dénoncés et supprimés. Les brigades de pompiers, au lieu d'éteindre les incendies, les déclenchent et les attisent pour brûler les habitations qui dissimulent ces dangereux objets clandestins. Un seul livre est autorisé : le règlement des propres brigades chargées de mettre le feu à tous les autres. Et dans cet unique texte légal, on lit que le corps de pompiers fut créé en 1790 pour détruire les livres anglais aux États-Unis et que le premier pompier fut Benjamin Franklin. Comme il ne reste aucun écrit permettant de vérifier ces affirmations, personne ne les met en doute. Là où les documents sont éliminés et où les livres ne circulent plus librement, il est très facile de modifier à loisir, impunément, le récit de l'histoire.

Dans le cas de l'ex-Yougoslavie, raser le passé était une finalité de la haine ethnique. De 1992 à la fin de la guerre, 188 bibliothèques et archives subirent des attaques. Un rapport mélancolique de la commission d'experts des Nations unies a établi que dans l'ex-Yougoslavie il y eut une « destruction intentionnelle des biens culturels qui ne peut pas être justifiée par une nécessité militaire ». Juan Goytisolo, qui se rendit dans la capitale bosniaque à l'appel de Susan Sontag, écrivit dans son *Cahier de Sarajevo* : « Quand brûla la Bibliothèque, pâturage de la haine stérile des mornes lanceurs de roquettes, ce fut pire que la mort. La rage et la douleur de ces instants me poursuivront jusqu'à la tombe. L'objectif des assaillants – effacer la substance historique de cette terre pour élever à la place un temple de bobards, de légendes et de mythes – nous blessa au plus profond. » Sur les cendres des textes qui ont brûlé, on peut ériger une version intéressée des faits. Les livres brûlés ou détruits par les obus contenaient sans doute également leurs propres interprétations partiales. Les œuvres qui font partie des collections des bibliothèques et reposent sur les étagères des librairies sont pour leur part subjectives, et parfois même de propagande – je me rappelle l'anecdote d'un libraire londonien qui, pendant les mois de bombardements nazis, recouvrit le toit de son magasin d'exemplaires de *Mein Kampf*. Mais seule la multiplicité des voix qui parlent, nuancent et se contredisent à travers un nombre incalculable de pages permet d'espérer qu'il ne restera pas d'angles morts et qu'on pourra repérer les manipulations. Ceux qui anéantissent les bibliothèques et les archives plaident pour un futur moins contrasté, moins divergent, moins ironique.

Même si la Bibliothèque d'Alexandrie brûla plusieurs fois jusqu'à sa disparition totale, tout ne fut pas perdu. Des siècles d'efforts pour sauver l'héritage de l'imagination ne furent pas vains. Beaucoup d'exemplaires qui ont survécu jusqu'à aujourd'hui conservent des traces textuelles et des symboles qu'utilisaient les philologues alexandrins dans leurs éditions. Et cela signifie qu'au cours d'un parcours accidenté sont arrivées dans nos mains des copies de copies de copies dont le premier maillon remonte à la Bibliothèque perdue. Pendant des centaines et des centaines d'années, les éditions précieuses des livres disponibles à Alexandrie furent copiées et disséminées à travers un réseau de bibliothèques des plus humbles et de collections privées, nourrissant une géographie croissante de lecteurs. Multiplier le nombre d'exemplaires était l'unique – faible – possibilité de sauvegarder les œuvres. Si quelque chose a survécu aux dévastations, ce fut grâce à cette lente, douce, fertile irrigation de littérature manuscrite qui se propageait grâce à un énorme travail pour parvenir jusque dans des coins reculés, cachés, sécurisés ; des lieux modestes qui ne seraient jamais des champs de bataille. Les œuvres que nous lisons encore demeurèrent là – dans ces refuges périphériques, marginaux – pendant les siècles dangereux, résistant à la dévastation, alors que les destructions, les saccages et les incendies anéantissaient les grandes concentrations de livres, situées généralement dans les centres du pouvoir.

Durant l'Antiquité gréco-romaine naquit en Europe une communauté permanente, une flamme qui, même si elle diminue, ne disparaît jamais totalement, une minorité jusqu'alors inextinguible. Depuis, tout au long du temps, des lecteurs anonymes ont réussi à protéger, par passion, un fragile héritage de mots. Alexandrie fut le lieu où nous avons appris à conserver les livres à l'abri des mites, de la rouille, du moisi et des barbares munis d'allumettes.

85

Dans les suppléments littéraires d'été, on persiste à demander aux stars de la profession quel livre elles emporteraient sur une île déserte. J'ignore qui a eu l'idée, la première fois, d'inclure cette fameuse île dans la question et par quel étrange mimétisme elle est restée ainsi intégrée, exotique et incongrue. On doit la meilleure réponse à G. K. Chesterton : « Rien ne me rendrait plus heureux qu'un livre intitulé *Manuel de construction de bateaux.* » Comme Chesterton, je désirerais m'échapper de ce genre de lieu. Rien ne m'intéresse moins qu'une île déserte sans une librairie possédant – c'est le minimum – l'*Odyssée*, *Robinson Crusoé*, *Récit d'un naufragé* et *Océan mer*.

Ce qui est étrange, c'est qu'on peut suivre la trace salvatrice des livres n'importe où dans le monde, même dans les endroits les plus sinistres. Comme l'explique Jesús Marchamalo dans son jouissif *Tocar los libros*, le poète Joseph Brodsky, prisonnier en Sibérie pour un délit de « parasitisme social », trouva une consolation dans la lecture de W. H. Auden ; et Reinaldo Arenas, détenu dans les prisons castristes, dans l'*Énéide*. On sait aussi que Leonora Carrington, enfermée dans un asile psychiatrique à Santander juste après la guerre, supporta cette situation sordide en lisant Miguel de Unamuno.

Il y avait également des bibliothèques dans les camps de concentration nazis. Elles étaient approvisionnées par les livres confisqués aux prisonniers à leur arrivée. Avec l'argent volé aux détenus, on payait de nouvelles acquisitions. Même si les SS investissaient une bonne partie des fonds dans des traités de propagande, il ne manquait pas de romans populaires ni de grands classiques au côté des dictionnaires, essais philosophiques et textes scientifiques. Il y avait même des volumes interdits, dont les couvertures avaient été camouflées par les prisonniers bibliothécaires. L'aventure de ces bibliothèques commença en 1933, et on sait qu'à l'automne 1939 il y avait six mille titres rien qu'à Buchenwald ; à Dachau, cela monta jusqu'à treize mille. Les SS s'en servaient comme pur décor pour montrer aux visiteurs que dans ces camps de travail humanitaires on ne négligeait pas les intérêts intellectuels des prisonniers. Il semble que les premiers temps, les détenus purent disposer de leurs propres livres, mais ce privilège fut très vite aboli.

Les livres des bibliothèques – proches mais inaccessibles – apportèrent-ils un quelconque soulagement aux prisonniers ? Et, question encore plus essentielle : la culture peut-elle être une planche de salut pour une personne soumise à la maltraitance, à la faim et à la mort ?

Nous possédons un témoignage puissant et viscéral, *Goethe in Dachau*. Son auteur, Nico Rost, fut un traducteur hollandais de littérature allemande. Pendant la guerre, y compris après l'invasion de son pays, il contribua à publier des auteurs allemands embarrassants pour les nazis. Par ailleurs, il était communiste – double provocation. Arrêté en mars 1943 et déporté à Dachau, il entra comme patient à l'infirmerie, où il finirait par travailler à des tâches administratives. Là, il évitait les exténuantes journées de travail à l'extérieur ou comme main-d'œuvre esclave des usines d'armement. Mais rester à l'infirmerie était une bénédiction dangereuse. S'il était remarqué, invalide et parasitaire, il pouvait très facilement être mis dans un des trains de la mort.

Au cœur de l'angoisse, sans aucune information sur l'avancée des Alliés, décimés par une épidémie mortelle de typhus, et avec des rations de nourriture sans cesse diminuées – Nico raconte qu'un de ses compagnons perdit tant de poids que même son dentier était devenu trop grand pour lui –, les prisonniers étaient de plus en plus persuadés qu'ils n'arriveraient pas à survivre. Dans ces circonstances, Rost prit plusieurs décisions dangereuses. La première, tenir un journal, se procurant du papier avec d'énormes difficultés, se cachant pour gribouiller quelques lignes par jour et conservant ses notes dans une cachette. Curieusement, ce journal, publié après la libération du camp, ne contient pas le récit de ses souffrances, mais une chronique de ses pensées. Il écrit : « Celui qui parle de la faim finit par avoir faim. Et ceux qui parlent de la mort sont les premiers à mourir. Vitamine L (littérature) et F (futur) me semblent les meilleures provisions. » Il écrit : « Nous allons tous être contaminés et nous mourrons tous à cause de la malnutrition. Il faut d'autant plus lire. » Il écrit : « Dans le fond, c'est vrai : la littérature classique peut aider et donner des forces. » Il cite : « Vivre parmi les morts avec Thucydide, Tacite et Plutarque à Marathon ou à Salamine est, au bout du compte, ce qui est le plus honorable, quand on n'a le droit à aucune autre activité. »

La deuxième décision risquée de Nico fut d'organiser un club de lecture clandestin. Un kapo ami et certains médecins acceptent d'emprunter des livres à la bibliothèque pour les membres du groupe. Quand il n'est pas possible de se procurer les textes, ils se rappellent par cœur des phrases d'anciennes lectures et les commentent. Ils font de brèves conférences sur la littérature nationale – ils appartiennent à une mosaïque de pays européens. Ils se réunissent debout entre les lits, en cachette, effrayés, avec toujours quelqu'un qui fait le guet pour donner l'alerte au cas où surgit un Allemand. Un jour, le kapo qui fermait les yeux s'énerve et dissout le rassemblement avec des invectives : « Fermez-la ! Assez papoté ! À Mauthausen on vous fusillerait pour cela. Il n'y a pas de discipline ici. Maudit vivier ! »

Deux membres du club écrivent des livres dans leur tête : une monographie sur la législation des brevets et un conte pour les enfants qui grandiront entre les ruines. Ils parlent de Goethe, de Rilke, de Stendhal, d'Homère, de Virgile, de Lichtenberg, de Nietzsche, de Thérèse d'Avila, tandis qu'ils sont bombardés et que le baraquement tremble, que l'épidémie de typhus s'aggrave et que des médecins laissent mourir plus de patients pour faire plaisir aux SS.

La mort change constamment la composition du club. Nico, qui réunit et soutient le groupe, s'efforce de sonder et d'attirer les nouveaux malades qui débarquent à l'infirmerie. Ses amis le surnomment « le Hollandais fou qui engloutit du papier ». Ce journal rédigé en cachette est un geste de rébellion à travers l'écriture et la lecture, qui étaient interdites. Alors que les cadavres s'accumulent, il s'obstine à exercer son droit de penser. Le 4 mars 1945, à peine un mois avant d'être libéré – mais sans savoir que la délivrance est proche –, il se sent à la frontière entre la vie et la mort. Il écrit : « Je refuse de parler de typhus, de poux, de faim et de froid. » Il connaît et souffre de l'existence de tous ces tourments, mais il pense que les nazis les ont conçus pour désespérer et animaliser les détenus. Rost ne veut pas concentrer son attention sur l'engrenage de l'abattoir ; il s'accroche à la littérature avec urgence, sans scepticisme, cherchant une planche de salut. Il y a quelque chose de paradoxal chez ce communiste qui prêche le matérialisme le plus radical alors qu'il survit à des conditions extrêmes grâce à la foi en une idée.

Les personnes avec lesquelles il a des conversations et partage des lectures sont des dissidents de différents pays (Russes, Allemands, Belges, Français, Espagnols, Hollandais, Polonais, Hongrois). Le 12 juillet 1944, il affirme : « Nous formons une sorte de communauté européenne – même si c'est par obligation – et nous pourrions apprendre beaucoup du commerce avec d'autres nations. » J'aime penser qu'en réalité, face à ce que racontent les manuels scolaires d'Histoire officiels, l'Union européenne est née dans un dangereux club de lecture derrière les barbelés d'un *Lager* nazi.

Au-delà des confins de l'Europe – où que soit la frontière imaginaire du continent –, dans le goulag soviétique, d'autres voix découvraient, ces années-là, le sens de la culture quand on vit dans un mouroir. Galia Safonovna est née dans les baraquements d'un camp en Sibérie pendant les années 1940. Elle passa son enfance prisonnière entre les hurlements du vent, à côté de mines à la réputation effroyable, dans le pays des neiges éternelles. Sa mère, épidémiologiste prestigieuse, avait été condamnée aux travaux forcés pour avoir refusé de dénoncer un collègue de laboratoire. Dans cette prison gelée, où il était interdit d'écrire plus de deux lettres par an et où le papier et les crayons manquaient, les prisonnières fabriquèrent en cachette des contes artisanaux, cousus à la main, avec des dessins tremblotants tracés dans l'obscurité et le texte griffonné à la plume, pour la petite fille qui n'avait connu que le goulag. « Comme chacun de ces livres m'a rendue heureuse ! », expliqua Galia, vieille femme, à l'écrivaine Monika Zgustová. « Enfant, ce furent mes seuls points de référence culturels. Je les ai gardés toute ma vie ; ce sont mes trésors ! » Elena Korybut, qui passa plus de dix ans dans les mines de Vorkuta, dans la toundra qui se trouve au-delà du cercle polaire, montra à Zgustová un livre de Pouchkine orné de gravures anciennes. « Dans le camp, ce volume d'origine inconnue passa par des centaines, peut-être des milliers de mains. Personne ne peut imaginer ce que signifiait un livre pour les prisonniers : c'était le salut ! C'était la beauté, la liberté et la civilisation au milieu de la barbarie ! » Dans *Vestidas para un baile en la nieve*, son fascinant livre d'entretiens avec des femmes qui ont survécu au goulag, Monika Zgustová montre à quel point, y compris dans les abîmes de la vie, nous sommes des créatures assoiffées d'histoires. Pour cette raison, nous emportons des livres partout avec nous – ou en nous ; également dans les territoires d'épouvante, comme d'efficaces remèdes contre le désespoir.

Nico, Galia et Elena ne furent pas les seuls. On arracha des mains de Viktor Frankl, dans la chambre de désinfection d'Auschwitz, un manuscrit qui contenait les recherches de toute sa carrière, et le désir de le réécrire l'accrocha à la vie. Le philosophe Paul Ricœur, arrêté par le gouvernement de Vichy, s'employa à donner des cours et à organiser la bibliothèque du centre de prisonniers. La seule possession du très jeune Michel del Castillo à Auschwitz fut – symboliquement – *Résurrection*, de Tolstoï. Plus tard, il affirma : « la littérature constitue mon unique biographie et mon unique vérité. » Eulalio Ferrer, fils d'un dirigeant socialiste de Cantabrie, avait seulement 18 ans quand il fut interné dans un camp de prisonniers en France. Un milicien lui proposa un livre en échange de cigarettes. C'était *Don Quichotte de la Manche*, qu'il relut pendant des mois, « stimulé par une lecture qui se répétait et [l]'accompagnait pendant les heures d'espoir et de délire ». Tous furent comme Shéhérazade : ils sauvèrent leur vie grâce au pouvoir de l'imagination et de la foi dans les mots. Frankl lui-même écrirait plus tard que, paradoxalement, beaucoup d'intellectuels tenaient mieux le coup à Auschwitz que d'autres prisonniers plus robustes, malgré une plus mauvaise condition physique. Finalement, dit le psychiatre d'origine juive, ceux qui étaient capables de s'isoler du terrible environnement et de se réfugier en eux souffraient moins.

Les livres nous aident à survivre lors des grandes catastrophes historiques et des petites tragédies de notre vie. Comme l'écrivit John Cheever, un autre explorateur du sous-sol obscur : « Notre seule conscience, c'est la littérature… La littérature a sauvé les condamnés, inspiré et guidé les amants, vaincu le désespoir et, pour cette raison, elle pourrait peut-être sauver le monde. »

86

Le pire, ce fut le silence. Il n'y avait pas de mot, alors, pour désigner cela. J'aurais pu dire : en classe, on se moque de moi. Ou, plus dramatique : à l'école, on me frappe. Mais ce n'était que la surface de la réalité. Je n'avais pas besoin de rayons X dans les yeux pour voir se former dans l'esprit des adultes un diagnostic instantané : affaires de gosses.

C'était la révélation prématurée d'un mécanisme tribal, primitif, prédateur. Le groupe m'avait retiré sa protection. Il y avait une clôture imaginaire, et j'étais derrière. Quand quelqu'un m'insultait ou me poussait de ma chaise, les autres n'y attachaient aucune importance. L'agression prit un rythme routinier, habituel, discret. Je ne dis pas que ça arrivait tous les jours. Parfois, sans savoir pourquoi, des périodes de trêve étaient décrétées, la foudre m'épargnait pendant des semaines, le ballon arrêtait de venir vers moi dans la cour de récré. Jusqu'au jour où, soudain, la prof grondait en cours un de mes persécuteurs. Alors, quand je sortais de la classe dans la cohue des enfants impatients d'aller jouer et me retrouvais dans les couloirs bleus, l'humiliation se retournait contre moi : intello, salope, qu'est-ce que tu regardes ? T'en veux une ? Et la boîte de Pandore s'ouvrait à nouveau.

Les persécuteurs se répartissaient les rôles ; l'un était le leader, et les autres ses fidèles hommes de main. Ils m'inventaient des surnoms ; faisaient des imitations grotesques de mon appareil dentaire ; me lançaient le ballon si fort que j'ai l'impression d'en ressentir encore le choc ; me cassèrent le petit doigt en cours de gym ; jouissaient de ma peur. J'imagine que les autres ne s'en souviennent même plus. Peut-être, s'ils creusaient dans leur mémoire, admettraient-ils, bon, c'est vrai, on lui a fait quelques blagues un peu lourdes. Telle était précisément leur manière de collaborer, avec indifférence.

Pendant la période la plus cruelle, entre mes 8 et 12 ans, il y eut d'autres filles marginalisées ; je ne fus pas la seule. Une redoublante, une immigrée chinoise qui parlait à peine notre langue, une fille exubérante à la puberté prématurée. Nous étions les spécimens faibles du troupeau, que le prédateur observe de loin et isole.

Beaucoup de gens idéalisent leur enfance, en font le territoire sublimé de l'innocence perdue. Je n'ai aucun souvenir de cette prétendue innocence des autres enfants. Mon enfance est un curieux fatras d'avidité et de peur, de faiblesse et de résistance, de jours sombres et de bonheurs euphoriques. Il y avait les jeux, la curiosité, les premières amies, l'amour central de mes parents. Et l'humiliation quotidienne. Je ne sais pas comment ces deux parties fracturées de mon existence s'emboitent. La mémoire les a archivées séparément.

Mais le pire, j'insiste, ce fut le silence. J'ai accepté le code en vigueur chez les enfants, accepté le bâillon. Tout le monde sait, depuis l'âge de 4 ans, depuis toujours, que c'est très mal de rapporter. Le rapporteur est un trouillard, un mauvais camarade, qui mérite d'être châtié. Ce qui se passe dans la cour reste dans la cour. On ne raconte rien aux adultes – ou peut-être juste le strict nécessaire pour qu'ils n'aient pas l'idée d'intervenir. Les égratignures, je me les faisais toute seule. Les objets qu'on m'avait volés et qui apparaissaient dans l'eau jaunie au fond des toilettes, je les avais perdus. J'ai intériorisé le fait que l'unique lueur de dignité à ma portée consistait à résister, à me taire, à ne pas pleurer devant les autres, à ne pas appeler à l'aide.

Je ne suis pas un cas isolé. La violence entre les enfants, entre les adolescents, se développe, protégée par une barrière de silence trouble. Pendant des années, j'ai trouvé du réconfort à l'idée de ne pas avoir été la rapporteuse de la classe, la cafteuse, la lâche. De ne pas être tombée si bas. Par mauvaise estime de moi, par honte, j'ai obéi à la règle : certaines choses ne se racontent pas. Vouloir être écrivaine fut une rébellion tardive contre cette loi. Ces choses qu'on ne raconte pas sont précisément celles qu'il faut raconter. J'ai décidé de devenir cette moucharde que j'ai tant redouté être. La racine de l'écriture est souvent obscure. Telle est mon obscurité. Elle nourrit ce livre, peut-être tout ce que j'écris.

Pendant les années d'humiliation, en plus de ma

famille, quatre personnes m'ont aidée, que je n'ai jamais vues : Robert Louis, Michael, Jack, Joseph. Plus tard, je découvrirais qu'on les connaît davantage par leurs noms de famille : Stevenson, Ende, London et Conrad. Grâce à eux, j'ai appris que mon monde est seulement un des nombreux mondes parallèles qui existent, y compris imaginaires. Grâce à eux, j'ai découvert que je pouvais emmagasiner des fantasmes agréables et les ranger dans ma chambre intérieure pour y chercher refuge quand dehors la grêle tombe dru. Cette révélation changea ma vie.

Je fouille dans mes vieux papiers à la recherche d'un récit intitulé *Les Tribus sauvages*, que j'ai écrit au cours de mes premières années d'exploration littéraire. En le relisant des années plus tard, je me heurte à une écriture débutante, mais je renonce à la corriger. C'est un étrange exercice d'archéologie personnelle, qui creuse jusqu'à une strate du passé où la proximité des faits me protégeait encore des filtres bien intentionnés et trompeurs de la mémoire. Et parmi ces lignes inexpérimentées, je découvre que moi aussi, dans ma petite tragédie, j'ai trouvé la planche de salut des livres.

> J'étais la capitaine du bateau. J'étais sur le pont quand j'entendis un cri. Terre ! Je vais à la proue et je sors la longue-vue. Sur l'île, il y a des palmiers et des cocotiers et des rochers aux formes bizarres. L'île au trésor ! Timonier, trois degrés à tribord. Hissez les voiles. On accoste. J'explorerai l'île toute seule car tout l'équipage a peur. Les marins racontent des histoires horribles sur les sauvages qui vivent sur l'île.

— Qu'est-ce que tu fais là ?

— Elle mange son sandwich. Il faut qu'elle mange beaucoup pour être la plus intelligente et tout savoir.

— Fais voir. Hé, regarde, un sandwich au fromage.

— Il est bon ?

— Tu vas voir maintenant comme il va être bon.

— Pas mal.

— Tiens, crache toi aussi. Comme ça.

— Maintenant tu peux lui rendre. Elle va le manger.

— Vas-y, mange. Allez, mange, on veut te voir. Tu ne vas pas te mettre à pleurer.

— Non, elle ne va pas pleurer. Tout le monde dit qu'elle est intelligente. Elle va tout manger et elle ne dira rien.

Je rencontre une tribu et je m'arme de courage. Ça devait arriver ! Il vaut mieux ne pas les énerver. Dans leur langue, ils m'appellent diable blanc et rusée. Ils me conduisent devant leurs chefs. Ils sont deux. Ils m'ordonnent de manger leur nourriture, sinon ils me tuent. Ils peuvent être amicaux et aussi très cruels. Je vois autour les squelettes de leurs victimes. Ils me donnent des vers vivants dans une grande feuille de plante tropicale. J'ai envie de vomir de dégoût, mais je dois le supporter et mâcher. Puis j'avale. Je mange tout. Ils rient de joie et me laissent partir. Sauvée ! D'après la carte, le village de la tribu est situé près de la cachette du trésor. J'arrive devant une grotte aux murs humides et inégaux, j'avance prudemment au cas où il y aurait des pièges. Après avoir passé plusieurs jours à déambuler dans les couloirs creusés dans la pierre, je trouve le trésor juste au moment où j'entends la sirène qui sonne la fin de la récré.

Et nous sommes devenus vraiment étranges

87

En réalité, nous sommes assez étranges et, comme le dit Amelia Valcárcel, ce furent les Grecs qui commencèrent à être aussi étranges que nous. À Alexandrie, il y eut des bizarreries – pour la première fois, et à grande échelle – qui font aujourd'hui partie de notre vie normale. Ce que les Ptolémées matérialisèrent dans leur capitale du Nil, c'est une idée à la fois étonnante et familière pour nous. Après la révolution technologique qu'avaient représentée l'écriture et l'alphabet, les successeurs d'Alexandre mirent en marche un ambitieux projet d'accumulation de la connaissance et d'accès au savoir. Le Musée attira les meilleurs scientifiques et inventeurs de l'époque avec la promesse qu'ils pouvaient consacrer leur vie à la recherche – sans oublier l'intérêt pour leurs poches d'une alléchante exonération d'impôts. La Grande Bibliothèque et celle du Serapeum firent sauter les verrous qui maintenaient prisonnières toutes les idées et toutes les découvertes. L'atmosphère grisante autour de ces rouleaux écrits et leur accumulation dans la gigantesque Bibliothèque dut être à peu près similaire à l'explosion créatrice que signifient aujourd'hui Internet et la Silicon Valley.

Il y a autre chose : les responsables de la Bibliothèque développèrent des systèmes efficaces pour s'orienter parmi cette information qui commençait à déborder de toutes les digues de la mémoire. Inventer des méthodes comme le système alphabétique de classement et le catalogage, et former le personnel qui veillerait sur les rouleaux – philologues pour corriger les erreurs dans les livres, copistes pour reproduire ceux-ci, bibliothécaires pédants et souriants pour guider les non-initiés à travers le labyrinthe virtuel des textes écrits – furent des pas aussi importants que l'invention de l'écriture. De nombreux systèmes d'écriture surgirent de façon indépendante dans des cultures distantes dans le temps et l'espace, mais relativement peu réussirent à subsister. Les archéologues ont découvert de nombreux vestiges de langues oubliées qui s'éteignirent parce qu'elles ne bénéficiaient pas de méthodes efficaces pour cataloguer leurs textes et optimiser leurs recherches. À quoi cela sert-il d'accumuler des documents si le désordre les éparpille et si les éléments dont on a besoin à tout moment sont comme des aiguilles dans des bottes de foin infinies ? Ce qui distingua la Grande Bibliothèque à son époque, comme de nos jours Internet, ce furent ses techniques simplifiées et très avancées pour trouver l'aiguille dans la botte de foin chaotique du savoir écrit.

Organiser l'information continue d'être un défi fondamental à l'ère des nouvelles technologies, comme ce fut le cas à l'époque des Ptolémées. Ce n'est pas un hasard si dans plusieurs langues – français, catalan, espagnol – nous appelons précisément nos appareils informatiques « ordinateurs ». C'est un professeur de lettres classiques de la Sorbonne, Jacques Perret, qui proposa en 1955 aux dirigeants français d'IBM, alors sur le point de lancer sur le marché de nouvelles machines, de remplacer le terme anglo-saxon *computer*, qui fait uniquement allusion aux opérations de calcul, par *ordinateur*, qui se réfère à la fonction – beaucoup plus importante et décisive – d'ordonner les données. L'histoire des péripéties technologiques, depuis l'invention de l'écriture à celle de l'informatique est, dans le fond, le récit des méthodes créées pour disposer de la connaissance, l'archiver et la récupérer. La route de toutes ces avancées contre l'oubli et la confusion, qui commença en Mésopotamie, atteignit son apogée, pendant l'Antiquité, dans le palais des livres d'Alexandrie, et serpente sinueusement jusqu'aux réseaux digitaux d'aujourd'hui.

Les rois collectionneurs firent un autre pas anormal et génial : traduire. Jamais personne n'avait abordé un projet de traduction universelle avec une curiosité aussi grande et une telle profusion de moyens. Héritiers de l'ambition d'Alexandre, les Ptolémées ne se contentèrent pas de cartographier le monde inexploré, ils percèrent aussi des chemins vers les esprits des autres. Et ce fut un tournant décisif, car la civilisation européenne s'est construite grâce aux traductions – du grec, du latin, de l'arabe, de l'hébreu, des différentes langues de Babel. Sans traductions, nous aurions été différents. Nous, les habitants de chaque région d'une Europe entravée par des montagnes, des fleuves, des mers et des frontières linguistiques, aurions ignoré les découvertes lointaines, et nos limites nous auraient encore plus isolés. Il est impossible de connaître chacune des langues dans lesquelles parlent la littérature et le savoir et, malheureusement, les pigeons, pour la plupart, ne sont pas capables de diffuser le don des langues. Mais notre ancienne habitude de traduire a bâti des ponts, amalgamé des idées, suscité une conversation polyphonique infinie, et nous a protégés des pires dangers de notre chauvinisme étriqué, nous enseignant que notre langue est une langue – en réalité plus d'une – parmi d'autres.

L'acte de traduire, que nous tenons pour acquis, recèle des aspects mystérieux. Dans *L'Invention de la solitude*, Paul Auster réfléchit à cette expérience presque magique, ce jeu de miroirs. Ses subtilités l'intriguent car, pendant des années, l'écrivain a gagné sa vie en traduisant les livres d'autres auteurs. Il s'est assis à son bureau, a lu un livre en français puis, avec des efforts, a écrit le même livre en anglais. En réalité, c'est et ce n'est pas le même livre, et pour cette raison la tâche n'a pas cessé de l'étonner. Il y a toujours une fraction de seconde où toute traduction confine au vertige, la rencontre inquiétante, face à face, avec son propre double, la stupeur quantique de la superposition d'états. Auster s'assoit à son bureau pour traduire le livre de quelqu'un d'autre et, bien qu'il y ait seulement une présence dans la pièce, en réalité il y en a deux. Auster s'imagine lui-même comme une sorte de fantôme vivant d'une personne – souvent morte – qui est et n'est pas là, dont le livre est et n'est pas celui qu'il traduit à cet instant. Alors il se dit à lui-même qu'il est possible au même moment d'être seul et de ne pas l'être.

La traduction est l'héritière d'un concept qu'inventa, dans une grande mesure, Alexandre, et qu'on désigne encore par un terme grec : le cosmopolitisme.

La plus belle partie du rêve mégalomane d'Alexandre – la réalisation, comme dans toute utopie qui se respecte, fut à l'évidence boiteuse – consistait à donner vie à une union durable des peuples de l'oïkoumène, créant une forme politique nouvelle capable d'assurer à tous les êtres humains paix, culture et lois. Plutarque écrivit : « Alexandre ne traita pas les Grecs comme des chefs et les barbares de manière despotique, comme Aristote le lui avait conseillé. Il ne se comporta pas non plus avec les autres comme si c'étaient des plantes ou des animaux. Au contraire, il ordonna que tous considèrent le monde comme leur patrie, les gentils comme des membres de leur famille, et les méchants comme des étrangers. » Il s'agit, sans doute, d'un résumé hagiographique qui dissimule soigneusement les aspects les plus scabreux de l'aventure impériale grecque. Cependant, à travers un prisme déformant, il reflète l'exceptionnel processus de globalisation entrepris par Alexandre.

Le projet de créer un royaume qui s'étende jusqu'aux confins du monde habité mourut avec le jeune Macédonien, mais ses conquêtes ouvrirent un plus vaste espace de relations humaines. La civilisation hellénistique fut, de fait, le plus grand réseau d'échanges culturels et commerciaux que le monde avait connu jusque-là. Et les nouvelles villes, fondées par Alexandre et par ses successeurs comme célébration vivante de sa gloire, inaugurèrent une nouvelle façon de vivre dans le déclin de la civilisation classique. Tandis que dans la Grèce européenne l'existence se déroulait encore de manière traditionnelle, dans les rues bondées des grandes villes alexandrines du Moyen-Orient et d'Asie Mineure, le mélange quotidien de personnes avec des origines, des coutumes et des croyances diverses ouvrit la voie à des modes de vie hybrides audacieux.

Beaucoup de spécialistes pensent que celui qui incarna le mieux les nouveaux horizons de l'hellénisme fut Ératosthène, appelé au IIIe siècle av. J.-C. par le roi Ptolémée III pour diriger la Bibliothèque d'Alexandrie. Le nouveau directeur corrigea l'ancienne carte géographique sur la base des informations rapportées par l'expédition d'Alexandre. Selon le chercheur Luca Scuccimarra, « Ératosthène exprima, avec une clarté sans précédent, la pleine reconnaissance de la diversité ethnique et linguistique du genre humain ». L'Alexandrie que connut ce nouveau cartographe de la réalité globale était une projection du monde futur : une ville grecque en Afrique, la plus extraordinaire Babel, le plus prodigieux point de rencontre des idées, des arts et des croyances de notre vieux monde.

Là-bas, sur les rives de la Méditerranée, est née la première culture désireuse d'accueillir les savoirs de toute l'humanité. Une ambition aussi fantastique héritait du désir d'entrer en contact avec les autres, qu'Hérodote éprouva toute sa vie, et qui stimula Alexandre dans sa course jusqu'au bout du monde. Comme le rappelle le maître George Steiner, Hérodote souleva la question quand il affirma : « Tous les ans nous avons envoyé nos bateaux en Afrique, avec un grand danger pour les vies et de grandes dépenses, pour demander : Qui êtes-vous ? Comment sont vos lois et votre langue ? Eux n'ont jamais envoyé de bateaux pour nous poser ces questions. » L'hellénisme esquissa et développa l'idée du voyage de connaissance, sous deux formes : le déplacement physique – dans des caravanes, sur des navires, dans des carrioles, à dos de montures – et le trajet immobile du lecteur qui entrevoit l'immensité du monde depuis les sentiers de l'encre d'un livre. Alexandrie, représentée par le phare et le Musée, fut le symbole de ce double parcours. Dans la ville-creuset, on trouve les fondations d'une Europe qui, avec ses lumières et ses ombres, ses tensions et ses délires, y compris avec son penchant régulier pour la barbarie, n'a jamais perdu son appétit de connaissance ni son envie d'explorer. Dans *Visión desde el fondo del mar*, Rafael Argullol réclame pour lui-même une épitaphe simple, composée de deux mots : « Il voyagea ! » Et il ajoute : « J'ai voyagé pour m'évader et pour tenter de me voir depuis un autre lieu. Quand on réussit à se voir d'ailleurs, on contemple l'existence avec plus d'humilité et de perspicacité que quand, comme un imbécile encouragé par d'autres imbéciles, on s'imagine qu'on est le meilleur, que sa ville est la plus belle, et que ce qu'on appelle la vie est l'unique vie envisageable. » Alexandrie, dans son statut ambigu de ville grecque au-delà de la Grèce et de germe de l'Europe en dehors de la géographie européenne, inaugura ce regard extérieur sur soi-même. Aux plus belles époques de la Bibliothèque et dans le sillage d'Alexandre, les philosophes stoïciens osèrent enseigner pour la première fois que tous les individus sont les membres d'une communauté sans frontières et qu'ils doivent respecter l'humanité dans n'importe quel lieu et n'importe quelle circonstance où ils se trouvent. Souvenons-nous de la capitale grecque du delta comme de l'endroit où bouillonnait tout ce magma, où les langues et traditions étrangères commencèrent à être importantes, ainsi que la perception du monde et de la connaissance comme un territoire partagé. Dans ces aspirations, on découvrit le précédent du grand rêve européen d'une citoyenneté universelle. L'écriture, le livre et son intégration dans les bibliothèques furent les technologies qui rendirent possible cette utopie.

Habituellement, on assiste à l'oubli, à la disparition de l'héritage de mots, au chauvinisme et aux barrières linguistiques. Grâce à Alexandrie, nous sommes devenus vraiment étranges : traducteurs, cosmopolites, dotés d'une grande mémoire. La Grande Bibliothèque me fascine – moi, la petite exclue de l'école de Saragosse –, car elle inventa une patrie de papier pour les apatrides de tous les temps.

II

LES CHEMINS DE ROME

Une ville à la mauvaise réputation

1

Le nouveau centre du monde était une ville à la très mauvaise réputation. Dès le départ, les Romains possédèrent une terrible légende noire, avec la particularité de l'avoir inventée eux-mêmes. Pour commencer, un fratricide. Le mythe raconte que les frères Romulus et Rémus, neveux impatients du roi d'Albe la Longue, partirent fonder leur propre ville ce fameux 21 avril 753 av. J.-C. Ils choisirent d'un commun accord l'emplacement de la future Urbs sur les rives du Tibre, mais très vite, ils se lancèrent dans une bataille pour le pouvoir. Comme ils étaient jumeaux, aucun n'avait sur l'autre le privilège de l'âge, et tous deux se vantaient de présages divins en leur faveur – les dieux aussi savent ménager la chèvre et le chou. Néanmoins, Rémus franchit de manière provocatrice les remparts que Romulus avait commencé à construire de son côté. Tite-Live dit qu'au cours du combat qui s'ensuivit, l'ardeur de leurs ambitions conduisit à l'effusion de sang. Romulus assassina son frère et, tremblant de rage, s'écria : « Ainsi mourront tous ceux qui franchiront ces murs. » Il créa ainsi un précédent utile pour la future politique étrangère romaine qui, après avoir frappé, invoquerait toujours pour se justifier une agression ou une illégalité préalable de la partie adverse.

L'étape suivante fut l'organisation d'un authentique rassemblement de délinquants. La ville fraîchement inaugurée avait besoin de citoyens. Sans réfléchir, le jeune roi déclara Rome terre d'asile pour criminels et fugitifs, annonçant qu'entre ses murs ceux-ci ne seraient pas poursuivis. Une foule éparse de condamnés et de personnes d'origine obscure – selon Tite-Live – s'enfuit des territoires voisins. Ils devinrent les premiers Romains. Le problème le plus pressant fut l'absence de femmes. Et c'est ainsi qu'on arrive au troisième épisode, abject : un viol massif.

Romulus invita les familles des villages alentour à la célébration de jeux en l'honneur du dieu Neptune. Apparemment, les gens des environs avaient très envie de voir la nouvelle ville, qui jusque-là avait été un marais avec des cabanes en terre séchée et quelques moutons comme suprême attraction. Pour cette raison, le jour prévu, une multitude curieuse accourut à Rome. Accompagnés de leurs femmes et de leurs filles, les habitants de bourgades proches aux noms aussi excentriques que Caenina, Antemnae et Crustumerium – si cette dernière était devenue une grande puissance impériale à la place de Rome, nous serions tous aujourd'hui *crustumériens* – arrivèrent en ville. Mais la fête religieuse était en réalité un piège. Au moment des jeux, alors que les yeux et les esprits des invités sabins étaient concentrés sur le spectacle, on donna le signal convenu. Alors les Romains enlevèrent les jeunes filles venues là avec leurs familles. Tite-Live commente que presque tous s'emparèrent à la volée de la première femme qui leur tomba sous la main mais, comme il y a des hiérarchies dans tout, les patriciens principaux se réservèrent les plus jolies et payèrent pour qu'on les conduise chez eux. En infériorité numérique, les pères et les maris des séquestrées durent battre en retraite, accablés de douleur, lançant d'amers reproches à leurs violents voisins.

L'historien s'empresse d'expliquer, pour éviter tout malentendu, que cet enlèvement fut une mesure nécessaire pour que les Romains assurent la survie de leur ville. Par ailleurs, il les décrit faisant des promesses d'affection, de réconciliation et d'amour aux jeunes filles apeurées. « Ces arguments, ajoute-t-il, furent renforcés par la tendresse de ces maris, qui excusèrent leur conduite en invoquant la force irrésistible de leur passion, argument toujours efficace car il émeut la nature féminine. » Comme si ça ne suffisait pas, cette sauvagerie collective légendaire servit de modèle à la cérémonie romaine du mariage qui, pendant des siècles, mit en scène l'enlèvement des femmes. Le rituel exigeait que la mariée se réfugie dans les bras de sa mère et que le marié feigne d'aller la chercher de force tandis qu'elle pleurait, résistait et criait.

En 1954, une comédie romantique gentillette reprit ce thème : dans *Les Sept Femmes de Barbe-Rousse*, une chanson sympathique sur les Sabines aide les rudes garçons, héros du film, à résoudre une fois pour toutes leurs problèmes de célibat. Et, soulagés, les joyeux compères reprennent en chœur : « Ces Sabines pleuraient et pleuraient, mais en leur for intérieur elles étaient contentes. Elles criaient et donnaient des baisers, elles donnaient des baisers et pleuraient dans la campagne romaine. N'oubliez pas les conciliantes Sabines. On ne vit jamais rien de plus chaleureux, un bébé romain sur chaque genou, appelé Claude ou Brutus. Et ces larmoyantes Sabines, quand les Romains partaient pour relever leurs concitoyens et se battre, passaient leurs nuits très occupées à coudre de petites toges pour leurs enfants. » Visiblement, le Hollywood pudibond du code Hays, qui censurait les baisers et les lits conjugaux à l'écran, considérait édifiante, en revanche, la vieille histoire de l'enlèvement collectif comme étape préliminaire à une vie domestique heureuse.

Cependant, les ennemis de Rome percevaient dans ses mythes fondateurs douteux un avant-goût et un avertissement de son caractère prédateur postérieur. Des siècles plus tard, un de ses adversaires écrirait : « Dès le début, les Romains n'ont rien possédé, sauf ce qu'ils ont volé : leur foyer, leurs épouses, leurs terres, leur empire. » Pourtant, les descendants de ce Romulus sombre et sans scrupules conquirent, en seulement cinquante-trois ans – d'après les calculs de Polybe – la majeure partie du monde connu.

2

La création du grand Empire méditerranéen nécessita, en réalité, plusieurs siècles. Ces cinquante-trois ans au cours du IIe siècle av. J.-C. délimitent la période pendant laquelle tous les autres peuples comprirent peu à peu, avec stupeur et effroi, que Rome avait fabriqué l'engrenage guerrier le plus destructeur jamais connu.

Les premières batailles non légendaires de Rome datent du Vᵉ siècle av. J.-C. Il s'agit d'escarmouches locales quotidiennes – parfois défensives, parfois agressives – dans les territoires limitrophes. Au IVᵉ siècle av. J.-C. seulement, l'expansion romaine commença à attirer l'attention des Grecs, force dominante à cette époque. En 240 av. J.-C., après une progression vertigineuse de victoires, le territoire romain s'étendait déjà sur presque toute l'Italie et la Sicile. Un siècle et demi plus tard, il dominait quasiment toute la péninsule ibérique, la Provence, l'Italie, la côte adriatique, la Grèce, l'Asie Mineure occidentale et le littoral nord-africain entre la Lybie et la Tunisie. Entre 100 et 43 av. J.-C., la Gaule fut annexée, puis le reste de la péninsule d'Anatolie, la côte de la mer Noire, la Syrie, la Judée, Chypre, la Crète, la bande côtière de l'Algérie et une partie du Maroc. Les habitants de la petite ville des marais du Tibre, qui avaient vécus noyés dans leur bourbier fétide, se mirent à disposer de toute la Méditerranée comme d'un lac intérieur pour leur plaisir exclusif.

Les campagnes militaires devinrent un trait quotidien de la vie des Romains. Un historien hispanique du Vᵉ siècle consigne uniquement – comme une bizarrerie inouïe – une année sans guerre durant cette longue période d'expansion impériale. Ces mois insolites d'oisiveté militaire eurent lieu en 235 av. J.-C., pendant les consulats de Caius Atilius et de Titus Manlius. Mais habituellement, les Romains consacraient d'immenses efforts et ressources à faire la guerre et, bien que considérant leurs batailles comme des victoires, ils laissèrent derrière eux un très grand nombre de pertes – sans parler des pertes étrangères. Mary Beard affirme que pendant l'étape de conquêtes, entre 10 et 25 % de la population masculine adulte devait servir chaque année dans les légions, dans une proportion bien plus importante que celle de n'importe quel État préindustriel et, selon les estimations les plus élevées, équivalente à l'indice de recrutement de la Première Guerre mondiale. Lors de la bataille de Cannes face à Hannibal, qui dura une seule après-midi, le rythme de morts romaines est estimé à cent par minute. Et il faut prendre en compte le fait que beaucoup de combattants succombèrent plus tard à leurs blessures, car les armes anciennes servaient aussi bien à mutiler qu'à tuer, et la mort survenait ensuite, par infection.

Le sacrifice fut énorme, mais les bénéfices dépassèrent les fantasmes les plus fous de ces implacables légionnaires. Au milieu du IIe siècle av. J.-C., grâce au butin de toutes ces victoires, la population romaine était devenue la plus riche du monde connu. La guerre favorisait le commerce lucratif par excellence de l'époque : l'esclavage. Des milliers et des milliers de prisonniers se transformèrent en main-d'œuvre esclave, travaillant dans les champs, les mines et les moulins romains. Des charrettes pleines de lingots pillés dans les villes et royaumes orientaux remplirent à craquer le trésor romain. En 167 av. J.-C., la surabondance de l'or était telle que l'État décida de suspendre les impôts directs à ses concitoyens. Il est vrai que ces fortunes soudaines furent également déstabilisantes pour les Romains – surtout pour ceux qui ne purent pas en profiter. Le schéma habituel se mit en place : les riches devinrent plus riches, et les pauvres encore plus pauvres. Les familles patriciennes s'enrichirent avec de grandes propriétés rurales, peu coûteuses grâce à la main-d'œuvre esclave, tandis que les petits paysans libres, dont Hannibal avait rasé les terres pendant la deuxième guerre punique, s'appauvrirent davantage encore à cause de cette concurrence déloyale. Le meilleur des mondes ne l'est jamais pour tous.

Depuis la nuit des temps, d'innombrables guerres ont eu lieu dans le but de capturer des prisonniers, de les posséder et de faire du trafic avec eux. La richesse mondiale est souvent venue des bras des esclaves. C'est un lien réel entre l'Antiquité et des époques plus modernes : de la muraille de Chine à la Route des os de la Kolyma, du système d'irrigation en Mésopotamie aux plantations de coton américaines, des bordels romains à la traite des blanches actuellement, des pyramides égyptiennes aux vêtements bon marché *made in Bangladesh*. Dans l'Antiquité, les esclaves étaient sans doute une des raisons principales – et souvent la seule – pour lancer une expédition de conquête. Ils représentaient un ressort économique si puissant qu'on ne cherchait même pas à le cacher. Un jour, Jules César, célèbre pour sa clémence, vendit toute la population d'une ville gauloise récemment conquise, pas moins de 53 000 personnes, sur place. La négociation put se dérouler rapidement car les trafiquants d'esclaves formaient une deuxième armée à l'arrière des légions afin de pouvoir acheter de la marchandise fraîche dès que la nuit tombait sur les champs de bataille.

Prisonniers, populations civiles et adversaires souffrirent dans leur propre chair de l'efficacité de l'organisation romaine. Le nouvel empire concrétisa l'ambition unificatrice que les Grecs ne menèrent jamais à bien car, à l'heure de vérité, ils se révélaient toujours être de piètres politiciens. Les successeurs d'Alexandre, comme je l'ai dit, créèrent des dynasties rivales qui se jetèrent les unes contre les autres dans une série de guerres, fragmentant l'empire hérité et le plongeant dans l'incertitude de leurs alliances changeantes et de leurs éclats permanents de violence brutale. Les belligérants de tous les camps s'habituèrent à recourir aux Romains comme alliés dans leurs luttes locales ou comme arbitres de leurs conflits, et ils finirent par être engloutis par des amis si dangereux.

On ne peut pas affirmer que les Romains ont inventé la globalisation, car elle existait déjà dans le monde hellénistique morcelé, mais ils l'élevèrent à un degré de perfection qui, aujourd'hui encore, nous impressionne. D'un bout à l'autre de l'empire, de l'Espagne à la Turquie, une constellation expansive de villes romaines restait reliée grâce à des voies tellement solides et bien tracées que beaucoup d'entre elles existent toujours. Ces villes avaient un modèle d'urbanisme reconnaissable et agréable : de larges avenues se croisant à angle droit, des gymnases, des thermes, un forum, des temples en marbre, des théâtres, des inscriptions en latin, des aqueducs, un système de canalisations. Les étrangers trouvaient, où qu'ils fussent, des traits d'une cartographie uniforme, comme les touristes de nos jours tombent sur les franchises des mêmes marques de vêtements, de matériel informatique et de hamburgers dans des artères commerciales identiques d'un bout à l'autre de la planète.

Ces transformations provoquèrent un fourmillement de personnes se déplaçant comme jamais on ne l'avait vu auparavant dans le monde ancien. Au début, il s'agit surtout de mouvements d'armées et de migrations massives forcées. On estime qu'au début du IIe siècle av. J.-C., huit mille esclaves par an, capturés durant la guerre, arrivaient en moyenne dans la péninsule italique. À cette même époque s'élancèrent sur la Méditerranée voyageurs, commerçants et aventuriers romains, qui se déplaçaient pendant de longues périodes en dehors de l'Italie. Les eaux de cette mer, qu'ils nommèrent rapidement *nostrum* pour ne pas tourner autour du pot, étaient un foyer d'hommes d'affaires qui tiraient profit des opportunités commerciales ouvertes par la conquête. Faire du commerce avec des esclaves ou fournir des armes devinrent des métiers fortement recherchés sur le marché du travail. Au mitan de ce même IIe siècle av. J.-C., plus de la moitié des citoyens mâles adultes avaient vu les horizons du monde extérieur et contribué chaudement à la variété ethnique, laissant au passage – et abandonnant à leur sort – de nombreux enfants métis.

Toute cette force militaire, ces richesses, les étonnants réseaux de transport et les ouvrages de génie civil composaient une machine puissante, invincible mais aride sans la rosée de la poésie, des récits et des symboles. Les brèches ouvertes par ces absences furent les routes imprévisibles par lesquelles Œdipe, Antigone et Ulysse s'envolèrent vers les chaussées du monde globalisé.

La littérature de la défaite

3

Les Romains obtinrent leur extraordinaire succession de victoires grâce à un mélange très efficace de violence et de capacité d'adaptation, dans la meilleure tradition darwinienne. Les bouseux à la solde de Romulus apprirent rapidement à imiter le meilleur de leurs ennemis, à s'approprier ce qui leur plaisait sans la moindre obstination chauviniste et à mélanger tous les ingrédients copiés pour créer de nouvelles formes. Depuis les premières escarmouches, ils s'habituèrent à piller leurs ennemis vaincus, non seulement matériellement, mais aussi symboliquement. Lors des combats contre les Samnites, ils imitèrent leurs stratégies militaires – surtout, le manipule comme unité basique de la légion – et les utilisèrent de manière très efficace pour les soumettre avec leurs propres armes. Pendant la première guerre punique, les paysans romains se débrouillèrent pour armer une flotte aussi ressemblante que possible à celle des Carthaginois, et ils remportèrent avec elle leurs premières batailles navales. Les propriétaires terriens italiens aux idées traditionnelles, et de vieille souche, adoptèrent très vite les exploitations modernes agricoles hellénistiques sous forme de plantation.

Grâce à toutes ces appropriations, les Romains créèrent une force d'invasion aussi invincible que l'armée d'Alexandre et administrèrent mieux que lui ses conquêtes. Mais, au-delà de leur incontestable talent pour la guerre et la barbarie, ils eurent un éclair d'étonnante humilité quand ils reconnurent que la culture grecque était très supérieure à la leur. Les membres les plus lucides des classes dirigeantes comprirent que toute grande civilisation impériale a besoin de fabriquer un récit unificateur et victorieux, soutenu par des symboles, des monuments, des architectures, des mythes bâtisseurs d'identités et des formes sophistiquées de discours. Et pour l'obtenir rapidement, selon leur coutume, ils décidèrent d'imiter les meilleurs. Ils savaient où trouver le modèle. Mary Beard résume cette situation par un aphorisme percutant : « La Grèce l'invente, Rome le veut. » Les Romains se mirent à parler la langue des Grecs, à copier leurs statues, à reproduire l'architecture de leurs temples, à écrire des poèmes de type homérique et à imiter leur finesse avec un zèle de parvenus.

Le poète Horace saisit ce paradoxe quand il écrit que la Grèce, la conquise, a envahi son féroce vainqueur. Aujourd'hui, il nous paraît difficile de déterminer à quel point Rome emprunta toute la culture grecque et dans quelle mesure les Romains furent – ou pas – des barbares sauvages jusqu'à ce que les Grecs les civilisent, mais c'est ainsi que les deux camps racontaient l'histoire. Les intellectuels et créateurs latins se présentèrent toujours comme des disciples des classiques grecs. Les vestiges de formes culturelles autochtones furent marginalisés ou effacés. Et beaucoup de riches Romains apprirent à se débrouiller dans la langue de leurs sujets hellénistiques – même si on sait que les vrais Grecs se moquaient sans pitié de l'accent romain qu'ils trouvaient vulgaire. On sait qu'au début du Ier siècle av. J.-C. une délégation grecque prit la parole devant le Sénat de Rome sans avoir recours à un traducteur. Cet effort des vainqueurs pour parler dans leurs cercles les plus cultivés la langue d'une de leurs nombreuses colonies est une attitude stupéfiante et extraordinaire, aux antipodes de l'arrogance culturelle habituelle des métropoles impériales. Imaginons les Britanniques s'efforçant de parler sanskrit lors de leurs réunions littéraires de Bloomsbury, ou Proust suant sang et eau pour engager une conversation raffinée en bantou avec les aristocrates parisiens qui le fascinaient tant.

Pour la première fois, une grande superpuissance ancienne assumait l'héritage d'un peuple étranger – et vaincu – comme un ingrédient essentiel de sa propre identité. Sans culpabilité, les Romains admirèrent la supériorité grecque et osèrent explorer leurs découvertes, les intérioriser, les protéger et prolonger leur onde de choc. Cette entreprise de séduction a eu d'énormes conséquences pour nous tous. C'est là qu'apparut le fil qui unit notre présent au passé, et nous relie à un monde éteint magnifique. Au-dessus, comme des funambules, les idées, les découvertes scientifiques, les mythes, les pensées, l'émotion, et aussi les erreurs et les misères de notre histoire marchent d'un siècle à l'autre. Nous avons appelé classiques toutes ces paroles en équilibre dans le vide. À cause de la fascination qu'elle exerce toujours sur nous, la Grèce survit comme le kilomètre zéro de la culture européenne.

4

La littérature latine est un cas très particulier : elle n'est pas née spontanément, mais fut conçue sur commande, *in vitro*. L'accouchement provoqué eut lieu un jour précis, en 240 av. J.-C., pour célébrer la victoire de Rome sur Carthage.

Bien longtemps avant ce jour inaugural, les Romains avaient appris à écrire – comment aurait-il pu en être autrement – comme les Grecs qui, depuis le VIIIe siècle av. J.-C., vivaient dans les prospères colonies du sud de l'Italie, région connue comme la Grande-Grèce. Par le biais du commerce et des voyages, leur culture et leur écriture alphabétique avaient débarqué dans le nord. Les premiers Italiens septentrionaux à apprendre l'alphabet grec et à l'adapter à leur langue furent les Étrusques, qui dominèrent le centre de la péninsule entre le VIIe et le IVe siècle av. J.-C. Leurs voisins du sud, les Romains – qui, même s'ils n'aimaient pas le reconnaître, furent soumis pendant des décennies à une dynastie d'Étrurie –, se jetèrent avec empressement sur cette merveilleuse innovation et adoptèrent à leur tour l'écriture étrusque avec certains ajustements pour l'adapter au latin. L'alphabet de mon enfance, celui qui m'observe à présent depuis les rangées noires du clavier de mon ordinateur, est une constellation de lettres errantes que les Phéniciens embarquèrent dans leurs navires. Elles sillonnèrent la mer en direction de la Grèce, puis naviguèrent vers la Sicile, cherchèrent les collines et les oliviers de la Toscane, traînèrent dans le Latium et, de main en main, se transformèrent jusqu'à devenir le tracé que caressent mes doigts.

Les plus anciens témoins de cet alphabet itinérant ne laissent aucune place à la rêverie. Les Romains – pragmatiques, organisateurs nés – limitèrent son usage à des registres d'événements et aux lois. Les textes les plus vieux – du VIIe et surtout du VIe siècle av. J.-C. – sont un groupe de brèves inscriptions (par exemple des signes de propriété gravées sur un récipient). Des siècles suivants, on connaît uniquement les lois et rituels écrits. Il ne reste aucune trace d'écrits de fiction – on luttait à la vie à la mort pour le pouvoir sur les champs de bataille et c'était un sale temps pour la poésie. La littérature romaine dut patienter ; ce fut un événement tardif, conçu pendant une trêve militaire. Quand l'ennemi le plus dangereux avait enfin mordu la poussière, une fois le devoir accompli, dans le repos et l'oisiveté de la victoire, alors seulement les Romains se permirent de penser aux jeux de l'art et aux plaisirs de la vie. La première guerre punique s'acheva en 241 av. J.-C. À peine quelques mois plus tard, les Romains purent apprécier la première œuvre littéraire en latin. Le public la découvrit en septembre 240 av. J.-C. sur les planches d'un théâtre de la capitale, dans le cadre des *Ludi Romani*. Comme grande attraction des festivités, on joua une pièce – on ignore s'il s'agissait d'une comédie ou d'une tragédie – traduite du grec, dont le titre est tombé dans l'oubli. Ce n'est pas un hasard si c'est une traduction qui marque le début de la littérature romaine, toujours ensorcelée par les maîtres grecs, toujours dans un jeu ambigu d'échos, de nostalgie, de jalousie, d'hommage et de toutes les nuances de l'amour complexé.

Cette représentation initiale renferme une étrange

histoire : la poésie est arrivée à Rome entre le fracas des armes, du camp adverse, par l'intermédiaire d'un esclave étranger. Livius Andronicus, l'improbable initiateur de la littérature latine, n'était pas romain de naissance. Il gagnait sa vie comme acteur à Tarente, une des plus importantes enclaves de culture grecque du sud de l'Italie, ville somptueuse, raffinée et amatrice de théâtre. Le jeune homme fut fait prisonnier pendant la conquête en 272 av. J.-C. et connut le sort amer des vaincus : le marché aux esclaves. Je l'imagine entrevoyant l'Urbs pour la première fois entre les barreaux de la charrette où on le transportait comme du bétail à vendre. Un habile vendeur réussit à le placer dans la riche demeure des Livius. Son intelligence et son bagout l'exemptèrent des tâches les plus pénibles. On raconte qu'il donna des cours aux enfants du maître et que la famille, reconnaissante, l'affranchit des années plus tard. Comme c'était l'usage, il garda le patronyme de ses anciens maîtres, auquel il ajouta un surnom grec qui symbolisait son identité divisée. Sous la protection de la puissante famille qui l'avait acheté puis libéré, il ouvrit une école dans la capitale. En l'absence de poètes autochtones, ce fut cet étranger, bilingue par la force, qui reçut les commandes littéraires à Rome. Je me demande quelles émotions contradictoires ont dû l'assaillir quand il écrivit dans la langue de sa défaite. On sait qu'il traduisit les premières tragédies et comédies qui furent représentées dans la capitale de l'empire, et aussi l'*Odyssée* d'Homère. Grâce à lui fut créée une communauté d'écrivains et d'acteurs sous l'égide du temple de Minerve sur l'Aventin. À peine quelques fragments des vers liminaires de Livius ont été conservés. J'aime le son évocateur d'une phrase tronquée de son *Odusia* : « Les monts abrupts et les champs poussiéreux et la mer immense. » Un petit mystère reste à résoudre. Tout indique que Rome était en ce temps-là un coin perdu quasiment sans livres, ni bibliothèques publiques, ni libraires. Comment Livius Andronicus a-t-il réussi à se procurer les œuvres originales pour ses traductions ? Les riches patriciens pouvaient se permettre d'envoyer des messagers dans les villes grecques du sud de l'Italie, où il y avait des marchands de livres, mais cette solution était impensable pour un simple affranchi.

De nos jours, les bibliophiles que nous sommes peuvent difficilement imaginer le désert de livres de l'époque manuscrite. Dans notre XXIe siècle, l'avalanche de lettres imprimées déborde de partout. On publie un nouveau titre toutes les 30 secondes, 120 par heure, 2 800 par jour, 86 000 par mois. Un lecteur moyen parvient à lire dans toute sa vie ce que le marché éditorial produit en une seule journée, et chaque année des millions d'exemplaires invendus sont détruits. Mais cette abondance est très récente. Pendant des siècles, se procurer des livres exigeait d'avoir de bonnes relations, et même avec les contacts adéquats, cela signifiait des frais, des efforts, du temps et, à l'occasion, affronter les dangers du voyage.

Par ses propres moyens et avec la stigmatisation de ses origines, Livius Andronicus n'aurait jamais pu se consacrer à lire, traduire et diriger une école sans l'appui de ses puissants protecteurs. Ce furent probablement les Livius qui avancèrent l'argent pour réunir – avec l'intention d'exhiber leur richesse et de se targuer de culture – une petite bibliothèque de classiques grecs. Tous les matins, à la première heure, leur ancien serviteur devait leur rendre une visite de politesse – la *salutatio matutina* –, patienter dans l'antichambre jusqu'à ce que le patron daigne apparaître et, comme l'acteur qu'il avait été dans sa jeunesse, incliner la tête et parler sur le ton approprié, remerciant chaque jour d'avoir la chance de tenir entre ses mains grecques, d'ancien esclave, les rouleaux de la luxueuse collection.

5

Les nobles romains s'entichèrent des livres, ces objets rares et exclusifs qui n'étaient pas à la portée de tous. Au début, ils envoyaient pacifiquement leurs serviteurs à Alexandrie et dans d'autres centres culturels avec pour mission de commander des copies aux spécialistes. Ils découvrirent bientôt qu'il était beaucoup plus pratique de rafler des bibliothèques entières pendant leurs expéditions militaires en territoire grec. La littérature devint ainsi un butin de guerre.

En 168 av. J.-C., le général Paul Émile vainquit le dernier roi de Macédoine. Il laissa Scipion Émilien et un autre de ses fils, tous deux amoureux du savoir, emporter à Rome l'intégralité des livres de la maison royale macédonienne, à laquelle appartenait Alexandre. Grâce à ce précieux pillage, les Scipions devinrent propriétaires de la première grande bibliothèque privée de la ville et parrainèrent la jeune génération de littérature romaine. Un des écrivains satellites qui gravitaient autour de leurs livres fut le dramaturge Térence, dont on prétendait qu'il était d'origine esclave. Son surnom *Afer* («l'Africain») donne des pistes sur sa provenance et la couleur de sa peau. En ce temps-là, les tâches culturelles étaient implacablement réparties. Les puissants patriciens se chargeaient de voler les livres – parfois, dans un accès d'honnêteté, ils allaient jusqu'à les acheter – pour enrichir leurs collections privées et attirer vers eux les auteurs les plus talentueux. Les écrivains proprement dits étaient, sauf exceptions, des pouilleux à leur service (esclaves, étrangers, prisonniers de guerre, pauvres employés au noir et autres déclassés).

Dans le sillage des Scipions, plusieurs généraux suivirent le chemin pratique du pillage de livres. L'impitoyable Sylla s'empara de ce qui était alors peut-être le trophée le plus désirable : la collection d'Aristote lui-même, qui pendant longtemps était restée cachée et réapparut à temps pour être transformée en butin de guerre. À Rome fut aussi célèbre la bibliothèque de Lucullus, acquise grâce à un pillage méthodique au cours de ses campagnes militaires victorieuses dans le nord de l'Anatolie. Privé du commandement en 66 av. J.-C., Lucullus se consacra, à partir de là, à une vie de luxueuse paresse, soutenue par les richesses qu'il avait accumulées durant ses années prédatrices. On raconte que sa bibliothèque privée suivait le modèle architectural de celles de Pergame et d'Alexandrie : des rouleaux stockés dans des salles étroites, des galeries où lire, et des salons pour se réunir et parler. Lucullus fut un voleur généreux : il mit ses livres à la disposition de sa famille, de ses amis et des étudiants basés à Rome. Plutarque dit que des groupes d'intellectuels se rassemblaient et dissertaient dans sa villa, comme à une réception permanente des muses.

La plupart des textes qui magnifiaient les bibliothèques des Scipions, de Sylla et de Lucullus étaient grecs. Avec le temps viendraient s'ajouter des textes en latin, mais ils seraient minoritaires. Comme les Romains avaient commencé tard à écrire, toute leur littérature réunie représentait une fraction ridiculement minuscule des fonds disponibles.

Je suppose que les artistes romains de cette époque devaient se sentir débordés et écrasés face au déluge d'œuvres artistiques qui arrivaient dans les bagages des avides conquérants. Une grande partie de ce butin était constituée d'incroyables chefs-d'œuvre. La littérature et l'art grec avaient alors derrière eux plus d'un demi-millénaire d'histoire. Pas facile de rivaliser avec cinq cents ans de création passionnée.

La fièvre collectionneuse romaine rappelle celle des riches capitalistes américains qui, émerveillés par les longs siècles d'art européen, et pour une poignée de dollars, spoliaient des retables, des fresques arrachées des murs, des cloîtres complets, des frontispices d'églises, des antiquités fragiles et des toiles de maîtres. Également des bibliothèques entières. C'est ainsi que Scott Fitzgerald dépeignit le jeune millionnaire Jay Gatsby. Sa fortune, provenant de contre bandes obscures, étincelait dans une grande villa de Long Island connue pour son luxe et son raffinement. Gatsby était célèbre pour ses fêtes hors de prix et extravagantes auxquelles il ne participait jamais. En réalité, un amour puéril et émouvant vibrait derrière ses exhibitions d'opulence. Le gaspillage, la lumière, les bals jusqu'à l'aube, les voitures flamboyantes et l'art européen étaient des feux d'artifice pour impressionner la fille qui l'avait quitté des années plus tôt, quand il n'était pas encore assez riche. Dans le palais que Gatsby avait construit comme une célébration kitsch de son ascension sociale, il y avait obligatoirement « une bibliothèque gothique lambrissée, en chêne anglais, qui avait probablement été transférée, complète, d'une ruine située de l'autre côté de la mer ». La perception mutuelle des Romains et des Grecs se nourrissait de clichés semblables aux nôtres sur les Américains et les Européens. Pragmatisme, pouvoir économique et militaire face au poids d'une longue histoire, d'une grande culture et de la nostalgie de splendeurs passées. Mars et Vénus. Même s'ils se témoignaient en général un respect réciproque, les deux camps possédaient un répertoire de blagues et de caricatures nationales pour rire de l'autre dans son dos. On peut imaginer les Grecs se moquant dans l'intimité des légionnaires brutaux et stupides, incapables de faire une misérable inscription sans fautes d'orthographe. De l'autre côté de la barrière, les vieux Romains conservateurs pestaient aussi. Dans une de ses satires, Juvénal s'exclame qu'il ne peut pas supporter la ville pleine de Grecs, cette populace charlatane et parasite qui a apporté avec elle ses vices en même temps que sa langue, corrompant les habitudes et déplaçant les vrais citoyens.

En effet, il n'y avait pas que de l'admiration. Les processus de globalisation suscitent toujours des réactions contradictoires et complexes. Certaines des voix les plus caustiques des IIIe et IIe siècles av. J.-C. critiquèrent l'influence des cultures étrangères en général et de la grecque en particulier. Elles s'en prenaient aux nouveautés qui commençaient à devenir de dangereuses modes, comme la philosophie, les luxes gastronomiques ou l'épilation. Le champion de ces critiques fut Caton l'Ancien, contemporain et rival de Scipion l'Africain, qu'il ridiculisait, l'accusant de s'agiter dans des gymnases grecs et de se mélanger à la plèbe des théâtres siciliens. D'après ce grincheux officiel, les coutumes sophistiquées des étrangers finiraient par miner la force du caractère romain. D'un autre côté, on sait que Caton enseigna en personne le grec à son fils, et les fragments conservés de ses discours montrent qu'il s'empressa d'étudier les subtilités de la rhétorique grecque qu'il maltraitait tant en public.

Toutes ces ambivalences de l'identité romaine se reflètent dans leur première littérature. Les pièces de théâtre de Plaute et de Térence sont déjà un peu plus que de simples traductions calquées sur le grec. Elles se présentent comme des adaptations fidèles qui respectent la trame des œuvres originales hellénistiques, maintenant le décor en Grèce, mais en réalité il s'agit d'œuvres hybrides, conçues pour plaire au public bruyant et festif de Rome. À la différence de l'Athènes classique, le théâtre dans l'Urbs était en concurrence avec d'autres divertissements populaires comme la lutte libre, le funambulisme ou les combats de gladiateurs. Pour cette raison, presque toutes les comédies tournaient autour d'un thème basique et infaillible : « garçon cherche fille. » Les gens attendaient, dans chaque comédie, l'apparition de l'esclave typique, rusé et filou, qui provoquerait mille imbroglios. Pour plaire à tout le monde, la fin heureuse était garantie. Mais, sous la surface frivole de ces pièces romaines, il y avait un ingrédient neuf. À travers elles, les spectateurs apercevaient la complexité culturelle du nouveau et vaste monde impérial.

L'action de toutes les comédies se passait en Grèce et, par conséquent, exigeait du public certaines notions de géographie lointaine. Dans une de ses représentations, Plaute se risqua à donner un rôle important à un Carthaginois, qui s'exprimait dans son authentique langue punique – les linguistes actuels trouvent là un témoignage unique pour connaître cette langue éteinte. Dans une autre, deux personnages se déguisent en Perses. Dans le prologue de plusieurs comédies apparaît une blague récurrente sur les adaptations. Faisant référence à sa traduction, Plaute dit : « Un Grec a écrit ceci, et Plaute l'a barbarisé. » Ce vers, comme l'explique Mary Beard, était un clin d'œil discret au public. Quand ils l'entendaient, les spectateurs d'origine grecque esquissaient un sourire en coin aux dépens des nouveaux, et barbares, maîtres du monde.

Entre rires et plaisanteries, le théâtre aidait à mieux comprendre la nouvelle réalité aux horizons élargis. Le public apprenait que les vieilles traditions ne pouvaient plus conserver leur pureté ancestrale ; que, malgré les résistances conservatrices, la façon la plus intelligente d'avancer sur les nouveaux chemins était d'adapter et de s'adapter au savoir du monde qu'ils avaient conquis. La jeune littérature hybride était l'avant-garde d'une société de plus en plus métissée. Rome découvrait les mécaniques de la globalisation et son paradoxe essentiel : ce que nous adoptons de l'étranger nous permet aussi d'être qui nous sommes.

6

Les jeunes empires ont des goûts simples : ils veulent tout. Ils rêvent de la puissance militaire, du pouvoir économique et, aussi, des splendeurs du vieux monde. C'est dans ce but que les Scipions transférèrent la bibliothèque royale de Macédoine à Rome et, grâce à ces livres précieux, ils attirèrent un cercle d'écrivains grecs et latins. Par la force des armes et de l'argent, ils tentaient de déplacer les centres de gravité de la création littéraire. Ce fut souvent le cas : la politique redessine les cartes culturelles.

La soif d'appropriation de ces riches Romains n'est pas si différente, dans le fond, de l'enthousiasme qui poussa l'Américaine Peggy Guggenheim à importer la peinture abstraite européenne dans son pays dans les années 1940, traçant de nouvelles géographies artistiques. Son père, membre d'une dynastic de magnats des mines et fonderies, mourut dans le naufrage du *Titanic*. Elle s'installa à Paris pour vivre la bohème depuis le confortable mirador de son héritage millionnaire. C'est là qu'elle commença sa célèbre collection d'art contemporain. Elle vivait encore à Paris quand les nazis envahirent la France. Au lieu de fuir, elle en profita pour acheter des œuvres d'art désespérément. Son mot d'ordre était « une peinture par jour ». Avec l'armée allemande qui arrivait par le nord du pays, les vendeurs ne manquaient pas. Elle achetait souvent à des familles juives qui fuyaient, paniquées, ou directement aux artistes, à des prix imbattables. Deux jours avant la chute de Paris, elle cacha sa collection dans le hangar d'un ami et alla se réfugier à Marseille, où elle eut une histoire d'amour avec Max Ernst, échappé d'un camp de concentration. Son argent lui permit de sauver Ernst et un groupe d'amis artistes, avec lesquels elle partit aux États-Unis.

À New York, Peggy Guggenheim ouvrit une galerie où elle exposait l'art de l'école parisienne. Autour de ces œuvres et des réfugiés européens qui se retrouvaient là – Duchamp, Mondrian, Breton, Chagall et Dalí, entre autres –, naquit l'avant-garde américaine. Les jeunes artistes du moment furent impressionnés par l'Art nouveau. Le gouvernement américain, désireux d'arracher à l'Europe sa suprématie artistique, avait créé un programme, le Federal Art Project, qui offrait un salaire de 21 dollars par semaine à des peintres au chômage pour décorer des institutions publiques. C'est de cette manière que se rencontrèrent Pollock, Rothko ou De Kooning, qui deviendraient les nouveaux protégés de Peggy. Jackson Pollock déclara dans une interview : « La peinture la plus importante des cent dernières années a été réalisée en France. Les peintres américains, en général, n'ont pas du tout rencontré la peinture moderne. Il est très important que les grands artistes européens restent parmi nous. » Souvent, l'après-midi, ces jeunes peintres se réunissaient au MoMA pour contempler le *Guernica* de Picasso, réfugié dans le musée, à l'abri des dictatures et des guerres en Europe. L'expressionnisme abstrait américain est né à l'ombre de l'avant-garde européenne.

En mai 1940, trois semaines avant l'occupation de

Paris, un autre exilé s'enfuit aux États-Unis à bord du paquebot *Champlain* – dont ce serait l'avant-dernier voyage avant son naufrage. Comme beaucoup d'écrivains européens persécutés, Vladimir Nabokov trouva refuge dans les universités américaines. Par ailleurs, il s'exila volontairement de sa propre langue, s'aventurant dans l'abîme d'écrire ses livres décisifs en anglais. Il déclara même qu'il se sentait aussi américain que le mois d'avril en Arizona. En même temps, il appréciait dans son nouveau pays le halo de cette Europe que les révolutions et les guerres lui avaient arrachée. Dans une lettre à son agente littéraire, il écrivit : « Ce qui me fascine dans la civilisation américaine, c'est justement cette touche du vieux monde, cet aspect démodé auquel elle souscrit malgré le revêche vernis brillant, la vie nocturne agitée, les lavabos dernier modèle, les publicités étincelantes et tout le reste. » Le cinéma, inventé en France, transféra également sa Mecque aux États-Unis. Les créateurs des grands studios de cinéma classique de Hollywood furent, dans leur majorité, des émigrants d'Europe centrale, dont beaucoup cachèrent leur nom et leur origine sous une patine américaine. Ces hommes d'extraction modeste, qui débarquèrent à New York avec seulement une poignée de dollars cousus dans la doublure de leur veste, bâtirent la grande industrie cinématographique qui attira bientôt une pléiade de réalisateurs, d'acteurs et de techniciens européens – Fritz Lang, Friedrich Wilhelm Murnau, Ernst Lubitsch, Charlie Chaplin, Frank Capra, Billy Wilder, Otto Preminger, Alfred Hitchcock, Douglas Sirk et tant d'autres. Curieusement, John Ford, dans une opération de camouflage inverse à celles des pionniers des studios, se déguisa en européen. Le Homère du western américain, né dans le Maine, prétendait être originaire d'Innisfree, un faux village irlandais. Il inventa un récit délibérément mythique de son histoire familiale et plus d'une fois affirma qu'il était venu au monde dans une maison avec un toit de chaume dominant la baie de Galway. Ford, patriarche du cinéma américain, savait que l'époque dorée de Hollywood fut, en grande mesure, une invention européenne.

Tous ces exemples – auxquels on pourrait ajouter les noms de philosophes comme Hannah Arendt, de scientifiques comme Albert Einstein ou Niels Bohr, d'écrivains espagnols émigrés à cause de la dictature, comme Juan Ramón Jiménez ou Ramón J. Sender – montrent qu'au milieu du XXe siècle, grâce à une politique très calculée d'accueil et de dépenses, l'épicentre de l'art et du savoir changea de continent. Dans l'Antiquité gréco-latine, le transfert culturel se déroula dans des conditions plus impitoyables. Il n'y eut pas de rêve romain, ni de galeries d'art, ni d'universités avides d'héberger le talent étranger, mais de très nombreux intellectuels et artistes grecs qui débarquèrent dans l'Urbs pour être vendus comme esclaves.

Le seuil invisible de l'esclavage

7

L'esclavage était, pour les Grecs et les Romains, le monstre tapi sous le lit, la peur qui rôdait tout près en permanence. Personne ne pouvait vivre totalement sûr de n'être jamais réduit en esclavage, aussi riche et aristocratique que fût sa lignée. Il y avait beaucoup de portes ouvertes sur l'enfer, même pour les hommes nés libres. Si votre ville et votre pays étaient frappés par la guerre – une expérience quasi quotidienne sous l'Antiquité –, la défaite faisait de vous un butin de l'armée victorieuse. *Vae victis* (« Malheur aux vaincus ! ») était une maxime latine explicite. Les plus anciennes légendes laissaient clairement entendre qu'il n'y aurait pas de compassion pour ce que nous appelons aujourd'hui la « population civile ». Dans *Les Troyennes* d'Euripide, on découvre les cendres fumantes de Troie et la désolation de sa reine et de ses princesses, livrées aux généraux envahisseurs. La veille encore, elles portaient des vêtements luxueux et étaient accueillies avec des révérences. Après une nuit de massacres et de conquête, les Grecs les tirent par les cheveux, se les répartissent entre eux et les violent.

Si, lors d'un voyage en mer, vous étiez attaqué par les pirates – terme générique pour tout type d'ennemis ou de malfaiteurs équipés de bateau –, vous aviez peu de chances d'échapper à l'esclavage.

Si quelqu'un vous séquestrait sur la terre ferme, il était peu probable qu'il demande une rançon à votre famille. Il était plus rapide et moins dangereux de vous vendre à un marchand d'esclaves. Ce cruel commerce de gens arrachés à leur foyer libre devint une entreprise très lucrative, grâce à laquelle on pouvait gagner de l'argent rapidement. Les comédies de Plaute mettent souvent en scène des petits enlevés, des fratries séparées, des parents qui ont passé des années à chercher leurs enfants disparus et les retrouvent serviteurs ou prostituées au service du méchant de service.

Si vous traversiez une mauvaise passe économique, vos créanciers pouvaient vous vendre en ultime recours pour recouvrer leur dû.

Si un personnage puissant voulait se venger de vous, il pouvait choisir entre vous tuer ou, s'il était encore plus cruel, vous livrer à un trafiquant. Le philosophe Platon en personne connut ce sort dans sa chair même. On raconte que pendant son séjour en Sicile, il énerva le tyran Denys l'Ancien à cause d'une observation condescendante sur sa façon de gouverner et son ignorance. Denys l'Ancien voulut le faire exécuter, mais son beau-frère Dione, disciple du philosophe, insista pour qu'il lui laisse la vie sauve. Comme son insolence méritait un châtiment, Platon fut conduit sur l'île d'Égine afin d'être vendu sur l'animé marché aux esclaves. Heureusement pour lui, l'histoire se finit bien. Il fut acheté par un collègue philosophe – partisan d'une école de pensée antagonique à celle de Platon, toutefois pas de manière trop acharnée – qui le laissa repartir, échaudé mais libre, chez lui à Athènes.

Selon la loi romaine, les esclaves étaient la propriété de leurs maîtres et n'avaient pas de personnalité légale. Ils pouvaient subir des châtiments corporels et nombre d'entre eux étaient fouettés fréquemment, pour maintenir la discipline ou par pur défoulement. L'acheteur avait le droit de les séparer de leurs enfants, de coucher avec eux, de les vendre, de les battre ou de les exécuter sommairement. Il était permis de tirer profit d'eux sous n'importe quelle forme, y compris les combats de gladiateurs ou l'exploitation sexuelle – la plupart des prostituées étaient esclaves. Lors des procès, le témoignage d'un esclave n'était valable que s'il avait été obtenu sous la torture.

Coup de massue. Abîme. Calvaire. Comment décrire le douloureux changement de vie de tous ces citoyens libres soumis à l'esclavage à cause du hasard, d'une dette, d'une défaite ou d'un trafic impitoyable ? Des personnes avec des vies pacifiques, actives, voire heureuses, étaient arrachées avec une extrême violence à leur toit, à leurs espérances et à leurs droits, pour être vendues brutalement au plus offrant et devenir des biens humains. Le film *Twelve Years a Slave* montre un contexte similaire, de nombreux siècles plus tard, dans les plantations américaines. Enchaîné dans un sous-sol sombre, Solomon Northup tente de recomposer le casse-tête de sa mémoire. À mesure que les souvenirs reviennent dans le chaos de son esprit étourdi, cet homme noir né libre, cultivé, violoniste, qui vivait avec sa femme et ses deux enfants dans l'État de New York, comprend qu'on l'a trompé, drogué et séquestré pour le vendre comme esclave. Il cherche en vain ses papiers, unique preuve de sa condition libre. Incarcéré dans les sous-sols de Washington, à l'ombre du Capitole, Solomon commence son apprentissage de la douleur. Ses geôliers entreprennent le domptage du rebelle : tabassages, coups de fouet, rations insuffisantes de nourriture, saleté, vêtements puants. Une nuit, on l'embarque clandestinement vers le Sud, où il est livré à un marchand de Louisiane. Il perdra une douzaine d'années de sa jeunesse à ramasser le coton dans les plantations de différents maîtres du Sud, qui le maltraitent constamment pour le soumettre, sans nouvelles de ses êtres chers. Le film, basé sur un personnage réel, décrit l'odyssée d'un individu choqué et sans défense – comme n'importe lequel d'entre nous si on nous enlevait toute aide possible, toute protection des lois –, qu'on tente de déshumaniser par le biais de la peur.

Dans le monde antique, beaucoup de gens franchirent de force ce seuil invisible où ils perdaient leur condition d'êtres libres pour devenir des marchandises.

Pendant deux cents ans arrivèrent à Rome des quantités gigantesques de ces esclaves grecs, résultat des victoires dans les royaumes hellénistiques de Macédoine, Grèce continentale, Turquie, Syrie, Perse ou Égypte. L'irruption des conquérants romains entraîna une longue période de violence et de chaos en Méditerranée orientale, créant les conditions propices à la capture massive d'esclaves. La mer était pleine de pirates. Les armées avançaient sur d'immenses territoires, assombrissant l'horizon de leur présence menaçante. Des villes et des États entiers tombaient dans l'abîme des dettes à cause des tributs impitoyables qu'imposaient les Romains. Les chiffres sont terrifiants. Au milieu du Ier siècle av. J.-C., il devait y avoir autour de deux millions d'esclaves en Italie, environ 20 % de la population. Quand, sous le premier empire, quelqu'un eut la brillante idée de les obliger à porter un uniforme, le Sénat rejeta cette proposition avec effroi – personne ne désirait que la population esclave réalise à quel point elle était nombreuse.

Les Grecs ne furent pas le seul peuple que les Romains réduisirent en esclavage, il y eut aussi une multitude d'Hispaniques, de Gallois et de Carthaginois, entre autres. La particularité des prisonniers grecs résidait dans le fait que beaucoup d'entre eux étaient plus cultivés que leurs maîtres. Les métiers de prestige qu'exercent de nos jours les enfants des classes moyennes et supérieures furent à Rome le domaine des esclaves. À notre grande surprise, les médecins, banquiers, cadres, notaires, conseillers fiscaux, bureaucrates et professeurs étaient souvent, à cette époque, des Grecs privés de liberté. Les nobles romains avec des aspirations culturelles pouvaient se présenter un matin sur les marchés bien approvisionnés de la capitale pour s'acheter un intellectuel grec à leur goût, qui éduquerait leurs enfants, ou leur conférerait simplement le prestige d'avoir un philosophe en réserve à demeure. En dehors des foyers, les maîtres d'école, pour la plupart, étaient également des esclaves ou des affranchis grecs. Tout travail à col blanc et d'écriture était leur spécialité. Par ailleurs, ils soutenaient l'administration de l'Empire et son système légal.

Cicéron laisse entrevoir dans ses lettres qu'il était propriétaire d'une vingtaine d'esclaves de ce type, entre secrétaires, employés, bibliothécaires, scribes, « lecteurs » – qui lisaient ses livres ou ses documents à voix haute pour le confort de leur maître –, assistants, comptables et jeunes messagers. Le célèbre orateur possédait plusieurs bibliothèques, une dans sa maison de la capitale et d'autres réparties entre ses nombreuses propriétés à la campagne. Il avait besoin de personnel très qualifié, tant pour gérer ses collections que sa propre œuvre. Ses esclaves s'occupaient des tâches quotidiennes : ranger les rouleaux sur leurs étagères respectives, réparer les volumes endommagés et tenir à jour le catalogue. Écrire avec une belle calligraphie était une partie essentielle de leur travail. Quand les amis du maître lui prêtaient des livres qui l'intéressaient, ils réalisaient des copies à la main de toutes les œuvres, aussi longues fussent-elles. Dès que le patron finissait de rédiger un nouvel essai ou discours, ils devaient élaborer à toute vitesse une édition manuscrite que le fier auteur distribuait à ses amis et collègues. Il s'agissait d'une tâche ardue – Cicéron était un auteur très prétentieux, très prolifique et il avait beaucoup d'amis.

Pour l'organisation générale de sa bibliothèque, son personnel ordinaire ne lui suffit pas. Amoureux des livres, il voulut bénéficier des services d'un expert. Il engagea alors Tiron, un de ces nombreux étudiants grecs arrachés à leur patrie pour être vendus comme esclaves. Malgré son dur destin, l'écrivain captif se distinguait par son amabilité. Dans le passé, il s'était forgé une grande réputation en classant la fameuse bibliothèque de Sylla selon le modèle de celle d'Alexandrie. Cicéron écrit à un ami : « Quand tu viendras, tu pourras voir la merveilleuse organisation de mes livres qu'a réalisée Tiron dans la bibliothèque. » Mais tous les esclaves illustres de Cicéron ne furent pas aussi dociles, et ne lui apportèrent pas autant de joie. À l'automne 46 av. J.-C., l'orateur écrivit une lettre à son ami le gouverneur d'Illyrie (un territoire qui fait aujourd'hui partie de l'Albanie, la

Croatie, la Serbie, la Bosnie et le Monténégro). Il était irrité et déçu. Son bibliothécaire en chef, un esclave nommé Dionysius, lui avait volé des livres afin de les vendre et, quand il avait fini par être découvert et allait être châtié, il avait pris ses jambes à son cou. Un proche pensait l'avoir vu en Illyrie. Cicéron pria son ami, général des armées détachées dans la région, de lui faire l'insignifiante faveur – une bagatelle – de l'arrêter et de le ramener à Rome. Mais, au grand dam de Cicéron, les voleurs de livres n'étaient pas au nombre des priorités du gouverneur romain dans la province, et les légions romaines ne se mobilisèrent pas pour attraper le fugitif.

L'histoire des livres à Rome a pour protagonistes les esclaves. Ils participaient à toutes les facettes de la production d'œuvres littéraires, depuis l'apprentissage de l'écriture jusqu'à l'élaboration de copies. Le contraste entre la foule d'esclaves grecs instruits et l'analphabétisme obligatoire dans des civilisations postérieures interpelle. Aux États-Unis, jusqu'à la défaite de la Confédération en 1865, dans beaucoup d'États du Sud il était interdit aux esclaves d'apprendre à lire ou à écrire, et les serviteurs capables de le faire étaient considérés comme une menace pour la continuité du système esclavagiste. Daniel « Doc » Dowdy, un homme noir né esclave en 1856, décrivit les terribles châtiments réservés aux contrevenants à cette loi : « La première fois qu'on vous surprenait en train de lire ou d'écrire, on vous corrigeait avec une ceinture en cuir, la deuxième avec un fouet à sept queues, et la troisième, on vous coupait la première phalange de l'index. » Malgré cela, quelques esclaves analphabètes s'employèrent à apprendre à lire, défiant leurs maîtres et risquant leur vie. La tâche, à cause de l'interdiction, leur prenait plusieurs années, dans la patience et le secret. Les récits de ces apprentissages sont nombreux et héroïques. Belle Myers, interviewée dans les années 1930, expliqua qu'elle avait appris l'alphabet en s'occupant du bébé de son patron, qui avait un jeu avec des lettres. Le patron, soupçonnant les intentions de son esclave, lui donna plusieurs coups de pied préventifs. Cependant, Belle persévéra, étudiant en cachette les lettres du jeu et les mots d'un livre d'enfant. « Un jour, j'ai trouvé un livre de prières et j'ai déchiffré : "Quand Je Lis Avec Clarté Mon Nom." Je me suis sentie si heureuse que j'ai couru le raconter aux autres esclaves. » Dans *Twelve Years a Slave*, Solomon doit à tout prix cacher qu'il sait lire et écrire s'il veut éviter les tabassages sauvages. La tragédie, c'est qu'il est dans le même temps obsédé par l'idée de faire parvenir une lettre à sa famille new-yorkaise dans laquelle il explique où il est pour qu'on vienne le sauver de cet enfer de faim, d'exploitation et de brutalité. Pendant des années, il profite de la moindre occasion pour voler de petits bouts de papier à ses maîtres et, quand il en a suffisamment, il fabrique dans la clandestinité de la nuit une plume grossière et un succédané d'encre avec du jus de mûres. Les messages interdits qu'il réussit à rédiger avec effort, et en prenant un risque immense, représentent son unique et fragile espoir d'arriver à retrouver un jour sa vie antérieure d'homme libre. Dans *Une histoire de la lecture*, Alberto Manguel écrit : « Dans tout le sud des États-Unis, il était fréquent que les propriétaires de plantations pendent un esclave qui essayait d'apprendre aux autres à déchiffrer. Les patrons des esclaves (comme les dictateurs, les tyrans, les monarques absolus et autres détenteurs illicites du pouvoir) croyaient fermement à la puissance de la parole écrite. Ils savaient que la lecture est une force qui nécessite à peine quelques mots pour se révéler écrasante. Si on peut lire une phrase, on peut tout lire ; une foule analphabète est plus facile à gouverner. Étant donné que l'art de lire ne se désapprend pas une fois qu'il est acquis, le meilleur moyen est de le limiter. Pour toutes ces raisons, il fallait interdire la lecture. » En revanche, les habitants de la civilisation gréco-latine considéraient normal que leurs esclaves se chargent des travaux de copie, d'écriture et de documentation, pour des raisons qui s'avèrent aujourd'hui, c'est le moins qu'on puisse dire, étonnantes.

Comme je l'ai expliqué, la lecture antique n'était pas l'acte muet que nous pratiquons désormais. À de frappantes exceptions près, on lisait alors toujours à voix haute, y compris en privé. Aux yeux des Anciens, l'opération consistant à rendre sonores les lettres écrites possédait un charme inquiétant. De vieilles croyances enseignaient que le souffle était le siège de l'esprit d'une personne. Dans les inscriptions funéraires les plus anciennes, les morts imploraient le passant : « prête-moi ta voix », pour revivre et annoncer qui gisait dans le tombeau. Les Grecs et les Romains pensaient que tout texte écrit a besoin de s'approprier une voix vivante pour être complet et atteindre sa plénitude. Pour cette raison, le lecteur qui promenait son regard à travers les mots et commençait à les lire subissait une sorte de possession spirituelle et vocale : sa gorge était envahie par le souffle de l'écrivain. La voix du lecteur se soumettait, s'unissait à l'écrit. L'écrivain, même après sa mort, utilisait d'autres individus comme instrument vocal, c'est-à-dire qu'il les prenait à son service. Être lu à voix haute signifiait exercer un pouvoir sur le lecteur, y compris à travers les distances de l'espace et du temps. C'est pourquoi – pensaient les Anciens –, il était logique que les professionnels de la lecture et de l'écriture soient des esclaves. Car leur fonction était précisément de servir et d'obéir.

En contrepartie, l'amour des hommes libres pour la lecture était vu avec une certaine méfiance. Seuls étaient en sécurité les auditeurs d'un texte, ceux qui écoutaient lire une autre personne sans soumettre leur voix à l'écrit. Ceux qui, comme Cicéron, possédaient des esclaves lecteurs. Ces serviteurs, possédés par le livre, cessaient d'appartenir à eux-mêmes le temps de la lecture. Ils mettaient dans leur bouche un « je » qui n'était pas à eux. Ils étaient les purs instruments d'une musique étrangère. Curieusement, les métaphores utilisées pour cette activité dans l'œuvre de Platon et d'autres auteurs jusqu'à Catulle sont les mêmes qu'on employait pour désigner la prostitution ou le partenaire passif dans les relations sexuelles. Le lecteur est sodomisé par le texte. Lire soi-même, c'est prêter son corps à un écrivain inconnu, un acte audacieusement libertin qui n'était pas du tout considéré comme incompatible avec le rang de citoyen, même si les bien-pensants de l'époque proclamaient qu'il devait être pratiqué avec une certaine modération pour ne pas devenir un vice.

Au commencement étaient les arbres

8

Les livres sont les enfants des arbres, qui furent le premier foyer de notre espèce et, peut-être, le plus ancien réceptacle de nos paroles écrites. L'étymologie du mot contient un vieux récit des origines. En latin, *liber*, qui signifiait « livre », était au départ le nom de l'écorce de l'arbre, ou plus précisément de la pellicule fibreuse qui sépare l'écorce du bois du tronc. Pline l'Ancien affirme que les Romains écrivaient sur des écorces avant de connaître les rouleaux égyptiens. Pendant de nombreux siècles, différents matériaux – le papyrus, le parchemin – remplaceraient ces anciennes feuilles de bois, mais par un aller-retour, avec le triomphe du papier, les livres naquirent à nouveau des arbres.

Les Grecs, je l'ai dit, nommaient le livre *biblíon*, en souvenir de la ville phénicienne de Byblos, célèbre pour l'exportation de papyrus. De nos jours, l'usage du terme, dans son évolution, se réduit au titre d'une seule œuvre, la Bible. Pour les Romains, *liber* n'évoquait pas de villes ni de routes commerciales, mais le mystère de la forêt où leurs ancêtres avaient commencé à écrire, parmi les murmures du vent dans les feuilles. Les noms germaniques – *book*, *Buch*, *boek* – viennent aussi d'un mot forestier : le hêtre à tronc blanc.

En latin, le terme qui signifiait « livre » se prononçait

presque de la même façon que l'adjectif « libre », même si les racines indo-européennes de ces deux mots avaient des origines distinctes. Beaucoup de langues romanes, comme l'espagnol, le français, l'italien ou le portugais, ont hérité du hasard de cette ressemblance phonétique, qui invite au jeu de mots, assimilant la lecture et la liberté. Pour les esprits éclairés de toutes les époques, ce sont deux passions qui finissent toujours par se rejoindre.

Bien que nous ayons aujourd'hui appris à écrire avec de la lumière sur des écrans à cristaux liquides ou plasma, nous sentons toujours l'appel originel des arbres. Dans leurs écorces, nous rédigeons un inventaire amoureux dispersé de l'humanité. Antonio Machado, au cours de ses promenades dans les *Champs de Castille*, avait l'habitude de s'arrêter au bord de la rivière pour lire quelques lignes de ce livre des amants :

Je suis revenu voir les peupliers dorés,
peupliers du chemin sur la rive
du Douro, entre San Polo et San Saturio,
au-delà des vieilles murailles
de Soria […]
Ces peupliers de la rivière, qui accompagnent
du bruissement de leurs feuilles sèches
le son de l'eau, quand le vent souffle,
ont sur l'écorce
des initiales gravées qui sont des noms
d'amoureux, des chiffres qui sont des dates.

Quand un ado grave à la pointe d'un canif des initiales sur l'écorce dorée d'un peuplier, il reproduit, sans le savoir, un geste très ancien. Callimaque, le bibliothécaire d'Alexandrie, mentionne déjà au IIIe siècle av. J.-C. un message amoureux dans un arbre. Il n'est pas le seul. Un personnage de Virgile imagine comment l'écorce, avec le temps, agrandira et déformera son nom et celui de sa bien-aimée : « Et graver mes amours dans les jeunes arbres ; les arbres pousseront et vous croîtrez avec eux, mes amours. » La coutume, toujours actuelle, de graver des lettres sur la peau d'un tronc pour conserver le souvenir de quelqu'un qui a vécu et aimé est peut-être un des épisodes les plus anciens de l'écriture en Europe. Peut-être que sur la rive d'une rivière qui coule et passe et rêve, comme disait Machado, les Grecs et les Romains de l'Antiquité ont-ils écrit les premières pensées et les premiers mots d'amour. Qui sait combien de ces arbres finirent par devenir des livres.

Écrivains pauvres, lecteurs riches

9

L'accès aux livres dans le monde romain était, surtout, une question de contacts. Les Anciens forgèrent leur version particulière de la société du savoir, basée sur qui connaissait qui.

La littérature antique ne créa jamais de marché ni d'industrie tels qu'on l'entend aujourd'hui, et la mécanique de circulation des livres fonctionna toujours grâce à une combinaison d'amitiés et de copistes. À l'époque des bibliothèques privées, quand un individu riche désirait un livre ancien, il l'empruntait à un ami – si un de ses amis le possédait – et ordonnait à un employé de le copier, parfois un esclave, parfois le scribe d'un atelier. Quant aux nouveautés contemporaines, on y avait accès par le biais du cadeau. En ces temps-là où les maisons d'édition n'existaient pas, quand un auteur terminait son livre, il commandait un nombre déterminé de copies qu'il offrait à droite et à gauche. Le sort de son œuvre dépendait du périmètre et de l'importance de son cercle de connaissances, de collègues et de clients prêts à lire celle-ci, par affection et surtout par obligation. On raconte qu'un riche orateur nommé Regulus fit réaliser mille copies du texte épouvantable qu'il avait écrit sur son fils mort – Pline commente avec fiel que cela ressemblait plus à un livre écrit *par* un enfant que *sur* un enfant – et les envoya à ses proches dans toute l'Italie et les provinces. Par ailleurs, il prit contact avec plusieurs décurions des légions romaines, les payant pour qu'ils choisissent dans leurs rangs les soldats avec les meilleures voix et organisent des lectures publiques de son œuvre – des sortes de présentations – dans diverses régions de l'empire. Promouvoir et diffuser la littérature était à la charge de l'écrivain – quand il pouvait se le permettre, comme Regulus – ou de ses protecteurs aristocrates – quand c'était un misérable étranger, comme cela arrivait souvent.

Il y avait, bien sûr, des personnes qui désiraient lire un livre récent mais ne connaissaient pas personnellement l'écrivain et, par conséquent, ne figuraient pas sur ses listes d'envoi. Dans ce cas, la seule solution était de recourir à quelqu'un qui, en revanche, était dans le circuit, et de commander une copie de son exemplaire. Dès que l'auteur commençait à « distribuer » une nouvelle œuvre, on considérait le livre dans le domaine public et n'importe qui avait le droit de le reproduire. Le verbe latin qu'on traduit aujourd'hui par « éditer » – *edere* – avait en réalité une signification plus proche de « donation » ou « abandon ». Il impliquait d'abandonner l'œuvre à son sort. Il n'existait rien de semblable, même de loin, aux droits d'auteur ou au copyright. Dans toute la chaîne du livre, seul recevait une rétribution directe, à la ligne, celui qui réalisait la copie (si bien sûr ce n'était pas un esclave domestique), comme celle que prennent aujourd'hui, à la page, les magasins de photocopies.

Le docteur Johnson, grand savant anglais, disait que personne, sauf une tête de bois, n'a jamais écrit pour une autre raison que l'argent. On ignore en quoi étaient composées les têtes des écrivains de l'Antiquité, mais tous savaient d'emblée qu'il n'y avait pas le moindre espoir de gagner de l'argent par la vente d'ouvrages. Au Ier siècle, l'humoriste Martial se plaignait : « Mes pages plaisent seulement gratis. » Depuis son arrivée à Rome, l'homme de Bilbilis avait appris à son corps défendant que la profession littéraire n'était pas rentable, pas même pour un auteur à succès. Il raconte qu'un jour un riche inconnu l'aborda dans la rue, le montrant du doigt et le regardant comme font de nos jours les chasseurs de selfies avec les gens célèbres : « Ne serais-tu pas ce Martial dont tout le monde connaît les méfaits et les blagues ? » Et il ajouta : « Et pourquoi portes-tu un manteau aussi usé ? » « Parce que je suis un mauvais écrivain », répondit Martial, avec une répartie qui préfigurait l'humour sarcastique aragonais.

Que désirait quelqu'un comme Cicéron quand il publiait ses discours et ses essais ? Étendre ses ambitions sociales et politiques, augmenter sa réputation et son influence ; fabriquer une image publique à la mesure de ses intérêts ; s'assurer que ses amis – et ennemis – connaissent ses succès. Les mécènes qui soutenaient économiquement de brillants écrivains ne recherchaient pas autre chose : la gloire, l'éclat, l'adulation. Les livres servaient, surtout, à créer ou à confirmer le prestige de certains. La littérature circulait librement et volontairement, comme cadeau ou prêt personnel, de main en main, entre individus intéressés, dessinant un petit groupe d'élite culturelle, une communauté intime de gens riches où on admettait, pour leur talent, quelques protégés d'origine modeste ou esclave. Seuls, sans relations puissantes, les lecteurs comme les écrivains étaient confrontés à une impossible survie.

Derrière cette culture littéraire d'origine étrangère et esclave, quelques écrivains autochtones avaient timidement commencé à émerger, mais à condition d'écrire en prose sur des sujets respectables, comme l'histoire, la guerre, le droit, l'agriculture ou la morale. Cicéron et César furent les deux figures les plus connues parmi cette première moisson républicaine d'auteurs romains de bonne famille. Face aux poètes esclaves ramenés du monde grec, ils étaient des citoyens qui, par ailleurs, écrivaient. Et ils le faisaient sur des thèmes sérieux. Un étranger n'aurait pas été autorisé à écrire sur des lois ou des traditions nationales, mais il n'était pas bien vu non plus qu'un Romain de bonne famille consacre son temps à la poésie – comme beaucoup de gens à notre époque trouveraient inconvenant qu'un chef d'État écrive des paroles de chansons pop.

Pour cette raison, pendant longtemps coexistèrent deux littératures parallèles et contemporaines. D'un côté, les vers que les esclaves ou affranchis grecs composaient pour satisfaire leurs protecteurs aristocrates cultivés et, de l'autre, l'œuvre dilettante – toujours en prose – de citoyens respectables. « La poésie n'est pas un métier honorable, et si quelqu'un s'y consacre, on le traite de gueux », écrivit Caton l'Ancien. Depuis lors, les marionnettistes, musiciens et artistes ont gardé cette réputation de gens de bas étage, du Caravage à Van Gogh ; de Shakespeare à Cervantès ou Genet.

À Rome, les citoyens à part entière pouvaient se livrer à des activités artistiques et littéraires s'ils le souhaitaient, dans la mesure où elles étaient occasionnelles et, surtout, désintéressées. En revanche, prétendre gagner sa vie grâce aux lettres était une aspiration peu décente pour les gens de bien. Quand les connaissances se mélangeaient au désir de profit, elles étaient aussitôt dévalorisées. Comme je l'ai dit, même les professions intellectuelles nécessitant un très grand savoir, comme l'architecture, la médecine ou l'enseignement, étaient propres aux classes inférieures. Les maîtres d'école de l'Antiquité, dans leur majorité esclaves ou affranchis, exerçaient une tâche humble et méprisée. « Il avait des origines obscures », commente Tacite en parlant d'un individu – un parvenu – qui avait commencé sa carrière en exerçant ce métier plébéien. Les patriciens et aristocrates valorisaient le savoir et la culture, mais dédaignaient l'enseignement. Tel était le paradoxe : il était ignoble d'enseigner ce qu'il était honorable d'apprendre.

Qui nous aurait dit qu'à l'époque de la grande révolution digitale reviendrait en force l'ancienne idée aristocratique de la culture comme passe-temps d'amateurs ? C'est toujours la même antienne : les écrivains, les dramaturges, les musiciens, les acteurs, les cinéastes qui veulent manger devraient chercher un métier sérieux et garder l'art pour leur temps libre. Dans le nouveau cadre néolibéral et le monde en réseau – curieusement, comme dans la Rome patricienne et esclavagiste –, on demande au travail créatif d'être gratuit.

10

Dans cet univers de richesse et de haute société où la culture commença à s'enraciner, certaines femmes aussi collectionnaient des livres. Grâce aux lettres de Cicéron, on connaît Caerellia, avide lectrice et propriétaire d'une bibliothèque philosophique. Il s'avère que cette riche dame patricienne se procura, d'une manière ou d'une autre – en ayant peut-être recours à la corruption –, une copie pirate du traité cicéronien *Des suprêmes biens et des suprêmes maux*, avant que l'auteur mette officiellement le livre en circulation. « Caerellia déborde sans doute d'un enthousiasme ardent pour la philosophie », écrivit Cicéron, irrité, sur un ton sarcastique.

Le cas de cette lectrice impatiente ne fut pas une

exception. Dans les familles romaines de haut rang, il était fréquent de rencontrer des femmes très cultivées. Au IIe siècle av. J.-C., Cornelia, mère des Gracques, dirigeait en personne les études de ses fils et se souciait de choisir pour eux les maîtres les mieux préparés. Par ailleurs, elle organisait des réunions littéraires qui anticipent le salon français de Madame de Staël, où se rassemblaient les politiciens et les écrivains de son temps. Sempronia, complice de Catilina lors de sa conjuration, aimait la lecture, aussi bien en latin qu'en grec. Cicéron décrit sa fille Tullie comme *doctissima*. Une des nombreuses épouses – successives – de Pompée était passionnée de littérature, de géographie et de musique à la lyre. De plus, comme Caerellia, « elle assistait avec plaisir aux discussions philosophiques ».

Les aristocrates romaines donnaient une éducation à leurs filles. En général, elles ne les mettaient pas à l'école et préféraient les précepteurs privés à la maison pour pouvoir surveiller la chasteté de leur progéniture. Les Anciens redoutèrent toujours les dangers de la rue pour leurs nobles rejetons. Dans un monde où la pédérastie était monnaie courante, toutes les précautions étaient bonnes. Pour cette raison, les familles nobles réservaient un esclave pour escorter les enfants lors de leurs trajets quotidiens à l'école – on les appelait « pédagogues », *paedagogus*, qui à l'origine signifiait seulement « accompagnateur de l'enfant ». Cependant, la solution domestique présentait également des risques. Les relations entre un célèbre maître appelé Quintus Caecilius Epirota et la fille de son patron, à qui il donnait des cours, firent beaucoup jaser au Ier siècle et s'achevèrent par l'exil de l'affranchi libertin.

Les dernières marches de la connaissance étaient interdites aux femmes : l'enseignement supérieur était une chasse gardée masculine. On ne leur permettait pas non plus, contrairement aux garçons, de suivre une année d'études à Athènes ou à Rhodes (l'équivalent à cette époque de la bourse Erasmus). Les filles de bonne famille n'assistaient pas aux cours de rhétorique, ne voyageaient pas en Grèce pour améliorer leur niveau linguistique, ne faisaient pas de tourisme sur l'Acropole, ne savouraient pas la liberté loin de leurs parents. Alors que leurs frères admiraient les statues grecques et jouissaient de l'amour grec, les adolescentes, qu'on mariait très jeunes à des hommes déjà vieux, cherchaient un mari. Les Anciens pensaient que le mariage était pour les femmes ce qu'était la guerre pour les hommes : l'accomplissement de leur vraie nature.

Tout au long des siècles, on détecte les traces d'un débat enflammé sur les avantages et les dangers d'enseigner les lettres aux filles. La vie nocturne eut une importance décisive dans cette discussion. Les Grecs laissaient les femmes à la maison et se rendaient seuls à des banquets, où des hétaïres étaient payées pour les distraire jusque tard dans la nuit. Les Romaines, en revanche, assistaient à des dîners à l'extérieur et, pour cette raison, il était important pour leurs maris qu'elles soient capables de dialoguer intelligemment avec les autres convives. Par conséquent, dans les foyers aristocratiques romains il était possible de rencontrer des femmes fières de leur esprit, de leur conversation et de leurs connaissances.

On trouve un reflet acide et caricatural de ces dames

cultivées dans les *Satires* de Juvénal. À la fin du Ier siècle, le poète comique se lança dans l'écriture de vers qui, d'après ses dires, puisaient leur source dans l'indignation. C'était un humoriste grognon et réactionnaire, envahi par la nostalgie d'un passé inexistant. Ce n'est pas un hasard si tant de manuscrits médiévaux de ses *Satires* ont été conservés, car les moines adoraient ses dénonciations accablantes de la dépravation humaine – matière insurpassable pour sermons édifiants. Dans un de ses poèmes, Juvénal avertit les hommes des tourments du mariage. Il énumère un catalogue des « maux » féminins : leur luxure avec les gladiateurs, leurs infidélités avec des étrangers pouilleux – « tu seras père d'un Éthiopien, bientôt tu auras sur ton testament un héritier noir que tu ne pourras jamais voir à la lumière du jour » –, leurs dépenses extravagantes, leur cruauté envers les esclaves, leurs superstitions, leur culot, leur mauvaise humeur, leur jalousie… et leur culture (« Rien n'est plus pesant qu'une femme qui, au début du dîner, cite Virgile et le compare à Homère. Les maîtres n'ont plus qu'à se retirer, les professeurs s'avouent vaincus, tout le monde se tait, même l'avocat, même le prédicateur. Je déteste la Madame-je-sais-tout qui révise et mémorise la grammaire, respectant toujours les règles et la bienséance du langage, qui sait des vers que j'ignore et corrige les expressions de son amie écervelée dont aucun mari ne se préoccupe »).

L'explosion misogyne de cette satire est si virulente que certains spécialistes se demandent si Juvénal était un vrai ringard vociférant ou s'il exprimait les arguments les plus extrémistes pour les ridiculiser. Il est impossible de juger le sérieux ou l'ironie d'un texte à vingt siècles de distance. Dans tous les cas, l'humour de Juvénal n'aurait pas triomphé s'il ne contenait pas des ingrédients véridiques derrière la plaisanterie. Sans aucun doute, au commencement de notre ère, le plaisir de la lecture avait élu domicile chez beaucoup de femmes romaines. Et certaines d'entre elles, amoureuses de la littérature et du langage, étaient capables de défier leurs maris. Pour la première fois, il y eut dans les familles nobles des mères et des filles cultivées qui discutaient, lisaient, connaissaient la liberté des livres et savaient utiliser le pouvoir indestructible – « comme un dieu ou comme un diamant » – de la parole.

11

Qui apprenait à lire et possédait des livres dans la civilisation romaine ? Rien ne montre l'existence, dans l'Antiquité, de quelque chose de semblable, même de loin, à l'éducation universelle. C'est seulement à l'époque moderne, il y a très peu de temps, que certains pays ont obtenu une alphabétisation généralisée, et cela n'est pas arrivé de manière spontanée, mais au prix d'un grand effort collectif. Les Romains n'ont jamais tenté de rendre les lettres universelles, ni de créer une école publique. L'éducation était volontaire, non obligatoire. Et chère. Il est difficile de reconstituer le degré d'alphabétisation de l'époque, qui oscille entre ceux qui écrivaient péniblement leur nom et ceux qui dévoraient la prose alambiquée de Tacite.

Les compétences en écriture et en lecture n'étaient pas uniformes chez les hommes et les femmes, ni dans les régions rurales et urbaines. Les spécialistes échafaudent en général des hypothèses prudentes et vagues. L'historien W. V. Harris se risque à proposer des chiffres précis pour la population de Pompéi, qui fut ensevelie sous la lave du Vésuve au Ier siècle et où on a pu étudier en détail les milliers de graffitis et de peintures sur les murs – messages de personnes ordinaires, comme l'annonce d'une maison à louer, déclarations d'amour, objets perdus, insultes et obscénités variées semblables à celles qu'on trouve sur les portes de nos toilettes publiques, tarifs de putes, supporter qui encourage son gladiateur préféré, etc. Selon Harris, dans cette ville, moins de 60 % des hommes et moins de 20 % des femmes auraient été capables de lire et d'écrire ; au total, pas plus de 2 000 ou 3 000 habitants. Même si ces chiffres peuvent nous paraître pauvres, ils révèlent un niveau d'éducation jamais atteint auparavant et un accès à la culture plus ouvert qu'à n'importe quelle époque antérieure.

La vie des garçons de la classe privilégiée connaissait un tournant à l'âge de 7 ans. Ils abandonnaient alors leur foyer où leur mère les éduquait et où un esclave grec leur enseignait sa langue – comme l'institutrice étrangère des romans du XIXe siècle. Une fois terminée la période de l'apprentissage à la maison, ils devaient affronter une expérience dure, et même violente. Jusqu'à 11 ou 12 ans, ils subissaient la pédagogie obsessionnelle et monotone de l'école primaire. On martelait avec insistance chaque phrase – les lettres, les syllabes, les textes –, sans essayer de piquer la curiosité de l'élève, avec une indifférence absolue envers la psychologie des enfants. Comme en Grèce, la méthode était passive ; la mémoire et l'imitation étaient les talents les plus prisés.

Par ailleurs, le maître ne rendait pas l'apprentissage agréable. Pour tous les écrivains anciens, le souvenir de l'école est associé aux coups et à l'effroi. Au IVe siècle, le poète Ausone envoya une lettre à son petit-fils pour l'encourager à commencer sans appréhension sa nouvelle vie à l'école : « Voir un maître n'est pas une chose aussi épouvantable », lui dit-il. « Même s'il a une voix désagréable et menace de sévères réprimandes en plissant le front, tu t'habitueras à lui. Ne crains pas d'entendre souvent à l'école de nombreux coups de martinet. Ne sois pas troublé par les cris quand le manche du bâton vibre et que vos petits bancs s'agitent à cause des tremblements et de la peur. » J'imagine que ces paroles prétendument rassurantes ont dû causer plus d'un cauchemar au pauvre enfant. Saint Augustin, qui n'oublia jamais ses souffrances d'écolier, écrivit à 72 ans : « Qui ne reculerait pas, horrifié, et préférerait mourir si on lui donnait à choisir entre la mort et retourner en enfance ? »

Le métier des maîtres de l'école primaire s'appelait en latin *litterator*, c'est-à-dire « celui qui enseigne les lettres ». Ces pauvres diables, en général sévères, maussades et mal payés – il n'est pas étonnant que beaucoup aient cumulé les emplois –, ont laissé leur nom à la « littérature », autre profession sujette aux pénuries. Les établissements où ils donnaient leurs cours n'étaient pas précisément monumentaux : locaux à loyer bon marché, parfois de simples portiques séparés des bruits de la rue et des curieux par de fins rideaux en tissu. Les élèves s'asseyaient sur des tabourets sans dossier et écrivaient sur leurs genoux, puisqu'il n'y avait pas de tables. Horace les décrit sur le chemin de l'école « portant sous le bras gauche la petite boîte avec les pierres pour faire les calculs et la tablette pour écrire ». Tel fut le contenu des premiers cartables.

Les enfants avaient besoin de fournitures peu coûteuses pour faire les devoirs, les dictées, les exercices de calligraphie, les brouillons. Comme le papyrus était une marchandise luxueuse, les tablettes de cire furent, depuis les Romains, le support de l'écriture quotidienne et intime des enfants. Ils apprenaient à lire avec, et exprimaient dessus leurs succès, leurs amours, leurs souvenirs. En général, il s'agissait de simples pièces lisses en bois ou en métal légèrement évidées et recouvertes d'une couche de cire d'abeille mélangée à de la résine. Sur cette surface molle, on traçait les lettres avec un stylet pointu en fer ou en os. À l'autre extrémité, le stylet possédait une sorte de spatule avec laquelle on lissait la cire ; on pouvait ainsi réutiliser la tablette ou effacer une erreur. Le support permettait un recyclage infini, simplement en remplaçant la couche de cire. Sur le site de Pompéi, on a retrouvé, quasiment intacts, deux portraits de femmes pensives avec la pointe d'un *stilus* effleurant leur bouche, comme aurait pu poser un intellectuel du XXe siècle avec ses lunettes, sa cigarette et sa barbe savamment négligée. Sur le plus célèbre des deux – que, fantasmant sur une image inexistante, on a baptisé « la poétesse Sappho » –, une jeune femme médite avec le stylet posé sur ses lèvres et les tablettes de cire à la main, tandis qu'un vers se forme dans son esprit. Chaque fois que nous mâchonnons le bout d'un stylo ou d'un crayon, concentrés, le regard perdu, nous reproduisons, inconsciemment, un répertoire de gestes aussi anciens que l'écriture.

La main de la jeune Sappho pompéienne tient un bloc de cinq ou six tablettes. Il était habituel de perforer de petits trous dans un coin des tablettes pour les attacher ensuite avec des anneaux, des ficelles ou des cordelettes. Parfois, on fabriquait des diptyques ou des polyptiques unis par des charnières. Grâce à un important dépôt de matériel trouvé à Vindolanda, près du mur d'Hadrien en Grande-Bretagne, on connaît aussi l'existence d'objets de la taille d'un cahier, confectionnés avec des planches en bois ordinaire ou des lanières de bouleau pliées en accordéon. Le bois était coupé au printemps, quand la sève circule et qu'il est plus facile à plier, comme les brochures modernes. Dans ces ensembles de tablettes reliées comme des pages en bois – en latin, *codices* –, on trouve le lien entre le passé le plus lointain de l'écriture et le présent. Ce furent les précurseurs du livre tel qu'on le connaît de nos jours.

Les tablettes étaient très courantes et avaient des usages très divers. De nombreux actes de naissance et des documents d'affranchissement d'esclaves – deux manières de commencer une nouvelle vie – furent écrits dessus. Elles servirent également pour les remarques personnelles, la comptabilité domestique et la prise de notes de petits commerces, les archives, les lettres et les premières versions des poèmes que nous lisons encore aujourd'hui. Dans son manuel érotique *L'Art d'aimer*, Ovide prévient les amants clandestins d'effacer avec beaucoup de soin les phrases compromettantes avant de réutiliser une tablette. Selon le poète, beaucoup d'infidélités étaient découvertes à cause de négligences de ce type – les tablettes de cire anciennes étaient, apparemment, aussi mouchardes que les portables de maintenant. La question causa, sans doute, pas mal de désagréments à nos ancêtres de l'ère pré-digitale, puisque même le populaire *Kamasutra* de Vâtsyâyana consacre une large place à instruire les femmes dans l'art de cacher les lettres compromettantes de leurs idylles amoureuses.

Parfois, on recouvrait les tablettes d'une couche de plâtre pour pouvoir écrire dessus avec de l'encre au moyen du calame, un roseau rigide avec un bout pointu fendu au centre, comme le stylo-plume. De cette façon, il était plus facile pour une main peu experte de dessiner les lettres avec de petits bâtons et des lignes simples. Le poète Persius décrit un enfant d'âge scolaire se plaignant, désespéré, à cause de chaque goutte d'encre qui tombait de la pointe du calame et tachait ses exercices de calligraphie. Cette scène s'est répétée dans les classes pendant de nombreux siècles, jusqu'à récemment. Ma mère se souvient encore de ses cahiers d'école mouillés de ces larmes noires.

Moi, en revanche, j'appartiens à l'ère du stylo à bille, invention géniale du journaliste hongrois László Bíró. On raconte que László eut l'idée de base – fabriquer un nouvel instrument d'écriture avec une boule en métal dure à l'intérieur d'une cavité – alors qu'il observait des enfants en train de jouer au foot. Il se rendit compte que le ballon laissait des traces en roulant après être passé dans une flaque d'eau. J'imagine ce match de foot dans une ville pluvieuse – les cris, les rires, le jour gris, le sol éclaboussé de flaques, les traces humides du ballon, comme un nouvel alphabet récemment inventé. C'est de là que viennent les inoubliables stylos Bic Cristal hexagonaux de mon enfance, avec leur capuchon bleu et leur corps transparent. Je me souviens des longues après-midi d'ennui où on les utilisait comme sarbacanes pour lancer des grains de riz sur la nuque de nos camarades, et je visais – avec une maladresse adolescente – quelqu'un qui me plaisait, dont je tentais d'attirer l'attention.

12

L'esthétique gore et la fascination pour l'extrême violence, qui nous semblent si contemporaines, avaient déjà des adeptes chez les Romains. La mythologie grecque possède son répertoire de sauvageries – viols, yeux arrachés, foies humains dévorés par des vautours et personnes dépecées avec fureur –, mais au sommet du genre règnent, sans aucun doute, les récits de martyrs chrétiens, avec leurs descriptions minutieuses de tortures, démembrements, mutilations et sang, beaucoup de sang.

Un des grands maîtres sadiques et truculents naquit en Hispanie au milieu du IVe siècle, probablement à Caesar Augusta – c'est-à-dire que son enfance fut sans doute bercée par les mêmes rivières et les mêmes vents que la mienne. Aurelius Prudentius Clemens, dit Prudence, reçut de ses parents un nom pacifique et occupa différents postes peu aventuriers comme fonctionnaire de l'Empire, mais derrière cette façade banale se tapissait l'ancêtre romain de Tarantino ou de Dario Argento. À près de 50 ans, cet Hispanique paisible éprouva un fort élan créatif, abandonna ses responsabilités officielles et écrivit 20 000 vers fébriles en sept ans. Entre autres livres, il publia une collection de poèmes avec un nom grec, *Peristephanon*, « Sur les couronnes des martyrs », qui raconte, avec force détails et chorégraphies stylisées du tourment, le supplice de quatorze chrétiens qu'on tortura pour leur faire renier leur foi.

Saint Cassien fut victime d'un de ces martyrs morbides qui émouvaient tant Prudence. Le récit de sa mort est un des textes les plus horribles de la littérature latine et, de manière inattendue, c'est aussi un extraordinaire document pour connaître – d'un point de vue macabre – la vie quotidienne à l'école des Anciens et les outils d'écriture de nos ancêtres romains. Prudence raconte que Cassien était maître d'école et qu'il n'était pas très gentil avec ses élèves. Il enseignait à de très petits enfants, leur apprenait à écrire sous la dictée et avait l'habitude de leur infliger de durs châtiments. Fouettés au quotidien, ses élèves nourrirent à son égard un dangereux mélange de peur, de violence et de ressentiment, comme ces enfants blonds au regard glacé qui nous donnent la chair de poule dans *Le Ruban blanc* de Haneke.

C'étaient les années noires des persécutions religieuses. Quand une énième vague de répression se déchaîna contre les chrétiens, Cassien fut arrêté pour avoir refusé d'adorer les dieux païens. D'après Prudence, les autorités décidèrent de le livrer, sans tunique et les mains attachées dans le dos, aux petits enfants de sa classe pour qu'ils soient ses bourreaux. Le récit, jusque-là assez prévisible, s'assombrit soudain. La mort et la cruauté ont ici un visage d'enfant: « Tous laissent échapper avec passion le fiel et la haine qu'ils avaient accumulés sous forme de colère silencieuse. Ils jettent et brisent sur le visage de leur maître le fragile tableau et la baguette rebondit sur son front. Ils le frappent avec les tablettes de cire d'écriture, et les pages cassées et humides se teintent de sang. D'autres font vibrer entre leurs doigts des stylets et des poinçons en fer dont l'extrémité permet d'écrire dans la cire en traçant des sillons. Deux cents mains piquent son corps, certaines pénètrent dans un organe, d'autres lui arrachent la peau. » Prudence veut effrayer le lecteur impressionnable pour renforcer sa foi. Il manie avec talent les ingrédients de la peur: il étire la scène, s'attarde sur des détails, des mouvements, des sons et des impacts. Il transforme en armes les objets quotidiens, explore la douleur qu'ils peuvent causer. Il nous fait découvrir que les poinçons utilisés pour dessiner les mots dans la cire étaient pointus comme des couteaux. Cette écriture avec des poignards symbolise la violence qui régnait dans l'école romaine de la lettre et du sang. Ainsi, le poème devient, paradoxalement, un plaidoyer très noir contre les châtiments corporels infligés aux enfants. Tous les élèves semblent avoir subi les sarcasmes et les coups du maître, et le terrible récit de leur vengeance nous oblige à contempler la transformation des enfants en bourreaux, des innocents en assassins. C'est un spectacle inquiétant, malsain: « De quoi te plains-tu? – demande avec cruauté un enfant au maître déchu. C'est toi-même qui nous as donné le poinçon et as armé nos mains. À présent nous te rendons les milliers de signes que nous avons reçus pendant la classe. Tu devrais être content que nous écrivions. Nous t'avons si souvent demandé des pauses que tu nous refusais, maître avare de nos efforts ! Allez, exerce ton autorité, tu as le droit de punir l'élève le plus paresseux. » La fin du poème est absolument macabre. Les enfants s'amusent à faire durer la torture de leur maître, tandis que la chaleur de la vie s'échappe lentement des blessures de son corps transpercé.

Bien que l'intention de Prudence fût de dénoncer les crimes contre les chrétiens, les ténèbres de la vie scolaire filtrent également de son atroce récit. Un autre Hispanique, né au milieu du Iᵉʳ siècle à Calagurris – l'actuelle Calahorra –, fut un des premiers écrivains à remettre en cause les méthodes brutales dans l'éducation. Dans son *Institution oratoire*, Quintilien affirmait que le désir d'apprendre dépend seulement de la volonté, « où il n'y a pas de place pour la violence ». Il s'opposait aux châtiments humiliants à l'école – « seulement appropriés pour les esclaves », disait-il, montrant que ses impulsions humanitaires avaient leurs exceptions et leurs lacunes. Se souvenant peut-être de sa propre enfance maltraitée, il écrivait que les petits qu'on bat souvent souffrent de peur, de douleur et de honte, une honte si profonde qu'elle brise le bonheur juvénile. Pour cette raison, ajoute-t-il, l'enfance étant un âge fragile, personne ne devrait avoir un pouvoir illimité sur des créatures aussi vulnérables.

L'horrible histoire de Cassien semble prouver que le martinet et les coups ne disparurent jamais des classes romaines, mais on détecte quand même des zones de lumière dans ce lugubre panorama. Au commencement de notre ère apparurent des défenseurs d'une pédagogie plus charitable et agréable. Ce courant préférait les récompenses aux châtiments et s'efforçait d'éveiller chez les enfants le désir d'apprendre. On sait que certains maîtres se mirent à fabriquer des jouets éducatifs pour leurs élèves et, pour récompenser leurs balbutiements dans la lecture, ils leur offraient de petits gâteaux et biscuits avec la forme des lettres qu'ils apprenaient. De tels excès d'indulgence provoquèrent la réaction immédiate des défenseurs de la vieille tradition. Un personnage du *Satiricon* de Pétrone fulmine contre les coutumes dépravées et mollassonnes de son époque – le règne de Néron, au Iᵉʳ siècle –, et prédit la décadence imminente de Rome si – rendez-vous compte ! – les enfants étudient en jouant. Les batailles entre la vieille et la nouvelle école ne datent pas d'aujourd'hui.

Une jeune famille

13

En réalité, quand on se retourne vers nos origines, on découvre que nous, les lecteurs, sommes une très jeune famille, une nouveauté météorique. Il y a 3 800 millions d'années sur la planète Terre, certaines molécules s'unirent pour former des structures particulièrement grandes et complexes, appelées organismes vivants. Des animaux très semblables aux humains modernes apparurent pour la première fois il y a 2,5 millions d'années. Il y a 300 000 ans, nos ancêtres domestiquèrent le feu. Il y a 100 000 ans, l'espèce humaine conquit la planète. Entre 3500 et 3000 av. J.-C., sous le soleil écrasant de Mésopotamie, des génies sumériens anonymes tracèrent dans l'argile les premiers signes qui, franchissant les barrières temporelles et spatiales de la voix, réussirent à laisser une trace durable du langage. Au XXe siècle seulement, plus de cinq millénaires plus tard, l'écriture devint une compétence étendue, à la portée de la majorité de la population – un long parcours ; un acquis très récent.

Il a fallu attendre jusqu'aux dernières décennies du XXe siècle, au seuil du XXIe, pour que des gens d'origine très modeste, appartenant aux sous-cultures des grandes villes, plongés dans un monde de bandes de rue et de tribus urbaines, apprennent l'alphabet et se l'approprient pour laisser libre cours à leurs protestations, leur non-conformisme et leurs déceptions. Les graffitis contemporains ont été un des événements les plus novateurs qu'a expérimenté, en de nombreux siècles, l'alphabet romain, icône inattendue de décennies de dur labeur pour étendre l'alphabétisation. Pour la première fois de notre histoire, des personnes très jeunes – enfants et adolescents en âge scolaire, beaucoup d'entre eux nés dans des ghettos et banlieues – ont eu les moyens et suffisamment confiance en eux-mêmes pour inventer leurs propres expressions graphiques, créant un art original basé sur des gribouillages et des lettres. Jean-Michel Basquiat, un jeune homme noir avec des racines haïtiennes, vivait comme un vagabond avant d'accrocher, dans les années 1980, ses graffitis dans des galeries d'art. Les lettres envahissent en cascade nombre de ses toiles, peut-être comme affirmation de soi à l'intérieur d'un système maintenant les marginaux à l'écart. Il écrivait puis barrait certains mots pour qu'on les remarque davantage ; le simple fait qu'ils soient interdits nous oblige à les lire avec plus d'attention, disait-il.

Curieusement, les graffitis – ou *writing*, comme les appellent les personnes concernées – s'étendirent sur les immeubles, les quais de métro, les murs et les panneaux publicitaires de New York, Los Angeles et Chicago, puis sur ceux d'Amsterdam, de Madrid, Paris, Londres et Berlin, au cours des mêmes années où avait lieu la révolution informatique dans les arrière-cours de la Silicon Valley. Tandis que les nouveaux experts en technologie exploraient les frontières du cyberespace, la jeunesse urbaine qui vivait dans les bidonvilles connaissait pour la première fois le plaisir de tracer des lettres sur des murs et des rames de métro et la beauté de l'acte physique d'écrire. Pendant ces mêmes années, où les claviers commençaient à révolutionner les gestes de l'écriture, la jeune culture alternative découvrit avec passion la calligraphie, qui jusque-là avait été un plaisir minoritaire. Fascinés par le pouvoir de donner un nom aux choses, par les possibilités créatives que contiennent les lettres et par le sentiment du risque dans l'écriture – c'est un acte dangereux, il faut être toujours prêt à déguerpir –, les adolescents adoptèrent l'alphabet manuscrit comme une nouvelle façon de s'exprimer, d'employer son temps libre et de gagner le respect de leurs pairs. Que cette appropriation soit aussi contemporaine s'explique par la jeunesse de l'écriture par rapport au long chemin de l'humanité – l'écriture constitue seulement l'ultime clignement d'yeux de notre espèce, le battement le plus récent d'un vieux cœur.

Vladimir Nabokov avait raison quand il nous reprochait, dans *Feu pâle*, notre absence d'étonnement devant cette prodigieuse innovation : « Nous sommes absurdement habitués au miracle de quelques signes écrits capables de contenir une imagerie immortelle, des évolutions de la pensée, de nouveaux mondes avec des personnes vivantes qui parlent, pleurent, rient. » Et il pose une question inquiétante : « Et si un jour, tous autant que nous sommes, on se réveillait et découvrait que nous sommes absolument incapables de lire ? » Ce serait un retour à un monde pas si lointain, antérieur au miracle des voix dessinées et des paroles silencieuses.

14

L'expansion de la lecture entraîna un rééquilibre des sens. Jusque-là, le langage se frayait un chemin à travers les oreilles, mais après la découverte des lettres, une partie de la communication émigra vers le regard. Et, très vite, les lecteurs se mirent à souffrir de problèmes de vue. Grâce aux plaintes de certains écrivains romains, on apprend que l'usage quotidien des tablettes de cire fatiguait et « obscurcissait » la vue. Dans la surface de cire, les traits étaient de simples fissures sans contraste – de grossiers sillons de mots. Le poète Martial mentionna dans ses vers « les yeux défaillants » de ceux qui lisent sur les tablettes, et Quintilien recommande à toutes les personnes dont la vue est fragile de lire seulement des livres écrits avec de l'encre sur du papyrus ou du parchemin, noir sur brun. On constate ainsi que le support le moins cher et le plus accessible à la portée de nos ancêtres laissait des séquelles.

En ce temps-là, il n'y avait pas moyen de corriger les dioptries. Pour cette raison, la vue fatiguée de nombreux lecteurs et étudiants du passé était fréquemment condamnée à plonger lentement dans un brouillard sans retour ou à se perdre dans une tempête de taches d'où les couleurs et la lumière s'évanouissaient. Les lunettes restaient à inventer. On raconte que l'empereur Néron regardait à travers une énorme émeraude pour pouvoir voir depuis sa loge ses combats de gladiateurs adorés. Il était peut-être myope et employait ses gros bijoux sculptés comme la lentille d'une longue-vue. Dans tous les cas, les pierres précieuses à la taille gigantesque étaient à la portée des empereurs, mais pas des intellectuels au porte-monnaie flasque et aux poches vides.

De longs siècles plus tard, en 1267, Roger Bacon prouva scientifiquement qu'une petite lettre pouvait être vue avec netteté et grossie en utilisant des lentilles dépolies d'une façon précise. À la suite de cette découverte, les usines de Murano l'expérimentèrent avec le verre, devenant le berceau des lunettes. Maintenant qu'on avait trouvé les lentilles, il fallait créer des montures pratiques, légères, et qui ne glissaient pas. Même si certaines de ces premières solutions reçurent le surnom de « presse-nez », les nouveaux gadgets devinrent rapidement un symbole séduisant de prestige social.

Dans une scène du *Nom de la rose*, Guillaume

de Baskerville, devant un Adso émerveillé, sort une paire de lunettes de la bourse qu'il porte accrochée à sa tunique au niveau de la poitrine et les met sur son visage. Au XIVe siècle, quand se déroule l'histoire, elles étaient encore rares. Les moines de l'abbaye, qui n'avaient jamais rien vu de semblable auparavant, observent avec curiosité, mais sans oser poser de questions, l'étrange prothèse en verre. Le jeune Adso la décrit comme «une fourche conçue de façon à pouvoir tenir sur le nez d'un homme comme le cavalier sur le dos de son cheval. Des deux côtés, la fourche se prolongeait sur deux anneaux en métal qui, placés devant chaque œil, contenaient deux amandes en verre serties, grosses comme des fonds de verre». Guillermo explique à son assistant stupéfait que l'âge durcit les yeux et que, sans ce prodigieux instrument, de nombreux savants, à partir de 50 ans, ne pourraient plus lire ni écrire. Tous deux remercient le Seigneur car quelqu'un a découvert et fabriqué ces disques fabuleux, capables de ressusciter la vue.

Les lecteurs riches de l'Antiquité ne pouvaient pas encore acheter d'inexistantes lunettes, mais ils avaient à leur disposition les rouleaux les plus luxueux du marché avec lesquels protéger et régaler leurs yeux. La plupart des livres étaient des commandes, et la qualité du produit artisanal dépendait, comme à toutes les époques, de la dépense que l'acheteur était disposé à assumer. Pour commencer, il y avait différentes qualités de papyrus. Comme Pline l'explique, le plus fin provenait de bandes découpées dans la pulpe intérieure du roseau égyptien. Plus le collectionneur avait de l'argent, plus la calligraphie du copiste était grande et belle, plus le livre se lisait facilement et perdurerait dans le temps.

Imaginons un instant les rouleaux les plus beaux, les plus raffinés, les plus exclusifs. Le bord des feuilles de papyrus, minutieusement lissées avec une pierre ponce, était décoré par une bande de couleur. Pour renforcer la consistance des livres, on taillait des baguettes appelées « umbilicus », en marbre ou en bois précieux, parfois recouvertes de feuille d'or, qui se terminaient par des poignées très décorées. Les rouleaux de la Torah juive utilisés dans les synagogues ont conservé l'aspect de ces premiers livres. Pour les juifs, les cylindres en bois avec leurs poignées – « arbres de vie » – sont indispensables à cause de l'interdiction rituelle de toucher avec la main le parchemin ou les lettres des livres sacrés. Entre les Grecs et les Romains, caresser le texte ne fut jamais sacrilège, et les bâtons aidaient simplement à déplier et à rembobiner le rouleau avec plus de facilité.

Les artisans inventèrent d'autres accessoires coûteux pour bibliophiles capricieux, comme des boîtes de transport et des pochettes en cuir pour préserver le papyrus des intempéries. Pour les exemplaires de luxe, cette pochette était teinte en pourpre, la couleur du pouvoir et de la richesse. On sait qu'il existait aussi un onguent cher – l'huile de cèdre – à badigeonner sur le papyrus pour lutter contre les mites dévoreuses de mots.

Seuls les aristocrates et les patriciens romains pouvaient s'enorgueillir de bibliothèques aussi fastueuses. Ils exhibaient ainsi fièrement leur fortune, comme ceux qui se pavanent aujourd'hui au volant d'une Rolls-Royce. Les poètes, savants et philosophes, sauf exceptions, n'appartenaient pas à ces cercles privilégiés. Certains d'entre eux regardaient du coin de l'œil les très beaux livres qui restaient hors de leur portée et, marmonnant entre leurs dents, ils se vengeaient en écrivant des satires piquantes contre les collectionneurs incultes. Un de ces libelles rancuniers est arrivé jusqu'à nous. Il s'intitule : *Contre un ignorant qui achetait beaucoup de livres*. « Celui qui achète des livres pour ne pas les lire, que fait-il à part donner du travail aux souris, un repaire aux mites et des coups aux esclaves qui ne les surveillent pas assez ? Tu pourrais les prêter à ceux qui en profiteraient davantage, puisque tu ne sais pas quoi en faire. Mais tu es comme le chien qui, allongé dans l'étable, ne mange pas l'orge et empêche le cheval de le manger, lui qui pourrait le faire. » Ce chef-d'œuvre de la colère et de l'insulte dépeint avec rage le paysage de disette antérieur à l'imprimerie, quand lire était, trop souvent, un signe de privilège immérité.

15

Pendant longtemps, les livres circulèrent de main en main à l'intérieur des cercles fermés des amitiés et des clientèles les plus exclusives. Dans la Rome républicaine lisaient les élites et leur entourage. De longs siècles passèrent au cours desquels, à défaut de bibliothèques publiques dans l'Urbs, seuls ceux qui possédaient un grand patrimoine, ou du talent pour la flatterie, pouvaient poser les yeux sur des livres.

Vers le Ier siècle av. J.-C., on entrevoit pour la première fois l'existence de lecteurs pour le plaisir, sans grande fortune ni prétentions sociales. Cette brèche fut ouverte grâce aux librairies. On sait qu'il y eut un commerce de livres en Grèce, mais on possède à peine quelques éléments pour reconstituer l'image de ces premières boutiques. En revanche, on a des détails plus substantiels – noms, adresses, caractéristiques, prix et même anecdotes – au sujet du monde romain.

Le jeune poète Catulle – qui resta jeune puisqu'il mourut à 30 ans – raconte une histoire édifiante d'amitié et de librairies qui se passa au milieu du Ier siècle av. J.-C. Comme précédent aux farces traditionnelles du jour des Saints Innocents en Espagne, à la fin d'un mois de décembre froid, pendant les fêtes saturnales, il reçut en guise de plaisanterie un cadeau de la part de son ami Licinius Calvus : une anthologie poétique des auteurs que tous deux considéraient comme les pires de leur temps. « Grands dieux, quel horrible petit livre maudit as-tu envoyé à ton Catulle pour qu'il meure une fois pour toutes », rouspète Catulle. Puis il ourdit sa vengeance : « Ce forfait te coûtera cher, mon ami, car dès le lever du jour je me précipiterai sur les stocks des libraires et j'achèterai les pires poisons littéraires pour te rendre la monnaie de ta pièce. En attendant, retournez d'où vous êtes sortis au mauvais moment, calamités de notre temps, affreux poètes. » Grâce à ces vers pleins d'humour, on découvre qu'à cette époque il était déjà habituel d'offrir des livres achetés dans le commerce pour les Saturnales. Plus encore, Catulle le vindicatif est sûr de trouver à Rome, dès le lendemain à l'aube, plusieurs librairies ouvertes où acheter le pire et le plus mortifère de la production poétique contemporaine, qui lui servira à se venger de la malice de son ami.

Ces librairies matinales étaient, principalement, des ateliers de copie sur commande. Ces établissements étaient surtout fréquentés par des gens de bas étage qui ne possédaient pas même un misérable esclave pour accomplir la tâche. Ils arrivaient, l'original sous le bras, et demandaient un nombre précis de copies manuscrites, plus ou moins luxueuses selon leurs moyens financiers. Les employés de l'atelier, esclaves pour la plupart, maniaient rapidement le calame. Martial, le poète de Bilbilis, qui fut le grand défenseur de la forme brève, affirmait qu'une copie de son deuxième livre d'épigrammes – trente pages dans mon édition imprimée – nécessitait à peine une heure. Il prônait ainsi les multiples avantages de sa littérature rapide et écologique : « D'abord, je consomme moins de papyrus ; ensuite, le copiste copie tous mes vers en une seule heure, et il n'est pas esclave de mes bagatelles pendant longtemps ; enfin, même si le livre est mauvais du début à la fin, il n'enquiquinera qu'un petit moment. » Le même mot, *librarius*, désignait le copiste et le libraire, car c'était un seul métier. Avant l'invention de l'imprimerie, les livres étaient reproduits un par un, lettre par lettre, mot après mot. Le prix du matériel et du travail était stable. Produire en une seule fois, comme on le fait aujourd'hui, un tirage de milliers d'exemplaires n'aurait représenté aucune économie. Au contraire, fabriquer de nombreux livres sans acheteurs garantis aurait fait courir au commerce un risque de faillite. Les Romains auraient levé un sourcil d'incrédulité devant nos concepts actuels de public potentiel et de part de marché. Cependant, l'anecdote de Catulle laisse entendre qu'on pouvait se présenter dans une librairie en quête d'œuvres déjà disponibles, sans besoin d'apporter l'original – il s'agissait sûrement d'une poignée de nouveautés et de certains classiques indispensables. Les libraires commençaient à assumer un certain degré de risque entrepreneurial, proposant des livres de *prêt-à-porter* d'auteurs en qui ils avaient confiance.

Martial fut le premier écrivain à se vanter d'une relation d'amitié avec la corporation des libraires. Lui-même, qui se plaignait toujours de la pingrerie de ses mécènes, se fournissait sans doute en livres dans les magasins. Plusieurs de ses poèmes très modernes contiennent de la publicité déguisée, peut-être rémunérée : « Dans le quartier de l'Argilète, devant le forum de César, il y a une librairie dont la porte est totalement recouverte, en très gros caractères, des noms de tous les poètes. Cherche-moi là. Atrectus – c'est le nom du libraire – te sortira du premier ou du deuxième rayon un Martial bien poncé, orné de pourpre, pour 5 deniers. » Si on en juge par le prix de 5 deniers que mentionne le poète pour son maigre recueil – un denier était le salaire d'une journée de travail –, Atrectus et les scribes de son atelier élaboraient des produits de luxe, même si on peut supposer qu'ils devaient aussi fabriquer des livres bon marché pour des budgets plus modestes.

Au côté d'Atrectus, Martial cite dans ses vers le nom de trois autres libraires : Tryphon, Secundus et Quintus Valerianus Pollion. Il dédie à ce dernier des paroles narquoises de gratitude parce qu'il continue de vendre ses premiers livres : « Toutes les broutilles que j'ai écrites quand j'étais jeune, lecteur, tu les demanderas à Quintus Valerianus Pollion, grâce à qui mes bêtises ne meurent pas. » Et il fait de la publicité pour la boutique de Secundus, adresse comprise : « Afin que tu n'ignores pas où je suis en vente et que tu n'erres pas en vain d'un bout à l'autre de la ville, suis mes instructions : cherche Secundus, affranchi de Lucensis, derrière le temple de la Paix et le forum de Pallas. » Dans une société qui ne reconnaissait pas le droit d'auteur, Martial ne recevait aucun pourcentage sur la vente de ses livres dans ces librairies – ni dans aucune autre –, mais peut-être touchait-il quelque chose pour les mentionner dans ses poèmes, ce qui ferait de notre poète le précurseur romain du *placement de produit* des séries télé actuelles. Par ailleurs, il aimait probablement rôder dans ces lieux à ses heures perdues et voulut les immortaliser dans ses épigrammes. Il se sentait certainement plus à l'aise quand il commentait les dernières plaisanteries littéraires en compagnie de ces entrepreneurs affranchis intelligents que dans les villas des aristocrates méprisants qui le faisaient entrer par la porte de service.

Les poèmes de Martial nous aident à concevoir ces premières librairies : des établissements avec des enseignes sur les portes et des rangées de niches ou de rayons à l'intérieur. Par analogie avec certains commerces de Pompéi préservés par la lave volcanique, j'imagine un endroit avec un grand comptoir massif et des fresques mythologiques bigarrées sur les murs ; une porte dans le fond reliant la pièce où le libraire accueillait le public et l'atelier où travaillaient à un rythme impitoyable les esclaves copistes, penchés heure après heure sur les pages de papyrus ou de parchemin, supportant avec stoïcisme le mal de dos et les crampes dans les bras.

Grâce aux libraires, les vers de Martial arrivèrent entre les mains de lecteurs inconnus, en dehors du cercle de ses mécènes. Le poète était ravi de cette nouvelle promiscuité littéraire. D'autres écrivains, toutefois, vivaient avec peur et embarras l'ouverture incontrôlée à un public de plus en plus vaste et anonyme. Horace confesse sa gêne dans une épître où il dialogue avec son propre livre. Il réprimande sa dernière œuvre comme si elle était vivante ou, plus exactement, comme si c'était un jeune éphèbe qui a un peu trop envie de sortir et de s'exhiber en public. La discussion s'échauffe et le poète accuse la créature présumée de désirer se rendre dans la librairie des Sosies pour se prostituer. « Tu détestes les verrous et scellés qui plaisent au pudique, tu te plains d'être montré à peu de gens et tu loues, malgré ton éducation, les lieux publics. Qu'ai-je fait, pauvre de moi ? diras-tu quand ton amant rassasié se lassera. Quand, manipulé par le commun des mortels, tu seras souillé. » Ces plaisanteries érotiques codées dissimulent un changement historique d'accès à la lecture. Entre le Ier siècle av. J.-C. et le Ier siècle apparut dans l'Empire romain un nouveau destinataire : le lecteur anonyme. Aujourd'hui, il serait sans doute assez triste de publier un livre que seuls la famille et les amis de l'écrivain liraient ; pour les auteurs romains, en revanche, c'était la situation la plus courante, sûre et confortable. Abolir ces frontières, accepter que n'importe qui puisse avoir accès à ses pensées et émotions en échange d'une poignée de deniers fut une expérience vécue comme une mise à nu traumatisante pour beaucoup d'écrivains.

L'épître d'Horace annonce la fin du monopole

aristocratique sur les livres. De plus, elle exprime une profonde méfiance envers un public de lecteurs étrangers – y compris plébéiens –, inconnus de leurs relations, éloignés dans l'espace et dans le temps. L'auteur finit par menacer l'impertinent petit livre d'un destin humiliant : « Tu serviras de pâture aux mites stupides, ou bien la vieillesse te surprendra dans un coin perdu, enseignant les lettres à des enfants, ou encore tu seras envoyé dans un colis à Ilerda (Lérida). » Sauf si l'exemplaire éhonté se conduit avec décence, restant à la maison et parmi des personnes de confiance, il subira l'insupportable vexation de devenir un texte scolaire ou, pire encore, l'outrage d'appartenir à la bibliothèque d'un vulgaire lecteur hispanique.

À l'opposé d'Horace se démarque l'attitude ouverte et frondeuse de Martial, né encore plus loin qu'Ilerda, dans la celtibère Bilbilis – aujourd'hui Calatayud – et, par conséquent, dépourvu de préjugés contre les provinciaux. Une nouvelle époque commençait, où il ne serait plus nécessaire de courtiser les riches pour accéder aux livres. Martial et les libraires applaudissaient cette extension du domaine de la lutte.

Libraire : un métier dangereux

16

Helene était fille d'émigrants. Son père, modeste fabricant de chemises, obtenait des billets pour les théâtres de Philadelphie en échange des vêtements qu'il vendait. Grâce à ces marchandages, en pleine Grande Dépression, Helene avait la possibilité de se prélasser dans les fauteuils usés des salles de spectacle, et quand les lumières s'éteignaient pour éclairer uniquement la scène, son cœur se mettait à battre rapidement, comme un cheval débridé dans l'obscurité du théâtre. À l'âge de 20 ans, avec une maigre bourse, elle s'installa à Manhattan pour commencer sa vie d'écrivaine. Des décennies durant, elle logea dans des meublés crasseux et délabrés, aux cuisines pleines de blattes, sans savoir d'un mois à l'autre comment elle paierait son loyer. Elle survivait comme scénariste de télévision tout en écrivant, les unes après les autres, des dizaines de pièces que personne ne voulait monter.

Sa meilleure œuvre, qui prit forme lentement et s'amplifia au cours des vingt années suivantes, naquit de la manière la plus innocente et imprévue. Helene tomba sur la minuscule annonce d'une librairie londonienne spécialisée dans les livres épuisés. À l'automne 1949, elle passa sa première commande au 84, Charing Cross Road. Les livres, accessibles grâce au taux de change, se mirent à voyager à travers l'océan, en direction des étagères de ses appartements successifs, fabriquées avec des caisses d'oranges.

Dès le début, Helene envoya à la librairie un peu plus que de froides listes et l'argent correspondant aux commandes. Ses lettres expliquaient le plaisir de déballer le livre qui venait d'arriver et de caresser les pages d'une belle couleur crème, douces au toucher ; sa déception comique si l'œuvre n'était pas la hauteur de ses attentes ; ses impressions de lecture, ses difficultés financières, ses manies – « j'adore ces livres d'occasion qui s'ouvrent à la page que leur ancien propriétaire lisait le plus souvent ». Le ton, d'abord guindé, des réponses que lui envoyait le libraire, appelé Frank, se détendit au fil des mois et des lettres. En décembre arriva à Charing Cross Road un colis de Noël de la part d'Helene pour les employés de la librairie. Il contenait du jambon, des boîtes de conserve et autres produits que, pendant la dure période de l'après-guerre en Angleterre, on ne pouvait se procurer qu'au marché noir. Au printemps, elle supplia Frank de lui trouver une petite anthologie de poètes « qui sachent parler de l'amour sans pleurnicher » qu'elle pourrait lire en plein air, dans Central Park.

Ce qui est extraordinaire dans ces lettres, c'est combien elles laissent entrevoir ce qu'elles ne racontent pas. Frank ne le dit jamais, mais il est indubitable qu'il se met en quatre, parcourant de grandes distances et fouillant dans leurs moindres recoins de lointaines bibliothèques privées en vente pour rechercher les plus beaux livres pour Helene. Et elle répond par de nouveaux colis de cadeaux, de nouvelles confidences pleines d'autodérision, de nouvelles commandes pressantes. Une émotion muette et un désir tacite s'infiltrent dans cette correspondance commerciale qui n'est même pas privée, puisque Frank réalise une copie de chaque lettre pour les archives du magasin. Les années passent, et les livres. Frank, marié, voit ses deux filles quitter l'enfance et l'adolescence. Helene, toujours sans le sou, continue de survivre grâce à l'écriture alimentaire de scénarios pour la télévision. Tous deux échangent des cadeaux, des commandes et des mots, de plus en plus espacés. Ils ont épuré un langage propre pour communiquer, dépourvu de sentimentalisme, réservé, plein de phrases ingénieuses pour dédramatiser leur amour passé sous silence.

Helene annonçait sans arrêt qu'elle allait venir à Londres – et à la librairie – dès qu'elle aurait assez d'argent pour les billets, mais les éternelles difficultés économiques de l'écriture, un problème dentaire et les frais de ses déménagements incessants différaient, été après été, ce voyage. Avec des phrases toujours pudiques, Frank se plaignait qu'Helene ne figurât jamais au nombre des multiples touristes américains fascinés par les Beatles qui débarquaient à Londres. En 1969, Frank mourut soudain d'une péritonite aigüe. Sa veuve écrivit quelques lignes à l'Américaine : « Je n'ai pas honte d'avouer que je me suis sentie parfois jalouse de vous. » Helene réunit toutes les lettres et publia leur correspondance sous forme de livre. Alors, elle rencontra le succès foudroyant qui, pendant des années de dur travail, lui avait tourné le dos. *84, Charing Cross Road* devint rapidement un roman culte, adapté au cinéma et au théâtre. Après des décennies à écrire des pièces dont personne ne voulait, Helene Hanff triompha sur scène avec une œuvre qui n'avait jamais prétendu en être une. Grâce à la publication du livre, elle put enfin se rendre à Londres – pour la première fois, mais trop tard : Frank était mort et la librairie Marks & Co. avait disparu.

La correspondance contient seulement la moitié de l'histoire de l'écrivaine et de son libraire-confident. L'autre moitié vibre dans les livres qu'il chercha pour elle, car recommander et envoyer à l'autre une lecture choisie est un geste fort de rapprochement, de communication, d'intimité.

Les livres n'ont pas du tout perdu cette valeur primitive qu'ils eurent à Rome, leur capacité subtile à tracer une carte des sentiments et des amitiés. Quand des pages nous émeuvent, nous en parlons d'abord à un être cher. Quand on offre un roman ou un recueil de poèmes à quelqu'un qui compte pour nous, on sait que son opinion sur le texte rejaillira sur nous. Si un ami, une petite amie ou un amant place entre nos mains un livre, nous cherchons ses goûts et ses idées dans le texte, nous nous sentons intrigués ou concernés par les lignes soulignées, nous commençons une conversation personnelle avec les paroles écrites, nous nous ouvrons avec plus d'intensité à son mystère. Nous cherchons, dans son océan de lettres, un message dans une bouteille pour nous.

Alors qu'ils venaient de se rencontrer, mon père offrit à ma mère un exemplaire de *Trilce*, les poèmes de jeunesse de César Vallejo. Rien de ce qui arriva ensuite n'aurait peut-être été possible sans l'émotion que ces vers éveillèrent. Certaines lectures sont une façon de faire tomber les barrières, certaines lectures nous recommandent l'inconnu qui les aime. Je n'ai pas de parenté avec le prodigieux César Vallejo, mais je l'ai greffé sur mon arbre généalogique. Comme mes lointains arrière-grands-parents, le poète fut nécessaire pour que j'existe.

Malgré le matraquage du marketing, des blogs et des critiques, on doit presque toujours les plus belles choses que nous avons lues à un être aimé – ou à un libraire devenu ami. Les livres continuent de nous unir et de nous lier mystérieusement.

17

Les librairies disparaissent rapidement, leurs traces dans le temps sont plus discrètes que celles des grandes bibliothèques. Dans son indispensable essai – et guide de voyages bibliophiles –, Jorge Carrión écrit que le dialogue entre les collections privées et les collections publiques, entre la librairie et la bibliothèque, est aussi vieux que la civilisation ; mais la balance historique penche toujours du côté de la seconde. Tandis que le bibliothécaire accumule, amasse, tout au plus prête temporairement sa marchandise, le libraire acquiert pour se défaire de ce qui a été acquis, achète et vend, met en circulation. Son truc, c'est le trafic, le transit. Si les bibliothèques sont liées au pouvoir, aux autorités municipales, aux États et à leurs armées, les librairies vibrent avec le nerf du présent, sont fluides, temporaires. Et, j'ajouterais, dangereuses.

Depuis l'époque de Martial, les libraires exercent un métier à risque. Le poète put assister à Rome à l'exécution d'Hermogène de Tarse, un historien qui contraria l'empereur Domitien à cause de certaines allusions contenues dans son œuvre. Pour que le châtiment soit exemplaire, les copistes et les libraires qui mirent en circulation le maudit volume furent également condamnés à mort. Suétone expliqua la sentence de ces derniers par des mots qui ne nécessitent pas de traduction : *librariis cruci fixis*.

Domitien inaugura avec ces crucifiés une triste liste d'oppressions. Depuis lors, d'innombrables censeurs ont appliqué la même méthode que l'empereur, punissant les responsabilités indirectes. Le succès du mécanisme répressif réside principalement dans l'extension de la menace des représailles, amendes ou prison à tous les échelons de la chaîne de diffusion – des scribes ou imprimeurs d'antan, à l'administrateur d'un forum ou fournisseur d'accès à Internet. Effrayer ces agents aide à faire taire les textes dérangeants, car il est peu probable que toutes les personnes impliquées soient disposées à courir les mêmes risques que l'auteur, plus viscéralement engagé par la publication de son œuvre. Par conséquent, les menaces envers les libraires sont une part essentielle de cette guerre sans quartier contre les livres libres.

On ne sait quasiment rien des libraires que l'empereur fit exécuter pour avoir copié et vendu le texte d'Hermogène, qui peut-être ne leur plaisait même pas. Seule les sauve de l'oubli une courte phrase de Suétone, dans un paragraphe sur la terreur qu'instaura Domitien. Ils apparaissent et disparaissent aussitôt, nous laissant un arrière-goût de curiosité insatisfaite. Il les nomme pour la première fois quand ils meurent, et tout en reste là. Quelle histoire auraient-ils racontée ? Quelles difficultés rencontrèrent-ils, quelles joies connurent-ils dans leur profession ? Furent-ils victimes d'un châtiment arbitraire ou soutenaient-ils l'esprit subversif de l'auteur du texte qui leur coûta la vie ?

Un passionnant livre de mémoires donne la parole aux libraires d'une autre époque incertaine, chaotique et autoritaire : l'Espagne du XIXe siècle qui sortait du règne absolutiste de Ferdinand VII. L'auteur, George Borrow, que les Madrilènes surnommaient « don Jorgito l'Anglais », vint en Espagne envoyé par la British and Foreign Bible Society avec la mission de diffuser les livres sacrés dans leur version anglicane. Borrow sillonna la géographie de la péninsule à travers des chemins poussiéreux et quasi clandestins pour aller déposer ses exemplaires de la Bible dans les principales librairies des villes et des villages. Dans un paysage bigarré de vendeurs, gitans, sorcières, laboureurs, muletiers, soldats, contrebandiers, bandits d'honneur, toréros, carlistes et fonctionnaires sans emploi, il dépeint le monde éditorial famélique qu'il connut. Quand il publia en 1842 le récit de ses pérégrinations, *La Bible en Espagne*, il affirma sans détours : « la demande d'œuvres littéraires, quel que soit le genre, est en Espagne misérablement réduite. » L'œuvre montre une impayable galerie de libraires qui parlent à la première personne, obstinés, plaintifs, maltraités – et, dans certains cas, inquiétants. Le libraire de Valladolid, « homme simple au bon cœur », ne pouvait se consacrer à la vente de livres qu'en alternance avec d'autres commerces hétérogènes, car la librairie ne lui permettait pas de vivre. Borrow réussit à faire accepter à un intrépide libraire de León de vendre ses bibles anglicanes et d'en faire la promotion. Mais les habitants, « furieux carlistes, à de rares exceptions », engagèrent des poursuites devant le tribunal ecclésiastique contre leur hétérodoxe concitoyen. Le libraire, loin de reculer, soutint le défi et alla jusqu'à placarder une annonce sur la porte même de la cathédrale. À Saint-Jacques-de-Compostelle, Borrow se lia d'amitié avec un vétéran du métier, qui l'emmenait parcourir les environs de la ville au cours de douces fins d'après-midi d'été. Après plusieurs balades, il osa lui parler à cœur ouvert et lui avouer les persécutions subies : « Nous, les libraires espagnols, nous sommes tous libéraux. Nous aimons passionnément notre profession et nous avons tous plus ou moins souffert pour sa cause. Beaucoup des nôtres furent pendus aux époques de terreur parce qu'ils vendaient d'inoffensives traductions du français ou de l'anglais. J'ai dû fuir Saint-Jacques-de-Compostelle et me réfugier dans la partie la plus sauvage de la Galice. Sans de bons amis, je ne serais pas là pour le raconter aujourd'hui ; néanmoins, cela m'a coûté très cher. Pendant que j'étais caché, les fonctionnaires de la curie ecclésiastique prirent en charge la librairie et dirent à ma femme qu'il fallait m'envoyer au bûcher pour avoir vendu de mauvais livres. » Le plus sombre de tous – un Sweeney Todd ibérique – fut le libraire-barbier fou de Vigo qui, d'après ce qu'on raconte à Borrow, pouvait aussi bien vous vendre un livre que tenter de vous trancher la gorge sous prétexte de vous raser. On ne sait pas très bien de quoi dépendait l'attitude aimable ou meurtrière du bonhomme. Je me demande si sa clientèle déclinante risquait sa vie quand elle donnait son opinion sur la littérature.

Il y a presque mille huit cents ans d'écart entre Domitien et Ferdinand VII, mais l'histoire de leurs libraires baigne dans la même atmosphère. Aux époques tyranniques, les librairies sont des lieux d'accès à l'interdit et, par conséquent, elles éveillent les soupçons. Aux périodes de phobie d'influence étrangère, ce sont des ports sur la terre ferme, des postes frontaliers difficiles à surveiller. Les paroles étrangères, les paroles répudiées ou dérangeantes y trouvent refuge. Ma mère garde intact le souvenir des arrière-boutiques de certaines librairies pendant la dictature, le rituel d'entrée, la peur et la joie rebelle et juvénile d'être admise dans la cachette et, enfin, de toucher la marchandise interdite : livres d'exilés, essais révoltés, romans russes, littérature expérimentale, titres que les censeurs avaient qualifiés d'obscènes. On achetait un livre et il fallait toujours le cacher ; on achetait du secret et du danger ; on payait pour devenir proscrit.

Je me souviens d'un matin des années 1990, avec mon père, à Madrid. Nous étions entrés dans une librairie de livres d'occasion comme il les aimait tant (royaumes du chaos et du désordre). Il pouvait y passer des heures. Il appelait ça fouiner ou renifler, mais c'était plutôt comme s'il creusait dans une mine. Il plongeait les bras jusqu'aux épaules pour arriver jusqu'aux livres qui gisaient tout en bas des piles, il palpait, sondait, provoquait des éboulements. S'il se plaçait sous le cône de lumière d'une lampe, on découvrait que tout autour de lui flottait une auréole de poussière. Il était heureux de fureter dans les tas, dans les caisses, sur les étagères remplies par trois rangées de livres. L'effort physique de la quête faisait partie du plaisir d'acheter. Ce matin-là, à Madrid, mon père déterra une curieuse pépite. En apparence, *Don Quichotte*. Le maigre hidalgo sur la couverture reliée, le premier chapitre, la vieille rondache, la marmite avec plus souvent du bœuf que du mouton, les abattis de bétail le samedi. Mais à la place du deuxième chapitre se trouvait le début d'une autre œuvre, *Le Capital*. Mon père sourit avec un contentement peu habituel. Il s'illumina. Le tandem Cervantès-Marx n'était pas une exotique erreur d'impression, mais un livre clandestin, un souvenir vif de la jeunesse de mon père, un fantôme surgi des années, ambiances, murmures et escamotages où il avait vécu. Des centaines de souvenirs minimes l'envahirent par surprise. Cette étrange greffe – Karl incrusté dans Miguel – signifiait beaucoup pour lui, sans doute parce que cela réveilla la nostalgie de ses lectures cachées. Sur moi aussi planèrent la mémoire et la menace de ces années dont je n'ai pas de souvenirs, ces années pendant lesquelles je n'étais pas née – mes parents s'étaient interdit d'avoir des enfants tant que vivrait Franco.

18

Un peu avant d'écrire ce chapitre, je suis tombée sur *Rien où poser sa tête*, de Françoise Frenkel, captivant récit autobiographique d'une libraire juive expropriée et nomade. J'ai tout de suite été saisie par les premières phrases du livre : « Il est du devoir des survivants de rendre témoignage afin que les morts ne soient pas oubliés, ni méconnus les obscurs dévouements. Puissent ces pages inspirer une pensée pieuse pour ceux qui se sont tus à jamais, épuisés en route ou assassinés. » Le titre, expressif, résume son histoire de déracinement. Françoise est née en Pologne, mais ses pas vagabonds la conduisirent à Paris, où elle apprit le métier de libraire et ses subtilités (« À la façon de tenir un volume, presque tendrement, d'en tourner délicatement les pages, de les lire pieusement ou de les feuilleter hâtivement, sans attention, pour remettre ensuite le livre sur la table, parfois si négligemment que les coins, cette partie si sensible, en étaient écornés, j'arrivais à la longue à pénétrer un caractère, un état d'âme et d'esprit. Je plaçais le livre que je croyais indiqué, assez discrètement toutefois, à proximité du lecteur, afin qu'il n'éprouvât pas l'influence d'une suggestion. S'il le trouvait à sa convenance, j'irradiais. »).

Des années plus tard, en 1921, elle fonda une librairie française à Berlin, La Maison du Livre. Elle y accueillait une clientèle cosmopolite et organisait des conférences d'écrivains de passage en Allemagne (Gide, Maurois, Colette). La colonie de Russes blancs installée à Charlottenburg était le principal public du commerce de Françoise. Nabokov, qui vivait dans le quartier, passa sûrement là de tristes après-midi crépusculaires d'hiver. Ce furent des années d'effervescence pour la libraire.

En 1935, avec les nazis aux commandes du pays, les difficultés commencèrent.

Il y eut d'abord l'obligation de se soumettre à un service spécial chargé d'évaluer les livres d'importation. Parfois la police débarquait et réquisitionnait certains volumes et journaux français qui figuraient sur sa liste noire. Le nombre de publications françaises autorisées était de plus en plus limité, et la simple diffusion d'œuvres interdites menait les libraires directement au camp de concentration – une fois de plus, la stratégie de Domitien.

Puis, après l'approbation des lois raciales de Nuremberg, le cercle se resserra. Françoise fut interrogée par la Gestapo. Dans l'obscurité, de son lit, elle entendait les rondes nocturnes des chemises brunes. Provocateurs, ils chantaient des hymnes glorifiant la force, la guerre et la haine.

Au cours de la Nuit de Cristal, Berlin crépita à la lumière des torches et des synagogues incendiées. À l'aube, assise sur le perron de sa librairie, Françoise vit arriver deux individus armés de longues barres de fer. Ils s'arrêtaient devant certaines vitrines et les brisaient en mille morceaux. Ils entraient dans les boutiques par le trou qu'ils avaient ouvert pour renverser et piétiner la marchandise. Devant La Maison du Livre, ils consultèrent leur liste. « Pas celle-là », dirent-ils, et ils passèrent leur chemin. La précaire protection de l'Ambassade de France avait évité pour l'heure la destruction du magasin. Françoise pensa que dans le cas contraire, cette nuit-là, dans sa librairie, elle aurait défendu chaque livre de toutes ses forces, non seulement par respect pour son métier, mais aussi par répugnance, « à cause d'une nostalgie infinie de la mort ».

Au printemps 1939, elle se rendit à l'évidence : sa petite oasis de livres français n'avait plus sa place à Berlin. Mieux valait partir. Elle passa sa dernière nuit en Allemagne à veiller sur les rayons pleins, l'étroit périmètre où ses clients venaient oublier, se consoler, respirer librement. Une fois à Paris, elle apprit que ses collections de livres et de disques, ainsi que ses meubles, avaient été confisqués par le gouvernement allemand pour raisons raciales. Elle avait tout perdu. La guerre éclata. La monstrueuse termitière humaine que Françoise avait vu naître en Allemagne menaçait de s'étendre en Europe. Sans maison, quasiment sans bagages ni lieu où se poser, elle n'était qu'une goutte dans l'océan de réfugiés européens. Ses mémoires racontent ses péripéties et sa vie menacée jusqu'à ce qu'elle passe clandestinement la frontière suisse.

Il est peu probable qu'Hitler ait franchi un jour le seuil de La Maison du Livre. Cependant, la littérature avait été un refuge également pour lui. À cause de ses problèmes pulmonaires à l'adolescence, c'était devenu un lecteur compulsif. D'après ses amis de jeunesse, il fréquentait les librairies et les bibliothèques. Ils le décrivaient entouré de piles de livres, surtout des traités d'histoire et des sagas de héros allemands. À sa mort, il laissa une bibliothèque de plus de 1500 volumes. *Mein Kampf* fit de lui l'auteur du grand best-seller allemand des années 1930. Au cours de cette décennie, son livre fut le plus vendu après la Bible. Il toucha des sommes pharamineuses pour les ventes et, auréolé de son succès, riche, il réussit à effacer son image de grande gueule de brasserie. Après l'échec de son coup d'État, l'écriture lui rendit l'estime de soi. À partir de 1925, année de publication du premier volume de *Mein Kampf*, il remplit dans ses déclarations d'impôts la case correspondant à la profession d'« écrivain » – la manipulation des foules, l'intimidation et le génocide étaient alors des passions non rémunérées. La guerre terminée, on estime que 10 millions d'exemplaires de l'œuvre, traduite dans seize langues, furent détruits. Depuis que le livre est tombé dans le domaine public en 2015, 100000 exemplaires supplémentaires ont été vendus en Allemagne.

Les responsables des éditions successives le reconnaissent : « les chiffres nous affolent. » En 1920 – quasiment au moment où Françoise Frenkel se lançait dans son aventure berlinoise, et tandis qu'Hitler prononçait avec ses simagrées caractéristiques les premiers discours de masse –, Mao Zedong ouvrit une librairie à Changsha. Le commerce marcha tellement bien qu'il finit par embaucher six employés – cette jeune aventure capitaliste se révéla si étonnamment rentable que pendant des années elle finança sa carrière révolutionnaire débutante. Quelque temps plus tôt, il avait travaillé dans une bibliothèque universitaire, où on se souvenait de lui comme d'un lecteur vorace. Quarante-six ans plus tard, avec un acharnement inexplicable, il imposerait la Révolution culturelle, qui laissa dans son sillage tant de livres brûlés et d'intellectuels soumis à d'humiliantes séances d'autocritique, emprisonnés ou assassinés. Comme l'écrit Jorge Carrión, ceux qui conçurent les plus grands systèmes de contrôle, de répression et d'exécution du monde contemporain, ceux qui s'avérèrent être les censeurs de livres les plus efficaces, étaient aussi des spécialistes de la culture, des écrivains, de grands lecteurs.

Même si les librairies semblent être des espaces paisibles et éloignés du monde trépidant, dans leurs rayons palpitent les combats de chaque siècle.

19

Il y a trois ans, le quotidien *Heraldo de Aragón* m'a commandé un article pour les pages culture d'un supplément commémoratif. J'ai décidé d'écrire sur les librairies ; sur leur silencieuse irradiation, sur les champs magnétiques qu'elles créent dans les rues et les quartiers où elles se trouvent. Mon point de départ était une réflexion du libraire Paco Puche dans *Memoria de librería* : « On ne peut pas mesurer l'effet qu'a une librairie dans la ville qui l'accueille, ni l'énergie qu'elle diffuse dans ses rues, qu'elle transmet à ses habitants. Bien entendu, le nombre de clients et les ventes ne suffisent pas, ni le chiffre d'affaires, car l'influence de la librairie dans la ville est subtile, secrète, insaisissable. » J'ai interviewé cinq libraires de deux villes – héritiers de ceux que connut Borrow. Je les ai choisis pour des raisons intimes, car c'est grâce à eux, à différentes époques de ma vie, que j'ai appris à lire. Depuis l'enfance, j'aime franchir le seuil de ces magasins-repaires et découvrir les libraires posés comme des sentinelles entre des montagnes de livres à feuilleter, à renifler, à caresser, des livres en ordre et en désordre, des livres triomphants ou orphelins chétifs, réalisés avec un art délicat ou enfants cartonnés de la rentabilité. Montagnarde des rayons de librairies, je respire toujours à pleins poumons quand je suis devant ces cordillères de papier et de poussière. Bien qu'elles paraissent surchargées, les librairies élargissent l'espace.

Ce fut passionnant d'interroger, d'écouter et de remplir les pages d'un carnet de mon écriture nerveuse – je le feuillette actuellement : des flèches et des crochets dans les marges, les auréoles d'une tasse de thé ici et là, des mots soulignés, des pages cornées et mes ratures rageuses. Chema, libraire de ce petit donjon enchanté qu'est la Librería Anónima, m'a dit que ce qui l'animait, c'était de soutenir une cause perdue. Impossible de résister au filon littéraire de ce romantisme invétéré. L'ironie et la passion, ensemble ou séparément, furent les thèmes les plus fréquents dans la voix de mes cinq interviewés. Des temps difficiles, bien entendu. Certains se rappelaient encore le tort qu'avaient causé au commerce les magasins de photocopies ; d'autres se plaignaient des blessures ouvertes par la vente sur Internet. Risque très élevé, répétaient-ils, se remémorant de beaux projets personnels, qui avaient échoué. Il est bien compliqué aujourd'hui d'atteindre un succès entrepreneurial comme celui de Mao Zedong, qui put embaucher six personnes dans sa librairie et se consacrer à planifier sans tracas financiers la démolition du capitalisme.

Dans le bois mystérieux et orgiaque de la Librería Antígona, Julia et Pepito m'avouèrent qu'ils se sentaient comme des médecins de famille, conseillant la lecture comme traitement – de l'un et l'autre, facétieux et libertaires, on peut s'attendre à ce qu'ils nous prescrivent un livre confidentiel, ou nous interdisent un ouvrage à succès. « Conseiller » était un mot récurrent dans la bouche de Pablo, de la mythique Librería París, avec son atmosphère de bateau piloté par des marins chevronnés et joyeux. La coïncidence me parut frappante et me fit penser aux aptitudes particulières que requiert ce métier millénaire ; tenir des pharmacies de livres ; comprendre les goûts, les opinions et les tendances des lecteurs, les raisons de leur admiration, de leur enthousiasme, de leur joie ou de leur mécontentement à propos de telle ou telle œuvre ;

c'est-à-dire, se placer dans l'univers des caprices et des obsessions individuels ; et se lever jour après jour pour un travail souvent idéalisé, fait en réalité de longs horaires, de bons de livraison, de cartons à porter et de dos endoloris. George Orwell, qui fut employé à mi-temps dans une librairie entre 1934 et 1936, expliqua dans *Bookshop Memories* que, tant qu'on n'a pas travaillé dans une librairie, on se représente celle-ci comme une sorte de paradis où de vénérables petits vieux traînent éternellement parmi des volumes reliés en cuir de vachette. Mais, en réalité, les clients n'étaient pas aussi excentriques et adorables qu'Eric Blair – le vrai nom d'Orwell – l'aurait aimé, et l'écrivain grinçait des dents à son poste quand il voyait les titres qu'il aimait se languir sans trouver preneur. Il faut préciser que ses amis évoquent Eric comme un vendeur arrogant et bourru. Apparemment, il lui manqua une certaine créativité pour construire un personnage charismatique qui aurait protégé avec humour son royaume de papier. Il ne comprit peut-être pas que le libraire est un simulateur, l'illusionniste d'un théâtre magique.

Face à la grande vitrine de Los Portadores de Sueños, qui laissait entrer des flots de lumière dans son espace de paix et de mots, Eva et Félix me parlèrent de l'effort des librairies pour prendre le relais des débats artistiques et littéraires des anciens cafés. Le désir qu'il se passe là quelque chose (hasard de la rencontre, possibilité de retrouvailles, expositions, projets, effervescence, idées qui construisent un habitat culturel), des rituels dans lesquels s'intègrent aussi bien les timides que ceux dont la parole est exubérante. La vocation de nos libraires a irrigué le terrain pour la naissance des maisons d'édition, l'essor des illustrateurs, l'ébullition des écrivains. Quand un repaire comme Los Portadores de Sueños ferme ses portes, on éprouve une solitude étrangement désagréable.

Je vis, je le sais, sur un territoire au climat âpre et aux librairies hospitalières, un lieu béni pour la tribu incorrigible et récidiviste des lecteurs comme moi, qui avons besoin de laisser filer le temps entre des livres bien choisis, fouinant, caressant, interrogeant, en quête de découvertes. Serait-ce le *cierzo* – qui se déchaîne ici l'hiver et nous fouette, fait gémir les arbres, nous décoiffe, nous fait perdre l'équilibre et nous jette de la terre dans les yeux, nous habituant à cohabiter avec l'invisible – qui a fait de nous, dans le refuge de nos foyers, une des communautés les plus lectrices d'Espagne ?

Alors que j'avais terminé de rassembler ma documentation et que l'article paraissait bouclé, je découvris soudain un coin inquiétant, un angle mort, l'ombre d'un autre article à écrire. Cela arriva par hasard, comme tout ce qui semble par la suite inévitable. Je bavardais à la Librería Cálamo avec Paco, sans prendre de notes, sans enregistrer. Nous étions tous deux détendus, avec de petits signes de fin de conversation – légers raclements de gorge, le stylo bille qu'on rebouche. Dans son jardin flottant de livres et de cocottes en papier en cage, Paco se souvenait de l'inauguration de Cálamo trente ans plus tôt, cette envie de participer à la vie de la ville par le biais des livres, et la peur. Grâce à lui, j'ai réalisé que nous avons connu, nous aussi, nos Nuits de Cristal.

Chaque fois qu'elle évoque la Transition démocratique, ma mère porte une main à sa poitrine. C'est la transcription gestuelle des mots qu'elle emploie toujours pour décrire cette étape de sa jeunesse : « années d'infarctus. » Ce que personne ne m'avait raconté, c'est que les libraires subirent en première ligne l'angoisse de cette tachycardie historique. De longs mois durant – l'apogée dura de 1976 au printemps 1977 –, des librairies de Madrid, Barcelone, Saragosse, Valence, Pampelune, Ténérife, Cordoue, Tolosa, Gexto, Valladolid, entre autres villes, furent la cible d'une série d'attentats qui rappellent l'atmosphère des derniers jours berlinois de Françoise Frenkel. De fait, plusieurs de ces attaques furent revendiquées par un groupe qui se prénommait « Commando Adolf Hitler ». Dans leurs communiqués, ils justifiaient leurs actions par la présence de livres marxistes, libéraux et de gauche dans les librairies. « Une librairie attaquée toutes les deux semaines », annonce un titre de presse de l'époque. Plus de deux cents établissements furent victimes de sabotage et, certains, de multiples attentats – comme la Librería Pórtico de Saragosse, par exemple. Les méthodes d'agression étaient variées : lettres anonymes, menaces verbales, appels téléphoniques annonçant l'explosion de bombes, incendies volontaires, rafales de mitraillette, tirs de révolver, jets de pots d'encre et pose de charges explosives, sans parler des rayons barbouillés d'excréments.

La Librería Pórtico se trouvait au coin de la rue Baltasar Gracián. Une nuit de novembre 1976, une bombe puissante y explosa. Le blindage d'acier des portes et des rayons de l'établissement vola en morceaux, et les grosses plaques métalliques, transformées en éclats d'obus, fusèrent dans toutes les directions. L'impact atteignit les porches en pierre qui bordaient la place. C'était le cinquième attentat en quelques mois. Il n'y eut aucune arrestation. Le libraire José Alcrudo déclara à la presse : « Je vends seulement des livres. Pour cette raison, je pense que ces attentats ne sont pas dirigés contre moi, même si c'est moi qui les subis, mais contre la culture. Et si des mesures claires ne sont pas prises, nous serons obligés de fermer, car il n'existe pas de défense ni de blindages efficaces contre les bombes. » La fragile librairie survécut à la violence. Des années plus tard, je jouerais à cache-cache parmi ses îlots complexes de livres, écoutant – sans savoir qui c'était – Charlie Parker pendant que mon père, manches retroussées, pratiquait sa passion pour l'exploration bibliophile ou entretenait de longues conversations, pleines de méandres, avec José Alcrudo. J'étais alors une enfant et j'écoutais ces discussions lentes, sinueuses, étranges et indéchiffrables comme des paroles magiques. Parler, me semblait-il, était l'objectif de l'existence adulte.

Les librairies ont toujours été un refuge assiégé. Elles le sont encore. Les libraires se définissent comme des médecins sans blouse, mais, aux heures sombres, ils peuvent être contraints de porter un gilet pare-balles au travail. Quand Salman Rushdie publia en 1988 ses satiriques *Versets sataniques*, une spirale accélérée de censure et de violence se déchaîna qui, pour la première fois, eut une portée mondiale. Un ministre indien alluma la mèche en condamnant l'œuvre pour blasphème. Une semaine plus tard, des milliers de photocopies contenant les extraits considérés comme les plus offensants se mirent à circuler dans les centres d'études islamiques. En janvier 1989, les télévisions montrèrent des images de musulmans brûlant des exemplaires dans la rue. Les incidents s'étendirent sur toute la planète et, en quelques semaines, l'auteur reçut des menaces de mort dans son appartement londonien. Des émeutiers attaquèrent le Centre d'information américain d'Islamabad, où cinq personnes moururent à cause de tirs tandis que la foule criait : « Rushdie, tu es un homme mort. » En février, l'ayatollah Khomeini décida d'en finir avec les irrévérences du livre à travers une fatwa qui incitait à exécuter le plus vite possible l'auteur et toutes les personnes en lien avec l'édition et la diffusion du livre. Un engin explosif éclata dans une librairie de Berkeley, et d'autres établissements furent attaqués avec des bombes incendiaires à Londres et en Australie. Le traducteur japonais du livre, Hitoshi Igarashi, fut assassiné ; le traducteur italien, Ettore Capriolo, fut poignardé, et l'éditeur norvégien, William Nygaard, reçut trois coups de feu dans sa propre maison. Plusieurs librairies furent détruites et totalement pillées. Trente-sept personnes moururent lors de manifestations. La maison d'édition Penguin n'envisagea jamais de retirer le livre des librairies, même si cela impliquait d'obliger le personnel à porter un gilet pare-balles. Rushdie vécut caché pendant onze ans. En 1997, sa tête était mise à prix à 2 millions de dollars.

Quelques jours avant que les *Versets sataniques* arrivent en librairie, en pleine campagne promotionnelle, un journaliste indien avait posé en aparté une question à Salman Rushdie. « Avez-vous conscience de la pagaille que vous allez déclencher ? » La réponse du romancier avait été catégorique : « Il est absurde de penser qu'un livre puisse provoquer des tumultes. Quelle étrange façon de voir le monde ! »

En réalité, quand on passe en revue l'histoire universelle de la destruction des livres, on observe que l'étrange façon de voir le monde – l'oasis, le paradis insolite, Shangri-La, le bois de la Lothlórien – est surtout la liberté d'expression. La parole écrite a été obstinément persécutée au cours des siècles et, finalement, rares sont les temps de paix où les librairies accueillent seulement des visiteurs tranquilles, qui ne brandissent pas de bannière, n'agitent pas de doigt accusateur, ne brisent pas de vitrines, n'allument pas d'incendies et ne s'abandonnent pas à la passion atavique d'interdire.

20

Le chaos des librairies ressemble beaucoup à celui des souvenirs. Leurs couloirs, leurs rayons, leurs seuils sont des espaces habités par la mémoire collective et par les mémoires individuelles. On trouve là des biographies, des témoignages et de longues rangées de fictions où les écrivains dévoilent la vérité de nombreuses vies. Les épais volumes des livres d'histoire, comme les chameaux d'une lente caravane, proposent de nous guider sur la route vers le passé. Enquêtes, rêveries, mythes et récits sommeillent ensemble dans la même pénombre. Le hasard d'une rencontre ou d'un sauvetage est toujours possible.

Dans *Austerlitz*, de W. G. Sebald, le protagoniste

retrouve le souvenir effacé de son enfance précisément dans une librairie. Élevé dans un village de Galles par de vieux parents adoptifs qui ne lui ont jamais révélé ses origines, Jacques Austerlitz traînait depuis toujours une tristesse inexplicable. Comme un somnambule qui craint de se réveiller, il s'était fermé pendant des années à toute connaissance de la tragédie dont sa propre vie était un chapitre arraché. Il ne lisait pas de journaux, allumait la radio uniquement à des heures précises, avait mis au point un système de quarantaine qui le maintenait à l'abri du moindre contact avec son histoire antérieure. Mais cette tentative de s'immuniser contre la mémoire était accompagnée d'hallucinations et de rêves angoissés, et finalement tout éclata sous la forme d'une dépression nerveuse. Un jour de printemps à Londres, au cours d'une de ses promenades accablées dans la ville, il entra dans une librairie non loin du British Museum. La libraire, assise, légèrement penchée sur son bureau plein de papiers et de livres, portait le nom mythologique de Penelope Peaceful. Sans le savoir, le voyageur réticent venait de découvrir le chemin de retour à Ithaque.

Le calme régnait dans la librairie. Penelope levait la tête de temps en temps, souriait à Jacques, puis regardait de nouveau la rue, plongée dans ses pensées. De la vieille radio allumée montaient des voix qui grésillaient mais étaient douces et captivèrent le nouveau-venu. Peu à peu, ce dernier s'immobilisa, comme s'il ne pouvait perdre une seule syllabe de cette émission. Deux femmes se rappelaient comment, à l'été 1939, alors qu'elles étaient enfants, on les avait envoyées d'Europe centrale en Angleterre pour les sauver de la persécution nazie. Terrifié, Austerlitz comprit que les souvenirs fragmentés de ces femmes étaient aussi les siens. Soudain, il revit l'eau grise du port, les cordes et les chaînes de l'ancre, la proue du bateau, plus haute qu'une maison, les mouettes qui volaient au-dessus de sa tête, criant furieusement. Les écluses de sa mémoire s'ouvrirent sans résistance, libérant une cascade d'angoissantes certitudes. C'était un réfugié juif. Il avait passé sa petite enfance à Prague. Il avait été séparé pour toujours de sa vraie famille à l'âge de 4 ans. Il passerait le reste de sa vie à chercher – probablement en vain – la trace de tout ce qu'il avait perdu.

Tout va bien ? lui demanda Penelope la libraire, préoccupée par son visage pétrifié.

Austerlitz sut enfin pourquoi il s'était toujours senti de passage partout, sans terre ni boussole, solitaire et perdu.

À partir de cette matinée dans la librairie, on suit le protagoniste dans ses déambulations à travers un douloureux itinéraire de villes européennes, sur les traces de l'identité qu'on lui a volée. Une série de révélations successives se produit. Jacques réussit à reconstituer la figure de sa mère, une actrice de variétés assassinée dans le camp de concentration de Theresienstadt. À Prague, il rencontre une vieille amie de ses parents, qu'il interroge. Il récupère des photographies anciennes. Il examine au ralenti un documentaire de propagande nazie, cherchant un visage de femme qui réveillerait sa mémoire. Il se rend dans des lieux remplis d'échos : bibliothèques, musées, centres de documentation, librairies. Le roman est, au fond, un éloge de ces territoires où on conjure l'oubli.

Dans l'œuvre de Sebald, la part de fiction et de non-fiction est généralement inconnue. On a l'impression que ses personnages proviennent de zones frontalières entre les deux. On a beau ignorer si le mélancolique Austerlitz est un individu réel ou un symbole, on marche à ses côtés, interpellé par l'effroi et la tristesse de ses paroles. Peu importe. Il est clair que l'auteur, comme son personnage, a besoin de laisser un témoignage d'une époque infernale qui s'évanouit comme la brume dispersée par le vent. La douleur qui traverse l'histoire ne peut pas être apaisée, les vides sont impossibles à remplir, mais le travail de documentation et de témoignage ne sera pas vain. Si on ne lui oppose pas l'effort dévoué de répertorier ce qui fut, l'oubli incessant engloutira tout. Les générations futures ont le droit de nous réclamer le récit du passé.

Les livres ont une voix et parlent en sauvant des époques et des existences. Les librairies sont ces territoires magiques où, dans un acte d'inspiration, on entend les échos doux et crépitants de la mémoire inconnue.

Débuts et succès des livres à pages

21

Depuis longtemps, les alarmistes nous le prédisent : les livres sont une espèce menacée d'extinction et à un moment, dans un futur proche, ils disparaîtront, dévorés par la concurrence d'autres formes plus paresseuses de loisir et l'expansion cannibale d'Internet.

Ce pronostic concorde avec nos sensations d'habitants du troisième millénaire. Tout avance chaque jour de plus en plus vite. Les dernières technologies sont déjà reléguées aux nouveautés triomphantes d'avant-hier. Les délais d'obsolescence sont de plus en plus raccourcis. Le contenu de l'armoire doit être renouvelé en fonction de la mode du moment, le portable le plus récent remplace le précédent ; nos équipements nous demandent sans arrêt de mettre à jour des programmes et des applications. Les choses nouvelles avalent les anciennes. Si nous ne sommes pas vigilants, concentrés et aux aguets, le monde nous prendra de court.

Les *mass media* et les réseaux sociaux, avec leur course à l'instant, alimentent ces perceptions. Ils nous poussent à admirer toutes les innovations qui arrivent à vive allure comme des surfeurs sur la crête de la vague, portées par la vitesse. Mais les historiens et les anthropologues nous rappellent que, dans les eaux profondes, les changements sont lents. Victor Lapuente Giné a écrit que la société contemporaine souffre d'un préjugé futuriste manifeste. Quand on compare quelque chose de vieux et quelque chose de nouveau – par exemple un livre et une tablette, ou une religieuse assise à côté d'un adolescent plongé sur son téléphone dans le métro –, on croit que la nouveauté a davantage d'avenir. En réalité, c'est le contraire. Si un objet ou une habitude existe depuis longtemps dans nos vies, il a plus de chance de durer. Ce qui est nouveau, en moyenne, meurt avant. Il est plus probable qu'il y ait des religieuses et des livres au XXIIe siècle que WhatsApp et des tablettes. Dans le futur, il y aura encore des tables et des chaises, mais peut-être plus d'écrans plasma et de téléphones portables. On continuera de fêter le solstice d'hiver alors qu'on aura arrêté les cabines de bronzage UV. Une invention aussi antédiluvienne que l'argent a beaucoup de probabilités de survivre au cinéma 3D, aux drones et aux voitures électriques. De nombreuses tendances qui nous semblent indiscutables – de la consommation effrénée aux réseaux sociaux – s'effaceront. Et les vieilles traditions qui nous ont accompagnés depuis des temps immémoriaux – de la musique à la quête de spiritualité – ne disparaîtront jamais. Quand on visite les nations les plus avancées du monde sur le plan socio-économique, on est surpris en réalité par leur amour des archaïsmes – de la monarchie au protocole et aux rites sociaux, en passant par l'architecture néoclassique ou les tramways vétustes.

Si le poète Martial pouvait monter dans une machine à voyager dans le temps et se retrouver chez moi cette après-midi, il trouverait peu d'objets connus. Il serait étonné par l'ascenseur, la sonnette de la porte, le routeur, les vitres aux fenêtres, le réfrigérateur, les ampoules, le micro-ondes, les photographies, les prises, le ventilateur, la chaudière, la chasse d'eau, les fermetures Éclair, les fourchettes et l'ouvre-boîtes. Il serait effrayé par le sifflement de la bouilloire et sursauterait quand commencerait l'essorage de la machine à laver. Inquiet, il chercherait où se cachent les personnes qui parlent à la radio. Il serait angoissé – comme moi, d'ailleurs – par la sonnerie du réveil. À première vue, il ne saurait pas du tout à quoi servent les pansements, le spray, le tire-bouchon, la serpillère, le rasoir, les velcros, l'agrafeuse, le rouge à lèvres, les lunettes de soleil, le tire-lait ou les tampons. Mais parmi mes livres, il se sentirait à l'aise. Il les reconnaîtrait. Il saurait les tenir, les ouvrir, les feuilleter. Il suivrait le sillon des lignes avec l'index. Il éprouverait du soulagement – il reste quelque chose de son monde parmi nous.

Pour cette raison, face à l'avalanche de prédictions apoçalyptiques quant à l'avenir du livre, je dis : du calme. Il ne subsiste plus tellement d'objets millénaires parmi nous. Mais ceux qui restent ont montré qu'ils étaient des survivants difficiles à déloger (la roue, la chaise, la cuillère, les ciseaux, le verre, le marteau, le livre...). Le design basique et la simplicité épurée du livre ne permettent plus d'améliorations radicales. Il a surmonté de nombreuses épreuves – en premier lieu, celle du temps – sans qu'on ait trouvé d'invention plus efficace pour remplir sa fonction, au-delà de menus ajustements dans ses matériaux ou composants. Dans son humble sphère utilitaire, il frôle la perfection. C'est pourquoi je pense que le livre continuera d'être le support principal pour la lecture – ou quelque chose de semblable à ce que le livre n'a jamais cessé d'être, y compris avant la découverte de l'imprimerie.

Plus encore, les objets de longue durée, ceux qui existent depuis des siècles, influencent les nouveautés et leur impriment leur sceau. Les livres archaïques servirent de modèle à nos ordinateurs personnels avancés. À la fin des années 1960, les gros ordinateurs occupaient des pièces entières et étaient aussi chers que des maisons. Il fallait se servir de cartes perforées pour programmer ces mastodontes aux dimensions immobilières. Ils étaient conçus pour un usage militaire et commercial. Quand il était un jeune informaticien engagé par le Palo Alto Research Center (PARC) de Xerox, Alan Kay eut une vision qui changerait nos vies de manière spectaculaire. En réfléchissant à la relation que pouvaient établir les êtres humains avec les ordinateurs, il eut l'intuition du potentiel de ces derniers comme outil plus intime. Il comprit qu'ils pourraient devenir un phénomène de masse et une technologie située dans la pièce à vivre de chaque maison, utilisée par des millions de personnes, indépendamment de leur activité professionnelle. Kay esquissa comment pourrait être son nouvel ordinateur : petit et transportable comme un livre, accessible et facile à employer. Il construisit des modèles en carton, dans l'espoir que quelques années plus tard l'informatique aurait assez progressé pour pouvoir réaliser son idée. Chez PARC, Kay continua de développer sa vision. Il appela son invention Dynabook. Le nom suggère ce que ça allait être : un livre dynamique. C'est-à-dire identique aux anciens codex, mais interactif et contrôlé par le lecteur. Il fournirait les échafaudages cognitifs, de la même façon que l'avaient fait les livres et les objets imprimés au cours des siècles passés, ajoutant les avantages de l'informatique.

Les premiers Dynabooks provisoires reçurent le nom d'« Alto ». Au milieu des années 1970, l'ordinateur Alto était en service. On utilisait quasiment mille appareils, non seulement chez PARC, mais aussi dans les universités, au Sénat et au Congrès américain ainsi qu'à la Maison Blanche, tous offerts par Xerox.

Un nouveau monde surgissait. Dans la plupart de ces centres, malgré les nombreuses fonctions de l'Alto, on s'en servait surtout pour le traitement de texte, le design et la communication. Principalement comme livre informatique. En 1979, Steve Jobs visita PARC. Il fut stupéfait par ce qu'il vit. L'apparence et l'esthétique de l'Alto furent intégrées dans tous les ordinateurs Apple qui seraient vendus plus tard et, aujourd'hui, sa physionomie de base est toujours présente dans les produits les plus récents. Les portables, les tablettes et les smartphones ont approfondi cette recherche de l'ordinateur léger, compact et transportable comme le livre de poche.

En 1984, un certain Sumner Stone devint le premier directeur de typographie de l'entreprise Adobe. Il engagea une équipe de designers pour trouver de nouvelles polices de caractères, leur recommandant de chercher l'inspiration dans les traditions les plus anciennes. Le programme Adobe Originals sélectionna trois sommets stylistiques de l'évolution de la calligraphie antérieure à l'imprimerie : « Lithos », une forme d'inspiration grecque – le typographe étudia l'inscription de la dédicace du temple d'Athéna de Priène, aujourd'hui au British Museum ; « Trajan », une tentative méticuleuse de transcrire en caractères les lettres de la colonne de Trajan à Rome ; et « Charlemagne », qui malgré son nom s'inspirait des lettres majuscules du Bénédictionnaire de St. Æthelwold. De cette manière, la tradition occidentale du manuscrit atteignit l'ère digitale. Par ailleurs, Adobe développa dans les années 1980 le langage de programmation PostScript, qui proposait une apparence informatique très semblable à celle d'une page papier. Avec l'introduction en 1993 du PDF, un format de document portable (*portable document format*), Adobe fit un pas de plus. Il rendit possible le fait de tracer des marques sur les documents électroniques comme sur les originaux dactylographiés ou écrits à la main. Et il consolida une façon de comprendre l'architecture entière d'un document inspirée par les vieux livres.

Ce furent des décisions intelligentes. Sans au moins une certaine correspondance entre l'aspect et la sensation du monde ancien – sur le papier – et le nouveau – sur l'écran –, les ordinateurs auraient paru à leur premier public des objets lointains, compliqués et non viables. Sans une organisation visuelle identifiable et un lien étroit avec les documents quotidiens, personne n'aurait perçu aussi vite l'utilité que pouvait avoir ce nouvel outil. Tel est le paradoxe du progrès technologique : le fait de conserver des repères traditionnels – structures de page, conventions typographiques, formes de lettres et mises en page limitées – fut crucial pour ouvrir la voie aux mutations qu'apportait la sphère digitale. C'est une erreur de penser que chaque nouveauté efface et remplace les traditions. Le futur avance toujours en lorgnant le passé.

22

En 1976, l'écrivain bosniaque Izet Sarajlić écrivit un poème intitulé *Lettre à l'année 2176* : « Quoi ? / Vous écoutez toujours Mendelssohn ? / Vous cueillez des marguerites ? / Vous fêtez l'anniversaire des enfants ?

/ Vous donnez encore des noms de poètes aux rues ? / Moi, dans les années 1970, on m'affirmait que les temps de la poésie étaient passés – comme le pouilleux déshabilleur, ou lire dans les étoiles, ou les bals chez les Rostov. / Et, imbécile que je suis, je l'ai presque cru ! »

23

Notre « livre à pages », qui est aujourd'hui le livre par définition – qu'on laisse ouvert, retourné, comme si c'était le toit d'une pagode, qu'on écorne en l'absence de marque-pages et qu'on entasse sur des piles verticales comme des stalagmites de mots –, avoisine les 2 000 ans d'âge. C'est une grande invention anonyme et on ne saura jamais qui remercier pour sa création. Pour y parvenir, il fallut des siècles de recherches, de tentatives, de tâtonnements. Comme souvent, on arriva à la solution la plus simple par un itinéraire tortueux.

Depuis l'invention de l'écriture, nos ancêtres regardaient autour d'eux en se demandant quelle surface conserverait le mieux la trace fuyante des lettres (pierre, terre, écorce, roseaux, peau, bois, ivoire, tissu, métal…). Ils prétendaient défier les forces de l'oubli en fabriquant le livre parfait, transportable, durable et pratique. Au Proche-Orient et en Europe, les protagonistes de cette étape précoce furent les rouleaux de papyrus ou de parchemin, et les tablettes rigides. Les Romains cohabitèrent avec ces deux méthodes jusqu'au moment où, par une heureuse découverte, ils inventèrent un nouvel objet hybride qui nous accompagne toujours.

Les rouleaux ont toujours été une marchandise luxueuse et chère. Pour l'écriture plus quotidienne – exercices scolaires, lettres, documents officiels, notes, brouillons –, les Anciens avaient recours aux tablettes. Le lecteur qui souhaitait les consulter dans un ordre déterminé les conservait dans des boîtes ou des sacs, ou bien perçait un trou dans un coin et les attachait ensemble au moyen d'anneaux ou de cordelettes. On appelait en latin ces ensembles de tablettes attachées « codex ». L'idée révolutionnaire consista à remplacer les petites plaques en bois ou en métal par des feuilles flexibles en parchemin ou en papyrus, le matériau des rouleaux. Le résultat initial dut être une sorte de livret rudimentaire, mais plein d'avenir.

Ce premier hybride ouvrit la voie au codex plus avancé, composé de feuilles de papyrus ou de parchemin, qu'on pouvait plier. Les Romains essayèrent de coudre ces plis, et c'est ainsi que naquit l'art de la reliure. Ils apprirent vite à protéger les livrets avec des couvertures dures, généralement en bois doublé de cuir. Le corps des livres développa un nouvel élément anatomique qu'on appelle le « dos », comme si nos lectures étaient de paisibles animaux de compagnie. Depuis lors, on écrit sur ces dos dociles le titre de chaque œuvre, et notre regard peut voyager rapidement le long des rayons d'une bibliothèque en identifiant ainsi les exemplaires qui sommeillent là.

Nous sommes redevables aux personnes oubliées qui inventèrent le codex. Grâce à elles, l'espérance de vie des textes augmenta. Avec ce nouveau format, la page écrite, protégée par la reliure, réussissait à perdurer sans se détériorer ni se casser plus longtemps que dans les rouleaux. Leur forme plate et compacte permettait de mieux ranger les nouveaux livres dans les rayons des bibliothèques. Ils prenaient moins de place, se transportaient plus facilement et étaient légers. De plus, on pouvait utiliser les deux côtés de chaque feuille. On estime que pour la même surface, le codex offrait une capacité six fois supérieure à celle du rouleau. L'économie de matériau réduisit le coût d'un produit encore minoritaire, et sa flexibilité favorisa l'apparition des premiers livres de poche dont on a connaissance : les codex *pugillares*, appelés ainsi parce qu'on pouvait les couvrir avec le poing. La taille des codex donnait la possibilité d'aller jusqu'à la miniature (Cicéron affirma avoir vu un parchemin de l'*Iliade* d'Homère qui tenait dans la coque d'une noix).

Les nouvelles inventions et les progrès matériels sont toujours étroitement liés aux grandes révolutions du savoir. Dans la civilisation romaine, le prix plus accessible des livres permit à plusieurs personnes, jusque-là exclues du périmètre des privilèges, de lire. Entre les Ier et IIIe siècles, on trouve de nombreuses preuves de l'extension de la culture vers des lecteurs éloignés des cercles de la noblesse. Sur les murs et maisons de Pompéi – ensevelie et conservée par l'éruption du Vésuve en 79 –, les archéologues ont découvert des inscriptions incluant des obscénités, des blagues, des slogans politiques et des annonces de bordels. Ces graffitis révèlent l'existence d'une population de classe moyenne ou moyenne inférieure capable de comprendre l'écriture. Par ailleurs, tout au long de l'Empire, les mosaïques, les fresques et les reliefs de l'époque montrent de plus en plus souvent des scènes de lecture. Pendant ces mêmes années prospérèrent les bibliothèques publiques romaines. On sait qu'un libraire proposait sa marchandise de porte à porte, comme nos obsolètes vendeurs d'encyclopédies.

Il est risqué d'avancer des chiffres, mais il paraît évident que le nombre de lecteurs augmenta de façon frappante. Ces premiers siècles du millénaire furent une époque dorée pour les pamphlets à but prosélyte – parmi ceux-ci, les textes subversifs des opposants à la domination de Rome attirèrent l'attention. Ce n'est pas un hasard non plus si à cette période triompha, en marge des genres traditionnels, une littérature d'évasion et de consommation (traités de cuisine et de sports, récits érotiques avec des illustrations explicites, textes magiques ou d'interprétation des rêves, horoscopes, romans à suspense, histoires racontées dans des vignettes – annonciatrices du roman graphique). Certains auteurs prestigieux se divertissaient en écrivant des œuvres frivoles ou hybrides entre culture populaire et culture savante. Ovide, anticipant les tutoriels de maquillage d'aujourd'hui, publia un petit ouvrage en vers avec des conseils esthétiques pour femmes. Suétone était enchanté de mélanger histoire et scandale dans ses biographies d'empereurs. Pétrone choqua la société bien-pensante avec ses voyous immoraux et grossiers. Tous trois regardaient amicalement ces nouveaux lecteurs libres, non aristocratiques, inexpérimentés, hommes et femmes qui lisaient pour le plaisir.

24

Martial fut un émigrant hispanique à Rome. En 64, à l'âge d'environ 25 ans, il s'installa dans la ville qui était alors la capitale des possibles – un précédent du rêve américain –, et accueillait des vagues de gens originaires de toutes les provinces de l'Empire. Martial découvrit bientôt que l'Urbs était un lieu dur. Il parle dans ses poèmes de foules rendues livides par la faim. Il n'était pas facile de devenir riche, ni même de gagner sa vie. Dans une épigramme, Martial raconte qu'il y avait à Rome beaucoup d'avocats qui n'arrivaient pas à payer leur loyer et de nombreux poètes talentueux qui grelottaient de froid parce qu'ils n'avaient pas de manteau. La concurrence était féroce ; tout le monde voulait réussir. On observait la richesse d'autrui, on l'enviait. On allait à la chasse aux héritages, traquant les anciens potentats. Le poète lui-même finit par avoir cette idée en tête, si on en croit ses paroles : « Paula désire se marier avec moi, je ne veux pas me marier avec Paula : elle est vieille. Je le voudrais, si elle était encore plus vieille. » L'homme de Bilbilis claqua sûrement des dents dans sa tunique trouée, l'hiver, à Rome. Le froid, les logements sordides et les difficultés pour s'en sortir expliquent peut-être ses décisions littéraires insolites. Il décida de rompre le silence protocolaire et convenu pour diriger ses railleries contre l'argent. Dans sa poésie, transgressant les impératifs de l'élégance, il se lança dans une satire des mécènes radins, des intellectuels déterminés à leur soutirer de l'argent, de la passion sociale pour le luxe, l'ostentation et l'apparence, de la vanité des riches et du grand réseau de maîtres et d'adulateurs qui enchevêtrait les vies de tous les habitants de l'Urbs impériale.

Martial fut un poète comique, irrévérencieux, sans sentimentalisme, préoccupé par la dimension matérielle des choses et leur énorme pouvoir pour définir les personnes qui les possèdent. Quand il mentionnait des livres dans ses poèmes, ce n'étaient pas des symboles abstraits du talent littéraire mais des objets concrets, offerts pour grimper socialement ou vendus dans les librairies. Ces livres, qui dans les œuvres d'Horace et d'Ovide incarnaient l'immortalité de l'acte créatif, apparaissaient dans ses épigrammes comme de petits ouvrages périssables, banals, bon marché ou chers, souvent pleins de défauts à cause de l'urgence du copiste, en vente dans les boutiques de Rome – que Martial en profite pour citer au passage. C'étaient des livres de tout type (en papyrus ou parchemin, rouleaux ou codex qui tenaient dans une main ou voyageaient avec leur lecteur ; des livres qui constituaient la marchandise avec laquelle un affranchi – leur vendeur – gagnait ou perdait de l'argent ; des livres à succès que tous voulaient lire gratuitement et pour lesquels ils n'étaient pas disposés à payer ; des livres sans lecteurs qui finissaient dans une cuisine noire, usés à force d'envelopper dans leurs pages de jeunes thons, ou transformés en cornet pour conserver le poivre).

Martial fut le premier auteur à s'intéresser à l'irruption des codex. Il le fit dans un de ses premiers livres, intitulé avec ironie *Apophoreta*, un mot ronflant qui signifie en grec « étrenne ». Le poète eut la brillante idée de publier au mois de décembre – saison universelle du cadeau – des catalogues en vers d'objets à offrir (délices gastronomiques, livres, produits de maquillage, teintures pour les cheveux, vêtements, lingerie, ustensiles de cuisine, bijoux…). Martial consacrait à chaque produit une épigramme qui informait le lecteur sur les matériaux, le prix, les caractéristiques ou l'usage auquel il était destiné. Dans le livre, le répertoire de cadeaux faisait alterner des propositions chères (pour riches) et bon marché (pour riches radins) : une broche en or et un bâtonnet pour nettoyer les oreilles ; une statue et un soutien-gorge ; une esclave gaditane et une crécelle ; la dernière extravagance à la mode – un beau flacon pour boire la neige – et un urinoir en argile. Ces poèmes nous permettent aujourd'hui de découvrir la vie quotidienne de l'Antiquité et d'être surpris par le naturel effronté et obscène de Martial. Au sujet du soutien-gorge, il écrit : « Il soutient ta poitrine avec une peau de taureau, car ta propre peau ne soutient pas tes seins. » Et à propos de la danseuse gaditane : « Elle ondule de manière si provocante qu'elle ferait se masturber le plus chaste d'entre nous. » *Apophoreta* était un manuel humoristique pour indécis, un étonnant exercice de poésie appliquée aux nécessités de la vie quotidienne. Dans une certaine mesure, le poète était en train d'inventer les campagnes publicitaires de Noël, mais il le faisait à travers une proposition littéraire cinglante. À son époque, cela signifiait un usage transgressif, dégradant et frivole du vers. Avec ce livre-catalogue, Martial exprimait sa sympathie pour les lecteurs nouveaux-venus dans le monde des livres qui appréciaient la poésie facile, l'absence de snobisme, l'humour sans tabous, les touches de réalisme familier et la fraîcheur ; le public qui était le destinataire naturel des codex.

Dans *Apophoreta*, Martial proposait à l'acheteur crédule quatorze œuvres littéraires. Cinq d'entre elles, décrites comme des codex « de poche » en parchemin – *pugillares membranei* –, figuraient dans la liste des cadeaux bon marché. Grâce à ce témoignage, nous savons que dans les années 80 du Ier siècle, le livre à pages était déjà sur le marché, et à un prix accessible. Ses avantages, en plus d'être économiques, étaient évidents. Plusieurs épigrammes expriment, de façon implicite, l'émerveillement face aux plus grandes facultés du codex par rapport aux rouleaux : « Virgile en parchemin. Un petit parchemin recueillant l'immense Virgile ! » ; « Tite-Live en parchemin. Ces petits vélins contenant le grand Tite-Live ». Martial affirmait que les quinze livres – équivalents à quinze rouleaux – des *Métamorphoses* d'Ovide tenaient dans un seul codex. Cette concentration ne signifiait pas seulement une économie d'espace et d'argent, mais elle garantissait que les parties d'une même œuvre ne seraient pas dispersées ou perdues. Par conséquent, elles augmentaient de manière exponentielle les chances de survie des textes. Cette avancée se révélerait décisive sur le difficile chemin vers le futur.

Le poète reconnut dans le codex un compagnon de route pratique et transportable : « Cicéron en parchemin. Si ce parchemin t'accompagne, songe que tu entreprends un long voyage avec Cicéron. » Des années plus tard, il ferait également la promotion de ses propres œuvres en codex avec le même argument : « Toi qui désires que mes petits livres soient partout avec toi et qui désires les avoir comme compagnons d'un long voyage, achète les exemplaires que le parchemin comprime en petites pages. Laisse la bibliothèque pour les grands livres ; mon œuvre à moi tient en une main. » Le livre à pages, tel que nous le connaissons, avait fait irruption avec force sur le marché. Certains auteurs, comme Martial, l'accueillaient avec enthousiasme. D'autres intellectuels, plus vieux jeu, s'accrochaient à l'aristocratique rouleau de papyrus, geignant sur les temps qui changeaient, sur le fait que tout dégénérait. On suppose que les Romains, dans leur grande majorité, s'habituèrent simplement à cohabiter avec la variété de formats. Dans les ateliers de livres, on offrait les deux modèles, au choix de la clientèle.

Pour les siècles suivants, on n'a plus de témoin aussi attentif, curieux et ouvert aux nouveautés que Martial. On sait que le codex gagna du terrain face au rouleau grâce à la préférence affirmée des chrétiens. Victimes de persécutions pendant des siècles, contraints de chercher des cachettes et d'interrompre brusquement leurs réunions, ils s'organisaient en groupuscules clandestins. Le livre de poche était plus facile à dissimuler à toute vitesse entre les plis de la tunique. Il permettait de localiser plus rapidement le paragraphe précis d'un texte – une épître, une parabole évangélique, une homélie – et de vérifier qu'on ne se trompait pas, car une erreur pouvait mettre en péril le salut de l'âme. On pouvait prendre des notes en marge et laisser un marque-page aux passages importants. Par ailleurs, ces livres étaient pratiques à transporter discrètement lors des missions apostoliques. Des avantages énormes pour des communautés de lecteurs clandestins. D'un autre côté, les chrétiens désiraient en finir avec le symbole juif et païen du rouleau et affirmer leur identité particulière. Les codex, légers, se mirent à circuler en abondance entre les mains avides d'un public de culture moyenne, ou moyenne-inférieure, là où le message chrétien trouvait le plus de prosélytes. Le nouveau format favorisa la lecture individuelle secrète ainsi que la lecture à voix haute pendant les dangereuses réunions communautaires. Les fidèles développèrent un lien très profond avec ces textes religieux, soigneusement choisis. Des siècles plus tard, le Coran décrirait les chrétiens comme des « gens du livre » – *ahl al-kitâb* –, avec un mélange de respect et d'étonnement.

Nous tous, qui avons lu un jour en cachette, bravant l'interdiction des adultes – dans le secret de la nuit, à des heures inadmissibles pour les enfants, enfouis sous une couverture, la lampe allumée, l'éteignant chaque fois que s'approchaient des pas –, sommes des descendants directs de ces premiers lecteurs furtifs. On ne devrait pas oublier que le livre à pages triompha, en grande partie, parce qu'il favorisait les lectures clandestines, déniées, non autorisées.

25

Entre le IIIe et le Ve siècle, le codex s'imposa peu à peu, d'abord en Occident, puis en Orient. En dehors du monde chrétien, les pionniers du changement furent les professionnels du droit, puisque le livre à pages les aidait à trouver plus vite des articles concrets dans les textes de loi. Précisément, la compilation des lois ordonnée par l'empereur Justinien fut appelée le *Code* – c'est-à-dire le codex par antonomase –, léguant à la postérité ce terme pour tous les recueils de lois jusqu'à nos jours. Le codex était également très utile pour les manuels d'études, grâce à ses capacités et à sa résistance, et les médecins l'adoptèrent sans tarder pour leurs vade-mecum, objets de nombreuses consultations. L'invention des tables des matières facilita les recherches. Avec le temps, les codex devinrent le support préféré pour la littérature – surtout pour les longues narrations, recueils de tragédies ou de comédies et anthologies. Face au maniement compliqué du rouleau, qui exigeait l'usage des deux mains, les lecteurs rêveurs s'entichèrent des livres à pages, qu'on lit d'une seule main, pour reprendre l'expression de Luis García Berlanga à propos de la littérature érotique. Le codex pouvait accompagner son lecteur partout. Grâce aux sources littéraires, on découvre que les Romains se sentirent libres de lire à toute heure : quand ils allaient à la chasse, en attendant que la proie tombe dans leurs filets ; ou pendant la nuit, pour vaincre l'ennui de l'insomnie. Elles nous décrivent une femme qui lit en marchant, un voyageur sur sa carriole, un convive allongé ou une adolescente debout dans une galerie, tous plongés dans leur livre.

Mais il n'y eut jamais de volonté compulsive de remplacer l'ancien par le nouveau. De même qu'aujourd'hui cohabitent les livres papier et les livres électroniques, pendant de nombreux siècles coexistèrent les rouleaux et les codex. Les vieux rouleaux d'écriture étaient utilisés pour des textes honorifiques et diplomatiques – documents rituels dans lesquels la tradition pesait toujours. Ils firent aussi partie du paysage de la vie quotidienne au Moyen Âge. Les institutions et les ordres monastiques y avaient souvent recours par amour pour leur solennité antique. Les litanies et les chroniques se prêtaient bien, pour les copies, à l'ancien format. Les rouleaux apparaissent même en territoire ennemi – on les reconnaît sur les miniatures qui illuminèrent les codex médiévaux les plus luxueux.

Les dénommés *rotuli mortuorum* étaient des rouleaux de parchemin dans lesquels on annonçait le décès d'une personne de qualité ; un messager, sur des routes qui parfois dépassaient les mille kilomètres, transportait le rouleau à travers différentes institutions en lien, d'une manière ou d'une autre, avec le défunt, et dans chacune d'elles on ajoutait au rouleau une prière ou autre expression de condoléance. Le « rouleau mortuaire de Mathilde », abbesse de la Sainte-Trinité de Caen, qui atteignit 20 mètres de long, fut détruit pendant la Révolution française. En Angleterre et au Pays de Galles, on appelle encore Master of the Rolls l'archiviste de la cour royale. En l'absence de souffleur, les acteurs de théâtre au Moyen Âge utilisaient des rouleaux comme aide-mémoire lors des représentations. De là vient le terme « rôle » de l'acteur.

En réalité, ils ne nous ont pas totalement abandonnés. Dans nos traditions, mais aussi dans nos paroles, dans nos ordinateurs, sur Internet, dans les projets d'avenir, le souvenir des rouleaux survit. Certaines universités continuent de décerner leurs diplômes sous cette forme archaïque. Quand on parle d'un livre « long », on est héritier, de manière involontaire, de la terminologie spécifique du rouleau. On appelle improprement « volumes » – du latin *volvo* (« faire des tours, tourner ») – les codex qu'on ne rembobine plus. En espagnol, dans le langage familier, « *es un rollo* » – littéralement « c'est un rouleau » – désigne quelque chose qui nous ennuie et paraît se dérouler sans fin. Et aujourd'hui, le mot *scroll*, qui signifiait en anglais le rouleau manuscrit, est employé pour décrire l'acte de faire avancer ou reculer verticalement le texte sur l'écran de n'importe quel appareil informatique, comme on manipulait les vieux *rotuli*. Enfin, les sociétés high-tech les plus innovantes développent des écrans de télévision enroulables qu'on peut ranger quand on ne les utilise pas. Dans l'histoire des formats, la tendance est à la cohabitation et à la spécialisation, pas au remplacement. Les premiers livres refusent de s'éteindre complètement.

26

Martial et Perec ont raison : les objets, leur matérialité, leurs caractéristiques, les gestes qui leur sont liés ne sont pas anecdotiques. Ils sont décisifs. Dans le combat pour la survie des mots – si fragiles, simples bulles d'air –, le format et la matière première des livres ont toujours joué un rôle crucial : combien de temps ils durent, en quoi ils sont fabriqués, combien ils coûtent, à quels intervalles il faut les recopier.

Les changements de format laissent sur le bord de la route un grand nombre de victimes. Tout ce qui n'est pas transféré du vieux au nouveau support disparaît pour toujours. Ce danger nous menace encore à l'heure actuelle. Si, après l'arrivée des premiers ordinateurs dans les années 1980, nous n'avons pas été capables de recycler notre mémoire informatique en passant d'une disquette souple à une disquette 3,5 pouces, puis à un CD et maintenant à une clé USB, nous avons perdu nos données mille fois, partiellement ou intégralement. Il est clair qu'aucun ordinateur ne peut plus lire désormais les premières disquettes, qui appartiennent à l'ère préhistorique de l'informatique.

Au XXᵉ siècle, le cinéma a subi des vagues successives de destruction provoquées par les changements de support. Agustín Sánchez Vidal propose une estimation des pertes : « Le matériel le plus affecté est celui antérieur à 1920, puisque vers cette date les enregistrements sont détruits, quand les films passent d'une ou deux bobines (avec une durée entre 10 et 30 minutes) à la durée standard d'une heure et demie. On en profite pour récupérer les sels d'argent et le support en cellulose pour confectionner des peignes et autres objets. Les pertes à ce titre avoisinent 80 %. Autour de 1930, on perd près de 70 % à cause des destructions, encore plus systématiques, dues au passage du cinéma muet au parlant. Et dans les années 1950 a lieu la troisième vague, quand la pellicule inflammable en nitrocellulose est remplacée par l'acétate, plus sûr. Dans ce cas, les pertes ne sont pas faciles à quantifier. Si on prend comme exemple l'Espagne, on peut évaluer qu'on conserve seulement 50 % des films parlants jusqu'à 1954. » Chaque progrès a supposé en contrepartie une dévastation.

Martin Scorsese a recréé ce triste naufrage dans *Hugo Cabret*. Je me rappelle particulièrement une scène mélancolique où le celluloïd des films délicieux de Georges Méliès finit par être réutilisé par l'industrie de la chaussure pour fabriquer des talons. C'est un chapitre insolite de la vie des objets : la beauté des histoires et des images qui peuplèrent l'esprit des pionniers du cinéma termina recyclée dans des peignes et des talons. Dans les années 1920, des anonymes marchèrent sur des œuvres d'art. Les plongèrent dans les flaques des trottoirs. Se peignèrent avec. Laissèrent ici et là des traces de pellicule. Jamais ils ne soupçonnèrent que ces ustensiles étaient, en réalité, de petites tombes, des monuments quotidiens de la destruction.

Avec la substitution des anciens rouleaux, nous avons perdu pour toujours, sans doute, un trésor de vers, de récits, d'aventures, de fictions, d'idées. Au long des siècles, la négligence et l'oubli ont détruit encore plus de livres que la censure ou le fanatisme. Mais on sait aussi qu'il y eut de grands efforts pour sauver l'héritage des mots. Certaines bibliothèques – impossible de vérifier combien – se lancèrent dans la tâche patiente de retranscrire leur fonds sur le support triomphant, les recopiant à la main, trait par trait, phrase par phrase, livre après livre. Au IVe siècle, le philosophe et haut fonctionnaire Thémistios écrivit que dans la bibliothèque de Constantinople des artisans capables de « transférer l'esprit d'une œuvre d'un corps abîmé à un autre neuf, récemment confectionné » travaillaient pour l'empereur Constantin II. Au Ve siècle, Jérôme de Stridon mentionna une autre bibliothèque, dans la ville romaine de Césarée – située sur la côte méditerranéenne d'Israël, entre Tel Aviv et

Haïfa –, où on avait entrepris de transformer tous les livres au format codex.

Jusqu'à l'apparition récente des tablettes et des livres numériques, les lecteurs n'ont plus connu le séisme d'un grand changement de format pendant vingt siècles. Ces livres papier que Martial accueillit avec enthousiasme au Ier siècle sont toujours à nos côtés au XXIe, fidèles, simples, conservant notre mémoire, transportant notre savoir, supportant les outrages du temps.

Bibliothèques pour tous dans les bains publics impériaux

27

Le 15 mars 44 av. J.-C., pendant les ides de mars, selon le calendrier romain, Jules César fut assassiné, poignardé au Sénat devant la statue de son vieil ennemi Pompée, qui se retrouva éclaboussée de son sang. Au nom de la liberté, un groupe de sénateurs enfoncèrent l'un après l'autre leur dague dans le corps d'un homme de 56 ans, dans son cou, son dos, sa poitrine et son ventre. Quand il vit les poignards levés partout autour de lui, l'ultime mouvement de César fut un geste de pudeur. Au seuil de la mort, aveuglé par le sang, il se soucia de tirer sa tunique sur ses jambes afin de tomber dignement, sans montrer son sexe. Les lames continuèrent de le frapper rageusement alors qu'il gisait sans défense à côté des escaliers du perron. Il reçut vingt-trois coups dont un seul fut mortel, d'après Suétone.

Les conspirateurs aimaient se définir comme des « libérateurs ». Pour eux, César était comme un tyran qui aspirait à être roi. Cet assassinat politique, sans doute le crime le plus célèbre de l'Histoire, a suscité autant d'admiration que de répugnance. Mille neuf cents ans plus tard, John Wilkes Booth utilisa le mot « idus » comme nom de code pour le jour où il tua Abraham Lincoln et, tandis qu'il s'enfuyait du lieu du crime, Booth cria une phrase en latin : *Sic semper tyrannis* (« Tel est le destin des tyrans »).

Jules César était-il un tyran en puissance ? Il fut, c'est certain, un général charismatique et un homme politique sans scrupules. Certains de ses contemporains qualifièrent sa guerre des Gaules de génocide. Il est vrai qu'au cours de ses dernières années, il faisait de moins en moins d'efforts pour dissimuler sa gigantesque ambition. Il avait été nommé dictateur à vie et s'octroya le droit de porter la tenue triomphale à sa guise – avec la couronne de laurier : rien de tel pour dissimuler sa calvitie. Pour la postérité, son nom a toujours symbolisé un titre de pouvoir autoritaire (césar, tsar). Cependant, son meurtre ne sauva pas la République. Le crime des ides fut un bain de sang sauvage qui n'atteignit aucun de ses objectifs. Il déclencha une longue guerre civile, plus de morts, de nouvelles destructions et, finalement, sur les ruines fumantes, Auguste instaura la monarchie impériale. Le jeune empereur, héritier et successeur de son oncle, fit placer une dalle de ciment pour signaler et circonscrire la scène de crime. Aujourd'hui, tant de siècles plus tard, les chats de gouttière de Rome se réfugient sur le Largo di Torre Argentina, le lieu où agonisa Jules César.

Dommage collatéral, les lecteurs pauvres sortirent perdants des ides de mars. César avait en effet prévu, entre autres plans, de construire la première bibliothèque publique de Rome, la plus riche possible, et avait confié au savant Varron la mission d'acquérir et de classer les livres. Cette nomination était logique, car Varron avait écrit un essai intitulé *Sur les bibliothèqu*es, dont il reste à peine quelques fragments.

Des années plus tard, Asinius Pollion, partisan de César, réalisa son rêve grâce au juteux butin d'une expédition militaire de pillage. Il inaugura une bibliothèque dans le bâtiment qui – symboliquement – abritait le sanctuaire de la déesse Liberté. On connaît seulement ce premier temple public des livres à travers les mentions de plusieurs écrivains, puisqu'il a disparu sans laisser de traces. On sait que l'espace intérieur était divisé en deux sections, l'une pour les œuvres en grec, l'autre pour les œuvres en latin. Cette organisation bilingue, double, serait reproduite dans toutes les bibliothèques romaines postérieures. Compte tenu de l'amour-propre national, les deux sections devaient avoir des dimensions identiques, même si la première était pleine à craquer et la seconde cruellement vide. Face à sept siècles de textes grecs, la section romaine ne pouvait se prévaloir que de deux siècles de littérature. Faisant fi de ces menus détails, le message que transmettait la bibliothèque officielle de Pollion était double : les œuvres grecques demeuraient intégrées dans leur langue originale au bagage des Romains ; en revanche, il fallait faire croire que les chefs du puissant

Empire avaient autant de valeur que leurs brillants sujets hellènes. Aucun aspect de la mise en scène ne devait révéler que les colonisateurs se sentaient complexés devant l'écrasant patrimoine intellectuel d'un territoire conquis.

Un autre trait dont hériteraient les bibliothèques romaines furent les statues d'auteurs célèbres. À Rome, ces monuments dans l'espace public étaient l'équivalent littéraire des étoiles du « Walk of Fame » de Hollywood. Celui qui obtenait cet hommage était adoubé. Pollion commanda pour sa bibliothèque une seule statue d'écrivain vivant : Varron. Des décennies plus tard, le caustique Martial, attentif à toutes les manifestations de la foire aux vanités romaines, se vantait que son buste ornait déjà quelques demeures aristocratiques. En réalité, il rêvait d'avoir sa statue dans les galeries de personnages illustres des bibliothèques publiques. Tout semble indiquer que, comme ces éternels aspirants au prix Nobel, il resta toujours à la porte. Dans ses épigrammes, il ne cesse de quémander, de mendier sans fard des honneurs, des louanges ou de l'argent, mais en général, comme il le raconta lui-même avec humour et autodérision, ses espérances débouchaient sur de grandes déceptions.

La bibliothèque d'Asinius était sûrement ouverte aux lecteurs de l'aube à la mi-journée. Un public varié devait la fréquenter : écrivains, chercheurs, amoureux du savoir, mais aussi copistes envoyés par leurs maîtres ou par les libraires avec l'ordre de réaliser la copie d'œuvres. Pour chercher les livres dans les rayons, il y avait probablement un personnel spécialisé. On sait aussi que certaines bibliothèques autorisaient le prêt.

L'écrivain Aulu-Gelle raconte une anecdote qui va dans ce sens. Il s'était réuni avec des amis pour dîner et causer. Quand on leur servit de la neige fondue à boire, un invité expert d'Aristote les avertit que, selon le philosophe, c'était mauvais pour la santé. Comme quelqu'un contestait cette affirmation, le convive têtu, blessé dans son orgueil, prit la peine de se rendre à la bibliothèque de la ville, qu'il réussit à faire ouvrir pour lui, et revint avec un exemplaire de l'œuvre d'Aristote incluant le passage en question – telle était la façon laborieuse de trancher les débats avant les recherches sur Internet. L'empereur Marc Aurèle et son maître Fronton évoquent dans leurs lettres qu'ils rapportaient chez eux des livres empruntés. En plus de ces témoignages fortuits, une inscription de l'époque impériale a été conservée à Athènes, avertissant que là, les directeurs interdisaient le prêt, ce qui permet de déduire que c'était autorisé dans d'autres établissements. L'inscription dit exactement : « D'ici aucun livre ne sortira ; nous en avons fait le serment. » C'est Auguste qui fit construire les deux bibliothèques publiques suivantes de l'Urbs, l'une sur le mont Palatin et l'autre dans le portique d'Octavie. Les archéologues ont trouvé des vestiges de la Bibliothèque palatine. Grâce aux fouilles, on a une image fiable de sa conception architecturale et de son intérieur. On a découvert deux pièces contigües, de taille identique, pour la collection bilingue. Dans les deux, les livres reposaient dans des armoires en bois pourvues d'étagères et de portes, encastrées dans de grandes niches, numérotées avec des chiffres qui renvoyaient au catalogue. Vu la hauteur des niches, il devait y avoir de petites échelles portatives pour atteindre les rayons supérieurs. Dans l'ensemble, le bâtiment rappelle davantage nos salles de lecture contemporaines que les bibliothèques grecques, où il n'y avait pas d'installations pour les lecteurs. Les lecteurs grecs choisissaient un rouleau sur les étagères et allaient le lire dans une galerie voisine. À Rome, les pièces étaient conçues pour offrir un décor spacieux, beau et luxueux. Les livres reposaient dans les armoires, à portée de main mais sans gêner le passage. Il y avait des tables, des chaises, du bois ouvragé, du marbre: un plaisir pour la vue et de l'espace à revendre.

À mesure que les collections augmentaient, on avait besoin de nouvelles armoires. Les problèmes de rangement étaient difficiles à résoudre car les niches pour les livres étaient intégrées à la structure architecturale du bâtiment et ne pouvaient être improvisées. Il fallait bâtir de nouvelles bibliothèques. L'empereur Tibère en ajouta une ou peut-être deux pendant son règne, et Vespasien en fit construire une autre dans le temple de la Paix, probablement pour célébrer avec des livres et des proclamations pacifiques sa victoire dans le sang et les larmes sur la révolte de Judée.

Les vestiges les mieux conservés correspondent aux bibliothèques jumelles construites sur l'ordre de Trajan en 112 et faisant partie de son forum monumental. Les salles grecque et latine étaient l'une en face de l'autre, séparées par un portique au centre duquel se dresse encore la fameuse colonne de Trajan. Les archéologues pensent que l'emblématique monument représentait un grand rouleau en pierre, avec ses 38 mètres de bas-reliefs de toutes les couleurs sur les guerres daciques

– comme une bande dessinée guerrière. Le récit des campagnes se déroule sur une bande continue qui monte en spirale : des milliers de Romains et de Daces sculptés minutieusement marchent, construisent, se battent, naviguent, fuient, négocient, supplient et meurent en cent cinquante-cinq scènes – un vrai roman graphique.

L'intérieur des deux bibliothèques était un prodige de luxe ouvert à tous les publics : deux étages d'armoires, de colonnes, de galeries, de rebords, de revêtements en marbre multicolore d'Asie Mineure et de statues. J'imagine les visages ébahis des gens ordinaires devant cet étalage de beauté esthétique et de confort qui, jusque-là, avaient été la prérogative de l'aristocratie, et une collection d'environ 20 000 livres accessibles à n'importe quel lecteur. Grâce au premier empereur hispanique, il n'était plus besoin à Rome de courtiser les riches pour lire dans un cadre fastueux.

28

La bibliothèque de Trajan fut la dernière de son genre. À partir du IIe siècle, les nouvelles salles de lecture furent intégrées dans les bains publics impériaux. En plus d'offrir toutes les prestations des thermes – salles tempérées, salles chaudes, saunas, bains froids, salles de massage –, ces endroits devinrent de véritables lieux de loisirs, anticipant nos centres commerciaux. Les thermes de Caracalla, inaugurés en 212, incluaient des gymnases, des espaces pour la lecture, des salles pour la conversation, un théâtre, des bains, des jardins, des espaces destinés à l'exercice ou au jeu, des établissements de restauration et des bibliothèques grecque et latine séparées ; l'ensemble financé par l'État.

Avec la construction de ces bains grandioses et gratuits, les empereurs séduisaient leurs sujets. « Qu'y a-t-il de pire que Néron ? » se demandait Martial. « Et quoi de mieux que ses thermes ? » Tous les Romains s'y rendaient, hommes et femmes, jeunes et vieux, riches et pauvres. Certains se baignaient et s'allongeaient sur les tables de massage, d'autres jouaient à la balle ou se contentaient de donner aux joueurs des conseils que personne ne leur avait demandés, assistaient à des conférences, bavardaient avec des amis, murmuraient dans le dos de leurs proches, fulminaient contre les élus municipaux, se plaignaient du prix du blé, dévoraient des saucisses à pleine bouche ou fouinaient dans la bibliothèque. Le philosophe Sénèque, qui désespérait de réussir à se concentrer dans son bureau situé au-dessus des thermes, écrivit une description amusante de l'ambiance festive et joyeuse des bains. « Quand les athlètes s'entraînent avec leurs poids en plomb, j'entends leurs sifflements et leur respiration haletante. J'entends le claquement de la main du masseur quand il secoue un dos. Si un joueur de balle arrive soudain et commence à compter les points, c'est la fin. Ajoutez le bagarreur, le voleur attrapé et ceux qui sautent dans la piscine en plongeant bruyamment. Sans oublier le barbier qui pousse un cri aigu pour se faire remarquer et fait crier les autres quand il leur rase les aisselles. Puis le vendeur de boissons, le boucher, le pâtissier et les vendeurs qui annoncent leur marchandise avec une certaine intensité. » Sans aucun doute, l'atmosphère la plus appropriée pour l'auteur *De tranquilitate animi*, réflexions sur la sérénité.

Contrairement aux exquises bibliothèques des forums, les salles de lecture des bains étaient axées sur les goûts d'un large public, éclectique et frivole. Leurs lecteurs furent probablement avant tout des gens curieux en quête de divertissement, qui s'intéressaient aux livres comme alternative aux jeux de balle, aux plongeons et aux conversations insignifiantes. On suppose que les collections de livres comprenaient surtout des classiques de renom dans les deux langues, des auteurs contemporains à la mode, et peut-être un philosophe ou deux. La création de bibliothèques situées à l'intérieur des bains romains bondés fut une immense réussite. Ce fut l'union sous le même toit de la culture, du divertissement, des affaires et de l'éducation en une vigoureuse fusion. Cela supposa une énorme volonté d'universaliser les livres, les plaçant dans un environnement populaire et tapageur qui n'intimidait pas les lecteurs inexpérimentés.

Les bibliothèques des thermes apportèrent la lecture partout dans l'Empire. Les centres de loisirs n'étaient pas exclusifs à la capitale, ils formèrent un véritable réseau sur l'ensemble des territoires conquis par les Romains. D'ailleurs, certains spécialistes pensent que la culture du bain était la seule institution publique commune qui unissait les citoyens éloignés de l'Empire.

La jouissance des plaisirs de l'eau devint un signe distinctif de la culture païenne et de la civilisation romaine, au point que les chrétiens les plus stricts abominaient les thermes, symptôme pour eux de sybaritisme, de sensualité et de corruption spirituelle. On conserve la lettre d'un prêtre paysan du Ve siècle déclarant : « Nous ne voulons pas nous laver dans les bains. » Les hommes saints considérèrent la puanteur comme un trait de dévotion ascétique. Ils refusaient la toilette pour exprimer leur opposition au style de vie des Romains. Siméon le Stylite refusait de se laisser toucher par l'eau et « la pestilence était si épouvantable qu'il était impossible d'atteindre ne fût-ce que la moitié de ses escaliers sans se trouver mal ; certains disciples qui s'obligeaient à aller le voir ne pouvaient pas monter sans s'être enduit le nez d'encens et d'onguents parfumés ». Après deux ans passés dans une grotte, saint Théodore de Sykéon émergea « avec une telle odeur que personne ne supportait d'être près de lui ». Clément d'Alexandrie écrivit que le bon gnostique chrétien ne veut pas sentir bon : « Il répudie les plaisirs spectaculaires et autres raffinements du luxe, comme les parfums qui flattent l'odorat ou les charmes de différents vins qui séduisent le palais ou les guirlandes fragrantes constituées de fleurs variées qui affaiblissent l'âme à travers les sens. » En ce temps-là, « l'odeur de sainteté » était fétide.

Cependant, mis à part les minorités rigoristes, les habitants des provinces impériales adoptèrent avec enthousiasme les plaisirs du bain, et les thermes apportèrent avec eux, entre autres passe-temps et luxes, une marée de livres.

29

La ville des vingt-neuf bibliothèques : un catalogue des bâtiments emblématiques de Rome daté de l'an 350 mentionne ce chiffre précis. En dehors de la capitale, en revanche, il est difficile de suivre la trace des livres. On possède uniquement des informations capricieuses, incomplètes, parfois déconcertantes. À Pompéi, les archéologues ont découvert les vestiges d'une salle de lecture. Une inscription de la ville de Comum – Côme – rappelle que l'écrivain Pline le Jeune donna à sa ville d'origine une bibliothèque et la somme de 100 000 sesterces pour l'entretenir. Une autre inscription découverte sur la côte, non loin de Naples, parle d'une bibliothèque financée par Salonia Matidia, belle-mère de l'empereur Hadrien. Il existe des traces aléatoires d'autres collections publiques léguées à Tibur (Tivoli) et à Volsinium (Bolsena, Ombrie).

En général, l'argent pour financer ces collections ne provenait pas de l'État, mais des coffres de généreux donateurs. Pendant toute l'Antiquité pesait sur les riches l'obligation tacite de dépenser une partie de leur richesse pour la communauté : subventionner les jeux du cirque, construire des amphithéâtres, paver des routes ou bâtir des aqueducs. Si, comme l'écrivit Balzac, derrière toute grande fortune il y a toujours un crime, investir dans des équipements collectifs paraissait aux Anciens la meilleure façon de rembourser ces méfaits originels à la société. Sur les édifices publics pullulent les sigles DSPF (*de sua pecunia fecit*) à côté du nom d'un citoyen. Ces élans de philanthropie n'étaient pas toujours strictement volontaires : les potentats qui refusaient de contribuer subissaient des pressions et ne pouvaient pas résister très longtemps, au risque de perdre leur prestige. Quand un millionnaire radin avait besoin d'une douce stimulation pour ouvrir sa bourse, les plébéiens se précipitaient à sa porte pour lui chanter des couplets sarcastiques et se moquer de lui. Il est fort possible que quelque bibliothèque de province ait vu le jour grâce à l'une de ces humiliations antiques.

Dans la région de langue grecque de l'Empire, les bibliothèques publiques existaient depuis l'époque hellénistique. Les empereurs romains soutinrent ces prestigieux centres de savoir, investissant dans les collections d'Alexandrie et de Pergame. La vénérable ville d'Athènes gagna deux nouvelles bibliothèques au IIe siècle : l'une, cadeau d'Hadrien, l'autre, d'un citoyen qui paya un portique, une salle avec ses livres et toute la décoration de l'ensemble « de sa poche » – ainsi que le proclamait une inscription, avec emphase et, visiblement, une douleur encore vive. À Éphèse, un certain Tiberius Iulius Celsus érigea une bibliothèque en mémoire de son père, grand amoureux des livres.

En comparaison, l'Occident apparaît à première vue comme un grand désert. Dans toute la zone géographique qui comprend aujourd'hui l'Angleterre, l'Espagne, la France et la côte septentrionale de l'Afrique, on a uniquement des preuves de l'existence de bibliothèques dans deux lieux : Carthage, en Tunisie, et Timgad, en Algérie. La première, à travers un écrivain qui en fait mention ; la seconde, grâce à l'archéologie.

Il est certain que selon les stéréotypes de l'époque,

le cœur de la civilisation se trouvait en Orient tandis que les habitants de l'Ouest barbotaient dans la barbarie, le sous-développement et l'inculture. À toutes les époques, les plus grandes puissances construisent leurs oppositions géographiques – nord/sud, est/ouest – et ne laissent pas les faits abîmer un bon préjugé. Dans l'Antiquité, l'Europe occidentale connut des cultures très sophistiquées qui furent presque toutes détruites par leurs envahisseurs civilisés. Dans tous les cas, au début de l'époque impériale, la globalisation romaine avait pallié les différences entre territoires. Les architectes et ingénieurs romains urbanisèrent avec soin l'Occident, remplaçant les villages indigènes par un réseau de villes, petites et grandes, dotées d'un système d'assainissement, d'aqueducs, de temples, de forums et de thermes. Elles durent aussi avoir des livres. Pendant ces années-là, la culture écrite, bien que n'étant pas aussi enracinée que dans le monde grec, s'étendit aux communes romanisées. Des maîtres d'école enseignaient le latin dans les principales localités, alors que les grands centres proposaient une éducation secondaire et rhétorique. Dans des capitales comme Carthage ou Marseille, les habitants les plus riches pouvaient suivre l'équivalent de la formation universitaire de l'époque. Martial, qui naquit dans la ville celtibère de Bilbilis et arriva à Rome à l'âge de 20 ans, montra une exceptionnelle maîtrise de la langue latine. Si ce ne fut pas dans sa ville natale, il eut sûrement accès à une bibliothèque à Caesar Augusta (Saragosse) ou à Tarraco (Tarragone). Et comme Bilbilis ou Caesar Augusta, des dizaines de centres importants d'Occident accueillirent des citoyens – hommes et femmes – fortunés, avec des ambitions culturelles et un appétit de livres.

Quand je marche dans les rues de ma ville au tracé romain, je pense que quelque part, comme dans la magique Oxford, une grande bibliothèque dort dans le sous-sol. Écrasés par le vacarme des rues, sous le bitume et la hâte, mille fois foulés et spoliés, survivent sans doute les derniers fragments des alcôves où nos lointains ancêtres connurent les livres.

Deux hispaniques : le premier fan et l'écrivain expérimenté

30

L'image d'adolescents criant, sanglotant et s'évanouissant à l'arrivée de leurs idoles n'est pas née avec Elvis et les Beatles. Ce n'est même pas un phénomène qui apparut avec le rock'n'roll, mais avec la musique classique. Les castrats du XVIIIe siècle déclenchaient déjà des passions sur scène. Et dans les salles de concerts civilisées du XIXe siècle, un pianiste hongrois qui agitait sa chevelure quand il se penchait sur le clavier provoqua un véritable délire de masses connu comme «*lisztomania*» ou «fièvre Liszt». Si les fans jettent à la figure des stars du rock leurs sous-vêtements, on lançait à Franz Liszt des bijoux. Ce fut l'icône érotique du siècle victorien. À l'époque, on disait que ses balancements et ses poses étudiées quand il jouait produisaient dans l'assistance des extases mystiques. Premier enfant prodige, puis jeune cabotin, il fut la vedette de tournées multimillionnaires sur le continent. Pendant les apparitions publiques de Liszt, ses fans s'attroupaient, hurlant, soupirant, victimes de malaises. Ils le suivaient dans les capitales successives où il donnait des concerts. Ils tentaient de lui voler ses mouchoirs et ses gants, et arboraient son portrait sur des broches ou des camées. Les femmes essayaient de lui couper une mèche de cheveux et, chaque fois qu'une corde de son piano cassait, d'authentiques batailles rangées éclataient pour s'en emparer et fabriquer un bracelet avec. Certaines admiratrices le poursuivaient dans la rue et dans les restaurants, munies de flacons en verre dans lesquels elles recueillaient le marc de café de sa tasse. Un jour, une femme ramassa le restant de son cigare à côté de la pédale de son piano et le porta sur sa poitrine, à l'intérieur d'un médaillon, jusqu'au jour de sa mort. Le mot *celebrity* fut employé pour la première fois pour se référer à lui.

Pourtant, on peut remonter encore plus loin dans le temps. Les premières stars internationales furent sans doute un groupe d'écrivains de l'époque impériale romaine (Tite-Live, Virgile, Horace, Properce et Ovide).

Et le premier fan connu de l'Histoire fut un hispanique de Gadès, obsédé par l'idée de rencontrer son idole, l'historien Tite-Live. On raconte qu'au début du Ier siècle, il entreprit un dangereux voyage « depuis le bout du monde », c'est-à-dire l'actuelle ville de Cadix, jusqu'à Rome pour voir de près, de ses propres yeux éblouis, son artiste préféré. En supposant qu'il ait fait le trajet par la terre, il fallut plus de quarante jours à l'adorateur gaditan pour réaliser son pèlerinage idolâtre, endurant les pires repas et le supplice des poux dans des auberges crasseuses, bringuebalé à dos de canassons et sur de vieilles carrioles, exposé aux bandits de grand chemin dans les forêts solitaires. Il parcourut les routes de l'Empire, bordées de cadavres de bandits exécutés qui pourrissaient empalés sur des pieux à l'endroit même où ils avaient commis leur délit. La nuit, il priait pour que les esclaves qui l'escortaient ne s'enfuient pas ou ne se retournent pas contre lui en terre étrangère. Il vida plusieurs bourses de monnaies en chemin. Il maigrit à cause de gigantesques diarrhées provoquées par la mauvaise qualité de l'eau. Dès qu'il arriva à Rome, il s'enquit du célèbre Tite-Live. Il réussit à le voir de loin, il observa peut-être sa manière de se coiffer et de porter la toge afin de l'imiter et, sans même oser lui adresser la parole, il fit demi-tour pour rentrer chez lui – de nouveau quarante jours de voyage. Pline le Jeune raconta l'anecdote dans une de ses lettres, sans savoir qu'il décrivait le premier chasseur de célébrités de l'histoire.

La globalisation romaine fit apparaître des lecteurs dans des territoires très éloignés de l'Urbs. Horace s'enorgueillissait que ses livres soient connus dans le Bosphore, en Lybie, dans le Caucase et en Hongrie, dans le pays du Rhin et en Hispanie. Properce affirmait que sa gloire avait atteint les rives hivernales du Boristhène, aujourd'hui le Dniepr. Ovide écrivit, sans détours ni fausse modestie, qu'il était très lu « dans le monde entier ». En général, les Romains avaient tendance à confondre les frontières de leur Empire avec celles de la planète. C'est un trait typique des visions impériales – le roi d'Akkad, Sargon le Grand, dont les domaines s'étendaient du golfe Persique à la Méditerranée, se vantait déjà d'avoir conquis toute la Terre. Dans le cas des écrivains romains, abstraction faite des imprécisions géographiques et des fanfaronnades, il est vrai que les frontières de la lecture s'agrandissaient de manière étonnante : les livres à succès commençaient à traverser des continents, des mers, des déserts, des montagnes et des forêts, du vivant même des auteurs. Les idées et les mots circulaient sur des voies modernes. On pouvait acheter les livres de Martial à Vienne ou en Bretagne ; ceux de Pline le Jeune dans une librairie de Lyon. Juvénal, conservateur opposé à la nouvelle culture inclusive et globale, s'indignait d'imaginer un habitant miteux de Cantabrie feuilletant des livres de philosophie romaine de ses mains barbares : « À présent, la Terre entière possède une culture grecque et romaine ; la Gaule éloquente a formé des avocats bretons et à Thulé il est question d'engager un professeur de rhétorique. Voyait-on, à l'époque du vieux Metellus, un stoïcien en Cantabrie ? » Dans la capitale, natifs et étrangers étaient capables de reconnaître dans la rue les écrivains les plus célèbres, et ils les poursuivaient comme les admirateurs et les groupies de notre temps. Virgile, qui souffrait d'une timidité pathologique, échappa plusieurs fois en courant à des groupes de fans qui le harcelaient, le montrant du doigt. Toutefois, il n'y avait pas que des inconvénients. Parmi la noblesse romaine, il existait la coutume de léguer une partie des grands patrimoines à des individus importants pour la communauté et, dans ce cas, les écrivains n'étaient pas oubliés. On raconte que les deux grands auteurs rivaux, Tacite et Pline le Jeune, mesuraient leur célébrité à la quantité d'héritages qu'ils recevaient l'un et l'autre. À une époque où on ne pouvait pas compter le nombre d'exemplaires vendus – il était impossible d'établir un calcul fiable –, le *top ten* des stars du firmament littéraire était évalué aux pourboires que leur laissaient les testaments aristocratiques.

De Tite-Live à Liszt, il existe une longue histoire méconnue de la célébrité, du fétichisme, des fans persécuteurs et des passions débordantes à l'égard des classiques.

31

Ce sera ton dernier grand voyage. À presque 60 ans, au moment où tu quittes Rome, l'enthousiasme de l'aventure t'envahit. Le trajet entre Ostie et Tarraco est tranquille ; balancé par les vagues et les vents favorables, le bateau te berce sur la mer de la mémoire. Tu as vécu trente-cinq ans dans l'Urbs. Tu es arrivé très jeune dans la capitale de l'Empire, où tu as réussi à survivre en écrivant des livres – et en tapant les riches. Tu as été un parasite sympathique et plein d'esprit dans les demeures nobles, le comique indispensable de leurs fêtes. On te traitait un peu mieux qu'un domestique, mais moins bien qu'un ami.

Sans contretemps, le navire te dépose en Hispanie, un jour limpide à la lumière aveuglante. À Tarraco, tu embauches un guide avec une carriole et deux mules.

Vous prenez la route sans hâte : vous mettrez six jours pour arriver jusqu'à ta région natale.

Une après-midi, vous êtes surpris par un orage soudain sur un chemin de terre. Comme des animaux, vous devez tirer la carriole qui n'arrête pas de s'embourber. Quand tu franchis les remparts de Caesar Augusta, sale, les yeux rouges, tu ressembles davantage à un mendiant croûteux qu'à une célébrité de Rome. Tu vas aux thermes, où tu transpires, bavardes et sommeilles. Tu erres parmi l'agitation du port, près du fleuve jaunâtre, et tu en profites pour acheter deux esclaves lors d'une enchère. Quelqu'un qui a réussi à l'étranger doit revenir escorté par de grands gaillards musclés aux épaules larges.

Tu reprends la route, ému de contempler la silhouette solitaire du mont Cayo – que des siècles plus tard on appellera Moncayo, et à l'ombre duquel trouveront refuge et inspiration d'autres écrivains, comme un certain Bécquer et un certain Machado. Quand tu t'approches de la rivière Jalón, tu entends à nouveau les clapotis bruyants de ton enfance au côté d'autres enfants dans ses eaux peu profondes. À nouveau couvert de poussière, tu rêves des thermes d'Aquae Bilbilitanorum – ces mêmes eaux tièdes qui porteront plus tard le nom musulman d'Alhama de Aragón. Tu reconnais le paysage de ton enfance : les collines, les méandres de la rivière, les mines de fer, les hauts épis qui attendent la moisson, les pins, les chênes verts, l'ombre des sarments. Un lièvre disparaît derrière un buisson, réveillant ton appétit pour les délices de la chasse. Enfin, se dresse Bilbilis escarpée, avec ses maisons aux toits en pente, son temple, les souvenirs.

Ton cœur bat à tout rompre. Sont-ce les lauriers de la gloire qui t'attendent dans ta ville ou les morsures de la jalousie ? Connaissant les habitants, plutôt une phrase méprisante marmonnée. Au moins, terminé l'insomnie de Rome, le concert de cochers qui s'insultent la nuit, l'obligation de se lever tôt et de se fatiguer à courir chez les puissants, les mensonges. Sous le ciel tranquille de Celtibérie, cher Martial, tu dormiras à poings fermés.

Tu ne le sais pas encore, mais tu vas rencontrer une veuve mûre et riche, prénommée Marcella, qui admire tes vers. Flattée par l'idée d'avoir un amant célèbre à Rome, elle t'offrira une ferme avec ses champs, ses rosiers, une source qui murmure des strophes d'eau, des bassins couverts où nagent les anguilles, un potager et un blanc pigeonnier. Grâce à elle – corps robuste et chaud, ta dernière compagne au lit, ta plus généreuse mécène –, tu échapperas enfin à la menace de la misère qui ne t'a jamais totalement abandonné à Rome. Tu mangeras à une table garnie. Tu te prélasseras. Tu feras de longues siestes, ventre à l'air, à l'ombre des arbres qui adoucissent les étés sans nuages. Pendant l'hiver, tu regarderas passer les heures, fasciné par la danse hypnotique du feu dans la cheminée. Tu connaîtras le calme, mais n'arrêteras jamais d'écrire. L'estomac plein, ta colère s'apaisera et tu ôteras ton masque d'enfant terrible.

Quand tu étais à Rome, la vie superficielle et l'hypocrisie que tu observais autour de toi t'irritaient. Tu étais las de flatter les puissants. Alors la nostalgie te dictait des poèmes dans lesquels tu énumérais les noms rugueux de ta terre. Bien. Te voilà de retour dans ton petit paradis tranquille. Bientôt tu râleras, regrettant les réunions, les théâtres, les bibliothèques de Rome, l'esprit caustique de ton cercle social, les plaisirs et le tumulte de la capitale ; en résumé, tout ce que tu as quitté, aspirant au calme.

Herculanum : la destruction qui préserve

32

Les majestueuses bibliothèques de Rome qui peuplaient les rêves nostalgiques de Martial en Hispanie finiraient par disparaître après une succession de désastres, de pillages, d'incendies et d'accidents. Paradoxalement, la seule bibliothèque antique que nous conservons a survécu grâce à l'action de forces destructrices.

Le 24 octobre 79, sous le règne de Titus, le temps s'arrêta à Pompéi et à Herculanum, deux villes à la mode dans la baie de Naples. Là, les citoyens les plus riches de la capitale avaient fait construire leur villégiature. Le soleil resplendissait, les eaux étaient d'un bleu très pur, l'odeur du myrte adoucissait l'air, les fêtes se succédaient pour divertir les vacanciers, la vie était détendue et les plaisirs faciles. Cependant, ce jour d'automne, à la première heure de la matinée, un filet de fumée noire s'éleva avec défi du cratère du Vésuve vers le ciel. Très vite, il se mit à tomber sur les chaussées d'Herculanum une sorte de boue, mélange de pluie, de cendres et de lave. Elle recouvrit les toits et pénétra par les fenêtres et les brèches. Finalement, une coulée volcanique à 600 °C rasa tout. Il ne resta que les os des habitants. Pompéi se retrouva enveloppée dans des vapeurs de soufre qui rendirent l'air irrespirable. Succédant à une très fine pluie de cendres, il se mit à grêler de petites pierres volcaniques puis des pierres ponce de plusieurs kilos. Les gens sortirent terrifiés de leurs maisons, mais il était trop tard pour fuir.

La ville, ensevelie pendant près de mille ans sous une couche de cendres solidifiées et de *lapilli*, se transforma en une sorte de capsule du temps. La température de 300 °C créa des croûtes de cendre volcanique autour des corps recroquevillés des habitants. Au XIXe siècle, les archéologues injectèrent du plâtre dans les trous fantômes que laissèrent les corps morts dans les cendres. Ces moulages en plâtre nous permettent de contempler les Pompéiens figés dans le dernier acte de leur vie : un couple cherche refuge dans une étreinte éternelle, un homme meurt seul, la tête dans ses mains, un chien tente frénétiquement de se libérer de sa laisse, une fillette se pelotonne contre sa mère comme si elle voulait retourner dans son ventre. Certains d'entre eux paraissent encore se tordre, courbés de peur, deux mille ans plus tard. Dans *Voyage en Italie*, de Rossellini, un couple en crise assiste avec angoisse au moment où on vide les statues de plâtre de deux amants morts ensemble, engloutis par la lave.

Plusieurs générations avant la catastrophe, Lucius Calpurnius Pison, beau-père de Jules César, fit bâtir un palais de 200 mètres de long à Herculanum. Quand, au milieu du XVIIIe siècle, les archéologues excavèrent les vestiges de la fastueuse résidence, ils trouvèrent plus de quatre-vingts statues en bronze et en marbre, et l'unique bibliothèque survivante du monde classique. La collection contient quelque deux mille rouleaux carbonisés, que l'éruption détruisit et préserva simultanément. Conséquence de cette découverte sans précédent, la grande villa de Pison est connue comme la villa des Papyrus. Cette demeure romaine sculptée par la lave impressionna tellement le magnat du pétrole Jean Paul Getty qu'il se fit construire une villa identique à Malibu – aujourd'hui cette réplique abrite un siège du musée Getty.

Pendant des décennies, la villa de Lucius Calpurnius avait été un lieu de réunion pour un célèbre cercle de philosophes épicuriens, parmi lesquels se trouvait le poète Virgile. Pison fut un puissant magistrat et lecteur enthousiaste des œuvres des penseurs grecs. Cicéron, son ennemi politique, représenta le richissime aristocrate en train de chanter des couplets obscènes et s'agitant tout nu « au milieu de la puanteur et de la fange de ses chers Grecs » – la subtilité n'était pas du luxe dans les invectives politiques de l'époque. Que Pison ait organisé ou pas des orgies sporadiques, d'après le contenu de sa bibliothèque, les invités de sa villa consacraient probablement leurs soirées à des divertissements passionnants, bien que peut-être moins sensuels.

Les Romains puissants de la fin de la période républicaine et du début de l'Empire considéraient le plaisir intellectuel comme un de leurs privilèges les plus importants. Beaucoup d'entre eux passaient de longues heures de leur vie, pour le reste fort occupée, à débattre avec esprit et sérieux sur les dieux, les causes des tremblements de terre, le tonnerre et les éclipses, la définition du bien et du mal, le sens de la vie et l'art de mourir. Choyés par des esclaves, dans le confort de leurs élégantes villas, ils s'accrochaient aux trésors de leurs bibliothèques et à ces conversations intellectuelles civilisées comme si, d'une certaine façon, ils voulaient se persuader que leur vieux monde était toujours intact, malgré les guerres civiles, la violence, les tensions sociales, les rumeurs d'émeutes, l'augmentation du prix des céréales et les lentes colonnes de fumée que vomissait le Vésuve. Ces hommes et ces femmes privilégiés, qui vivaient dans l'épicentre de la plus grande puissance du monde, se réfugiaient dans leurs luxueuses villas pour oublier tous les dangers, réduisant ceux-ci à de lointaines menaces, des sujets de moindre importance pour lesquels il était inutile de se mettre en quatre ou d'interrompre une discussion sur, par exemple, les testicules des castors, thème si cher à Aristote. De cette habitude qu'avaient les nobles romains de s'allonger sur leurs moelleux canapés – triclinium ou lits de banquet –, parmi de gros coussins pourpres brodés, pendant qu'on leur servait des boissons et des gourmandises, pour bavarder tranquillement les uns avec les autres, vient notre expression « parler en long et en large ».

Les fouilles de la villa des Papyrus révélèrent que les livres du sybarite Pison étaient conservés dans une pièce de trois mètres sur trois, sur des étagères aux murs et dans une bibliothèque en bois de cèdre au centre avec des étagères des deux côtés. Les rouleaux étaient apportés dans le patio voisin pour pouvoir être lus à la bonne lumière, parmi les luxueuses statues. Sur ce plan, l'architecte de la ville suivait le modèle grec.

Ce 24 octobre, l'explosion de gaz du volcan carbonisa les rouleaux de papyrus avant que la ville soit ensevelie sous une fine cendre volcanique qui par la suite se refroidit et se solidifia. Quand les archéologues et les chercheurs de trésors explorèrent la villa au XVIIIe siècle, ils confondirent les restes des rouleaux avec des morceaux de charbon et de troncs brûlés. Ils se servirent même de quelques-uns comme torches, où périrent les vieux mots de livres perdus – curieux cas de communication par signaux de fumée. Quand ils comprirent ce qu'ils avaient entre les mains, ils se demandèrent s'il était possible de les lire. Dans l'euphorie de la découverte, ils eurent recours à des méthodes peu délicates – ils utilisèrent leurs ongles ou, pire encore, des couteaux de boucher pour les découper, avec des résultats hélas prévisibles. Peu après, un Italien inventa une machine pour tenter d'ouvrir les rouleaux avec délicatesse, mais la tâche était désespérément lente. Il fallut quatre ans pour déplier le premier rouleau. Et, de toute façon, les fragments récupérés par la machine, noirs comme du journal brûlé, étaient fragiles et difficiles à conserver car ils avaient tendance à s'effriter.

Depuis, les scientifiques ont cherché des outils technologiques pour percer les secrets cachés dans les rouleaux carbonisés de Pison. Sur certaines pièces, on ne distingue rien ; sur d'autres, on peut identifier quelques lettres au microscope. La manipulation constante risque de réduire les rouleaux à de la poussière noire. En 1999, des chercheurs de l'Université

Brigham Young, aux États-Unis, examinèrent les papyrus au rayonnement infrarouge. À une certaine longueur d'onde, ils obtinrent un bon contraste entre le papier et l'encre. Touchées par la lumière invisible, les lettres commencèrent à apparaître. Au lieu de l'encre noire sur du papier noir, les experts distinguèrent des lignes obscures sur un fond gris pâle. Les possibilités de reconstituer les textes augmentèrent de manière considérable. En 2008, l'imagerie multispectrale permit une nouvelle avancée. Néanmoins, aucun des rouleaux identifiés jusqu'à maintenant – tous en grec – ne contient un de ces trésors détruits que nous aimerions tant retrouver – les poèmes inconnus de Sappho, les tragédies perdues d'Eschyle et de Sophocle, les dialogues disparus d'Aristote. Les livres qui ont été ressuscités sont, dans leur majorité, des traités de philosophie sur des sujets très pointus. La découverte la plus remarquable est probablement l'essai *Sur la Nature*, d'Épicure. Mais beaucoup de spécialistes pensent qu'il y eut dans la villa de Lucius Calpurnius une bibliothèque latine, qui reste à dégager. Pendant ce temps, la ville moderne d'Ercolano gronde et vibre au-dessus des vieilles ruines, empêchant des fouilles plus profondes. On retrouvera peut-être là, dans le futur, de fascinants livres perdus – et il sera possible de les lire. Au cours des prochaines décennies, qui sait si nous ne connaîtrons par un petit miracle littéraire sous le volcan.

Les premiers archéologues d'Herculanum découvrirent un bon nombre de rouleaux dispersés dans la villa des Papyrus, empilés par terre et introduits dans des housses de voyage, comme si leur propriétaire d'alors avait tenté de transférer la collection juste avant qu'elle soit ensevelie sous 20 mètres de déchets volcaniques. J'imagine cet homme qui, il y a deux mille ans, se souciait de sauver ses livres tandis que son monde disparaissait, carbonisé par la coulée brûlante de lave et l'air ardent qui s'abattit sur Herculanum à 600 °C et une vitesse de 30 mètres par seconde. Par une étrange ironie de l'Histoire, cette bibliothèque de l'apocalypse est pour nous l'unique survivante d'une immense cartographie effacée.

33

Les gisements du passé attirèrent de nouveaux pèlerins. Quand le roi de Naples et futur roi d'Espagne Charles III ordonna les fouilles de Pompéi, d'Herculanum et de Stabies au XVIIIe siècle, il déclencha une passion pour les antiquités. Les villes conservées grâce à la catastrophe suscitèrent une ferveur nouvelle en Europe. Un monde jusque-là seulement imaginé devenait soudain visible, et la civilisation antique fut la dernière mode sur le continent. De ce bastion d'une époque perdue surgirent et essaimèrent certains traits de la modernité : le Grand Tour et les débuts du tourisme, l'archéologie comme discipline scientifique, les gravures représentant des ruines, l'architecture néoclassique des centres de pouvoir, l'utopie esthétique de Winckelmann, la vocation gréco-latine qui palpitait derrière l'âme révolutionnaire des Lumières.

Ovide se heurte à la censure

34

Il eut du succès – beaucoup de succès –, et en jouissait. Il n'avait pas honte de ses lecteurs sans nom aristocratique. Il était drôle, sociable, hédoniste. La *dolce vita* romaine lui plaisait telle quelle – parfois grossière, fastueuse, gourmande ; parfois mélancolique, poétique et fragile. Il écrivait avec facilité, sans souffrance, et même ainsi, il savait être éblouissant. Il était difficile de tolérer un homme si heureux.

Il était né dans une famille traditionnelle d'ambitieux propriétaires terriens. Son père l'envoya étudier à Rome avec l'espoir d'en faire un grand avocat, riche et respectable, mais il brisa toutes ses illusions : il préférait la poésie au droit. Las des tribunaux et des grands projets, il ne tarda pas à abandonner sa carrière prometteuse pour se consacrer exclusivement à la littérature. Avec ses poèmes, non seulement il trahit son père biologique mais, quelque temps plus tard, il déplut également au père symbolique de tous les Romains, l'empereur Auguste. Il paya très cher sa deuxième rébellion. Cependant, avant de glisser dans le précipice, il savoura pleinement la gloire et les acclamations.

Ovide fut un explorateur de nouveaux territoires littéraires, et le premier écrivain à prêter une attention particulière à ses lectrices. Comme je l'ai mentionné, il écrivit un traité spécifique sur les cosmétiques et le maquillage féminin. *L'Art d'aimer*, un manuel en vers pour apprendre à séduire, consacrait un long chapitre – un tiers de l'œuvre – à donner des conseils de conquête aux femmes et à leur expliquer les ruses des hommes pour les tromper en amour. Il établit avec elles une intimité jusque-là inconnue entre un auteur et ses lectrices. À une époque de rapide expansion des horizons de lecture, Ovide se lança avec joie dans la transgression des valeurs archaïques et des vieilles règles. Sa littérature jeune, non conformiste et érotique plaisait aux Romaines ; il le savait et jouait avec les limites. Il ne voyait pas qu'il marchait au bord de l'abîme.

Certains de ses contemporains l'accusèrent d'être frivole, oubliant combien la frivolité peut être profondément subversive. Ovide posa un regard révolutionnaire sur quelques sujets essentiels dans la Rome du Ier siècle av. J.-C. : le plaisir, le consentement et la beauté. Les mariages étaient alors un arrangement entre familles, livrant généralement des adolescentes à des hommes puissants déjà âgés. C'était une époque de droit de cuissage, où les esclaves des deux sexes étaient à la disposition des appétits de leurs maîtres, comme un harem en puissance. Par définition, les relations sexuelles n'étaient ni réciproques ni égalitaires : on était passif ou actif, on était pénétré ou on pénétrait. Il existait des distinctions très complexes, des règles assumées et des limites codifiées – comme toujours, l'essentiel était une question de privilège. Ce qui était acceptable pour un homme riche ne l'était pas pour un pauvre ; ce qu'on autorisait aux hommes était inadmissible pour les femmes. La pédophilie était permise avec quelqu'un d'un rang inférieur – esclave, étranger, non citoyen. Martial rendit public sans aucune honte le désir et l'attirance qu'il ressentait pour une de ses esclaves, que dans ses poèmes il nomme Érotion, morte à l'âge de 6 ans. Ovide fit voler en éclats toutes ces conventions et lieux communs en écrivant qu'il aimait les femmes mûres, pas les fillettes. Et que son plaisir érotique avait besoin du plaisir de sa compagne. Je traduis librement un passage de *L'Art d'aimer*: «Je préfère une amante qui a plus de 35 ans et a déjà quelques cheveux blancs: que les gens pressés boivent le vin nouveau; moi, j'aime mieux une femme mûre qui connaît son plaisir. Elle a de l'expérience, qui constitue tout le talent, et connaît en amour mille positions. La volupté en elle n'est pas fausse. Et quand la femme jouit en même temps que son amant, c'est le comble du plaisir. Je hais l'étreinte dans laquelle l'un et l'autre ne se donnent pas entièrement. Je hais ces unions où les deux amants ne s'abandonnent pas. Je hais une femme qui se livre parce qu'il faut le faire, qui ne mouille pas, qui pense à autre chose. Je ne veux pas d'une femme qui me donne du plaisir par devoir. Qu'aucune femme ne fasse l'amour avec moi par obligation! J'aime entendre dans sa voix la joie, qu'elle me murmure d'aller plus lentement, de me retenir encore. J'aime voir mon amante jouir, les yeux vaincus, et défaillir et m'interdire de la caresser davantage.» La règle traditionnelle disait que pour les hommes libres, le sentiment était une faiblesse, et la volonté de se mettre à la place de l'autre, une folie. Comme l'écrit Pascal Quignard, Ovide est le premier porte-drapeau du désir réciproque, et aussi le premier Romain à préconiser de dominer la hâte masculine pour attendre le plaisir de la femme.

L'Art d'aimer fut considéré comme un livre immoral

et dangereux. Des années plus tard, Ovide, se rappelant l'origine de ses disgrâces, écrivit qu'à cause de cette œuvre beaucoup le surnommèrent « le maître d'adultères obscènes ». Il est vrai que les jeux érotiques dont il enseignait la pratique avaient lieu en dehors du mariage. Et il ne pouvait en être autrement : le désir et l'attirance entraient rarement dans les scènes de la vie conjugale. Les mariages des riches Romains étaient surtout une décision dynastique, un calcul d'alliances et de pactes familiaux. Les parents utilisaient leurs filles comme pions de leurs manœuvres politiques, ne voyant pas d'inconvénients à les faire divorcer de leur époux pour les marier à un autre, même enceintes du premier, si cela servait leurs intérêts politiques. Il n'était pas rare que deux patriciens s'échangent amicalement une femme : Caton d'Utique, resté dans l'Histoire comme une figure de vertu, « prêta » son épouse Marcia à un ami – c'est-à-dire qu'il demanda le divorce pour laisser la place au nouveau prétendant – et se remaria avec elle quand elle se retrouva veuve, récupérant au passage un énorme héritage. Alors qu'il préparait cette manœuvre nuptiale, Caton consulta le père de Marcia, mais il ne lui demanda pas, à elle, son opinion : dans la mentalité traditionnelle, les femmes étaient des subalternes et des adolescentes à vie. La façon d'agir des pères de famille ambitieux n'encourageait pas l'affection ni la loyauté entre maris et femmes. Dans ce contexte, les passions éclataient en dehors du mariage. Ovide eut l'audace de traduire cette réalité dans ses vers. Il le fit au mauvais moment : il se heurta frontalement au programme de moralisation de l'empereur Auguste et, surtout, à ses *Leges Iuliae*, approuvées entre 18 av. J.-C. et l'an 9, qui prétendaient assumer la défense de la famille et les traditions antiques, punissant l'adultère d'exil et verbalisant ceux qui n'avaient pas d'enfants.

En l'an 8, tout juste âgé de 50 ans, Ovide fut condamné brutalement à l'exil, par un édit impérial, dans la ville de Tomis – Constanţa, en Roumanie. Sa troisième épouse resta à Rome pour s'occuper de leurs propriétés communes et implorer sa grâce. Le poète partit seul. Ils ne se reverraient jamais. Auguste avait choisi pour lui un châtiment sévère, d'une cruauté calculée. Il ne se contenta pas de le bannir sur une des îles de la Méditerranée qui servaient habituellement à cela, mais l'expédia dans un territoire sauvage, situé aux confins de l'Empire, à la frontière avec l'inconnu, où Ovide allait demeurer séparé de tout ce qui, selon lui, rendait la vie digne d'être vécue : les amis, l'amour, les livres, les conversations et, surtout, la paix. Dans cette bourgade isolée, soumise au froid d'un climat hostile, parmi des gens qui parlaient une langue inintelligible pour lui, redoutant en permanence les razzias des armées nomades, Ovide était condamné à mourir. Il survécut neuf ans, ne cessant d'adresser des suppliques à Rome et écrivant *Les Tristes*, un précédent à la lettre *De profundis* que, des siècles plus tard, depuis sa prison, rédigerait un autre grand jouisseur puni, Oscar Wilde.

Sur les raisons de son exil, Ovide affirma que deux délits avaient causé sa perte : « un poème et une erreur ». Il n'expliqua jamais en quoi consista son erreur pour ne pas remuer le couteau dans la plaie – il fut probablement témoin des orgies clandestines d'une personne très noble, ou fut impliqué dans une conspiration politique. Quant au poème, il y a peu de doutes. Il s'agit de son manuel pour amantes. « Je ne suis plus précepteur d'amour », écrivit-il depuis l'exil, « cette œuvre reçut un châtiment qu'elle ne méritait pas ». Deux siècles plus tard, un historien affirma, catégorique : « Auguste fit exiler le poète Ovide parce qu'il écrivit trois petits livrets sur l'art d'aimer. » Ovide pleura quand il apprit qu'en son absence, ses œuvres étaient victimes de représailles. Après avoir exilé l'homme, Auguste s'assura également de bannir ses textes des bibliothèques publiques.

D'après ce qu'on sait, cet épisode inaugura en Europe la censure de type moralisateur, une obsession de contrôle qui trouva là son premier échec. *L'Art d'aimer*, ce petit livre joyeux et érotique, persécuté par un des empereurs les plus puissants de l'Empire et plusieurs fois interdit à des époques postérieures, taxé d'obscène et de scandaleux, a trouvé le chemin vers nos bibliothèques. Son histoire est celle d'un long sauvetage, réalisé siècle après siècle par les lecteurs en qui Ovide avait confiance, face aux autorités. La subversion aussi forge les classiques.

La douce inertie

35

Au début du IIe siècle, Rome avait déjà connu une longue liste d'empereurs soupçonneux, qui n'avaient pas un grand sens de l'humour. La censure et la peur commençaient à pourrir l'atmosphère. L'historien

Tacite toucha du doigt les racines du mal et se risqua à les nommer. Nostalgique d'un passé inexistant, il fantasmait sur « la rare félicité des temps où il est permis de penser ce qu'on veut et de dire ce qu'on pense ». Il décida d'enquêter sur ce qui blesse les puissants, pour quelle raison les gens crient généralement au scandale, quelles sont leurs interdits et leurs phobies, ce qu'ils tentent de noyer dans le silence, et tout ce qui se cache derrière les ratures des textes mutilés.

Tacite raconte en détail un épisode de répression survenu pendant le mandat de Tibère, peu après la mort d'Ovide en exil. L'historien Cremutius Cordus, aux idées républicaines, fut jugé à cause d'une phrase audacieuse. Il avait écrit dans son *Histoire des guerres civiles de Rome* que Brutus et Cassius, les assassins de Jules César, furent « les derniers Romains ». Accusé par ces mots de crime de lèse-majesté, il dut comparaître devant le Sénat. Il se défendit avec ardeur, mais quand il sortit de l'interrogatoire, il avait décidé de se laisser mourir de faim pour échapper à la condamnation à laquelle il fallait s'attendre de la part de l'indépendance de la justice de l'époque. Comme c'était l'usage, le procès se poursuivit malgré le léger contretemps que constituait la mort de l'accusé. Finalement, le verdict exigea que soient brûlés tous les exemplaires de son œuvre. À Rome, la tâche fut confiée aux édiles, et dans les autres villes de l'Empire, aux magistrats correspondants.

L'Histoire des guerres civiles de Rome fut sauvée de la destruction grâce au courage de Marcia, la fille de Cremutius, qui osa en cacher un unique exemplaire. Marcia connaissait la valeur des livres : c'était une grande lectrice, avec un goût particulier pour la philosophie. Sénèque lui dédia un essai où il disait que «les femmes ont le même pouvoir intellectuel que les hommes, et la même capacité pour les actions nobles et généreuses». Il admirait sans doute la jeune Marcia pour avoir pris le risque de désobéir. Bien que sa vie fût en danger chaque fois que la maison était fouillée, elle garda secrètement le dernier manuscrit de son père jusqu'à ce que le nouvel empereur, Caligula, lève l'interdiction. Après avoir obtenu sa grâce, la fille commanda de nouvelles copies de l'œuvre et la remit en circulation. Les générations suivantes lurent avec avidité cette chronique historique qui offensa tant le pouvoir. Certains fragments – les plus polémiques – sont arrivés jusqu'à nous.

Les censeurs de toutes les époques courent le danger de déclencher un effet contre-productif, et c'est le grand paradoxe : ils attirent l'attention précisément sur ce qu'ils prétendaient ensevelir. Tacite écrivit : «Ceux qui croient, avec leur pouvoir du moment, parvenir à étouffer même le souvenir de la postérité sont fous. Au contraire, l'estime pour les talents châtiés croît, et ceux qui emploient la sévérité n'obtiennent pas autre chose que leur propre déshonneur et la gloire de ceux qu'ils ont punis.» À notre époque, Internet et les réseaux sociaux attirent immédiatement l'attention sur n'importe quel message interdit par les autorités. Dès qu'on ordonne de retirer une œuvre d'art, tout le monde se met à parler d'elle. Dès qu'on condamne un rappeur pour injures, les téléchargements de ses chansons se multiplient. Dès qu'une plainte provoque la décision judiciaire de confisquer un livre, les gens se ruent pour l'acheter.

Même si la censure fait rarement disparaître les idées qu'elle persécute – et leur donne souvent des ailes –, les gouvernants possèdent une étrange fibre récidiviste. Dans l'esprit de Caligula surgit l'idée de retirer les exemplaires d'Homère des bibliothèques, suivant les conseils de Platon. Commode interdit la lecture de la biographie de Caligula écrite par Suétone, sous peine de mourir dans l'amphithéâtre déchiqueté par les fauves. Caracalla, grand admirateur d'Alexandre le Grand, considérait qu'Aristote était lié à sa mort et envisagea de brûler toutes ses œuvres. Pendant la Grande persécution de Dioclétien, au début du IVe siècle, il y eut une authentique fureur incendiaire de livres chrétiens, comparable à celle des nazis en 1934. On sait que des martyrs se sacrifièrent pour protéger leurs textes. Trois sœurs de Thessalonique, Agape, Chionie et Irène, périrent sur le bûcher pour avoir caché chez elles des livres proscrits. Et, comme elles, Philippe, Euplius, Vincent, Félix, Dativus et Ampèle furent martyrs pour avoir refusé de se séparer de leurs livres. Plus tard, quand le christianisme devint la religion officielle, des crémations de livres païens se produisirent, aussi violentes.

Tous ces efforts destructeurs eurent peu d'effet : les empereurs obtinrent des résultats en influençant les écrivains qu'ils protégeaient, mais réussirent plus rarement à faire triompher leurs interdictions, comme le prouvent les tentatives ratées de supprimer les poèmes érotiques d'Ovide ou la chronique républicaine de Cremutius Cordus. Le système de circulation des livres dans l'Antiquité – sans distributeurs ni éditeurs – était trop incontrôlable pour que la censure du pouvoir parvienne à s'imposer. Par l'entremise d'esclaves entraînés à copier des livres ou de scribes professionnels, il était facile de multiplier de manière clandestine les œuvres condamnées.

Comme le comprit Tacite, le but principal de cette pulsion persécutrice était de faire peur aux autres, aux moins courageux, à la créativité même. L'autocensure est toujours plus efficace que la censure. L'historien l'appela *inertiae dulcedo* – « la douce inertie ». Il faisait référence au conciliant renoncement à courir des risques, à la tentation intime de ne pas transgresser l'échelle de valeurs en vigueur pour éviter des conflits ou des ennuis ; à la dangereuse lâcheté qui tenaille les créateurs. Tacite fut témoin d'une époque soumise, où même les rebelles se taisaient et obéissaient. Il écrivit : « Nous avons fait preuve, sans aucun doute, d'une grande indulgence. Nous aurions perdu la mémoire en même temps que la voix si nous avions eu en notre pouvoir l'oubli autant que le silence. » Ses textes effleurent la douloureuse blessure, nous ouvrent les yeux : à toutes les époques, le domaine de la lutte est moins la censure du pouvoir que les peurs intérieures.

Voyage à l'intérieur des livres et comment les nommer

36

Jusqu'à l'invention de l'imprimerie, les livres furent des objets artisanaux, c'est-à-dire à la fabrication laborieuse, uniques et incontrôlables. Copiés un par un, à la demande, très souvent au domicile du lecteur lui-même, par ses esclaves personnels, comment aurait-on pu ordonner l'arrêt de leur diffusion ?

Les livres électroniques d'aujourd'hui sont l'antithèse de ces manuscrits anciens : des objets bon marché, éthérés, légers, faciles à multiplier à l'infini, placidement hébergés par des serveurs et des unités de stockage dans des centres de données partout dans le monde ; mais strictement contrôlés. En 2009, dans une absurde tentative de censure, Amazon supprima discrètement des Kindle de ses clients le roman *1984* de George Orwell, prétextant un soi-disant conflit de droits d'auteur. Des milliers de lecteurs dénoncèrent la disparition soudaine du livre de leurs appareils, sans avertissement préalable. Un étudiant de Détroit qui préparait un travail universitaire porta plainte car, en plus du texte, il avait perdu toutes ses notes de lecture. Amazon avait-elle conscience du symbolisme littéraire implicite ? Dans *1984*, les censeurs du gouvernement effacent toute trace de la littérature gênante pour Big Brother, qu'ils jettent dans un incinérateur appelé « le trou de mémoire ».

Sur Internet, les commentaires dénonçant la disparition des éditions numériques de plusieurs titres abondent sur les forums. En réalité, quand on choisit l'option « Acheter maintenant » pour ajouter un nouveau livre au format PDF à notre compte, on n'acquiert rien de tangible. On n'a quasiment aucun droit sur ces textes qui flottent derrière les cristaux de l'écran. Le trou de mémoire est toujours à l'affût, et il pourrait engloutir nos bibliothèques virtuelles.

Moi qui, enfant, croyais que tous les livres avaient été écrits pour moi et que le seul exemplaire au monde se trouvait dans ma maison, je cède facilement à la tentation d'idéaliser ces manuscrits uniques de l'Antiquité. En réalité, c'étaient des livres beaucoup moins agréables à lire que les nôtres. L'écriture ancienne avait l'apparence d'une forêt complexe et étouffante, où les mots s'agglutinaient sans séparation, où on ne distinguait pas les minuscules et les majuscules, et où les signes de ponctuation étaient utilisés seulement de façon erratique. Le lecteur devait faire un effort pour se frayer un chemin parmi cette épaisseur de lettres, haletant, hésitant et revenant en arrière pour être sûr de ne pas se perdre. Pourquoi les Anciens ne laissaient-ils pas respirer le texte ? En partie, pour rentabiliser au maximum le papyrus ou le parchemin, matériaux précieux. Par ailleurs, les premiers livres étaient destinés à des personnes qui lisaient à voix haute, dénouant avec l'ouïe ce qui pour la vue était une succession ininterrompue de signes. Enfin, les aristocrates, fiers de leur supériorité culturelle, n'avaient aucun intérêt à faciliter la tâche aux lecteurs parvenus – avec un plus petit accès à l'éducation – et à les voir débarquer dans leur chasse gardée exclusive de livres.

Les progrès vers la simplification de la lecture furent lents, indécis, graduels. Les érudits de la Bibliothèque d'Alexandrie inventèrent un système d'accents et de ponctuation. On attribue celui-ci au bibliothécaire à la mémoire prodigieuse, Aristophane de Byzance. Quand les mots n'étaient pas séparés, quelques accents placés ici et là – comme des panneaux de

gothique émergent de la bouche des personnages de petits rubans avec les phrases prononcées, antécédents des bulles de nos bandes dessinées. Au-delà du texte, les miniatures apparurent pour revitaliser l'appétit humain pour le merveilleux. Réalistes ou fantastiques, puisées dans la nature ou dans les rêveries de l'imagination, ces illustrations montrent comment peuvent naître et triompher de nouvelles formes artistiques en partant d'endroits marginaux. La bande dessinée, héritière de cet élégant passé graphique, a conservé des traits qui nous rappellent quelles sont ses origines. Les personnages des albums d'aujourd'hui, comme les êtres qui habitaient l'espace des lointains manuscrits, appartiennent souvent à des mondes frontaliers, étranges, hypnotiques, déformés. Et, comme eux, ils réclament notre regard, luttant pour ne pas demeurer sur le bas-côté.

Le grand changement dans la cartographie intérieure des livres survint avec la page imprimée, qui prétendait faciliter une lecture rapide au moyen d'une structure limpide. Le texte, jusque-là ramassé en blocs compacts, commença à être divisé en paragraphes. Les titres, les chapitres et la pagination servaient de boussole pour s'orienter dans la lecture. Comme l'imprimerie produisait des exemplaires identiques dans toute l'édition, un nouvel appareil critique se développa : tables des matières avec références des pages, notes de bas de pages et conventions pérennes sur la ponctuation. Les livres imprimés devinrent de plus en plus faciles à lire et, par conséquent, plus agréables. Grâce aux tables des matières, les lecteurs possédaient un plan de l'intérieur des ouvrages. Ils pouvaient pénétrer en eux et naviguer de plus en plus librement. Au fil des siècles, les jungles touffues de lettres dans lesquelles on avançait en suant, machette à la main, se transformèrent en jardins bien taillés de mots pour promeneurs paisibles.

37

Si un livre est un voyage, le titre sera la boussole et l'astrolabe de ceux qui s'aventurent sur ses chemins. Cependant, il ne fut pas toujours là pour orienter les voyageurs. Les premiers récits, les plus anciens, arrivèrent au monde sans titre ni nom. Nos ancêtres auraient dit, par exemple : mère, raconte-moi l'histoire de la petite fille qui mit une montagne dans son panier. Ou encore : Veux-tu écouter l'histoire de l'oiseau qui volait les rêves ?

Il est certain qu'à l'époque primitive des poèmes et des contes écrits, il n'y eut pas de forme unique pour les nommer. Les listes de livres des premières bibliothèques de l'Histoire, dans l'Orient ancien, mentionnent les œuvres par leur sujet. « Pour prier le Dieu-Tempête », lit-on sur une tablette d'argile trouvée à Hattousa. L'entrée suivante de la liste dit : « Sur la purification d'un assassinat. » Toutefois, la méthode la plus habituelle fut d'utiliser les premiers mots du texte : *Enûma Elish* (en akkadien : « Lorsqu'en haut… »). Comme les très vieux catalogues d'argile, les *Pinakes* de la Bibliothèque d'Alexandrie proposaient aussi des listes d'œuvres identifiées par leur première phrase. Dans la Rome du Ier siècle, on trouve encore des formes fluctuantes pour nommer les livres. Parfois, on appelle l'*Odyssée* « Ulysse », avec vingt siècles d'avance sur Joyce. Martial nomme l'*Énéide* « *Arma virumque* », et Ovide, « Énée fugitif ». Bien que quasiment disparues, ces formules anciennes survivent dans certains bastions : les premiers mots du texte constituent toujours le titre latin des encycliques papales.

Ménin áeide theá. Il est beau, ce vieil usage de nommer les histoires par le début comme si, sans le vouloir, entraîné par leur charme, on commençait déjà à les raconter. Italo Calvino réutilisa cet ancien procédé pour intituler un de ses romans les plus fascinants : *Si par une nuit d'hiver un voyageur*.

Les premiers titres fixes, uniques et inamovibles appartinrent aux pièces de théâtre. Les dramaturges athéniens furent pionniers pour nommer leurs œuvres, avec lesquelles ils participaient aux concours tragiques. Ils devaient éviter toute confusion au moment où elles étaient annoncées, débattues ou déclarées victorieuses. *Prométhée enchaîné*, *Œdipe Roi* ou *Les Troyennes* n'eurent jamais d'autre nom. La prose, en revanche, tarda davantage à acquérir des titres et, quand elle en eut, ils furent souvent purement descriptifs : *Histoire de la guerre du Péloponnèse*, *Métaphysique*, *La Guerre des Gaules*, *De l'orateur*.

En général, les noms que les Grecs et les Romains donnèrent à leurs œuvres littéraires sont concis, simples, dépourvus d'ambition. Ils paraissent monotones, sans originalité, administratifs. Ils remplissent une fonction d'identification, essentiellement. Presque sans exception, ils ont recours à des noms propres ou communs, sans conjonctions ni verbes – rien de comparable à *L'Homme qu'on appelait Jeudi. Un cauchemar*, de Chesterton, ou *Tandis que j'agonise*, de Faulkner. Les substantifs et les adjectifs n'ont pas de grande densité expressive, et ils manquent de qualités poétiques – on est très loin de *Wide Sargasso Sea*, de Jean Rhys, ou d'*Histoire universelle de l'infamie*, de Borges. Cependant, quelques titres mystérieux et étincelants dans leur simplicité nous sont parvenus, comme *Les Travaux et les Jours*, d'Hésiode – qu'Alejandra Pizarnik transforma en *Les Travaux et les Nuits*, titre d'un de ses recueils de poèmes ; *Vies parallèles*, de Plutarque ; *L'Art d'aimer*, d'Ovide – qu'Erich Fromm reprit tel quel ; ou *La Cité de Dieu* de saint Augustin – qui est aussi le titre du film effréné de Fernando Meirelles sur les favelas de Rio de Janeiro.

Au temps des rouleaux de papyrus, l'endroit préféré pour noter le titre et le nom de l'auteur était la fin du texte, la partie la mieux protégée du livre enroulé – le début, à l'extérieur du cylindre, souffrait particulièrement de détérioration, et se cassait souvent. Ce fut au format codex que le titre conquit la première place, le visage des livres – et s'empara également du dos. Saint Augustin laisse clairement entendre qu'au IVe siècle il était devenu habituel de chercher cette information « sur la page liminaire », c'est-à-dire au début, au seuil du récit. Aujourd'hui, c'est ce qu'on lit en premier quand le livre est encore une inconnue, et on attend qu'en moins de dix lignes il définisse son univers. Si le charme opère, on prendra le livre dans nos mains et on voudra en savoir plus.

Mais jusqu'au XIXe siècle, les titres ne développèrent pas leur propre poésie et leurs appâts. Ce fut seulement quand les journaux, le marché, la concurrence et, par conséquent, la nécessité d'attirer l'attention du lecteur, s'amplifièrent que les écrivains s'employèrent à séduire dès la couverture même de leurs livres. Depuis cette date ont émergé sans nul doute les plus beaux titres, les plus audacieux. J'esquisse ici un catalogue incomplet et réfutable.

Pour la densité poétique : *Le cœur est un chasseur solitaire*, de Carson McCullers ; *À la recherche du temps perdu*, de Marcel Proust ; *Tendre est la nuit*, de Francis Scott Fitzgerald ; *Cent ans de solitude*, de Gabriel García Márquez ; *Demain dans la bataille pense à moi*, de Javier Marías ; *Le Général de l'armée morte*, d'Ismaïl Kadaré.

Pour l'ironie : *Œuvres complètes (et autres contes)*, d'Augusto Monterroso ; *La Conjuration des imbéciles*, de John Kennedy Toole ; *La Vie mode d'emploi*, de Georges Perec ; *Mala noche y parir hembra*, d'Angélica Gorodischer ; *Tais-toi, je t'en prie*, de Raymond Carver.

Pour le malaise : *Arrachez les bourgeons, tirez sur les enfants*, de Kenzaburō Ōe ; *The Virgin Suicides*, de Jeffrey Eugenides ; *La mort viendra et elle aura tes yeux*, de Cesare Pavese ; *Ne tirez pas sur l'oiseau moqueur*, d'Harper Lee ; *Los suicidas del fin del mundo*, de Leila Guerriero ; *Perra mentirosa*, de Marta Sanz.

Pour l'inattendu et le mystère : *À la hauteur de Grand Central Station je me suis assise et j'ai pleuré*, d'Elizabeth Smart ; *Un tramway nommé désir*, de Tennessee Williams ; *Tous nos hiers*, de Natalia Ginzburg ; *Le bruit des choses qui tombent*, de Juan Gabriel Vásquez ; *Les androïdes rêvent-ils de moutons électriques ?* de Philip K. Dick.

Pour l'art du secret : *Debí decir te amo*, de Juan Gelman ; *Paradis inhabité*, d'Ana María Matute ; *Cerrado por melancolía*, d'Isidoro Blaisten ; *Le Temps de l'innocence*, d'Edith Wharton ; *Les Jeux tardifs de l'âge mûr,* de Luis Landero ; *L'idée ridicule de ne plus jamais te revoir*, de Rosa Montero.

La façon dont surgit un bon titre est un mystère. Parfois, c'est le premier qui se manifeste – « au commencement était le verbe » –, et tout le livre se déploie comme un *big bang* verbal à partir de cette explosion diaphane. Parfois, il se fait attendre et martyrise l'écrivain pendant un long périple d'indécision, ou bien il apparaît là où on l'attendait le moins, dans une phrase entendue quelque part ; ou encore c'est un tiers, inspiré, qui le propose. Il existe plusieurs anecdotes célèbres sur des livres auxquels leurs auteurs voulaient donner un titre plat ou impossible, et qui, grâce à d'autres personnes – amis écrivains, éditeurs, agents – trouvèrent la voie vers le bon titre. Tolstoï souhaitait appeler *Guerre et Paix Tout est bien qui finit bien* ; Baudelaire songea aux *Lesbiennes* pour le recueil qui deviendrait *Les Fleurs du mal* ; Onetti proposa *La Grande Maison* mais on lui suggéra *Quand plus rien n'aura d'importance* ; Bolaño désirait comme titre *La Tempête de merde*, mais on le prévint que ce n'était pas une grande idée et il le remplaça finalement par *Nocturne du Chili*. À quelques rares occasions, une traduction libre trouve le titre parfait que l'auteur lui-même n'avait pas su dénicher. *The Searchers* est un titre bien fade pour le roman dont l'adaptation de John Ford deviendrait un classique du cinéma. En Espagne, il sortit en salles sous le titre merveilleux de *Centaures du désert* (en France, *La Prisonnière du désert*). Leila Guerriero écrit que quand se produit la révélation du titre exact, on ressent quelque chose de semblable au bonheur, car le titre d'un livre n'est pas une suite de mots ingénieux, mais « une étamine soudée au cœur d'une histoire dont elle ne pourra plus se séparer ».

Après une longue traversée dans l'indifférence des siècles, les titres se sont transformés en minuscules poèmes ; baromètres, hublots, œilletons, panneaux lumineux, publicités aux néons ; clé musicale qui définit la partition à venir ; miroir de poche, seuil, phare dans la brume, pressentiment, vent qui fait tourner les pales.

Qu'est-ce qu'un classique ?

38

L'artiste moderne a l'obligation d'être original ; il doit proposer quelque chose de nouveau, d'inédit. Plus iconoclaste paraîtra son œuvre par rapport à la tradition et aux normes, meilleures seront les critiques. Chaque créateur tente d'être rebelle à sa manière – comme tous les autres. Nous continuons d'être fidèles à un ensemble d'idées romantiques : la liberté est l'oxygène des véritables artistes, et la littérature qui nous importe est celle qui invente ses propres mondes, un langage libéré des conventions et des modes inexplorés de narration.

Ce n'était pas le cas chez les Romains. Ils désiraient

une littérature la plus semblable possible à la littérature grecque. Pour cette raison, ils adoptèrent les formes métriques des Grecs, qui ne correspondaient pas bien à leur langue, ce qui, au début, conféra à leurs poèmes un côté artificiel et postiche. Ils construisirent des bibliothèques doubles – comme des tours jumelles – pour souligner la fraternité. Ils crurent qu'ils pourraient dépasser les meilleurs auteurs s'ils les imitaient sans dissimulation. Ils assumèrent volontairement un gros nombre de contraintes et de modèles importés. Et, le plus étonnant, c'est que malgré des règles aussi rigides, cette littérature schizophrène donna naissance à certaines œuvres merveilleuses.

L'émulation obsessionnelle s'exprime dans les critiques littéraires d'un personnage intéressant : Quintilien. Il était né à Calagurris Nassica Iulia – j'aime la sonorité du nom –, aujourd'hui Calahorra, à 120 kilomètres à peine de l'endroit où j'écris. En 35, venir au monde dans un coin reculé de l'empire n'était pas un inconvénient pour réussir : quand on appartenait à une famille riche, la géographie ne faisait pas le destin. Quintilien connut rapidement le succès professionnel. Avocat et professeur d'éloquence, il fut le premier titulaire d'une chaire d'Histoire dont le salaire était pris en charge par l'État. L'empereur Vespasien lui accorda cet honneur sans précédent, et Domitien le choisit pour éduquer ses petits-neveux. Il adula ouvertement les deux empereurs qui lui donnèrent du travail. En ces temps-là, les éloges étaient le langage protocolaire de palais, et il s'avérait très difficile de s'élever sans tomber dans le servilisme. Quintilien, en tout cas, aimait la compagnie des puissants. C'était un conservateur tranquille, adulé, satisfait de lui. Dans sa maturité seulement, les malheurs personnels le frappèrent. Après avoir perdu sa très jeune épouse – âgée de 19 ans – et ses deux enfants, il écrivit : « J'ignore quelle envie secrète coupe le fil de nos espérances. » Les douze livres de l'*Institution oratoire*, le manuel pédagogique dans lequel il condensa toute son expérience d'éducateur, délivrent des messages pionniers. À une époque où on pratiquait systématiquement le châtiment corporel, Quintilien refusait les punitions violentes dans l'éducation. Il pensait que les compliments étaient plus efficaces que la brutalité ainsi que l'amour pour le maître, qui se transforme peu à peu en amour pour l'enseignement. Il ne croyait pas à la valeur universelle des préceptes, il préférait adapter ses méthodes aux circonstances et aux capacités individuelles. Il affirma que le but de la pédagogie est de laisser les élèves trouver par eux-mêmes les réponses et de rendre le maître superflu. Il fut un des premiers défenseurs de l'éducation continue. Il encourageait les professionnels du discours à lire tout ce qu'ils pouvaient après avoir terminé leurs études, conscient que la lecture aide à mieux parler. Et, pour les guider sur les chemins de la littérature, il rédigea deux listes parallèles des meilleurs écrivains de Grèce et de Rome (trente et un pour les premiers, trente-neuf pour les seconds).

Dans les listes de Quintilien, la compétition devient obsessionnelle. Il tente d'établir une symétrie parfaite : chaque auteur grec devait avoir un jumeau latin à sa hauteur. Virgile était le Homère romain. Cicéron était le Démosthène et le Platon romain – qui a dit qu'un Romain ne pouvait pas valoir deux Grecs ? Tite-Live était Hérodote ressuscité, et Salluste le nouveau Thucydide. Quand on lit ce texte, on a l'impression que l'orgueil national avait besoin de cloner un par un les grands écrivains grecs. Une étrange expérimentation d'imitation programmée était en marche. On comprend ainsi la nécessité patriotique de l'*Énéide* avant même que l'œuvre ne soit écrite. On explique aussi le succès des *Vies parallèles* que le rusé Plutarque écrivit avec le *leitmotiv* de coupler les grands personnages de Grèce et de Rome : Thésée et Romulus ; Alexandre et Jules César, et ainsi de suite.

L'esprit d'émulation, d'ambition et de compétition correspondait à la mentalité des élites de la société romaine. Mais la concurrence effrénée dut être épuisante pour les créateurs. Je suppose que si certains écrivains étaient stimulés par le défi, d'autres étaient opprimés par le poids de la tradition. Les comparaisons étaient constantes, jusqu'à l'asphyxie. Les poètes et les narrateurs travaillaient toujours dans l'ombre d'un complexe d'infériorité collectif.

Paradoxalement, les Romains furent originaux malgré tout. Ils créèrent un métissage sans précédent. Pour la première fois, une civilisation adopta une littérature étrangère, la lut, la conserva, la traduisit, veilla sur elle et l'aima au-delà des barrières chauvinistes. À Rome se noua un fil qui nous relie encore au passé et aux autres cultures, langues, horizons. Dessus, comme des funambules, marchent d'un siècle à l'autre les idées, les découvertes de la science, les mythes, les pensées, les sentiments, en plus des erreurs (qui inspirent aussi). Certains glissent et tombent ; d'autres réussissent à garder l'équilibre (ces derniers sont les classiques). Ce lien, cette transmission ininterrompue, cette conversation infinie, qui perdure, est un prodige.

La passion nostalgique, le douloureux complexe des Romains, leur souveraineté militaire, leur envie et leurs appropriations sont des phénomènes fascinants. Parce que cet amour exigeant, construit avec désir et fureur, tissé de chutes diverses, ouvrit la voie au futur que nous sommes.

39

Jusqu'à très récemment, seuls se consacraient à la littérature les riches ou les personnes qui leur tournaient autour, dans l'attente de commandes de leur part ou à l'affût de leur argent. Comme le dit Steven Pinker, ce sont moins les vainqueurs qui écrivent l'Histoire que les gens fortunés, cette petite fraction de l'humanité qui dispose du temps, du loisir et de l'éducation nécessaires pour se permettre de réfléchir. On a tendance à oublier la misère des autres époques en partie parce que la littérature, la poésie et les légendes célèbrent ceux qui vécurent bien et oublient ceux qui se noyèrent dans le silence de la pauvreté. Les périodes de pénurie et de faim ont été mythifiées et sont même évoquées comme des âges dorés à la simplicité pastorale. C'est loin d'être vrai.

Quelle est l'origine des classiques littéraires, des écrivains les plus admirés et de leurs œuvres emblématiques ? On ne sera pas surpris d'apprendre que le mot même, « classique », vient du vocabulaire de la richesse et de la propriété. Au départ, il n'avait pas le moindre lien avec la création ou l'art. Le sujet était sérieux ; les broutilles seraient pour plus tard. *Classici* est issu de la terminologie spécifique du recensement. Les Romains appelaient *classis* la classe sociale la plus riche de la société, par opposition avec tous les autres citoyens, dénommés sans détours *infra classem*. Le recensement avait une énorme importance dans la Rome antique car il définissait les droits et les devoirs de chaque citoyen et servait à armer les légions. Le nombre de biens – ou, dans la plupart des cas, leur pénurie – décidait de la place que chaque individu occupait dans la société.

Selon une tradition ancienne, le recensement avait été créé par le roi légendaire Servius Tullius, et devait être effectué tous les cinq ans. À la fin, on célébrait une cérémonie de purification où on demandait aux dieux des bénédictions pour le cadastre et contre les catastrophes. Le rituel s'appelait *lustrum*, et c'est pour cette raison qu'on appelle « lustres » les périodes de cinq ans. Chaque chef de famille devait obligatoirement participer et déclarer sous serment ses biens ainsi que le nombre de membres de sa famille, c'est-à-dire ses enfants et ses esclaves, avec leur valeur correspondante. Ces données déterminaient ceux qui participaient aux assemblées et ceux qui n'avaient pas le droit de le faire. Ceux qui n'avaient pas de biens étaient les prolétaires, puisque leur unique possession était leurs descendants (*prole*). Ils n'étaient pas appelés sous les drapeaux, sauf situations d'extrême urgence, et ils étaient exemptés d'impôts. En contrepartie, ils ne participaient pas à la prise de décisions politiques par le vote. Ceux qui déclaraient des biens étaient les *adsidui*, aptes au service militaire et membres des assemblées. En fonction de leurs propriétés, ils entraient dans une des six classes censitaires. Le système était limpide. Les riches payaient des impôts et, en compensation, influaient en politique. Les pauvres, en revanche, ne contribuaient à rien et ne comptaient pour rien.

L'avocat et écrivain Aulu-Gelle précise que ceux qu'on appelait « classiques » étaient *la crème de la crème* économique, les grandes fortunes, le sang bleu républicain, les riches jusqu'à l'extravagance, qui monopolisaient la première classe. Le mot arriva à la littérature comme métaphore. Avec un jargon qui transférait dans l'art l'obsession de faire du commerce, certains critiques décidèrent qu'il y avait des auteurs de première classe, c'est-à-dire fiables et solvables, auxquels on pouvait prêter (attention), et dans lesquels il était conseillé d'investir (du temps). À l'autre extrémité de la hiérarchie, il y avait les écrivains « prolétaires », les pauvres gribouilleurs de papyrus, sans patrimoine ni mécènes. On ne sait pas si le terme « classique » finit par avoir un usage habituel : il apparaît dans à peine quelques textes latins conservés. Le véritable succès du mot survint quand plusieurs humanistes le récupérèrent à partir de 1496 et quand, ensuite, il s'étendit dans toutes les langues romanes. Pendant des siècles, on continua de l'employer et son usage s'est extrapolé dans d'autres domaines. Il ne s'applique plus seulement à la littérature, ni même uniquement à la création ; pour beaucoup de gens, le terme « classico » appartient au vocabulaire footballistique.

Parler de « classiques », c'est vrai, implique d'avoir recours à une terminologie d'origine classiste, comme son propre nom l'indique. Le concept nous arrive d'une époque qui portait un regard condescendant sur le monde, imprégnée par d'arrogantes notions de privilège, comme presque toutes les époques, d'une certaine façon. Cependant, il y a quelque chose d'émouvant dans le fait de considérer les mots comme une forme – même métaphorique – de richesse, face à la souveraineté toujours dévastatrice de la propriété immobilière et de l'argent.

De même que les lignées des riches, les classiques ne sont pas des livres isolés, mais des cartes et des constellations. Italo Calvino écrivit qu'un classique est un livre qui est là avant d'autres classiques ; mais celui qui a lu d'abord les autres, puis lit celui-là, reconnaît aussitôt sa place dans la généalogie. Grâce à eux, on découvre des origines, des relations, des dépendances. Les uns se cachent dans les plis des autres : Homère fait partie de la génétique de Joyce et d'Eugenides ; le mythe platonicien de la caverne revient dans *Alice au pays des merveilles* et dans *Matrix* ; le docteur Frankenstein de Mary Shelley fut imaginé comme un Prométhée moderne ; le vieil Œdipe se réincarne dans le malheureux roi Lear ; l'histoire d'Éros et Psyché dans *La Belle et la Bête ;* Héraclite dans Borges ; Sappho dans Leopardi ; Gilgamesh dans *Superman* ; Lucien dans Cervantès et dans *Star Wars* ; Sénèque dans Montaigne ; les *Métamorphoses* d'Ovide dans *Orlando*, de Virginia Woolf ; Lucrèce dans Giordano Bruno et Marx ; et Hérodote dans *Cité de verre*, de Paul Auster. Pindare chante : « L'homme est le rêve d'une ombre. » Shakespeare le reformule : « Nous sommes de l'étoffe dont les rêves sont faits, et notre petite vie est entourée de sommeil. » Calderón écrit *La vie est un songe*. Schopenhauer entre dans le dialogue : « La vie et les rêves sont les pages d'un livre unique. » Le fil des mots et des métaphores traverse le temps, mettant en pelotes les époques.

Le problème, pour certains, c'est l'accès aux classiques. Intégrés dans les programmes scolaires et universitaires, ils sont devenus des lectures obligatoires. On court le risque de les percevoir comme des contraintes repoussantes. Dans *The Disappearance of Literature*, Mark Twain proposait une définition ironique : « Un classique est quelque chose que tout le monde voudrait avoir lu et que personne ne veut lire. » Pierre Bayard emprunte cette fibre humoristique pour son essai *Comment parler des livres que l'on n'a pas lus ?*, où il analyse les ressorts qui nous poussent à l'hypocrisie lectrice. À cause de la peur enfantine de décevoir, pour ne pas être exclus d'une conversation, bluffant lors d'un examen, on affirme que oui, presque sans nous rendre compte du mensonge, on a lu ce livre qu'on n'a jamais eu entre nos mains. Jeunes amoureux, dit Bayard, on feint sans doute d'avoir lu les livres qu'aime l'autre personne pour se rapprocher d'elle. Quand on ment, on ne peut plus revenir en arrière ; on est obligé de parler de certains textes sans les connaître, à tâtons, selon les opinions que les autres en ont. Ce type d'imposture est plus facile à soutenir quand il s'agit de classiques car, d'une certaine manière, ils nous semblent familiers. S'ils ne sont pas entrés dans nos vies d'une façon ou d'une autre, ils sont là comme un bruit de fond, une présence atmosphérique. Ils font partie de la bibliothèque collective.

Quand on a les bonnes coordonnées, on arrive toujours à s'y retrouver.

Mais revenons à Italo Calvino. Selon lui, plus on croit connaître par ouï-dire les livres classiques, plus ils nous paraissent nouveaux, inattendus, inédits quand on les lit pour de vrai. Ils n'arrêtent jamais de dire ce qu'ils ont à dire. Naturellement, cela se produit quand ils touchent et inspirent ceux qui les lisent. Ce ne sont pas les lecteurs contraints qui ont protégé ces textes comme des talismans pendant les longues époques de danger, mais les amoureux.

Les classiques sont de grands survivants. Dans le langage ultracontemporain des réseaux sociaux, on pourrait dire que leur pouvoir – leur richesse, en termes de recensement – se mesure au nombre de leurs *followers*. Ce sont des livres qui continuent d'attirer de nouveaux lecteurs, cent, deux cents, deux mille ans après avoir été écrits. Ils esquivent les changements de goût, de mentalités, d'idées politiques ; les révolutions, les cycles, la désaffection des nouvelles générations. Et au cours de ce chemin, où il serait si facile de se perdre, ils réussissent à accéder à l'univers d'autres auteurs, qu'ils influencent. Ils continuent d'être joués sur les scènes du monde entier, sont adaptés au langage du cinéma et diffusés à la télévision, se sont même débarrassés de la reliure et de l'encre pour apparaître sur Internet. Chaque nouvelle forme d'expression – la publicité, le manga, le rap, les jeux vidéo – les adopte et les abrite.

Il y a une grande histoire quasiment ignorée derrière la survie des classiques les plus anciens, celle de toutes les personnes anonymes qui parvinrent à conserver, par passion, un fragile héritage de mots, celle de leur mystérieuse loyauté à ces livres. Alors que les textes, y compris les langues des premières civilisations qui inventèrent l'écriture dans le Croissant fertile – Mésopotamie et Égypte – tombèrent dans l'oubli au fil des siècles et, dans le meilleur des cas, furent redéchiffrés bien longtemps plus tard, l'*Iliade* et l'*Odyssée* n'ont jamais cessé d'avoir des lecteurs. En Grèce commença une chaîne de transmission et de traduction qui ne s'est jamais brisée et a réussi à entretenir la possibilité de se souvenir et de converser à travers le temps, la distance et les frontières. Nous, lecteurs d'aujourd'hui, nous pouvons nous sentir seuls, au milieu de la frénésie, quand nous cultivons nos lents rituels. Mais nous avons derrière nous une longue généalogie et nous ne devrions pas oublier que, sans nous connaître, nous avons participé, entre autres, à un fantastique sauvetage.

40

Toute innovation n'en vaut pas forcément la peine : les armes chimiques sont une invention plus récente que la démocratie. Les traditions ne sont pas toujours conventionnelles, rigides et ennuyeuses. Les rébellions d'aujourd'hui s'inspirent de courants du passé, comme le mouvement abolitionniste ou suffragiste. Un héritage peut être révolutionnaire, comme il peut s'avérer également rétrograde. Les classiques furent parfois profondément critiques, envers leur monde et envers le nôtre. Nous n'avons pas assez progressé pour faire abstraction de leurs réflexions sur la corruption, le militarisme ou l'injustice.

En 415 av. J.-C., Euripide présenta sa tragédie *Les Troyennes* pendant un festival religieux, dans un théâtre bondé. L'œuvre recréait la fin de la guerre de Troie – le mythe fondateur des Grecs, la grande victoire patriotique de leurs ancêtres. L'immense majorité des Athéniens qui attendaient dans les gradins le début de la représentation en mangeant du pain, du fromage et des olives étaient aussi fiers des exploits d'Achille à Troie que nous le sommes d'avoir vaincu le nazisme pendant la Seconde Guerre mondiale. Mais s'ils attendaient un Spielberg attique flattant leur orgueil d'être du bon côté de l'Histoire, comme dans *La Liste de Schindler*, la déception eut des dimensions épiques. Euripide déploya sous leurs yeux un massacre féroce, un déchaînement de destruction vengeresse, de viols collectifs, l'assassinat de sang-froid d'un enfant jeté dans le vide du haut des remparts, les horreurs de la guerre s'abattant sur les femmes vaincues…

Ce qu'entendirent les Athéniens, cette après-midi convulsive du Ve siècle av. J.-C., ce fut la rage et le désespoir des mères du camp ennemi, qui les accusaient de cruauté. À la fin, l'ancienne reine Hécube, éclairée par un incendie apocalyptique, dénonce avec sa bouche édentée la détresse universelle des victimes («Pauvre de moi, le feu dévore déjà l'alcazar, et la ville entière, et les plus hauts remparts. La poussière et la fumée, portées par les vents, me volent mon palais. On oubliera le nom de ce lieu, comme on oublie tout. Tremble, tremble la terre quand Troie s'effondre ; membres branlants qui sont les miens, entraînez mes pieds. Nous allons vivre en esclavage. »)Inutile de dire qu'Euripide ne gagna pas le prix du festival de théâtre cette année-là. En temps de guerre – le monde antique était en guerre permanente –, dans une production financée par de l'argent public, il osa prendre parti pour les femmes face aux hommes, pour les ennemis face à ses compatriotes, pour les perdantes face aux vainqueurs. Il ne remporta pas le prix, mais après chaque grand conflit européen – récemment, en l'honneur des veuves et des mères de Sarajevo –, cette pièce a été représentée, et Hécube l'édentée a repris la parole, depuis les tranchées et les décombres encore fumants, au nom des victimes de guerre, avant qu'on commence à oublier.

L'image sacrée et intouchable des classiques nous empêche d'imaginer que certains d'entre eux soulevèrent de nombreuses questions et que leurs œuvres provoquèrent de terribles émeutes. Un des personnages les plus polémiques fut le multimillionnaire Sénèque. Investisseur rusé, il organisa ce qu'on appellerait aujourd'hui une banque de crédits et s'enrichit grâce à des intérêts exorbitants. Il acheta des propriétés en Égypte, alors paradis de l'investissement immobilier. Il fit fructifier son patrimoine et, à travers ses loyers et ses réseaux de contacts, il réussit à amasser une des plus grosses fortunes du siècle, plus du dixième de la collecte annuelle des impôts de tout l'Empire romain. Il aurait pu se consacrer au luxe, à exhiber sa richesse dans d'immenses et onéreuses villas aux milliers de tuiles – à Rome, la taille des habitations ne se mesurait pas aux mètres carrés au sol, mais au nombre de tuiles qui protégeaient la tête du propriétaire –, à collectionner des antiquités, des esclaves et des trophées de chasse. Mais il était passionné de philosophie, de philosophie stoïcienne, pour comble de l'ironie. Il développa ses idées dans des pages débordantes de conviction, affirmant qu'un homme est riche quand ses nécessités sont sobres. Ses contemporains n'avaient pas besoin des listes du magazine *Forbes* pour savoir que sa fortune atteignait des niveaux extravagants. Il était très tentant de faire des plaisanteries et de ne pas prendre au sérieux toutes ces apologies de l'indifférence, de la frugalité et des avantages qu'il y a à se contenter de pain brut. Sénèque fut sans cesse moqué de défendre son credo de parcimonie et de philanthropie tandis qu'il administrait ses affaires avec des méthodes de capitaliste effréné. Il est difficile de savoir à quoi s'en tenir à propos de ce personnage ambivalent, banquier et philosophe, qui ne réussit jamais à résoudre la contradiction entre sa pensée et sa vie. Cependant, certains de ses textes, qui lui valurent tant de railleries de son vivant, nous défient encore aujourd'hui. Un extrait des *Lettres à Lucilius* marque un point de non-retour dans l'histoire du pacifisme occidental : « Nous châtions les homicides individuels, mais que dire des guerres et du glorieux délit qui consiste à raser des peuples entiers ? Nous faisons l'éloge de faits qui seraient passibles de la peine de mort parce que celui qui les commet porte des insignes de général. L'autorité publique ordonne ce qui est interdit aux particuliers, la violence est appliquée par des décisions du Sénat et des décrets de la plèbe. L'être humain, le plus doux des animaux, n'a pas honte de faire la guerre et de recommander à ses enfants le contraire. » Ces textes sont vieux de plusieurs siècles, mais ils recréent le monde qui nous entoure avec une véracité étonnante. Comment est-ce possible ? Parce que, depuis la Grèce et Rome, on ne cesse de recycler nos signes, nos idées, nos révolutions. Les trois philosophes du soupçon – Nietzsche pour la métaphysique, Freud pour l'éthique et Marx pour la politique – partirent de l'étude des Anciens pour effectuer le tour de la modernité. Même la création la plus innovante contient, entre autres, des fragments et des spoliations d'idées antérieures. Les classiques sont ces livres qui, comme les vieux rockers toujours en activité, vieillissent sur scène et s'adaptent à de nouveaux types de public. Les fans vident leurs poches pour assister à leurs concerts, les irrévérencieux les parodient, mais nul ne les ignore. Cela prouve que le nouveau entretient avec l'ancien une relation plus complexe et créative qu'il n'y paraît à première vue. Comme l'écrivit Hannah Arendt, « Le passé ne mène pas en arrière mais pousse vers l'avant et, contre toute attente, c'est le futur qui nous conduit vers le passé. »

Canon : histoire d'un roseau

41

Cette histoire commence dans les roselières d'un fleuve qui brille au soleil, sous des latitudes orientales quasiment sans arbre. L'eau lèche les berges humides, où nait une végétation touffue, les grillons chantent avec obstination et le vol bleu des demoiselles scintille. À l'aube, un chasseur qui guette ses proies près du rivage entend les faibles clapotis de l'eau et le craquement des roseaux bercés par la brise.

Dans un tel lieu poussent, droites comme des cyprès, les tiges des roseaux orientaux (*Arundo donax*). Le nom de cette espèce contient une racine sémitique très ancienne (en langue assyro-babylonienne, *qanu* ; en hébreu, *qaneh* ; et en araméen, *qanja*). De cette racine étrangère vient le grec *canon*, qui signifie littéralement « droit comme un roseau ».

Qu'était un canon ? Un bâton de mesure. Les maçons et les bâtisseurs anciens nommaient de cette façon de simples baguettes de bois dont ils se servaient pour tracer des lignes droites et marquer avec précision des mesures, des proportions et des échelles. Sur l'agora, où les marchands et leurs clients se disputaient à grands cris, s'accusant mutuellement d'escroquerie, il y avait un étalon de poids et mesures sculptés dans la pierre. Quelqu'un ronchonnait : « Cette pièce de tissu ne mesure pas trois coudées ; ivrogne, face de chien, tu vas causer ma ruine ! » Et l'interpellé hurlait : « Misérable, pouilleux, tu oses, toi, m'accuser d'être un voleur ? » Grâce aux canons – aïeuls de notre mètre étalon en platine iridié –, la plupart des conflits et des marchandages de nos ancêtres grecs étaient résolus. Dans un saut vers l'abstraction, le sculpteur Polyclète intitula *Canon* son traité sur les proportions physiques idéales. Le corps humain parfait mesure sept fois la taille de la tête, affirma-t-il. Apparemment, sa sculpture *Le Doryphore* était le modèle exemplaire de ces mesures masculines désirables – il inaugura ainsi la dictature de l'image : les jeunes se tourmentaient dans le *gymnasion*, rêvant de sculpter leur corps pour ressembler à cette statue en marbre.

Notre humble roseau arriva, par l'entremise d'Aristote, sur le terrain éloigné de l'éthique. Le philosophe écrivit que la norme d'action – le canon moral – ne devait pas être les idées absolues et éternelles de Platon, mais « la façon de se comporter d'un homme honnête et complet ». Cette recette aristotélicienne pour résoudre des dilemmes de conscience me rappelle cette phrase de Cary Grant dans le film *Vacances* : « Quand j'ai un problème, je me demande : que ferait la General Motors dans ma situation ? Et je fais le contraire. » Aussi archaïque que cela puisse paraître, notre Code civil nous demande toujours d'assumer nos obligations avec la diligence « d'un bon père de famille ».

Les listes des meilleurs écrivains et des meilleures œuvres ne se sont jamais appelées canons au temps des Grecs et des Romains. Comment en sommes-nous arrivés à notre concept controversé de « canon littéraire » ? À travers le filtre chrétien. Au cours de discussions agitées sur l'authenticité des récits évangéliques, les autorités ecclésiastiques définirent le contenu du Nouveau Testament : les Évangiles de saint Marc, saint Matthieu, saint Luc et saint Jean – ces quatre-là, et pas d'autres –, les Actes des apôtres et les Épîtres. Le débat entre communautés chrétiennes qui conduisit à l'exclusion de textes considérés comme apocryphes fut long, et souvent houleux. Au IVe siècle, alors que le répertoire était quasiment établi, l'historien Eusèbe de

Césarée appela « canon ecclésiastique » la sélection de livres que les autorités déclarèrent d'inspiration divine et où les croyants pouvaient trouver un modèle de vie. Plus de mille ans plus tard, en 1768, un érudit allemand utilisa pour la première fois l'expression « canon d'écrivains » au sens actuel. Le problème, c'est que le mot était chargé de caractéristiques et de connotations. À cause de l'analogie biblique, le canon littéraire semblait se dessiner comme une hiérarchie verticale, dictée par des experts, soutenue par l'autorité d'un groupe d'élus, volontairement restreinte, permanente et intemporelle. Rien d'étonnant à ce que, depuis lors, de nombreux lecteurs passionnés, pour défendre leur liberté, aient eu la tentation, comme Cary Grant avec la General Motors, de faire – et de lire – exactement le contraire.

En réalité, beaucoup de classiques ont fini par le devenir après avoir gagné la partie contre les autorités qui tentaient de les détruire. Ainsi, par exemple, les livres d'Ovide vainquirent Auguste ; les vers de Sappho, le pape Grégoire VII. Les menaces de Platon contre les poètes n'eurent pas de conséquences, pas même là où le philosophe eut une influence politique. Caligula ne détruisit pas les poèmes d'Homère, ni Caracalla les œuvres d'Aristote. Ont survécu dans le canon des textes considérés comme hérétiques et dangereux, tel *De rerum natura*, de Lucrèce ; *Gargantua* et *Pantagruel*, de Rabelais ; ou les écrits de Sade. Les nazis ne réussirent pas à convaincre le monde qu'aucune œuvre écrite par des juifs n'avait de valeur.

Le canon littéraire a peu en commun avec le religieux. Le répertoire biblique, soutenu par la foi, prétend être immuable ; le littéraire, non. Pour ce dernier, l'image choisie par les Romains convient mieux : le recensement, un classement hiérarchique, oui, mais constamment réactualisé. S'il peut arriver à être un outil utile, c'est précisément parce que sa flexibilité lui permet d'enregistrer les modifications. Dans la culture, il n'existe pas de ruptures totales, ni de continuité absolue. Certaines œuvres sont mieux ou moins bien reçues selon les changements des contextes historiques. Les critiques des Lumières, dans leur obsession pour les œuvres didactiques et morales, étaient beaucoup moins fascinés par Shakespeare que nous. Aujourd'hui, on lit encore à peine les sermons et les discours qui furent des genres majeurs à d'autres époques. Au XVIIIe siècle, les intellectuels condamnèrent de façon assez unanime le roman, sans soupçonner son ascension au sommet du canon actuel. La littérature jeunesse a seulement été reconnue quand l'enfance a commencé à être une étape vitale, valorisée – et réinventée. Avec la montée du féminisme, les romans mettant en scène des héroïnes persécutées, comme ceux qu'écrivit au Siècle d'or María de Zayas, ont cessé d'être considérés comme des curiosités mineures et ont acquis une importance nouvelle. Comme les entreprises, certains auteurs ont le vent en poupe ou disparaissent selon les changements de sensibilité du public. Baltasar Gracián dut attendre jusqu'aux années 1990 pour que les dirigeants agressifs des États-Unis et du Japon transforment son *Art de la prudence* en un livre de chevet et best-seller international. On ne joue quasiment plus le théâtre du flamboyant prix Nobel Jacinto Benavente, alors que nous passionne celui de son contemporain, Valle-Inclán, excentrique marginal qui entretint une relation compliquée avec le public et le succès. Martial devait se défendre contre l'accusation d'écrire des poèmes trop courts, alors qu'aujourd'hui la brièveté de ses épigrammes – aux dimensions d'un tweet – joue en sa faveur. Les romans de chevalerie, qui firent fureur des siècles durant, ont été relégués dans un coin, tandis qu'on consacrait *Don Quichotte*, qui les parodie. L'humour et l'ironie ont gagné du terrain – aujourd'hui on préfère les livres ambigus à ceux qui tentent de nous endoctriner.

Au fil du temps, de nombreux canons ont cohabité, avec d'infinies ramifications partielles. À presque toutes les périodes, différents critiques s'affrontent et construisent des listes rivales. Les objecteurs ont toujours besoin d'objecter quelque chose. Chaque génération distingue le bon goût – le mien – de la vulgarité – la tienne. Chaque courant littéraire déboulonne les statues des piédestaux pour faire grimper à leur place ses favoris. À la fin, seul le temps a le dernier mot. Cicéron croyait que l'innovateur Catulle était un jeune vaniteux sans une once de talent, et Catulle détestait Jules César. Pourtant, tous trois finirent ensemble dans le canon romain. Emily Dickinson publia à peine sept poèmes de son vivant, et ses éditeurs considérèrent qu'il était nécessaire de corriger sa syntaxe et sa ponctuation. André Gide refusa le manuscrit de Proust chez Gallimard. Borges publia dans la revue *Sur* une critique dévastatrice de *Citizen Kane*, qu'il renierait par la suite.

Comme toutes les taxonomies, les canons en disent

long sur ceux qui les formulent, et sur leur époque. Ainsi, les noms choisis contiennent des préjugés, des aspirations, des sentiments, des angles morts, des structures de pouvoir et de l'estime de soi. L'étude des œuvres classiques qui à un moment ont cessé de l'être, ces œuvres qui sont réapparues après avoir été mises à l'écart, et celles qui ont maintenu de manière ininterrompue leur influence, c'est-à-dire l'histoire des métamorphoses du canon à travers les siècles, offre une perspective fascinante de notre vie culturelle. Reconnaître que nos jugements, aspirant à l'éternité, se produisent dans un contexte variable est une avancée dans la compréhension historique, qui consiste, selon J. M. Coetzee, à envisager le passé comme une force qui modèle le présent. « Que reste-t-il du classique, s'il reste quelque chose après qu'il a été historicisé, qui peut encore nous parler à travers les époques ? », se demande l'écrivain sud-africain. Le classique dépasse les limites temporelles, conserve une signification pour les époques futures, vit. Il ressort indemne de sa mise à l'épreuve jour après jour. Bien que traversant des périodes obscures, sa continuité n'est pas brisée. Il survit aux bouleversements historiques, y compris au baiser de la mort de sa consécration par des fascismes ou des dictatures. Les films de propagande d'Eisenstein pour les communistes soviétiques, ou ceux de Leni Riefenstahl pour les nazis, continuent de nous fasciner.

Les études culturelles ont accusé le canon d'être autoritaire et oppressif, et ont proposé des canons alternatifs, donnant la vedette aux exclus. Le débat, commencé dans les années 1960, fut relancé à la fin du

XXe siècle. Dans le contexte d'un monde académique qui avait pris conscience du multiculturalisme, le critique américain Harold Bloom, sur un ton élégiaque, dénonça la vision moralisatrice de ce qu'il appelle « l'école du ressentiment » et publia sa propre version – effrontément anglo-saxonne, blanche et masculine – du canon occidental. Jamais auparavant il n'y avait eu autant de doutes et, dans le même temps, d'activité canonique. Internet contient des listes infinies de livres, de films et de chansons. Les suppléments culturels proposent sans cesse des classements des nouveautés de l'année. Les prix et les festivals publient des sélections des meilleures œuvres. On édite d'innombrables livres intitulés *Les Cent Meilleurs*… Les réseaux sociaux accueillent des millions de recommandations partagées par des lecteurs experts ou amateurs. Nous détestons les listes tout en étant accros à elles. Indispensable mais imparfait, le canon exprime cette passion contradictoire. Et, au milieu de ce déluge de livres, surgit notre désir de nous reposer de l'agitation de la démesure.

Mais revenons à la roselière où commença cette longue route. Entre les roseaux et les massettes, avec leurs épis serrés, je pense que nous avons choisi une métaphore imparfaite. Les tiges droites et rigides des joncs n'évoquent pas le chemin sinueux du canon. Ce serait plutôt le fleuve, qui change, serpente, dessine des méandres, se remplit et se vide, mais est toujours là et semble le même, chantant son inépuisable couplet, avec une eau différente.

42

Quand, quelque part, le dernier exemplaire d'un livre brûlait, pourrissait à cause de l'humidité ou était lentement dévoré par des insectes, un monde mourait. Plus personne ne pourrait le lire, le copier et le sauver. Tout au long des siècles, surtout pendant l'Antiquité et le Moyen Âge, de nombreuses voix s'éteignirent pour toujours. Il est difficile d'imaginer par quels étranges chemins de traverse certaines œuvres minuscules, naïves ou insolentes, sont arrivées jusqu'à nous, tandis que d'autres ont succombé, victimes des plus extravagants systèmes de destruction.

Les savants d'Alexandrie étaient très conscients de la fragilité des mots. En principe, l'oubli est le destin le plus prévisible de tout récit, toute métaphore, toute idée. Les années volées au silence et à la disparition constituent, en revanche, une exception ; une exception qui, avant l'imprimerie, pouvait seulement exister grâce à l'effort gigantesque consistant à copier les textes à la main, lettre par lettre, afin de les multiplier et de les maintenir en circulation. Le canon des bibliothécaires alexandrins fut, surtout, un plan de sauvetage ; une concentration des énergies disponibles au service de quelques œuvres choisies, puisqu'il était impensable de les garder toutes en vie ; un passeport vers le futur pour certains textes, poèmes et pensées, ceux qui comptaient le plus pour eux.

Les mécanismes du canon furent une question de survie – à cette époque, la parole écrite était une espèce menacée d'extinction. Il y avait davantage d'exemplaires des livres sélectionnés ; leur prestige se traduisait en nombres, qui ne représentaient pas des chiffres de vente, mais de l'espoir. Tous se retrouvaient dans les bibliothèques publiques, qui les protégeaient des intempéries. L'autre grand refuge fut l'école. Les textes utilisés pour les leçons d'écriture et de lecture étaient copiés dans tous les coins du territoire : l'assurance-vie la plus durable pour un livre. Face à un système éducatif sans le moindre signe de centralisation et sans autorités académiques, chaque maître pouvait choisir librement les titres qu'il lisait avec ses élèves. Toutes ces décisions individuelles puisèrent leur inspiration dans le canon et, dans le même temps, influèrent sur lui et le transformèrent.

Un seul genre littéraire réussit, en Grèce et à Rome, à consacrer ses propres classiques sans posséder d'origines aristocratiques ni de prétentions de culture supérieure : les fables animalières. La figure floue d'Ésope eut – bien entendu – son jumeau romain : l'ex-esclave Phèdre. Les fables anciennes regardaient la réalité verticalement, comme un affrontement entre les animaux les plus petits et les plus humbles – les moutons, les poules, les grenouilles, les hirondelles – et les créatures les plus puissantes – les lions, les aigles, les loups. L'analogie est transparente, ainsi que le diagnostic : les êtres opprimés perdent des plumes dans la bataille. À de rares occasions, et uniquement grâce à la ruse, le faible parvient à gagner ; mais en général, il est écrasé avec une totale désinvolture par les forts. Dans une de ces histoires pessimistes, une grue met la tête dans la gorge d'un lion pour retirer un os qu'il a avalé, et en retour elle ne reçoit pas la récompense promise – n'est-il pas déjà suffisant que le fauve ne lui ait pas arraché la tête d'un coup de dents ? Dans une autre fable, un mouton tente de réfuter les accusations arbitraires d'un loup, mais ses raisonnements permettent juste au prédateur de se rapprocher de lui sournoisement, dans la chaleur de la discussion, et de l'avaler sans contemplation. La morale du genre semble conclure que chacun doit subir son sort. Les plus vulnérables ne trouveront aucune aide dans les lois, cette toile d'araignée qui attrape les mouches mais laisse filer les drôles d'oiseaux. Il n'y a rien de semblable, par sa cruauté et son désenchantement, dans le canon. Et, si ces fables tellement loin des élites trouvèrent leur place, ce fut sans doute parce que pendant des siècles les maîtres les utilisaient en classe.

Un de ces maîtres romains, Quintus Caecilius Epirota, prit la décision révolutionnaire de faire étudier à ses élèves l'œuvre d'écrivains vivants. Grâce à l'école, certains auteurs du Ier siècle commencèrent à jouir, sans avoir besoin de mourir, du statut de classiques. Virgile fut le plus privilégié d'entre eux. Comme l'explique Mary Beard, cinquante citations de poésie virgilienne ont été découvertes gravées sur les murs de Pompéi. La plupart des vers proviennent du début des livres I et II de l'*Énéide*, sûrement les passages préférés par les enseignants. Il semble qu'en l'an 79 tout le monde connaissait l'incipit du poème, « *Arma virumque cano* », sans forcément l'avoir lu du début à la fin, de même qu'aujourd'hui il n'est pas besoin d'être un spécialiste de Cervantès pour pouvoir citer « un village de la Manche dont je ne veux pas me rappeler le nom ». Un plaisantin parodia l'*Énéide* sur le mur d'une blanchisserie pompéienne, pour se moquer des propriétaires. Faisant allusion à l'oiseau qui était la mascotte des teinturiers, l'humoriste inconnu écrivit : « Je chante les teinturiers et leur chouette, non les armes et l'homme. » L'ironie est évidente, mais Beard souligne que cela suppose un étonnant système de références partagées entre l'art de la rue et celui de la littérature classique. D'autres tagueurs étaient moins subtils dans leurs insultes – et plus ressemblants à ceux qui décorent aujourd'hui les portes des toilettes publiques : « j'ai baisé la patronne », écrivit un Pompéien sur le mur d'une taverne.

Le Ier siècle av. J.-C. fut une époque d'espoir pour les écrivains. Certains titres sélectionnés étaient copiés et distribués sur un immense territoire, s'intégrant dans un réseau sans précédent de bibliothèques publiques et privées ainsi que d'écoles. Pour la première fois peut-être dans l'Histoire, les auteurs les plus applaudis avaient de sérieuses raisons de croire en un long avenir. La condition, bien entendu, était de figurer sur les listes. Dans un des passages les plus explicites de cette soif canonique romaine, Horace suggère sans détours à son protecteur Mécène de l'inclure sur le podium des meilleurs : « Si tu me places parmi les poètes lyriques, je toucherai avec mon front élevé les étoiles. » Il traduisait par le verbe *inserere* le grec *enkrinein* – séparer le bon grain de l'ivraie, passer au crible –, métaphore qui, dans le langage des bibliothécaires d'Alexandrie, signifiait choisir un auteur. Enchanté de se lire, Horace se considérait comme un digne collègue des fameux neuf poètes lyriques grecs, et il n'hésita pas à partager avec ses lecteurs une opinion aussi impartiale de lui-même. Dans le même livre d'odes, il affirme que ses poèmes, écrits sur de fragiles feuilles de papyrus, survivront au métal et à la pierre : « J'ai achevé un monument plus durable que le bronze et plus haut que les tombes royales des pyramides, que ne pourront détruire ni les pluies persistantes, ni les vents froids, ni le temps avec ses innombrables années. Je ne mourrai jamais. » Quelques années plus tard, Ovide exprima une assurance identique à propos de la postérité de ses *Métamorphoses* : « J'ai terminé une œuvre que ne pourra détruire ni la colère de Jupiter, ni le feu, ni le fer, ni le temps vorace. » Même si ces prophéties peuvent paraître imprudentes, il faut reconnaître qu'elles se sont, jusqu'à présent, accomplies.

Les écrivains ne se risquèrent pas tous à prédire une aussi longue vie à leurs œuvres. Martial, auteur non étudié à l'école, avait des fantasmes moins optimistes. Dans ses *Épigrammes*, il plaisante sur le sort des livres rejetés, le malheureux groupe des exclus du pinacle : *morituri te salutant*. Il nous révèle que beaucoup de livres terminèrent comme emballages de nourriture ou furent destinés à d'autres usages peu reluisants. Et tel est le destin qui menace son propre livre : « Il ne manquerait plus que, conduit dans une noire cuisine, tu enveloppes avec tes pages mouillées de jeunes thons, ou que tu deviennes un cornet pour l'oliban ou le poivre. » Dans ses vers, les images humoristiques de l'échec littéraire se succèdent : rouleaux transformés en toges pour les thons, en tuniques pour les olives, en capuches pour le fromage. Martial redoutait sans doute de se retrouver dans ce sous-monde de la littérature qui mourait dans les cuisines, parmi des restes d'écailles et la puanteur du poisson pourri.

Pendant des siècles, les marchands ont emballé leurs produits dans des feuilles arrachées à de vieux livres. Les rêves de l'écrivain et l'effort du copiste – ou, plus tard, du typographe – périssaient dans une misère puissante. Cervantès raconte dans *Don Quichotte* la même histoire triste que Martial, mais avec une fin heureuse. Le livre à peine commencé, dans un audacieux chapitre métalittéraire, on trouve le narrateur de l'histoire déambulant dans les commerces de la rue Alcaná à Tolède. Il voit passer un jeune garçon qui vient vendre à un marchand de soieries des cahiers de papiers usés. Il ne le soupçonne évidemment pas, mais ces vieux documents contiennent le récit des aventures de don Quichotte de la Manche. « Comme je me plais beaucoup à lire, et jusqu'aux bribes de papier qu'on jette à la rue, poussé par mon inclination naturelle, je pris un des cahiers que vendait l'enfant », écrit le narrateur. Grâce à la curiosité de ce lecteur *in extremis*, le manuscrit échappe à son destin d'emballer des pièces de tissu, et le roman peut continuer. Cet épisode est un jeu littéraire, une fiction ourdie par Cervantès comme parodie du recours aux manuscrits trouvés qui abonde dans les romans de chevalerie. Cependant, l'image du jeune garçon qui vend du papier usagé pour les boutiques de la rue Alcaná est très concrète et laisse deviner une réalité parallèle où notre grand classique aurait pu être détruit feuille après feuille dans une anonyme soierie de Tolède.

Au seuil du XXe siècle, le bibliophile britannique William Blades acheta les restes d'un livre précieux sauvé d'un naufrage scatologique. Blades raconte que l'été 1887, un de ses amis loua un appartement à Brighton. Dans les toilettes, il trouva des feuilles de papier destinées à être utilisées à cet endroit. Avant de s'en servir comme papier hygiénique, il les posa sur ses genoux nus et jeta un coup d'œil au texte, écrit en lettres gothiques. Il eut le pressentiment d'avoir découvert quelque chose. Ému, il régla rapidement ses affaires corporelles et le problème de l'essuyage, et sortit demander s'il y avait d'autres feuilles comme celles-là. La logeuse lui vendit les restes de livres sans reliure qu'elle avait encore et lui raconta que son père, qui adorait les antiquités, avait eu à une époque une malle pleine de livres. Après sa mort, elle les avait conservés, jusqu'au jour où elle en avait eu assez de ce fardeau. Supposant qu'ils n'avaient aucune valeur, elle les mit dans les toilettes, où les vestiges de la bibliothèque héritée étaient sur le point d'être définitivement engloutis. Le livre qu'ils avaient entre les mains s'avéra être un des exemplaires les plus rares et précieux de l'imprimerie de Wynkyn de Worde, une œuvre intitulée *Gesta Romanorum* dans laquelle Shakespeare avait trouvé l'inspiration pour ses pièces de théâtre. Il ne restait plus qu'à imaginer les trésors bibliographiques qui avaient approvisionné jour après jour les latrines de cette pension anglaise.

De nos jours, la destruction des livres est méthodiquement organisée. Comme le dit Alberto Olmos, nos respectueuses sociétés exterminent chaque année autant de parole écrite que les nazis, l'Inquisition ou Shi Huangdi réunis. En toute discrétion, sans la mise en scène de bûchers publics, on élimine tous les ans en Espagne des millions d'exemplaires. Les stocks des maisons d'édition sont devenus des funérariums qui accueillent les titres retournés par les libraires. Le solde négatif est énorme : en 2016, on a publié en Espagne 224 millions de livres, dont presque 90 millions ont fini au purgatoire. Tout à fait sciemment, on imprime beaucoup plus d'exemplaires de titres à vocation de *best-sellers* que ne peuvent en absorber leurs lecteurs, car on pense que ce sont les gigantesques piles de livres qui font vendre les livres. Les calculs erronés et les espérances frustrées des éditeurs conduisent aussi des centaines de milliers de livres directement au funérarium. Comme le stockage coûte trop cher aux entreprises du secteur, ces millions d'expulsés finissent dans des ateliers de banlieue où ils sont triturés, pilonnés et transformés en une pâte informe : la pâte à papier. Silencieusement, ils deviennent d'autres livres, nés aux dépens de leurs prédécesseurs infortunés, ou sont recyclés dans des produits neufs et utiles comme des briques de jus, des serviettes en papier, des mouchoirs, des sous-verres, des cartons à chaussures, des emballages – la version contemporaine des emballages pour thons de Martial –, voire dans des rouleaux de papier hygiénique, qui font de nous tous des émules intestinaux des hôtes de cette pension de Brighton.

L'écrivain tchèque Bohumil Hrabal fut emballeur de vieux papiers dans une presse à recycler. Basé sur cette expérience, son roman *Une trop bruyante solitude* retranscrit le monologue d'un ouvrier enfermé dans un sous-sol – avec des souris et ses réflexions –, tandis qu'il forme une par une des boules de vieux papier qu'il doit remettre à des transporteurs. L'odeur est infernale car le papier accumulé là n'est pas sec, mais humide et pourri, et il commence à fermenter,

« répandant une puanteur telle qu'en comparaison, le fumier exhale un parfum délicieux ». Trois fois par semaine, des camions emportent ses boules à la gare, les mettent dans des wagons et les acheminent dans des usines de papier où les ouvriers les plongent dans de troubles bassins d'alcalis et d'acides pour les dissoudre. Le héros, amoureux des livres, sait que dans sa presse expirent des œuvres merveilleuses, mais il ne peut pas arrêter le flux de la destruction. « Je ne suis qu'un gentil boucher », écrit-il. Son rituel de survie consiste à être le dernier lecteur des livres qui arrivent au sous-sol où il travaille et à préparer avec soin leurs tombeaux, c'est-à-dire les paquets qu'il élabore. « J'ai besoin d'embellir chaque paquet, de lui donner mon caractère, ma signature. Le mois dernier, on a jeté dans mon souterrain 600 kilos de reproductions de maîtres célèbres, de sorte qu'à présent j'embellis chacune de mes boules avec le meilleur de la peinture européenne et, à la tombée de la nuit, pendant que mes boules attendent en file indienne devant le monte-charges, je contemple avec ravissement cette beauté, ces paquets décorés de *La Ronde de nuit*, *Saskia*, *Le Déjeuner sur l'herbe* ou *Guernica*. Et je suis le seul à savoir que dans le cœur de chaque paquet repose, ouvert, ici *Faust*, ici, entre des papiers d'emballage ensanglantés de boucherie, *Hypérion* et *Ainsi parlait Zarathoustra*. Je suis à la fois l'artiste et l'unique spectateur. » Hrabal écrivit ce roman alors que son œuvre avait été interdite par le régime communiste. À cette période d'écriture entravée, il était obsédé par les problèmes de création et la destruction, le sens de la littérature et le pourquoi de la solitude. Le monologue du vieil ouvrier est une fable sur la cruauté du temps. Et, indirectement, un témoignage documenté sur l'aventure improbable et fantastique à laquelle est confronté un livre pour pouvoir survivre pendant des millénaires.

Éclats de voix féminines

43

Dans un paysage d'ombres, elle a un corps, une présence, une voix. C'est un cas unique à Rome : une jeune femme indépendante et cultivée insistant sur son droit à l'amour ; une poétesse parlant elle-même de sa vie et de ses sentiments, avec ses propres mots, sans médiations masculines.

Sulpicia vécut au siècle d'or de l'empereur Auguste. Ce fut une femme exceptionnelle à plusieurs titres – le plus important : elle appartenait à ce 1 % de la population romaine qu'on appelle aujourd'hui élite, située au sommet d'un monde dur et hiérarchisé. Sa mère était la sœur de Marcus Valerius Messalla Corvinus, puissant général et mécène littéraire. Dans la villa de son oncle, elle rencontra certains des poètes les plus acclamés de l'époque, comme Ovide ou Tibulle. Favorisée par sa richesse et cette parentèle, Sulpicia osa écrire des poèmes autobiographiques, les seuls vers d'amour composés par une femme de la Rome antique qui sont arrivés jusqu'à nous. Dans ses poésies parle une voix féminine qui réclame quelque chose de peu commun alors : liberté et plaisir. Convaincue qu'elle pouvait se permettre toute audace, elle se plaint de la surveillance exercée sur elle par son oncle, qu'elle surnomme – avec ironie et culot – « cruel parent ».

Six poèmes seulement de Sulpicia nous sont parvenus. Quarante vers au total, six épisodes de sa passion pour un homme qu'elle appelle Cerinthus. À l'évidence, ce n'est pas le fiancé choisi par sa famille. Au contraire, ses parents et son oncle redoutent qu'elle couche avec lui. Elle dit elle-même que certains souffrent à la seule idée qu'elle succombe et se laisse conduire dans un « lit ignoble ». Cerinthus appartient certainement à un autre monde, une autre classe sociale, c'est peut-être même un affranchi. Qui sait ? Dans tous les cas, il n'apparaît pas comme un prétendant idéal pour l'aristocrate Sulpicia ; un détail dont ne se soucie absolument pas la jeune fille. Si elle souffre, et cela lui arrive parfois, c'est pour d'autres raisons. Par exemple, elle se reproche son manque de courage et se sent angoissée à cause du fardeau de son éducation qui l'empêche de montrer son désir.

Le poème de Sulpicia qui me touche le plus est une déclaration publique, provocatrice et rebelle, de ses sentiments. Je traduis librement les distiques de l'élégie :

Enfin tu es là, Amour !
Tu es arrivé avec une telle intensité
que j'ai plus de honte
à te nier
qu'à me déclarer.
Amour a tenu parole,
il t'a rapproché de moi.

Ému par mes chants,
Amour t'a ramené sur mon sein.
Je suis heureuse d'avoir commis cette faute.
Le révéler et le crier.
Non, je ne veux pas confier mon plaisir
à l'intimité stupide de mes notes.
Je défierai la règle,
Je suis écœurée de feindre de leur obéir.
Nous avons été dignes l'un de l'autre,
qu'on se le dise.
Et que celle qui n'a pas d'histoire
raconte la mienne.

Qu'arriva-t-il aux amants ? On l'ignore, mais il est peu probable que leur relation ait survécu aux obstacles familiaux. Tôt ou tard, la jeune fille a dû céder. Dans la classe aristocratique à laquelle Sulpicia appartenait, le paterfamilias décidait les mariages selon des motifs stratégiques d'opportunité. Les clans unissaient deux personnes par intérêt social, politique ou économique, non par passion. Le cher Cerinthus fut sans doute expulsé de la vie de Sulpicia, et seuls restèrent les souvenirs et les poèmes – « lit désert et trouble miroir et cœur vide », comme l'écrivit Machado.

Se rebeller contre la morale sexuelle, ne fût-ce que le temps d'une brève parenthèse juvénile, signifia pour Sulpicia un voyage au bord de l'abîme. Elle commettait un délit. Peu de temps auparavant, Auguste avait fait approuver une loi – la *lex Iulia de adulteriis* – qui condamnait dans des procès publics les relations sexuelles des femmes en dehors du mariage – également quand elles étaient célibataires ou veuves. Elles étaient soumises, ainsi que leurs complices, à un châtiment sévère. Seules demeuraient exclues de la peine les prostituées et les concubines. Pour cette raison, on raconte que des patriciennes appartenant à l'ordre sénatorial ou équestre se mirent à déclarer en public qu'elles pratiquaient la prostitution. Il s'agissait d'un acte de désobéissance civile, d'un défi ouvert à l'égard des tribunaux. Grâce à ces protestations, la loi, dans la pratique, fut très rarement appliquée. Et, à la fin du Ier siècle, Juvénal, dans sa diatribe féroce contre le genre féminin, s'exclama, désespéré : « Où es-tu, *lex Iulia* ? Tu dors, sans doute ? »

L'autre grande transgression de Sulpicia fut de rendre publics ses sentiments et sa révolte par le biais de l'écriture. Comme les Grecs, les Romains pensaient que la parole, arme fondamentale de la lutte politique, était une prérogative masculine. Ces idées se traduisirent même dans le monde religieux à travers une déesse féminine du silence, appelée Tacita Muda. Selon la légende, Tacita fut une nymphe impertinente qui parlait trop et, surtout, mal à propos. Pour en finir avec tout ce bavardage et bien faire comprendre à qui revenait l'autorité verbale, Jupiter lui arracha la langue. Incapable de parler, Tacita Muda était un symbole éloquent. Les Romaines n'avaient pas le droit d'exercer de fonctions publiques ni de participer à la vie politique. Une seule génération permit l'existence d'oratrices, dans la première moitié du Ier siècle av. J.-C., mais très vite cette activité fut interdite par la loi. Les Romaines de bonne famille avaient accès à la lecture, certes, mais une lecture orientée vers leur rôle de mères et de professeures de futurs orateurs. Éduquées pour pouvoir enseigner, elles apprenaient à bien parler pour en faire bénéficier leurs enfants, et non pour exercer elles-mêmes, car cela aurait signifié dépasser la limite de la sphère privée qui leur était propre et usurper un poste dans le domaine des métiers masculins. Peu nombreuses étaient leurs occasions de se faire remarquer ou entendre en dehors du cadre familial. Quand le biographe Plutarque tenta de reproduire le succès de ses *Vies parallèles* avec une œuvre sur des exploits réalisés par des femmes grecques, romaines et barbares, il reçut un accueil glacial. D'ailleurs, ce livre a fait l'objet de peu d'attention et d'étude jusqu'à très récemment.

Les raisons qui contribuèrent à la survie des vers de Sulpicia sont très révélatrices. Ils n'ont pas été conservés sous son nom, mais insérés parmi les poèmes attribués à un écrivain du cercle de son oncle, Tibulle. Le grand prestige de Tibulle permit de préserver ces textes pendant des siècles, malgré des doutes quant à leur paternité. Aujourd'hui, après des analyses philologiques attentives, les chercheurs reconnaissent de façon presque unanime que ces poèmes seraient l'œuvre de Sulpicia, même si certains spécialistes continuent d'objecter que leur contenu est trop osé pour une dame romaine. Dans le même temps, il y a quelques années encore, il était habituel de la sous-estimer, comme s'il s'agissait d'une simple amatrice – triste redondance, puisque à cette époque aucune femme ne pouvait faire de l'écriture sa profession. Les Romaines n'avaient pas la possibilité de faire connaître ni de diffuser leurs œuvres. La plupart d'entre elles n'envisageaient même pas cette éventualité. Et, le plus important : ceux qui décidaient si un livre méritait de passer à la postérité ne prenaient pas du tout en considération les écrits des femmes. En réalité, il n'est pas surprenant que ces poèmes aient survécu seulement parce qu'ils figuraient dans le livre de quelqu'un d'autre.

Malgré ces obstacles, Sulpicia ne fut pas la seule femme à écrire. Il reste de brefs fragments, des citations ou des références de vingt-quatre autrices. Toutes avaient des points communs : elles étaient riches, appartenaient à des familles importantes et écrivirent sous la protection d'hommes puissants. Comme le dit Aurora López, elles possédaient une dot, une fortune et du pouvoir sur leurs esclaves ; la ville leur offrait du temps libre ; elles géraient un espace exclusivement privé, leur foyer, mais dans lequel, au bout du compte, elles étaient les maîtresses. C'est-à-dire, ainsi que le voulait Virginia Woolf, qu'elles eurent de l'argent et une chambre à elles, conditions nécessaires à une femme pour écrire. Parmi elles se démarque Agrippine la Jeune – fille de Germanicus, épouse de Claude, mère de Néron –, dont on connaît les mémoires perdues grâce à des allusions ; ou Cornelia, mère des fameux Gracques, dont il reste deux lettres incomplètes.

Mais les audacieuses patriciennes qui osèrent s'élancer sur la chasse gardée des hommes furent obligées de respecter certaines limites et règles. On les autorisa à pratiquer seulement des genres considérés comme mineurs ou associés à la vie intérieure : la poésie lyrique – Hostia et Périlla –, les éloges – Aconia Fabia Paulina –, les épigrammes – Cornificia –, les élégies – Sulpicia –, la satire – une autre Sulpicia –, les lettres – Cornelia, Servilia, Clodia, Pilia, Caecilia Pomponia Attica, Terentia, Tullie la Jeune, Publilia, Fulvia, Acia, Octavie, Julia Drusilla –, les mémoires – Agrippine. On connaît le nom de trois oratrices qui exercèrent pendant la brève période où cela fut permis – Hortensia, Amaesia Sentia et Carfania –, mais pas un seul paragraphe original de leurs discours ne nous est parvenu. Il n'y a aucune information sur des autrices d'épopée, de tragédie ou de comédie. De toute façon, elles n'auraient jamais pu faire jouer leurs pièces sur scène.

Les textes qu'écrivirent ces femmes romaines ont volé en éclats. Dans leur totalité, il faut à peine une heure ou deux pour les lire. On entrevoit l'ampleur de ce qui fut perdu. Sulpicia bénéficia d'une erreur et avança vers le futur grâce à son pseudonyme masculin involontaire. Les autres s'enfoncèrent lentement dans le silence. À l'intérieur du canon, elles constituent des exceptions morcelées. Comme Eurydice, elles replongent dans l'obscurité dès que quelqu'un tente de les sauver. Quand on suit leurs traces effacées, on tâtonne dans un paysage d'ombres où on n'entend plus que des échos.

44

Pourtant, depuis la nuit des temps, les femmes ont raconté des histoires, chanté des romances et tissé des vers près du feu. Quand j'étais enfant, ma mère déploya devant moi l'univers des histoires murmurées, et ce ne fut pas par hasard. Au fil du temps, ce sont surtout les femmes qui furent chargées de dérouler la nuit la mémoire des contes. Elles ont été les fileuses de récits et de chutes. Pendant des siècles, elles ont dévidé des histoires tout en faisant tourner le rouet ou en maniant le crochet du métier à tisser. Elles furent les premières à refléter l'univers au moyen d'une trame et de fils. Elles tressaient leurs joies, leurs illusions, leurs angoisses, leurs peurs et leurs croyances les plus intimes. Elles teintaient la monotonie de couleurs. Elles entrelaçaient des verbes, de la laine, des adjectifs et de la soie. Pour cette raison, les textes et les tissus ont tant de mots en commun : la trame du récit, le nœud et le fil d'une histoire, le dénouement de la narration ; dérouler, broder, tisser, ourdir une intrigue. C'est pourquoi les vieux mythes nous parlent de la tapisserie de Pénélope, des tuniques de Nausicaa, des broderies d'Arachné, du fil d'Ariane et du fil de la vie que tissaient les Moires, du canevas des destins que cousaient les Nornes, du tapis magique de Shéhérazade.

À présent, ma mère et moi susurrons les histoires de la nuit aux oreilles de mon fils. Bien que je ne sois plus une petite fille, j'écris pour que les contes ne s'arrêtent pas. J'écris parce que je ne sais pas coudre, ni tricoter ; je n'ai jamais appris à broder, mais l'assemblage délicat des mots me fascine. Je déroule mon imaginaire mêlé de rêves et de souvenirs. Je me sens héritière de ces femmes qui, depuis toujours, ont tissé et démêlé des histoires. J'écris pour que le vieux fil de voix ne se brise pas.

Ce qu'on croyait éternel était en réalité éphémère

45

Un jour de 212, plus de 30 millions de gens se couchèrent avec une identité différente de celle qu'ils avaient quand ils s'étaient levés tôt le matin. La raison ne fut pas une invasion massive de voleurs de corps, mais la décision stupéfiante d'un empereur romain. Les sources ne disent pas comment ce changement fut accueilli, si ce fut avec méfiance ou avec joie. Sans doute la surprise l'emporta : il n'y avait pas de précédents historiques à un tel événement – et je suis sûre que je ne connaîtrai rien de vaguement semblable dans notre XXIe siècle.

Quelle fut la cause d'un bouleversement aussi brutal ? L'empereur Caracalla avait décrété que tous les habitants libres de l'empire, quel que fût l'endroit où ils vivaient, de la Bretagne à la Syrie, de la Cappadoce à la Mauritanie, acquerraient à partir de ce moment la citoyenneté romaine. Ce fut une décision révolutionnaire, qui effaça d'un seul coup la distinction entre autochtones et étrangers. Un long processus d'intégration culmina à l'instant même de l'approbation du décret. Ce fut une des plus grandes concessions de citoyenneté documentées de l'Histoire, sinon la plus importante : des dizaines de millions de provinciaux devinrent légalement des Romains du jour au lendemain. Ce cadeau soudain déconcerte encore les historiens, car il marqua une rupture avec la politique très ancienne – et si contemporaine – consistant à accorder la pleine citoyenneté seulement à un petit pourcentage de postulants, de façon graduelle et restreinte. L'homme politique et historien romain Dion Cassius soupçonnait Caracalla, derrière cette générosité apparente, de cacher la nécessité de collecter de l'argent, puisque les nouveaux Romains s'engageaient *ipso facto* à payer l'impôt sur les successions et la taxe pour l'affranchissement des esclaves. Comme l'affirme Mary Beard, si telle fut la raison, ce fut une manière plutôt contraignante de s'attaquer au problème. Je crois qu'aucun État, actuellement, n'envisage de naturaliser 30 millions de personnes d'un coup, aussi appétissante que puisse être la perspective de lever des impôts. La décision de l'empereur eut sans doute une importante portée symbolique. En temps de crise, donner à plus de gens des raisons personnelles de s'identifier à Rome pouvait être une mesure intelligente.

En toute logique, l'extension de la citoyenneté diminua son importance. Quand un privilège tombe, un autre s'élève rapidement à sa place. Tout au long du IIIe siècle, la distinction entre les *honestiores* – l'élite enrichie et les vétérans de l'Armée – et les *humiliores* – les plus humbles, concept intemporel qu'il est inutile de traduire – s'accentua. La loi reconnaissait des droits inéquitables à ces deux groupes : les *honestiores* étaient exemptés de châtiments dégradants ou cruels comme la crucifixion ou la flagellation, alors que les *humiliores* restaient exposés aux humiliations réservées auparavant aux esclaves et aux non-citoyens. La frontière de l'argent remplaça les frontières géographiques.

Même si, dans la pratique, les préjugés, les tensions

et la rapacité nc manquèrent pas, et en grandes doses, la civilisation romaine posséda depuis ses origines une claire volonté d'intégration. Caracalla paracheva une évolution que, selon la légende, Romulus avait lancée mille ans plus tôt, quand il offrit d'accueillir – sans poser de questions – tous les étrangers qui se présentèrent dans la jeune cité romaine. Ce qui distingua la nouvelle ville fut cette attitude généreuse à l'égard des fugitifs les plus désespérés et des demandeurs d'asile. De fait, les descendants de Romulus exercèrent une politique de fusion sans précédent dans l'histoire universelle : ils étaient indifférents à la pureté de la lignée, ne se souciaient pas tellement de la couleur de la peau, libéraient les esclaves par des procédures simples et accordaient quasiment à l'affranchi un statut de citoyen – les enfants des affranchis l'étaient de plein droit. On ignore à quel point la population romaine fut, entre autres, multiculturelle, car on ne prêtait pas attention à ce sujet ; ce fut sans doute le groupe le plus divers, ethniquement, avant l'époque moderne. Bien sûr, il y eut aussi à Rome des gens pour affirmer qu'autant d'esclaves finiraient par saper le sentiment patriotique, et beaucoup accusaient les étrangers de faire peu d'efforts pour s'intégrer. Mais même le plus récalcitrant de ces protestataires grincheux n'aurait pas compris nos concepts modernes de « migrants illégaux » ou de « sans-papiers ».

C'est un fait, la population se déplaçait sur tous les territoires romains comme jamais auparavant : commerçants, militaires, gestionnaires et bureaucrates, trafiquants d'esclaves, riches provinciaux rêvant de succès dans la capitale. Il y avait en Bretagne des citoyens provenant des classes supérieures d'Afrique du Nord. Chaque année, les gouverneurs et les hauts fonctionnaires étaient envoyés dans des destinations lointaines. Les légions étaient formées par des soldats de toutes les origines. Même les plus défavorisés rejoignaient le flux des migrations. La morale d'une fable disait : « les pauvres, étant plus légers en bagages, passent facilement d'une ville à une autre ».

Les empereurs étaient obsédés par l'iconographie globale, dont ils faisaient la propagande. On proclamait que non seulement Rome dominait le monde, mais qu'elle était aussi la patrie commune de toute l'humanité ; la grande ville mondiale, cosmopolite, capable d'accueillir en son sein des gens éparpillés dans des géographies lointaines. Cet idéal trouva peut-être son expression la plus caractéristique dans le discours pompeux et flatteur *En l'honneur de Rome*, du rhéteur Aelius Aristide : « Ni la mer ni toutes les distances de la Terre n'empêchent d'obtenir la citoyenneté, et ici il n'existe pas de distinction entre l'Asie et l'Europe. Tout est ouvert pour tout le monde. À Rome, aucune personne digne de confiance n'est étrangère. » Les philosophes de l'époque insistèrent sur le fait que l'empire réalisait le rêve cosmopolite héritier de l'hellénisme. Avec l'édit *Constitutio antoniniana*, en 212, Caracalla donna un aboutissement juridique à ces idées. Pour le reste, en tant que dirigeant, il ne laissa pas de grand souvenir. Capricieux et homicide, il finit assassiné à 29 ans par un de ses gardes du corps alors qu'il urinait dans un caniveau en Mésopotamie. Même si, au cours de son règne, il ne fit pas de grandes démonstrations d'idéalisme, il admirait Alexandre et voulut imiter son projet d'un empire basé sur la citoyenneté du monde. Lui-même, né à Lugdunum – Lyon – était métis : son père, Septime Sévère, était d'origine berbère et avait la peau sombre ; sa mère, Julia Domna, était née à Émèse – Homs, en Syrie. Et ce ne fut pas une exception. Quand il accéda au pouvoir, cela faisait longtemps déjà que les empereurs n'étaient plus natifs de Rome, ni même italiens. Les élites du pouvoir romain n'avaient pas le teint aussi blanc que le marbre de leurs statues.

Puisque ce n'était pas la race, ni la couleur de peau, ni le lieu de naissance, qu'est-ce qui unissait les habitants d'Écosse, de Gaule, d'Hispanie, de Syrie, de Cappadoce et de Mauritanie ? Quels étaient les liens qui, sur tous ces immenses territoires, aidaient les Romains à se comprendre, à partager des aspirations et à réaliser qu'ils étaient membres d'une même communauté ? Un tissage de mots, d'idées, de mythes et de livres.

Se sentir romain consistait à vivre dans des villes aux larges avenues qui se croisaient à angle droit ; à fréquenter des gymnases, des thermes, des forums, des temples en marbre, des bibliothèques, des lieux avec des inscriptions en latin, à côtoyer des aqueducs, des égouts ; à savoir qui étaient Achille, Hector, Énée, Didon ; à contempler sans étonnement les rouleaux et les codex comme des éléments du paysage quotidien ; à payer des impôts aux redoutables percepteurs ; à avoir déjà éclaté de rire à une plaisanterie de Plaute sur les gradins d'un théâtre ; à connaître les épisodes de la Rome primitive racontés par Tite-Live dans *Ab urbe condita;* à avoir écouté un philosophe stoïcien parler de maîtrise de soi ; à avoir une bonne connaissance de – ou même avoir servi dans – l'invincible machine de guerre des légions. Mosaïques, banquets, statues, rituels, frontons, bas-reliefs, légendes de triomphe et de douleur, fables, comédies et tragédies modelaient – avec de l'air, de la pierre et du papyrus – cette identité romaine étendue jusqu'aux limites de l'imaginable, le premier récit commun européen.

Sur les voies de l'empire globalisé, des essais et des fictions voyagèrent d'un bout à l'autre de la géographie connue. Ils trouvèrent un toit dans une constellation de bibliothèques publiques et privées comme on n'en avait pas connu avant. Ils furent copiés et mis en vente dans des librairies de villes distantes les unes des autres, comme Brindisi, Carthage, Lyon ou Reims. Ils séduisirent des gens de différentes origines, à qui les écoles romaines apprirent à lire après des générations d'analphabétisme immémorial. Comme les aristocrates de la capitale, les provinciaux les plus riches achetèrent des esclaves spécialisés dans la copie de textes – l'inventaire des biens d'un citoyen romain fortuné, propriétaire d'une ferme en Égypte, comprend, parmi ses cinquante-neuf esclaves, cinq notaires, deux copistes, un scribe et un restaurateur de livres. Nombreux étaient les copistes qui, au service de particuliers ou de commerçants, passaient leurs longues journées derrière un pupitre, équipés d'encriers, de règles et de calames, pour satisfaire la demande d'écrits. Jamais auparavant il n'avait existé une telle communauté de lecteurs dispersée sur plusieurs continents et unie par les mêmes livres. Ce n'étaient pas des millions de personnes, c'est vrai ; pas même des centaines de milliers ; peut-être, à la meilleure époque, quelques dizaines de milliers. Mais, replacés dans leur contexte, il s'agit de chiffres prodigieux.

Comme le dit Stephen Greenblatt, dans l'Antiquité, il y eut un temps – par ailleurs très long – où on put avoir l'impression qu'un des principaux problèmes culturels était l'inépuisable production de livres. Où les mettre ? Comment les classer sur les rayons ? Comment retenir dans sa tête toute cette profusion de savoir ? La perte d'une telle richesse aurait semblé tout bonnement inconcevable à un citoyen de ce temps-là. Puis, peu à peu, avec la logique graduelle d'une extinction de masse, toute cette entreprise arriva à son terme. Ce qui paraissait stable s'avéra fragile, et ce qu'on croyait éternel finit par se révéler éphémère.

46

Le sol trembla. Survinrent des siècles d'anarchie, de division, d'invasions barbares, de séismes religieux. Les copistes furent probablement les premiers à percevoir la gravité de la situation : ils recevaient de moins en moins de commandes. Le travail de copie s'interrompit presque totalement. Les bibliothèques déclinèrent, saccagées au cours de guerres et d'altercations, ou simplement négligées. Pendant de successives et terribles décennies, elles subirent le pillage des barbares et la destruction de la part de fanatiques chrétiens. À la fin du IVe siècle, l'historien Ammien Marcellin regrettait que les Romains abandonnent la lecture sérieuse. Avec une approche moraliste typique de sa classe sociale, il s'indignait que ses compatriotes barbotent dans la trivialité la plus absurde tandis que l'empire s'écroulait inexorablement et que le lien culturel s'évanouissait : « Les quelques foyers qui, avant, étaient respectés pour l'attention sérieuse qu'ils portaient aux études se laissent désormais dominer par les plaisirs de la paresse. Ainsi, à la place d'un philosophe, on réclame un chanteur, et à la place d'un orateur un expert en arts ludiques. Et, pendant que les bibliothèques demeurent fermées comme des tombeaux, on fabrique des organes hydrauliques, des lyres énormes comme des carrosses et des flûtes pour les histrions. » Par ailleurs, commente-t-il avec tristesse, les gens passent leur temps à conduire leurs chars à une vitesse vertigineuse – suicidaire – dans des rues bondées. L'angoisse préalable au naufrage est palpable dans l'atmosphère.

Au ve siècle, la communauté de la culture classique subit de terribles coups. Les invasions barbares détruisirent peu à peu le système scolaire romain dans les provinces occidentales. Les villes périclitèrent. Le public cultivé diminua comme une peau de chagrin – même aux meilleures périodes, c'était une minorité parmi la population, mais elle était tellement considérable que dans certains lieux c'était une véritable multitude. De nouveau, les lecteurs devinrent si rares que, dans leurs petites îles, ils perdirent le contact les uns avec les autres.

Après une longue et lente agonie, l'Empire romain d'Occident s'effondra en 476, quand Romulus Augustule – le dernier empereur – abdiqua sans faire de bruit. Les tribus germaniques qui se succédèrent au pouvoir dans les provinces n'étaient pas attirées par la lecture. Ces barbares qui assaillirent les bâtiments publics et réquisitionnèrent les villas particulières n'étaient sans doute pas activement hostiles à la science ou à l'étude, mais ils ne voyaient pas non plus le moindre intérêt à conserver les livres qui contenaient les trésors intangibles de la connaissance et de la création. Les Romains expropriés de leurs villas, devenus esclaves ou exilés dans une vieille ferme isolée, eurent des priorités plus pressantes et des deuils plus profonds que la nostalgie de leurs bibliothèques perdues. D'angoissantes préoccupations absorbèrent les lecteurs d'un autre temps : l'insécurité, les maladies, les mauvaises récoltes, la violence des percepteurs d'impôts qui pressaient le travail des humbles jusqu'à la dernière goutte, les fléaux, la hausse du prix des aliments, la peur de rester du mauvais côté du seuil de subsistance.

Une nouvelle époque commença, un long trajet de centaines d'années, pendant lequel une grande partie des idées qui nous définissent se retrouva au bord du gouffre. Entre les torches des soldats et le travail, lent et secret, des mites, le rêve d'Alexandre fut de nouveau en péril. Jusqu'à l'invention de l'imprimerie, des millénaires de savoir demeurèrent aux mains de très peu de personnes, embarquées dans une tâche héroïque et presque invraisemblable de sauvetage. Si tout ne fut pas plongé dans le néant, si les idées, les découvertes scientifiques, l'imagination, les lois et les rébellions de Grecs et de Romains survécurent, nous le devons à la perfection simple que les livres, après des siècles de recherche et d'expérimentation, avaient atteinte. Grâce à eux, et malgré des voyages au cœur de la nuit, l'histoire européenne est, comme l'écrivit la philosophe María Zambrano, un chemin toujours ouvert aux renaissances et à la culture.

47

Avec la lente chute de l'Empire romain, des siècles commencèrent où les livres vécurent dangereusement. En 529, l'empereur Justinien interdit à ceux qui demeuraient « dans la folie du paganisme » d'enseigner « pour qu'ils ne puissent pas corrompre l'âme des élèves ». Son édit obligea l'Académie d'Athènes – dont les origines remontaient fièrement au millénaire précédent, à Platon lui-même – à fermer. Les âmes dévoyées avaient besoin de la protection des autorités face aux dangers de la littérature païenne. Dès le début du IVe siècle, de fervents fonctionnaires firent irruption dans les bains et les maisons particulières afin de réquisitionner les livres « hérétiques et magiques », qui finissaient en fumée sur des bûchers publics. Il n'est pas étonnant que les commandes de copies d'œuvres classiques – et de n'importe quel texte – se soient effondrées.

J'imagine un de ces philosophes proscrits lors d'une promenade mélancolique dans une Athènes fantasmatique. Les raisons d'être pessimiste ne manquent pas. Les temples païens sont toujours fermés, se délitant, à l'abandon, et les merveilleuses statues d'autres époques ont été défigurées ou retirées. Les théâtres sont muets, et derrière leurs portes closes les bibliothèques sont le royaume de la poussière et des vers. Dans la capitale des lumières, les derniers disciples de Socrate et de Platon n'ont pas le droit d'enseigner la philosophie.

Ils ne peuvent pas gagner leur vie. S'ils refusent d'être baptisés, ils devront s'exiler. Les barbares qui envahissent et saccagent le vieil empire en déclin mettent le feu aux merveilles de la culture antique avec férocité ou, pire encore, avec indifférence. Quel destin attend les idées qu'il est interdit d'enseigner, les livres condamnés à brûler ?

C'est la fin.

Alors, comme dans un rêve, le philosophe est assailli par une nuée d'étranges visions. Dans une Europe dominée par de petits chefs guerriers analphabètes, alors que l'extinction paraît inévitable, les fables, les idées et les mythes de Rome trouvent paradoxalement un refuge dans les monastères. Chaque abbaye, avec son école, sa bibliothèque et son *scriptorium*, abrite un éclat du Musée d'Alexandrie en ces temps de disette. Là, des moines – et aussi des religieuses – deviennent d'infatigables lecteurs, conservateurs et artisans libraires. Ils apprennent l'art laborieux de la fabrication de parchemins. Lettre après lettre, mot après mot, ils copient et préservent le meilleur des livres païens. Ils inventent même l'art de l'enluminure, qui transforme les pages des codex médiévaux en petits vitraux où brillent des forêts de personnages, de l'or et des couleurs. Grâce à la patience minutieuse de ces copistes et miniaturistes – hommes et femmes –, le savoir résistera à l'assaut du chaos dans des coins retirés et bien protégés.

Mais tout cela est tellement improbable – se dit-il, retombant dans le fatalisme – que ce ne peut être qu'un rêve.

Soudain, le philosophe est envahi par la vision

joyeuse des premières universités dans les villes de Bologne et d'Oxford – l'Académie ressuscitée – quelques siècles plus tard. Les professeurs et les étudiants, assoiffés de joie et de beauté, comme s'ils rentraient à la maison, recommencent à chercher les paroles des vieux classiques. Et de nouveaux libraires ouvrent en grand les portes de leurs magasins pour leur fournir la nourriture des mots.

Parcourant d'invraisemblables distances, empruntant les routes musulmanes et traversant les territoires frontaliers entre plusieurs civilisations, de poussiéreux marchands rapportent jusqu'à la péninsule ibérique, de Chine et de Samarcande, une merveilleuse invention : le papier, ainsi nommé en souvenir du vieux papyrus. Si tout se passe bien, ce nouveau matériau, beaucoup moins cher que le parchemin et plus facile à produire en grandes quantités, arrivera à temps aux carrefours européens pour alimenter le déploiement des imprimeries qui révolutionneront la culture occidentale.

Mais tous ces fantasmes – se dit-il, recourant à une froide logique – ne sont sans doute que des hallucinations dues à une mauvaise digestion ; des images causées par un morceau de fromage moisi ou un plat de poisson pourri.

Il voit alors apparaître, munies de plumes d'oiseau, les silhouettes de rêveurs obstinés, les humanistes, déterminés à restaurer la splendeur de l'Antiquité. Tous s'emploient à lire, copier, éditer et commenter avec passion les textes païens à leur portée – les vestiges du naufrage. Les plus courageux s'aventurent à cheval sur des chemins reculés, des vallées enneigées, des forêts sombres et des sentiers presque effacés dans les replis des montagnes pour chercher certains livres uniques, toujours conservés dans les monastères médiévaux, à l'écart du monde. Avec ces manuscrits rescapés de la vieille sagesse, ils tenteront de moderniser l'Europe.

Pendant ce temps, un tailleur de pierres précieuses appelé Gutenberg invente un étrange copiste en métal, qui ne fatigue jamais. Les livres se propagent à nouveau. Les Européens s'approprient le rêve alexandrin des bibliothèques infinies et du savoir sans limites. Le papier, l'imprimerie et la curiosité libérée des peurs et des péchés conduiront au seuil même de la modernité.

Mais toutes ces visions – se dit le philosophe, replongeant dans son pessimisme – ne sont que des bêtises.

Et quand son imagination débordante se projette encore quelques siècles plus loin, il entrevoit des hommes affublés de perruques bizarres qui, en l'honneur de l'ancienne *paideia*, s'embarquent dans l'aventure de l'Encyclopédie pour étendre la connaissance et vaincre la tenace entreprise de destruction. Les intellectuels révolutionnaires de ce lointain XVIIIe siècle bâtiront sur les fondations de la splendeur antique l'édifice de leur foi dans la raison, la science et le droit.

Et même si les habitants du futur XXIe siècle vénéreront les innovations technologiques – en particulier d'étranges tablettes lumineuses qu'ils caressent du bout des doigts –, ils continueront de donner une forme à leurs idées fondamentales sur le pouvoir, la citoyenneté, la responsabilité, la violence, l'empire, le luxe et la beauté, en dialogue avec les livres où parlent les classiques. C'est ainsi que tout ce que nous aimons sera sauvé à travers un chemin accidenté et aventureux, truffé de bifurcations et de déviations, qui menacera souvent de se perdre dans le néant.

Mais tout cela est aussi invraisemblable qu'un songe, et personne, sain d'esprit, ne croirait à une hypothèse aussi farfelue, se dit-il. Seul un prodige – ou un de ces miracles grâce auxquels les chrétiens s'illusionnent – pourra sauver notre savoir et le mettre à l'abri dans les impossibles bibliothèques de demain.

Ose te souvenir

48

L'invention des livres a peut-être été la plus grande victoire dans notre combat opiniâtre contre la destruction. Aux roseaux, à la peau, aux chiffons, aux arbres et à la lumière, nous avons confié le savoir que nous n'étions pas disposés à perdre. Grâce à eux, l'humanité a vécu une fabuleuse accélération de l'Histoire, du développement et du progrès. La grammaire partagée que nous ont fournie nos mythes et nos connaissances multiplie nos possibilités de coopération, unissant des lecteurs de différentes parties du monde et des générations successives au long des siècles. Comme l'affirme Stefan Zweig dans la fin mémorable de sa nouvelle *Le Bouquiniste Mendel*: «Les livres sont faits pour unir les hommes par-delà la mort, et nous défendre contre l'ennemi le plus implacable de toute vie: la fugacité et l'oubli.» À différentes époques, nous avons tenté les livres de fumée, de pierre, de terre, de feuilles, de roseaux, dc soie, de peau, de chiffons, d'arbres et, à présent, de lumière – les ordinateurs et livres électroniques. Les gestes pour ouvrir et fermer les livres, ou voyager dans le texte, ont varié avec le temps. Leur forme a changé, ainsi que leur rugosité ou leur douceur, leur labyrinthe intérieur, leur manière de crisser et de susurrer, leur durée, les animaux qui les dévorent et l'expérience de les lire à voix haute ou basse. Ils ont eu beaucoup de formes, mais ce qui est incontestable, c'est le succès écrasant de l'invention.

On doit aux livres la survie des plus belles idées fabriquées par l'espèce humaine. Sans eux, on aurait peut-être oublié cette poignée de Grecs téméraires qui décidèrent de donner le pouvoir au peuple – et appelèrent « démocratie » cette expérience osée ; les médecins d'Hippocrate, qui créèrent le premier code déontologique de l'Histoire, où ils s'engageaient à soigner également les pauvres et les esclaves : « Prends en compte les moyens de ton patient. Parfois, tu dois même exercer ta fonction gratuitement ; et, si tu as l'occasion de traiter un étranger qui se trouve en difficulté économique, prête-lui pleine assistance » ; Aristote, qui fonda une des toutes premières universités et disait à ses élèves que la différence entre le sage et l'ignorant est la même qu'entre le vivant et le mort ; Ératosthène, qui utilisa le pouvoir de la raison pour calculer la circonférence de la Terre avec une marge d'erreur d'à peine quatre-vingts kilomètres, en se servant seulement d'un bâton et d'un chameau ; les codes juridiques de ces fous de Romains qui, un jour, accordèrent la citoyenneté à tous les habitants de leur immense empire ; ou ce Grec chrétien, Paul de Tarse, qui prononça peut-être le premier discours égalitaire quand il dit : « Il n'y a ni juif, ni Grec, ni esclave, ni homme libre, ni homme, ni femme. » Tous ces prédécesseurs nous ont inspiré des idées aussi extravagantes dans le monde animal que les droits de l'homme, la démocratie, la confiance en la science, la santé universelle, l'éducation obligatoire, le droit à un procès équitable et la préoccupation sociale pour les faibles. Qui serions-nous aujourd'hui si nous avions perdu le souvenir de toutes ces découvertes, comme nous avons oublié pendant des siècles les langues et les savoirs des civilisations égyptienne et mésopotamienne ? L'écrivain Elias Canetti, bulgare séfarade de langue allemande avec un nom espagnol – ses ancêtres paternels changèrent Cañete en Canetti –, répondit : si chaque époque perdait le contact avec les époques antérieures, si chaque siècle coupait le cordon ombilical, nous pourrions juste construire une fable sans avenir. Ce serait l'asphyxie.

Je ne prétends pas omettre les zones d'ombre de cette histoire. Le mot « coopération » a un halo bénéfique et altruiste qui peut parfois recouvrir des réalités obscures. Les réseaux de collaboration servent souvent aussi à exploiter et à opprimer. De nombreuses sociétés se sont organisées pour garantir la continuité de leur système esclavagiste ; et les nazis pour orchestrer la solution finale. Les livres peuvent également véhiculer des idées dangereuses. Platon, qui croyait à la réincarnation, inventa un mythe pour expliquer l'existence du sexe féminin : naître femme est le châtiment et l'expiation des hommes qui furent injustes dans une vie antérieure. Aristote écrivit que les esclaves sont inférieurs par nature. Dans sa collection d'épigrammes, Martial ne semble éprouver aucun scrupule moral quand il adule jusqu'à l'écœurement un empereur cruel, ou quand il se moque de personnes avec des défauts physiques. Les écrivains romains, pour la plupart, considéraient comme une part de leur civilisation les combats de gladiateurs, où le public se divertissait en contemplant l'agonie de ces derniers. Les livres font de nous les héritiers de tous les récits : les meilleurs, les pires, les ambigus, les problématiques, ceux à double tranchant. Disposer de tous est bon pour réfléchir et permet de choisir. Il est difficile d'éviter le choc face à l'étrange mélange de créativité, de splendeur, de violence et d'accidents, caractéristique des civilisations qui bâtirent les fondations de l'Europe. Cette agitation est quasiment un axiome de la modernité tardive. En 1940, une des années les plus sombres de l'histoire européenne, Walter Benjamin, en fuite dans la France occupée, écrivit sa célèbre réflexion incendiaire : « Il n'est pas de document de culture qui ne soit en même temps un document de barbarie. » Face à l'évidence désespérante que la barbarie persévérait dans les régions de la raison et que l'instruction n'avait pas dissipé le mal, un autre européen enthousiaste, Stefan Zweig, se suicida en 1942.

À ce stade, on sait que toute image édulcorée ou révérencieuse de la culture est ingénue, en plus d'être stérile. Pétrarque, aveuglé par son admiration sentimentale de la Rome antique, devint fou de rage quand il découvrit les lettres de Cicéron, qu'il avait toujours considéré comme son âme sœur. Les documents intimes de son *alter ego* révélèrent un personnage ambitieux, par moments mesquin, par moments cynique, et très peu clairvoyant dans ses manœuvres politiques. Pétrarque régla le problème en adressant à son tour une lettre moralisatrice au mort, pleine de reproches. Nous pourrions tous proférer de justes récriminations à l'encontre de nos ancêtres imparfaits – et nous subirons à coups sûrs les salves de nos descendants, qui pointeront toutes nos contradictions et notre insensibilité. Mais si on résiste à l'impulsion de simplifier la littérature par des jugements méridiens, on la lira mieux. Plus notre compréhension historique sera intelligente et perspicace, plus nous serons capables de protéger ce que nous apprécions. Ainsi que le dit le poète et voyageur Fernando Sanmartín : « Le passé nous définit, nous donne une identité, nous pousse à la psychanalyse ou au déguisement, aux médicaments ou au mysticisme. Ceux qui sont lecteurs ont un passé à l'intérieur des livres. Pour le meilleur ou pour le pire. Car nous avons lu des choses qui aujourd'hui nous laisseraient perplexes, voire nous ennuieraient. Mais nous avons aussi lu des pages qui nous enthousiasment toujours ou nous emplissent de certitudes. Un livre est toujours un message. » Les livres ont légitimé, c'est vrai, des événements terribles, mais ils ont aussi entretenu les plus beaux récits, symboles, savoirs et inventions que l'humanité construisit dans le passé. Dans l'*Iliade*, nous avons contemplé le rapprochement poignant entre un vieillard et l'assassin de son fils ; dans les vers de Sappho, nous avons découvert que le désir est une forme de rébellion ; dans les *Histoires* d'Hérodote, nous avons appris à chercher la version de l'autre ; dans *Antigone*, nous avons entrevu l'existence de la loi internationale ; dans *Les Troyennes*, nous avons fait face à la barbarie pure ; dans une épître d'Horace, nous avons rencontré la célèbre maxime « ose savoir ! » ; dans *L'Art d'aimer* d'Ovide, nous avons suivi un cours intensif sur le plaisir ; dans les livres de Tacite, nous avons compris les mécanismes de la dictature ; et dans la voix de Sénèque, nous avons entendu un premier cri pacifiste. Les livres nous ont légué certaines pensées de nos ancêtres qui n'ont pas du tout mal vieilli : l'égalité entre les êtres humains, la possibilité de choisir nos dirigeants, l'intuition que les enfants sont peut-être mieux à l'école qu'au travail, la volonté d'utiliser – et de rogner dans – les finances publiques pour s'occuper des malades, des personnes âgées et des plus fragiles. Toutes ces inventions furent découvertes par les Anciens, qu'on appelle classiques, et elles sont arrivées jusqu'à nous par un chemin incertain. Sans les livres, les plus belles choses de notre monde seraient tombées dans l'oubli.

Épilogue

Les oubliés, les anonymes

Une petite troupe de chevaux et de mules s'aventure chaque jour sur les pentes glissantes et dans les ravins des Appalaches, avec des sacoches pleines de livres. Les cavaliers sont, pour la plupart, des femmes – amazones des lettres. Au début, les habitants du coin, à l'est du Kentucky, dans leurs vallées isolées du reste des États-Unis et du monde, les observent avec une méfiance ancestrale. Quelle personne, saine d'esprit, galoperait pendant l'hiver froid à travers ce territoire sans routes, cette terre de chemins imprécis, de ponts fragiles balançant au-dessus de l'abîme et de rivières où les pattes des animaux dérapent sur des lits de galets ? Ils plissent les yeux, crachent avec énergie. En d'autres temps, ils ont vu arriver des étrangers appelés à travailler dans les mines ou les scieries, mais c'était avant la Grande Dépression. Ils ne sont pas habitués, bien entendu, à la sinistre vision de ces femmes seules, jeunes, qui paraissent de manière inquiétante au service d'autorités lointaines, rôdant comme des trappeurs. Quand l'une d'elles se présente, sa présence sombre pèse dans l'air comme une menace. Les familles des condamnés de la montagne sentent une peur diffuse, primaire, à l'arrivée d'étrangers. Elles sont pauvres et craignent l'autorité autant que les criminels. Seul un tiers de ces braves paysans sait lire, mais ceux-là tremblent quand un inconnu brandit un papier. Une dette impayée, une dénonciation mal intentionnée ou un litige incompréhensible pourraient les déposséder de leurs pauvres biens. Ils ne l'avoueraient jamais, mais ces femmes à cheval leur inspirent de l'effroi. Cette peur se transforme en stupéfaction quand ils les voient mettre pied à terre, ouvrir leurs sacoches et sortir – terreur et claquement de dents – des livres.

Le mystère est résolu et les paysans n'arrivent pas à le croire. Vraiment ? Des bibliothécaires à cheval ? Du ravitaillement littéraire ? Ils ne comprennent pas l'étrange jargon qu'emploient les femmes : projet fédéral, New Deal, service public, plans pour encourager la lecture. Ils commencent à se détendre. Personne ne mentionne d'impôts, de tribunaux ou d'expulsions. Par ailleurs, les jeunes bibliothécaires ont l'air sympathique, elles semblent croire en Dieu et en la bonté.

Combattre le chômage, la crise et l'analphabétisme au moyen de vastes doses de culture financées par l'État : c'était un des engagements de la Works Progress Administration. En 1934, quand le projet fut conçu, les statistiques ne recensaient qu'un seul livre par habitant dans l'État de Kentucky. Dans ce territoire montagneux et misérable de l'Est, sans routes ni électricité, il était impensable de mettre en marche un système de bibliothèques ambulantes sur des carrioles, qui obtenaient un énorme succès dans d'autres régions du pays. L'unique alternative était de lancer sur les sentiers des Appalaches de coriaces bibliothécaires portant sur leur dos les livres jusqu'aux bastions les plus perdus. L'une d'elles, Nan Milan, aimait dire en plaisantant que ses chevaux avaient les jambes plus courtes d'un côté pour ne pas glisser sur les pentes escarpées de la montagne. Chaque cavalière sillonnait trois ou quatre routes différentes par semaine, avec des trajets allant jusqu'à trente kilomètres par jour. Les livres, provenant de donations, étaient stockés dans les bureaux de poste, les casernes, les églises, les tribunaux ou dans des maisons particulières. Les femmes, qui prenaient leur travail autant au sérieux que les infatigables facteurs de l'époque, récupéraient les exemplaires dans ces différents lieux et les distribuaient dans les écoles rurales, les centres communautaires et les familles paysannes. Leurs chevauchées solitaires ne manquaient pas d'aventures : les documents contiennent des anecdotes de chevaux rompus au milieu de nulle part, de femmes continuant leur chemin à pied, portant la lourde sacoche de mondes imaginaires. « Donne-moi un livre à lire » était le cri des enfants qui voyaient arriver les étrangères. Même si, en 1936, le circuit concernait 50 000 familles et 155 écoles, avec un total de 8 000 kilomètres parcourus par mois, les bibliothécaires à cheval du Kentucky répondaient à peine à un dixième des demandes. Une fois passée la méfiance initiale, les montagnards étaient devenus d'avides lecteurs. À Whitley County, les porteuses de livres trouvaient des comités d'accueil comptant jusqu'à trente habitants. Parfois, une famille refusait de déménager dans un autre endroit parce qu'il n'y avait pas de service bibliothèque. Une photographie d'époque, en noir et blanc, montre une jeune amazone lisant à voix haute à côté de la paillasse d'un vieil homme malade. L'apport de livres améliora la santé et l'hygiène dans la région – les familles apprirent, par exemple, que se laver les mains était beaucoup plus efficace pour éviter les coliques que souffler de la fumée de tabac sur une cuillerée de lait. Les adultes et les enfants s'amourachèrent du sens de l'humour de Mark Twain, mais le livre le plus réclamé, de loin, fut *Robinson Crusoé*. Les classiques mirent les nouveaux lecteurs en contact avec un type de magie auquel ils n'avaient jamais eu accès jusque-là. Les écoliers lettrés les lisaient à leurs parents analphabètes. Un jeune dit à sa bibliothécaire : « Ces livres que tu nous as apportés nous ont sauvé la vie. » Le programme employa quasiment un millier de bibliothécaires à cheval pendant dix ans. Le financement prit fin en 1943, l'année de la dissolution de la WPA, quand la Seconde Guerre mondiale remplaça la culture comme remède au chômage.

Nous sommes les seuls animaux à raconter des histoires, à chasser l'obscurité avec des contes, à apprendre à cohabiter, grâce aux récits, avec le chaos, à attiser les braises des foyers avec l'air de nos paroles, à parcourir de longues distances pour porter nos histoires aux étrangers. Et quand nous partageons les mêmes récits, nous ne sommes plus étrangers.

C'est merveilleux d'avoir réussi à préserver des fictions inventées il y a des millénaires. Depuis que quelqu'un a raconté pour la première fois l'*Iliade*, les péripéties du vieux duel entre Achille et Hector sur les plages de Troie ne sont jamais tombées dans l'oubli. Comme l'écrit Harari, un sociologue qui aurait vécu il y a 20 000 ans aurait bien pu arriver à la conclusion que la mythologie avait très peu de chances de survivre. Au bout du compte, qu'est-ce qu'une histoire ? Une séquence de mots. Un souffle. Un courant d'air qui sort des poumons, traverse le larynx, vibre sur les cordes vocales et acquiert sa forme définitive quand la langue caresse le palais, les dents ou les lèvres. Il paraît impossible de sauver quelque chose de si fragile. Mais l'humanité défia la souveraineté absolue de la destruction quand elle inventa l'écriture et les livres. Grâce à ces découvertes, un immense espace de rencontre avec les autres apparut, et une formidable augmentation de l'espérance de vie des idées se produisit. D'une façon mystérieuse et spontanée, l'amour des livres façonna une chaîne invisible de gens – hommes et femmes – qui, sans se connaître, ont sauvé le trésor des plus beaux récits, rêves et pensées, tout au long du temps.

C'est l'histoire d'un roman choral toujours en devenir. Le récit d'une fabuleuse aventure collective, la passion muette de tant d'êtres humains unis par cette mystérieuse loyauté : conteuses orales, inventeurs, scribes, enlumineurs, bibliothécaires, traducteurs, libraires, vendeurs ambulants, institutrices, savants, espions, rebelles, voyageurs, religieuses, esclaves, aventurières, imprimeurs. Lecteurs dans leurs clubs, chez eux, au sommet des montagnes, près de la mer qui rugit, dans les capitales où l'énergie se concentre et dans les enclaves reculées où le savoir se réfugie en période de chaos. Des gens ordinaires dont l'histoire, la plupart du temps, ne retient pas le nom. Les oubliés, les anonymes. Des personnes qui se sont battues pour nous, pour les visages flous du futur.

REMERCIEMENTS

Beaucoup de personnes m'ont aidée, de différentes manières, dans la traversée de l'écriture. Je remercie chacune d'entre elles :

Rafael Argullol, qui a imaginé ce livre avant moi et déployé sous mes yeux la carte de ce voyage.

Julio Guerrero, pour m'avoir tendu la main.

Ofelia Grande, pour cette générosité délicate qui m'a offert sagesse et espérance.

Elena Palacios, pour une amitié inoubliable et pour avoir rendu réel ce que je n'osais pas rêver.

L'équipe éditoriale de Siruela, pour leur prodigieuse magie dans le vieux métier des roseaux infinis.

Marina Penalva, María Lynch, Mercedes Casanovas et tant de personnes chez Casanovas & Lynch, pour avoir été les ailes qui ont fait voler ce livre jusqu'à une constellation de pays et de langues.

Alfonso Castán et Francisco Muñiz, pour leur générosité insolite.

Carlos García Gual, qui m'a guidée avec ses signaux lumineux.

Agustín Sánchez Vidal, qui a partagé avec moi ses connaissances et son passe-partout.

Luis Beltrán, pour avoir aiguisé mon regard.

Ana María Moix, qui m'a accueillie dans un jardin entrevu de l'extérieur.

Guillermo Fatás, pour ses leçons d'histoire, de journalisme et d'ironie.

Encarna Samitier, pour les premières perspectives et l'amitié durable.

Antón Castro, qui soutient notre fragile paysage de lettres.

Fergus Millar, pour m'avoir ouvert les portes d'Oxford et pour les voyages dans le temps.

Mario Citroni, pour son hospitalité florentine, sa sagesse et son attention.

Ángel Escobar, pour m'avoir enseigné la rigueur.

Le personnel des bibliothèques d'Oxford, de Cambridge, de Florence, de Bologne, de Rome, de Madrid et de Saragosse, pour m'avoir facilité l'exploration de ces régions de papier.

Mes inoubliables professeures, Pilar Iranzo, Carmen Romeo, Inocencia Torres et Carmen Gómez Urdáñez.

Anne Caballé, qui agrandit l'horizon avec ses mots.

Carmen Peña, Ana López-Navajas, Margarita Borja, Marifé Santiago, pour m'avoir inspirée.

Andrés Barba, pour les conversations sur le rire et le futur.

Luis Landero, pour avoir cru en moi.

Belén Gopegui, pour les échos d'une conversation et pour le mystérieux début de l'amitié.

Jesús Marchamalo, pour la gaieté et un chapeau partagé.

Fernando López, pour les jours dionysiaques.

Stefania Ferchedau et Natalie Tchernetska, présences dans la distance.

Mes amies créatrices, Ana Alcolea, Patricia Esteban, Lina Vila, Sandra Santana et Laura Bordonaba.

Les personnes qui rendent la vie plus douce : María Ángeles López, Francisco Gan, Teresa Azcona, Valle García, Reyes Lambea, Leticia Bravo, Albano Hernández, María Luisa Grau, Cristina Martín, Gloria Labarta, Pilar Pastor, María Jesús Pardos, María Gamón, Liliana Vargas, Diego Prada, Julio Cristellys et Ricardo Lladosa.

Les premiers lecteurs, les libraires Pepe Fernández, Julia Millán et Pablo Muñío.

Tous ces professeurs de lycée qui sont des semeurs d'enthousiasme, en particulier Chus Picot, Ana Buñola, Paz Hernández, David Mayor, Berta Amella, Laura Lahoz, Fernando Escanero, José Antonio Escrig, Marcos Guillén, Amaia Zubilaga, Eva Ibáñez, Cristóbal Barea, Irene Ramos, Pilar Gómez, Mercedes Ortiz, Félix Gay et José Antonio Laín.

La formidable équipe de pédiatrie néonatale de l'hôpital Miguel Servet de Saragosse, les infirmières qui nous ont donné tant de vie et tous ces enfants qui, aujourd'hui encore, luttent de toutes leurs forces pour s'accrocher à la vie.

Les accompagnantes : Esther, Pilar, Cristina, Zara, Nuria et ma nounou María.

Ma mère, Elena, dompteuse du chaos.

Enrique, mon phare et ma boussole.

Le petit Pedro, doctorant en sabotage, qui m'a appris en quoi consiste l'espoir.

Ma famille, mes amis et les lecteurs, qui êtes une autre famille d'amis.

NOTE POUR LA TRIBU DU ROSEAU

Vous,
qui dans la douceur et la profondeur
du futur
avez à nouveau appris
à lire et à écrire
n'oubliez jamais :
il n'y a rien de plus beau
qu'être fragile dans un monde infini.

Juan F. RIVERO,
Las hogueras azules (2020)

Dans un de mes souvenirs d'enfance préférés, je marche en tenant la main immense de mon grand-père, parsemée de ces taches brunes que peint l'âge. À ses côtés, j'éprouvais un sentiment de sécurité absolue. Non seulement il veillait sur moi, mais il possédait un instinct protecteur universel et indiscriminé. Je le revois accroupi, dans la rue, tentant de refermer une bouche d'égout ou ramassant sur le trottoir des pelures d'écorces de fruits afin d'éviter un éventuel accident. Vérifiant si les échafaudages d'un bâtiment en travaux étaient sûrs. Transportant des seaux d'eau de chez lui pour arroser les arbres qui agonisent debout pendant les terribles étés de Saragosse. Mon grand-père voulait prévenir les maux qu'on pouvait empêcher, sauver les inconnus, les plantes, tout le monde. Corriger toutes les catastrophes et y remédier. Quand il avait neutralisé la menace d'une traîtresse peau de banane abandonnée sur le trottoir, il me disait : « Tu as remarqué ? Le bien ne se voit pas. Ici, personne ne va glisser, tomber et se casser la jambe. Et on ne le saura jamais. » Ce livre parle de gens comme mon grand-père. De sauveurs invisibles. De la destruction que quelqu'un a évitée par un effort silencieux. Du chaos qui aurait pu être, et n'a pas été. Du bien qu'on ne voit pas.

De manière inattendue, *L'Infini dans un roseau* est arrivé entre les mains accueillantes des lecteurs à une époque étrange, des temps sombres qui nous ont rappelé notre incurable fragilité. Submergés par l'incertitude, nous avons senti la protection de soignants anonymes qui affrontent chaque jour un virus invisible et leurs propres peurs. Ida Vitale l'écrivit : « Puisque tu n'es à l'abri de rien, essaie toi-même d'être l'abri de quelque chose. » Au cours de ces mois, cherchant des planches de salut et des canots de sauvetage face au désarroi, nous nous sommes tournés vers les livres, ces objets – vulnérables, comme nous – qui ont toujours été à nos côtés et de notre côté, qui nous sauvent de toute sorte de confinements par de simples et légers mouvements de nos yeux et de nos mains, nous rappelant que l'univers entier peut tenir dans les lignes d'une page imprimée.

Lire, c'est écouter de la musique devenue parole. C'est à la fois familier et étranger. C'est parfois parler avec les morts pour se sentir plus vivants. C'est un voyage immobile. C'est un prodige quotidien. Dans cette période de réclusion, on a constaté que les livres apaisent l'anxiété et offrent de l'évasion. Aujourd'hui, on apprécie – peut-être plus que jamais – le rôle qu'ils jouent dans nos vies ballotées par la tourmente et la consternation. Au long des siècles, ces trésors de mots ont survécu aux guerres, aux dictatures, aux sécheresses, aux crises et aux catastrophes. En eux, les utopies attendent des jours meilleurs. Encore et encore, ils nous donnent dans leurs pages – comme des bras ouverts – les idées, les histoires et les contes dont nous avons besoin pour écrire le futur.

J'ai toujours été la pessimiste officielle de la famille. J'ai d'ailleurs commencé à écrire ce texte dans des circonstances personnelles teintées de ténèbres. Et, paradoxalement, quand les circonstances ont vraiment dégénéré, j'ai déserté. J'ai abandonné le navire du fatalisme en pleine tempête. De nombreuses années après nos patrouilles de rue en quête d'écorces de fruits, j'ai embrassé les idées de mon grand-père sur l'abondance des bontés invisibles. Ce n'est pas un hasard : tandis que j'avançais, lettre par lettre, ligne par ligne, dans l'écriture, j'ai vécu au contact quotidien de personnes qui se consacrent aux métiers du soin – professionnels de l'attention, rocs silencieux. D'une certaine façon, elles ont créé le laboratoire de ce livre, se sont infiltrées dans les brèches de mon imagination. Elles ont été mon paysage. Les expériences modèlent toujours les idées et, dans ces conditions, le centre du texte a gravité doucement vers les aventures silencieuses des sauveurs anonymes de livres.

L'Infini dans un roseau est né petit, vulnérable, aux antipodes des grandes espérances. Je suis émue de l'avoir vu grandir grâce à la générosité d'intimes inconnus, d'enthousiastes secrets. Tant qu'il reste fermé, un livre est seulement une partition muette, contenant les paroles et la musique d'une symphonie possible. Il n'y pas d'histoire, pas de page qui ne palpite sans l'effleurement d'yeux étrangers. Pour prendre vie, il faut des interprètes qui fassent vibrer les cordes, parcourent fébrilement le pentagramme, susurrent les chants avec leur propre accent, modulent la mélodie au rythme de leurs souvenirs. Lire exige de croire en l'histoire, mais aussi de la créer. La littérature, comme disait Ursula K. Le Guin, propose une collaboration entre le narrateur et le public, entre l'écrivaine et la lectrice ; c'est de la fabulation et de la confabulation. Ainsi, écrire suppose aussi de se livrer soi-même à d'autres mains, regards et voix. Et c'est là que s'est produit l'insolite, cette bouleversante polyphonie de lectures rythmiques et mesurées. Comme diraient Blanche DuBois dans *Un tramway nommé Désir* et mon grand-père, ceci est un livre sauvé par la bonté des inconnus. À toutes et tous, à toi, qui avez maintenu en vie cette aventure millénaire, ma gratitude infinie.

Irene VALLEJO
Août 2020

NOTES

Prologue

Apulée, *Les Métamorphoses ou l'Âne d'or*, III, 28 (un récit de bandits de l'Antiquité) ; Horace, *Satires*, I, 5, 7 (diarrhées des voyageurs après avoir bu de l'eau non potable) ; Lionel Casson, *Libraries in the Ancient World*, New Haven, Yale University Press, 2002 (agents au service des rois d'Égypte pour acheter des livres) ; Pseudo-Aristée, *Lettre d'Aristée à Philocrate*, 9 [trad. fr. Vianès, *Naissance de la Bible grecque*, 2017] (la Bibliothèque d'Alexandrie aspire à réunir tous les livres du monde) ; Galien, *Commentaire aux* Épidémies III *d'Hippocrate*, éd. Kühn, XVIIa, p. 607 (escroquerie à l'encontre des Athéniens pour s'emparer des originaux des tragédies) ; Galien, *Commentaire aux* Épidémies III *d'Hippocrate*, éd. Kühn, XVIIa, p. 606 (le fond des navires) ; Epiphane de Salamine, *Traité des poids et mesures*, 10 [trad. fr. Vianès, *Naissance de la Bible grecque*, 2017] dans *Patrologia Graeca*, XLIII/3 Migne, p. 252 (lettre à tous les souverains de la Terre) ; Galien, *Deuxième Commentaire sur le livre de* La nature de l'homme *d'Hippocrate*, éd. Kühn, XV, p. 102. (falsifications) ; Marcellinus, *Vie de Thucydide*, 31-34 (ce que Thucydide n'a pas dit) ; Pseudo-Aristée, *Lettre d'Aristée à Philocrate,* 10 [trad. fr. Vianès, *Naissance de la Bible grecque*, 2017] (combien de livres avons-nous déjà ?).

I. Grèce

Chapitre 1 : Hérondas, *Mimes*, I, 2632 (une entremetteuse énumère les charmes d'Alexandrie).

Chapitre 2 : Pline l'Ancien, *Histoire naturelle*, IX, 58, 119121 (la perle dissoute dans du vinaigre) ; Plutarque, *Vie d'Antoine*, 58, 9 (Marc Antoine offre 200 000 livres) et 27, 1-5 (description de Cléopâtre).

Chapitre 3 : Plutarque, *La Fortune ou la Vertu d'Alexandre*, I, 5 (328C) (Alexandre fonda soixante-dix villes) ; Plutarque, *Vie d'Alexandre*, 8, 2 (Alexandre dormait avec l'*Iliade* sous son oreiller) et 26, 5 (rêve homérique et fondation d'Alexandrie) ; Homère, *Odyssée*, IV, 351359 (l'île de Pharos) ; Strabon, *Géographie*, XVII, 1, 8 (le tracé d'Alexandrie).

Chapitre 4 : Plutarque, *Vie d'Alexandre*, 21 (générosité avec la famille de Darius) ; 26, 1 (le coffre de l'*Iliade*).

Chapitre 5 : Arrien, *L'Anabase d'Alexandre*, V, 2529 (les officiers macédoniens refusent de continuer).

Chapitre 6 : Arrien, *L'Anabase d'Alexandre*, VII, 4 (noces à Suse).

Chapitre 8 : Ancien Testament, *Premier Livre des Maccabées*, I, 19 (Alexandre dans la Bible) ; Asura XVIII, versets 8298 (Alexandre dans le Coran) ; Diodore de Sicile, *Bibliothèque historique*, XVII, 72 (Alexandre incendie Persépolis) ; Strabon, *Géographie*, II, 1, 9 (tous ceux qui écrivent sur Alexandre préfèrent le merveilleux à la vérité).

Chapitre 9 : *Astronomical Diaries and Related Texts from Babylonia*, vol. I, 207, éds. A. J. Sachs & H. Hunger (un scribe babylonien note la mort d'Alexandre) ; Diodore de Sicile, *Bibliothèque historique*, XVIII, 1, 4, etc. (les combats entre les amis d'Alexandre après sa mort) ; Plutarque, *Vie d'Alexandre*, 77 (Roxane, enceinte, élimine ses rivales, et autres crimes familiaux) ; Strabon, *Géographie*, XV, 2, 9 (Séleucos vend l'Inde pour cinq cents éléphants de guerre).

Chapitre 10 : *Greek Historical Inscriptions 404-323 BC* 433, éds. P. J. Rhodes & R. G. Osborne (Alexandre déclare dans un décret qu'il considère toute la Terre à lui) ; Diodore de Sicile, *Bibliothèque historique*, XVIII, 4, 4 (Alexandre rêvait de créer une communauté entre l'Asie et l'Europe) ; Tzetzès, *De comoedia* (traductions des livres de tous les peuples pour la Bibliothèque d'Alexandrie) ; Pseudo-Aristée, *Lettre d'Aristée à Philocrate,* 30 [trad. fr. Vianès, *Naissance de la Bible grecque*, 2017], etc. (la Septante) ; Pline l'Ancien, *Histoire naturelle*, XXX, 2, 4 (traduction des textes attribués à Zoroastre) ; Flavius Josèphe, *Contre Apion. De l'ancienneté du peuple juif*, I, 14 (l'historien égyptien Manéthon) ; Flavius Josèphe, *Antiquités judaïques*, III, 6 (l'histoire de Bérose le Chaldéen) ; Arrien, *L'Anabase d'Alexandre*, V, 6, 2 (mention de l'essai sur l'Inde écrit par Mégasthène).

CHAPITRE 12 : Lawrence Durrell, *Justine*, troisième partie (le khamsin) ; Pline l'Ancien, *Histoire naturelle*, XIII, 22, 71 (description de la plante de papyrus et de ses usages) ; Ancien Testament, *Exode*, 2, 3 (Moïse abandonné dans une corbeille en papyrus).

CHAPITRE 13 : encyclopédie byzantine, la *Souda, s.v.* Leonatos (*Λ* 249 Adler), (un commandant d'Alexandre imite sa coiffure et son style) ; Pausanias, *Description de la Grèce*, I, 6, 2, et Théocrite, *Idylles XVII. Éloge de Ptolémée*, 2034 (allusions à Ptolémée comme demi-frère d'Alexandre) ; Plutarque, *Vie d'Eumène*, 13, 68 (Eumène parle en rêve à Alexandre) ; Diodore de Sicile, *Bibliothèque historique*, XIX, 15, 34 (réunion présidée par le trône vide d'Alexandre) et XVIII, 2628 (le char funèbre et l'enlèvement du cadavre d'Alexandre) ; Olaf B. Rader, *Grab und Herrschaft. Politischer Totenkult von Alexander dem Großen bis Lenin*, C. H. Beck, 2003 (péripéties du cadavre d'Alexandre) ; Suétone, *Vie des douze Césars, Auguste*, 18, 1 (Auguste devant le corps embaumé d'Alexandre) ; Dion Cassius, *Histoire romaine*, LI, 16, 5 (Auguste casse le nez de la momie) ; *Vita Marciana*, 6 (Aristote, « le lecteur ») ; Strabon, *Géographie*, XIII, 1, 54 (Aristote fut le premier à rassembler une collection de livres et il enseigna aux rois d'Égypte comment organiser une bibliothèque).

CHAPITRE 14 : Pseudo-Aristée, *Lettre d'Aristée à Philocrate*, 29 [trad. fr. Vianès, *Naissance de la Bible grecque*, 2017] (rapport de Démétrios au roi sur les acquisitions de la bibliothèque), 3540 (lettre à Éléazar), 301307 (la traduction de la Septante).

CHAPITRE 15 : Plutarque, *La Fortune ou la Vertu d'Alexandre*, I, 5 (328D) (Homère est lu en Asie et les tragiques en Perse, à Suse et en Gédrosie) ; Flavius Josèphe, *Contre Apion*, II, 35 (les juifs occupent le plus beau quartier d'Alexandrie) ; Diodore de Sicile, *Bibliothèque historique*, XL, 3, 4 (Hécatée se plaint de la xénophobie juive) et I, 83, 89 (un étranger lynché pour avoir tué un chat).

CHAPITRE 16 : Thucydide, *La Guerre du Péloponnèse*, II, 41 (Athènes, école de Grèce) ; Plutarque, *Non posse suaviter vivi secundum Epicurum* / Si l'on se conforme à Epicure, il n'est pas possible de vivre plaisamment, 13 (1095d) [trad. fr. Boulogne, Pléiade, 2010] (Ptolémée fonde le Musée) ; Strabon, *Géographie*, XVII, 1, 8 (description du Musée) ; Dion Cassius, *Histoire romaine*, LXXVIII, 7 (privilèges matériels des membres du Musée) ; Athénée, *Déipnosophistes*, I, 22D (coups de bec dans la cage des muses) ; Callimaque, *Iambes* I (les membres du Musée ont du ressentiment les uns envers les autres).

CHAPITRE 17 : Judith McKenzie, *The Architecture of Alexandria and Egypt 300 B.C. to A.D. 700*, p. 41 (descriptions arabes du phare).

CHAPITRE 18 : Strabon, *Géographie*, XVII, 1, 6 (la digue, le port et le phare d'Alexandrie) ; Synésios de Cyrène, Éloge de la calvitie, 6, 1 [CUF T. IV] (statues du Musée d'Alexandrie).

CHAPITRE 19 : saint Augustin, *Confessions*, VI, 3 [trad. fr. de Labriolle, *Œuvres philosophiques complètes*, 2018, I, p. 108] (lecture silencieuse d'Ambroise).

CHAPITRE 20 : Strabon, *Géographie*, XVII, 1, 8 (le sarcophage en or d'Alexandre remplacé par un autre moins précieux) ; Aphthonios, *Progymnasmata* XII, 8-9 [dans *Corpus Rhetoricum*, T. I CUF] (description de la bibliothèque du Serapeum, qui mit la ville en condition de philosopher) ;

Tzetzès, *De comoedia*, XX (nombre de livres des bibliothèques alexandrines) ; Epiphane de Salamine, *Traité des poids et mesures*, 9 [trad. fr. Vianès, *Naissance de la Bible grecque*, 2017]. (54 800 livres de la Grande Bibliothèque) ; Pseudo-Aristée, *Lettre d'Aristée à Philocrate*, 10 [trad. fr. Vianès, *Naissance de la Bible grecque*, 2017] (200 000 livres de la Grande Bibliothèque) ; Aulu-Gelle, *Nuits attiques*, VII, 17, 3, et Ammien Marcellin, *Histoires*, XXII, 16, 13 (700 000 livres de la Grande Bibliothèque).

CHAPITRE 21 : http://www.bodleian.ox.ac.uk/bodley/news/2015/oct-19 (il faut chaque jour trouver de la place pour 1 000 nouveaux livres dans la Bibliothèque bodléienne) ; http://www.oxfordtoday.ox.ac.uk/features/oxford-underground (tunnels de livres sous la ville d'Oxford). http://www. cherwell.org/2007/11/16/feature-the-bods-secret-underbelly/ (une visite des tunnels).

CHAPITRE 22 : H. M. Vernon, *A History of the Oxford Museum*, p. 15 (le premier musée au sens moderne).

CHAPITRE 23 : Lionel Casson, *Libraries in the Ancient World*, *op. cit.* (bibliothèques du Proche-Orient ancien).

CHAPITRE 24 : Diodore de Sicile, *Bibliothèque historique*, I, 49, 3 (la bibliothèque, « lieu de soin de l'âme ») ; Fernando Báez, *Los primeros libros de la humanidad. El mundo antes de la imprenta y el libro electrónico*, Madrid, Fórcola Ediciones, 2013, p. 108 (avantages d'être scribe en Égypte) ; *Bulletin de la Société française d'égyptologie*, 131, 1994, p. 1618 (la dernière inscription en écriture hiéroglyphique) ; http://rosettaproject.org (Projet Rosetta).

CHAPITRE 25 : Pline l'Ancien, *Histoire naturelle*, XIII, 23, 7477 (huit variétés de papyrus) ; Naphtali Lewis, *Papyrus in Classical Antiquity*, Oxford, The Clarendon Press, p. 92 (commerce du papyrus) ; encyclopédie byzantine la *Souda*, *s.v.* Aristophanès (A 3933 Adler) (le bibliothécaire emprisonné pour avoir tenté de fuir à Pergame) ; Pline l'Ancien, *Histoire naturelle*, XIII, 21, 70 (embargo de papyrus à la bibliothèque de Pergame et découverte du parchemin).

CHAPITRE 26 : Hérodote, *Histoires*, V, 35, 3, et Polyen, *Stratagèmes,* I, 24 (le message tatoué).

CHAPITRE 27 : Peter Watson, *Ideas: A History of Thought and Invention, from Fire to Freud*, New York, Harper Perennial, 2006 (calcul du nombre de peaux nécessaires pour un manuscrit).

CHAPITRE 28 : P. Nelles, « Renaissance Libraries », *in* D. H. Stam, *International Dictionary of Library Histories*, 2001, p. 151 (la bibliothèque du couvent de San Marco et le concept moderne de la bibliothèque publique).

CHAPITRE 29 : Quintilien, *Institution oratoire*, I, 8, 20 (Didyme l'Oubli-livres) ; Sénèque, *Lettres à Lucilius*, 88, 37 (Didyme écrivit 4 000 livres) ; Pline l'Ancien, *Histoire naturelle*, préface 25 (surnom d'Apion).

CHAPITRE 30 : Hérodote, *Histoires*, II, 53, 2 (Homère vécut au IXe siècle) ; Barbara Graziosi, *Inventing Homer*, 2002, p. 98, etc. (débats sur l'époque et le lieu de naissance d'Homère) ; Athénée, *Déipnosophistes*, VIII, 277E (les miettes du banquet d'Homère) ; Platon, *La République*, X, 606d607a (Platon expulse Homère de sa république idéale) ; Vitruve, *De l'architecture*, VII, préface 89 (Zoïle, le pourfendeur d'Homère) ; Homère, *Iliade*, XXIV, 475, etc. (larmes d'Achille et du roi troyen) ; Homère, *Odyssée*, V, 1270 (Ulysse abandonne Calypso).

CHAPITRE 31 : Robin Lane Fox, *Alexander the Great* (le premier héros épique d'Europe, un Noir) ; Mathias Murko, *La Poésie populaire épique en Yougoslavie au début du XXe siècle*, 1929 (les chanteurs slaves).

CHAPITRE 34 : Homère, *Odyssée*, I, 356359 (Télémaque ordonne à sa mère de se taire) ; Homère, *Iliade*, I, 545550 (Zeus blâme Héra) ; Mary Beard, *Les Femmes et le Pouvoir. Un manifeste*, 2018 (les voix des femmes tues dans la sphère publique) ; Homère, *Iliade*, II, 212, etc. (Ulysse donne une leçon au plébéien Thersite).

CHAPITRE 35 : Eric A. Havelock, *The Muse Learns to Write*, New Haven, Yale University Press, 1988 (l'écriture transforme la conscience, la pensée, la syntaxe et le vocabulaire) ; Évangile selon saint Jean, 8, 8 (Jésus écrit dans le sable) ; Albert B. Lord, *The Singer Resumes the Tale*, Ithaca, Cornell University Press, 1995, p. 272275 (le barde Milovan Vojičić compose en 1933 la « Chanson de Milman Parry ») ; Daniel Sánchez Salas, *La figura del explicador en los inicios del cine español*, Alicante, Biblioteca Virtual Miguel de Cervantès, 2002 (le personnage du bonimenteur) ; collectif, « *No lo comprendo, no lo comprendo* ». *Conversaciones con Akira Kurosawa*, Almería, Editorial Confluencias, 2014, p. 41, etc. (Heigo Kurosawa, narrateur de films muets).

CHAPITRE 38 : Fernando Báez, *Los primeros libros de la humanidad. op. cit.*, p. 36 (l'origine multiple de l'écriture).

CHAPITRE 39 : Ewan Clayton, *The Golden Thread. The Story of Writing*, Londres, Atlantic Books, 2013 (les fondations de l'écriture).

CHAPITRE 40 : Chinua Achebe, *Le Malaise*, Paris, Présence africaine, 1974 (un Nigérian analphabète réfléchit à la parole écrite).

CHAPITRE 41 : Sergio Pérez Cortés, « Un aliento poético : el alfabeto », *Éndoxa : Series filológicas* n° 8, 1997, Madrid, UNED (un Grec adapte le système d'écriture phénicien).

CHAPITRE 42 : Sergio Pérez Cortés, « Un aliento poético : el alfabeto », *op. cit.* (les plus anciennes inscriptions grecques) ; Homère, *Odyssée*, VIII, 382 (concours de danse lors des banquets).

CHAPITRE 43 : Hésiode, *Les Travaux et les Jours*, 633640 (Hésiode critique son village natal) ; Hésiode, *Théogonie*, 22, etc. (Hésiode reçoit la visite des muses) ; Hésiode, *Les Travaux et les Jours*, 27, etc. (procès contre son frère Persès).

CHAPITRE 44 : Eric A. Havelock, *The Muse Learns to Write*, *op. cit.* (lente avancée de l'alphabétisation en Grèce) ; Platon, *Phèdre*, 274d, etc. (Socrate contre l'écriture) ; Betsy Sparrow, Jenny Liu et Daniel M. Wegner, « Google Effects on Memory: Cognitive Consequences of Having Information at Our Fingertips », *Science*, août 2011, vol. 333, p. 776778 ;

http://science.sciencemag.org/content/333/6043/776 (effet Google).

Chapitre 45 : Jorge Luis Borges, *Borges oral*, Madrid, Alianza Editorial, 1999, p. 9 (le livre, extension de la mémoire et de l'imagination).

Chapitre 46 : Friedrich Hölderlin, « Grèce », *Œuvre poétique complète*. Édition bilingue français-allemand, Paris, La Différence, 2005 (Hölderlin rêve de l'ancienne Athènes).

Chapitre 47 : Fernando Báez, *Nueva historia universal de la destrucción de libros,* Barcelone, Ediciones Destino, 2011, p. 50 et 102 (incendie de Persépolis et bûchers dans la Chine de Shi Huangdi) ; Anna Caballé, *El bolso de Ana Karenina*, Barcelone, Ediciones Península, 2009, p. 27 (les amis d'Anna Akhmatova apprennent par cœur ses poèmes pour les sauver) ; saint Augustin, *Nature et origine de l'âme*, IV, 7, 9 (Simplicius, le lecteur mémorieux).

Chapitre 48 : Thucydide, *La Guerre du Péloponnèse*, I, 6, 3 (les Grecs et les armes) ; Pausanias, *Description de la Grèce*, VI, 9, 6 (massacre dans une école de l'archipel du Dodécanèse) ; Alberto Manguel, *Une histoire de la lecture*, Arles, Actes Sud, Babel, 2000 (rituel juif de l'initiation à la lecture) ; Hérondas, *Mimiambes*, III, 5973 (le maître fouette son élève).

Chapitre 50 : Archiloque, fragment 6 Diehl [= fr. 13 CUF] (le bouclier abandonné) ; fragment 72 Diehl [= fr. 90 CUF] (désir érotique) ; fragment 64 Diehl [= fr. 117 CUF] (personne n'est honoré après sa mort) ; Richard Jenkyns, *Classical Literature. An Epic Journey from Homer to Virgil and Beyond*, New York, Basic Books, 2016 (le premier râleur d'Europe).

Chapitre 51 : Diogène Laërce, *Vies et doctrines des philosophes illustres*, IX, 5 (Héraclite dépose son livre dans le temple d'Artémis, et autres faits biographiques) ; IX, 56 (Héraclite l'énigmatique) ; Cicéron, *Des termes extrêmes des biens et des maux*, II, 5, 15 (Héraclite l'obscur) ; Héraclite, fragments 111 et 62 Diels-Kranz ; Platon, *Cratyle*, 402a (Héraclite dit qu'on ne peut se baigner deux fois dans le même fleuve) ; Jorge Manrique, *Stances sur la mort de son père*, 2527, Cognac,

Le temps qu'il fait, 1995 («Nos vies sont les fleuves...»); Jorge Luis Borges, *Œuvre poétique*, Paris, Gallimard, 1985 (poème à Héraclite).

CHAPITRE 52 : Strabon, *Géographie*, XIV, 1, 22 ; Valère Maxime, *Faits et dits mémorables*, VIII, 14, ext. 5 ; et Élien, *La Personnalité des animaux*, VI, 40 [trad. fr. Zucker, Les Belles Lettres, 2001] (le pyromane d'Éphèse) ; Plutarque, *Vie d'Alexandre*, 3, 5 (Alexandre est né la nuit où a brûlé le temple d'Artémis, une des Sept Merveilles du monde).

CHAPITRE 53 : Aristomène, fr. 9K ; Théopompe, fr. 77K ; Nikophon, fr. 19, 4K (les comiques mentionnent les libraires d'Athènes) ; Eupolis, fr. 304K et Platon, *Apologie de Socrate*, 26 DE (vente de livres sur le marché de l'agora) ; Lucien, *Le Pseudosophiste ou le Soléciste*, 30 (un livre vendu pour la somme exorbitante de 750 drachmes) ; Aristophane, *Les Grenouilles*, 943 (jus de livres) ; Alexis, fr. 135K (Héraclès choisit un livre de cuisine) ; Xénophon, *Anabase*, VII, 5, 14 (livres parmi les restes d'un naufrage) ; Zénobios, 5, 6 (un disciple de Platon vend les œuvres de ce dernier en Sicile) ; Diogène Laërce, *Vies et doctrines des philosophes illustres*, IV, 6 (Aristote achète la bibliothèque de Speusippe pour 3 talents) ; Strabon, *Géographie*, XIII, 1, 54 (Aristote fut le premier à rassembler une collection de livres et enseigna aux rois d'Égypte comment organiser une bibliothèque).

CHAPITRE 54 : Aristote, *Rhétorique*, 1413b, 1213 (livres avec «une grande circulation») ; Denys d'Halicarnasse, *Les Orateurs antiques, Isocrate*, 18 (les libraires transportent des livres sur des charrettes) ; http://elpais.com/elpais/2014/11/24/eps/1416840075_461450.html (libraires nomades, article de Jorge Carrión).

CHAPITRE 55 : Aulu-Gelle, *Nuits attiques*, XIII, 17, 1 (*paidèia* traduit en latin par *humanitas*) ; Pseudo-Platon, *Axiochos*, 371 cd (la vie d'outre-tombe pour les gens cultivés : prairies, théâtres, chœurs, concerts, banquets) ; H.I. Marrou, *Histoire de l'éducation dans l'Antiquité*, Paris, Seuil, Points, 1981 (la religion de la culture) ; Plutarque, *De l'éducation des enfants*, 8 (la seule chose qui vaille vraiment la peine dans la vie, c'est l'éducation) ; http://elpais.com/diario/1984/06/27/cultura/457135204_850215.html (Michel Foucault réfléchit à la vie comme œuvre d'art, répondant à des questions un peu avant sa mort en 1984).

Chapitre 56 : P. E. Easterling et B. M. W. Knox (éds.), *The Cambridge History of Classical Literature. 1. Greek Literature*, Cambridge, Cambridge University Press, 1989 (la portée des livres à l'époque hellénistique) ; W. Dittemberger, *Sylloge Inscriptionum Graecarum*, 577579 (lois scolaires de Milet et Téos).

Chapitre 57 : P. E. Easterling et B. M. W. Knox (éds.), *The Cambridge History of Classical Literature. 1. Greek Literature*, *op. cit.* (la portée des livres à l'époque hellénistique) ; Vitruve, *De l'architecture*, VII, préface 47 (Aristophane de Byzance et les voleurs de vers) ; encyclopédie byzantine la *Souda, s. v.* Kallímachos (K 222 Adler) (les *Pinakes*, un catalogue en 120 livres).

Chapitre 58 : Diogène Laërce, *Vies et doctrines des philosophes illustres*, III, 4 (le vrai nom de Platon) ; R. Pfeiffer (éd.), *Callimachus I. Fragmenta*, 1949, Oxford, Clarendon Press (fragments des *Pinakes* de Callimaque) ; fragment 434435 (miscellanées, avec les quatre livres de pâtisserie) ; G. Murray (éd.), *Aeschylus: The Creator of Tragedy*, 1955, Oxford, Clarendon Press, p. 375 (liste des œuvres d'Eschyle dans l'ordre alphabétique).

Chapitre 59 : bibliothèques espagnoles publiques en chiffres : http://www.mecd.gob.es/cultura-mecd/areas-cultura/bibliotecas/mc/ebp/portada.html ; Fernando Báez, *Nueva historia universal de la destrucción de libros*, *op. cit.*, p. 49 (nombre de bibliothèques qui existèrent dans les anciennes villes du Proche-Orient) ; Ángel Esteban, *El escritor en su paraíso*, Cáceres, Periférica, 2014 (écrivains bibliothécaires) ; E. Rodríguez Monegal, *Borges par lui-même*, Paris, Seuil, 1990, p. 112 (Borges aveugle s'oriente dans la Bibliothèque nationale de Buenos Aires) ; Julia Wells, « The Female

Librarian in Film: Has the Image Changed in 60 Years? », *SLIS Student Research Journal*, 2013, 3(2) (archétypes des femmes bibliothécaires au cinéma) ; Rosa San Segundo Manuel, « Mujeres bibliotecarias durante la II República: de vanguardia intelectual a la depuración », CEE Participación Educativa, hors-série 2010, p. 143164 (les femmes bibliothécaires en Espagne après la guerre) ; Inmaculada de la Fuente, *El exilio interior. La vida de María Moliner*, Madrid, editorial Turner Libros, 2011, p. 175198 (procès de l'épuration de María Moliner) ; http://www.mecd.gob.es/revista-cee/pdf/extr2010-san-segundo-manuel.pdf (femmes bibliothécaires sous la IIe République : de l'avant-garde intellectuelle à l'épuration).

Chapitre 60 : Gabriel Zaid, *Los demasiados libros*, Barcelone, editorial Debolsillo, 2010, p. 20 (un livre par minute) ; encyclopédie byzantine la *Souda, s. v.* Dinarque et Lycurgue (Λ 825 Adler) ; Photius, *Bibliothèque*, 20b 25 (les *enkrithéntes*) ; encyclopédie byzantine la *Souda, s. v.* Télèphe (T 495 Adler) (un manuel intitulé *Connaître les livres*) ; encyclopédie byzantine la *Souda, s. v.* Philon de Byblos (Φ 447 Adler) (un manuel intitulé *Sur le choix et l'acquisition de livres*).

Chapitre 61 : Athénée, *Les Deipnosophistes*, IX, 379E (les sept cuisiniers légendaires de Grèce) ; Pseudo-Plutarque, *Vie des dix orateurs*, *Lycurgue* (841F) (décret pour protéger les œuvres des trois auteurs tragiques).

Chapitre 62 : Alberto Bernabé Pajares & Helena Rodríguez Somolinos, *Poetisas griegas*, Madrid, Ediciones Clásicas, 1994 (extraits de poèmes des écrivaines).

Chapitre 63 : Gwendolyn Leick, *The A to Z of Mesopotamia*, 2010, *sub voce* Enheduanna (la prêtresse et poétesse Enheduanna) ; Clara Janés, *Tu gardes la maison et tu te tais. Autour de la femme et de la littérature*, traduction Évelyne Martin Hernandez, Paris, L'Harmattan, 2016 (Enheduanna, première voix poétique connue) ; Démocrite, fragments B110 et B274 Diels-Kranz (les femmes doivent parler le moins possible) ; Platon, *La République*, IX, 575 D (la patrie appelée « matrie ») ; Hérodote, *Histoires*, VII, 99 (Artémise d'Halicarnasse), et VIII, 94 (récompense pour sa tête) ; Plutarque, *Le Banquet des sept sages*, 3 (148 CE) (Cléobuline au banquet des sept) ; encyclopédie byzantine la *Souda, s. v.* Cléobuline (K 1718 Adler) (le livre de devinettes de Cléobuline) ; Diogène Laërce, *Vies et doctrines des philosophes illustres*, I, 89 (comédie de Cratinos intitulée *Les Cléobulines*) ; Carlos García Gual, *Los Siete Sabios (y tres más)*, Madrid, Alianza Editorial, 2007, p. 117 (les femmes grecques choisissent de s'exprimer par des énigmes).

CHAPITRE 64 : Sénèque, *Lettres à Lucilius*, 88, 37 (essai de Didyme se demandant si Sappho était une pute) ; Fernando Báez, *Nueva historia universal de la destrucción de libros*, *op. cit.*, p. 441 (le pape Grégoire VII ordonne la destruction de tous les exemplaires des poèmes de Sappho).

CHAPITRE 65 : Pseudo-Démosthène, *Contre Nééra*, 122 (hétaïres, concubines, épouses) ; Plutarque, *Vie de Périclès*, 24, 8 (Périclès et Aspasie) ; Platon, *Ménéxène*, 236b (Aspasie écrivit, entre autres, l'oraison funèbre) ; Thucydide, *La Guerre du Péloponnèse*, II, 36, etc. (oraison funèbre) ; Juan Carlos Iglesias Zoido, *El legado de Tucídides en la cultura occidental: discursos e historia*, Coimbra, Universidade de Coimbra, 2011, p. 228 (les discours d'Obama et de Kennedy inspirés par l'oraison funèbre) ; Euripide, *Médée*, 230, etc. (plaintes de Médée) ; 10881089 (une muse nous accompagne en quête de la sagesse) ; Platon, *Timée*, 90e91d (les hommes injustes, femmes la génération suivante) ; Platon, *La République*, V, 455c456b (aucune occupation ne correspond à la femme parce qu'elle est femme) ; Diogène Laërce, *Vies et doctrines des philosophes illustres*, III, 46 (femmes philosophes de l'Académie) ; VI, 9698 (Hipparchia la cynique) ; X, 46 (l'épicurienne Léontion) ; Cicéron, *La Nature des dieux*, I, 93 [trad. fr. Auvray-Assayas, Les Belles Lettres, 2002] (une petite pute comme Léontion) ; José Solana Dueso, *Aspasia de Mileto y la emancipación de las mujeres: Wilamowitz frente a*

Bruns, Amazon E-book, 2014 (mouvement d'émancipation à Athènes).

CHAPITRE 67 : Pseudo-Plutarque, *Vies des dix orateurs, Lycurgue* (841F), et Pausanias, *Description de la Grèce*, I, 21, 12 (statues des trois auteurs tragiques sur l'Acropole d'Athènes) ; Pausanias, *Description de la Grèce*, I, 14, 5 et Athénée, *Les Deipnosophistes*, XIV, 627C (épitaphe d'Eschyle).

CHAPITRE 68 : Jacques Lacarrière, *Hérodote et la découverte de la terre*, Paris, Arthaud, 1968 (les frontières entre la civilisation et la barbarie) ; Hérodote, *Histoires*, I, 15 (origine de l'inimitié entre les Occidentaux et les Orientaux).

CHAPITRE 69 : Emmanuel Levinas, *Totalité et Infini*, Paris, Le Livre de Poche, 1990 (l'autre est le fait décisif par lequel s'illuminent les choses).

CHAPITRE 70 : Ovide, *Les Métamorphoses*, II, 833 (l'enlèvement d'Europe et la quête de Cadmos) ; Hatem N. Akil, *The Visual Divide between Islam and the West*, E-book, 2016, p. 12 (étymologie d'Europe).

CHAPITRE 71 : Ryszard Kapuściński, *Mes voyages avec Hérodote*, traduction Véronique Patte, Paris, Pocket, 2008 (revendication d'Hérodote) ; Hérodote, *Histoires*, III, 38 (la force de l'habitude) ; Luciano Canfora, *Conservazione e perdita dei classici*, Bari, Stiloeditrice, 2016, p. 9 et 29 (la division des œuvres en rouleaux et l'importance des boîtes pour les conserver) ; Pline l'Ancien, *Histoire naturelle*, XIII, 26, 83 (la vie utile d'un rouleau de papyrus) ; J. M. Coetzee, « Qu'est-ce qu'un classique ? », in *Doubler le cap, essais et entretiens*. Traduction Jean-Louis Cornille, Paris, Seuil, 2007 (le classique, c'est ce qui survit à n'importe quelle barbarie).

CHAPITRE 72 : Umberto Eco, *Le Nom de la rose*, traduction Jean-Noël Schifano, Paris, Le Livre de Poche, 2002 (l'étincelle luciférienne) ; Luis Beltrán, *Anatomía de la risa*, México, Ediciones sin nombre, 2011, p. 1425 (la culture primitive était, essentiellement, égalitaire et joyeuse) ; Andrés Barba, *La risa caníbal*, Barcelone, Alpha Decay, 2016, p. 35 (Aristophane instaura la possibilité de l'humour comme arme politique) ; Ortega y Gasset, *Méditations sur don Quichotte* (la comédie est le genre des partis conservateurs).

CHAPITRE 73 : Isocrate, *Panégyrique*, 50 (citoyenneté culturelle) ; Julien l'Apostat, *Contre les Galiléens*, 229 E [trad. fr. Gérard, Ousia éd., 1995] (sorties professionnelles d'un étudiant grec pendant l'Antiquité) ; W. Dittenberger, *Sylloge Inscriptionum Graecarum*, Leipzig, 1917, 578.213 (inscription de Téos) et 577.45, 5053 (inscription de Pergame).

CHAPITRE 74 : E. G. Turner, *Greek Papyri: An Introduction*, Oxford, Clarendon Press, 1980, p. 77 (une momie accompagnée par l'*Iliade* pour l'éternité) ; Plutarque, *Vie de Nicias*, 29, 2 (on laisse la vie aux Grecs capables de réciter des vers d'Euripide) ; Lionel Casson, *Libraries in the Ancient World*, *op. cit.* (bibliothèques hellénistiques).

CHAPITRE 75 : Plutarque *Vie de Nicias*, Démosthène, 4 et 11 (légende de la résilience de Démosthène) ; Quintilien, *Institution oratoire*, X, 3, 30 (Démosthène apprend à se concentrer parmi le grondement des vagues) ; Aristophane, *Les Guêpes*, 836, etc. (procès d'un chien pour avoir mangé un fromage) ; Hérodote, *Histoires*, VIII, 7483 (soirée agitée la veille de la bataille de Salamine) ; Pseudo-Plutarque, *Vies des dix orateurs*, *Antiphon* (833 C) (Antiphon ouvre une boutique de consolations) ; H.I. Marrou, *Histoire de l'éducation dans l'Antiquité*, tomes 1 et 2, *op. cit.* (les conférences itinérantes de l'Antiquité) ; Gorgias, *Éloge d'Hélène*, 8 (la parole est un puissant souverain) ; Évangile selon saint Matthieu, 8 (dis seulement une parole et je serai guéri).

CHAPITRE 76 : https://www.nytimes.com/roomfordebate/2011/01/05/does-one-word-change-huckleberry-finn (débat autour des éditions expurgées de *Huckleberry Finn* et *Tom Sawyer*, de Mark Twain) ; James Finn Garner, *Contes de Noël politiquement corrects*, Paris, Grasset, 1997 (version du Petit Chaperon Rouge sensible aux minorités) ; Pausanias, *Description de la Grèce*, I, 30, 1 (description de l'Académie platonicienne) ; Platon, *La République*, VI, 514a517a (mythe de la caverne) ; Platon, *La République*, III, 386a398b (censure littéraire dans l'État idéal) ; Platon, *Les Lois*, VII, 801d802b (les poètes ne pourront rien composer en contradiction avec ce que la ville considère comme légal, juste, beau et bien) ; George Orwell, *1984* (la littérature sera entièrement réécrite d'ici 2050) ; Platon, *Les Lois*, VII, 811 ce (sa propre œuvre comme programme éducatif) ; Flannery O'Connor, « L'essence et la portée de la fiction », in *Les braves gens ne courent pas les rues*, Paris, Gallimard, Folio, 1981 (les livres édifiants, chemin sans danger mais sans espoir) ; Santiago Roncagliolo, « Cuentos para niños malos », article publié dans *El País* le 15/12/2013 (censure littéraire et Playstation) ; http://www.independent.co.uk/news/uk/home-news/soas-university-of-london-students-union-white-philosophers-curriculum-syllabus-a7515716.html (le Syndicat des étudiants de l'Université de Londres propose d'éliminer Platon, Descartes, Kant et Bertrand Russell du programme d'études).

CHAPITRE 77 : Callimaque, *Épigrammes*, 25 [23 CUF] (mort de Cléombrote après avoir lu un dialogue de Platon) ; Ramón Andrés, *Semper dolens. Historia del suicidio en Occidente*, Barcelone, Editorial Acantilado, 2015, p. 325328 (la fièvre suicidaire provoquée par Werther) ; H. P. Lovecraft, *Le Necronomicon,* précédé de *Histoire du Necronomicon*, Paris, J'ai Lu, 1979 (histoire fictive du *Necronomicon* et de ses traductions) ; Rafael Llopis Paret, prologue à *Los mitos de Cthulhu*, Madrid, Editorial Alianza, 1969, p. 4344 (plai santeries et arnaques autour du *Necronomicon*) ; *Les Mille et Une Nuits* (le livre empoisonné du médecin Douban) ; Alexandre Dumas, *La Reine Margot* (le livre de fauconnerie empoisonné) ; Umberto Eco, *Le Nom de la rose*, *op. cit.* (la victime s'empoisonne seule, à mesure qu'elle lit) ; Fernando Báez, *Nueva historia universal de la destrucción de libros*, *op. cit.*, p. 390391 (les livres-bombes).

CHAPITRE 78 : Galien, *Premier commentaire sur le livre de* La nature de l'homme *d'Hippocrate*, T. XV, p. 24 Kühn (le feu et les tremblements de terre sont les causes les plus fréquentes de la destruction des livres) ; Fernando Báez, *Nueva historia universal de la destrucción de libros*, *op. cit.*, p. 270 et 297 (biblioclastie nazie et attaques contre les livres de Joyce) ; Jesús Marchamalo, *Tocar los libros*, Madrid, Fórcola Ediciones, 2016, p. 92 (Joyce espère traverser rapidement le purgatoire) ; Heinrich Heine, *Almansor*, vers 242243 (là où on brûle les livres, on finit par brûler les gens) ; Jorge Luis Borges, « Le congrès », in *Œuvres complètes* (tome III) (régulièrement, au bout de quelques siècles, il faut brûler la Bibliothèque d'Alexandrie).

Chapitre 79 : Plutarque, *Vie de César*, 49 (Cléopâtre enveloppée dans le tapis) ; Lucain, *La Guerre civile* (*Pharsale)*, X, 439454 (César assiégé dans le palais d'Alexandrie) et 486505 (les soldats de César provoquent l'incendie du port) ; César, *Guerre civile*, III, 111 (les bateaux brûlent) ; Hirtius [Pseudo-César], *Guerre d'Alexandrie*, 1 (les bâtiments d'Alexandrie ne contiennent pas de bois) ; Sénèque, *Sur la tranquillité de l'âme*, 9, 5 (40 000 livres brûlèrent à Alexandrie) ; Dion Cassius, *Histoire romaine*, XLII, 38, 2 (l'incendie détruisit les entrepôts de céréales et de livres) ; Orose, *Histoires*, VI, 15, 31 (les rouleaux brûlés se trouvaient par hasard dans les entrepôts du port).

Chapitre 80 : Dion Cassius, *Histoire romaine*, LXXVII, 7, 3 (menaces et attaques de Caracalla à l'encontre des savants du Musée) et 22, 123, 3 (un mur de Berlin à Alexandrie) ; Ammien Marcellin, *Histoires*, XXII, 16, 15 (la bibliothèque du quartier de Bruccheion fut détruite en 272 av. J.-C.) ; Paul Auster, *Au pays des choses dernières*, traduction Patrick Ferragut, Arles, Actes Sud, Babel, 2017 (Anna dans les ruines de la Bibliothèque nationale) ; Michael Holquist, prologue à l'édition de *The Dialogic Imagination* de Mikhail Bakhtine, Austin, Texas University Press, 1981, p. 24 (Bakhtine roulant ses cigarettes avec les feuilles de l'unique manuscrit de son livre).

Chapitre 81 : Ammien Marcellin, *Histoires*, XXII, 16, 15 (propension des Alexandrins aux rixes de rue) ; Rufin, XI, 2230 et Sozomène, *Histoire ecclésiastique*, VII, 15 (troubles et pillage du Serapeum) ; Socrate le Scholastique, *Histoire ecclésiastique*, V, 16 (destruction du Serapeum) et VI, 15 (assassinat d'Hypatie) ; encyclopédie byzantine la *Souda, s. v.* Théon (Θ 205 Adler) (le dernier hôte du Musée) ; Damascios, *Vie d'Isidore*, fragment 102 [La *Souda, s.v.* Hypatie (U 166 Adler)] (Hypatie effraie son élève en lui montrant son sang menstruel) ; Jean de Nikiou, *Chronique*, LXXXIV, 87103 (Hypatie, sorcière qui employait des stratagèmes sataniques) ; Palladas in *Anthologie grecque*, IX, 400 (poème à Hypatie) ; Maria Dzielska, *Hypatie d'Alexandrie*, traduction Marion Koeltz, Paris, Des Femmes, 2010 (biographie d'Hypatie).

CHAPITRE 82 : Eutychès, *Annales*, II (lettre d'Amr : j'ai conquis Alexandrie) ; Ibn al-Kifti, *Histoire des philosophes* (rencontre entre Amr et l'érudit chrétien, et le destin tragique des livres) ; Luciano Canfora, *La Véritable Histoire de la Bibliothèque d'Alexandrie*, traduction Jean-Paul Mangarano, Paris, Desjonquères, 1988 (Amr et Omar) ; Fernando Báez, *Nueva historia universal de la destrucción de libros*, *op. cit.*, p. 7881 (preuves pour et contre la thèse de la destruction musulmane).

CHAPITRE 83 : http://news.bbc.co.uk/2/hi/middle_east/2334707.stm (récit de l'inauguration de la nouvelle Bibliothèque d'Alexandrie).

CHAPITRE 84 : Ivan Lovrenovic, « The Hatred of Memory », *New York Times*, 28 mai 1994 (un témoin décrit le bombardement de la bibliothèque de Sarajevo) ; Arturo Pérez-Reverte, « Asesinos de libros », *Patente de corso* (1993-1998), Madrid, Editorial Suma de Letras, 2001, p. 5053 (souvenirs du désastre) ; Ray Bradbury, *Fahrenheit 451*, traduction Jacques Chambon, Paris, Gallimard, Folio, 2000 (papillons noirs) ; Nations unies, Commission d'experts de l'ex-Yougoslavie, 1994, annexe VI, paragraphes 183193 (destruction volontaire des biens culturels) ; Juan Goytisolo, *Cahier de Sarajevo*, traduction François Maspero, Strasbourg, La Nuée bleue, 1990 (le jour où la bibliothèque brûla) ; Jorge Carrión, *Librairies. Itinéraires d'une passion*, Paris, Seuil, 2016 (*Mein Kampf* sur le toit) ; L. D. Reynolds & N. G. Wilson, *Scribes and Scholars*, Oxford, Oxford University Press, 2014 (symboles et traces textuelles des travaux alexandrins dans les œuvres survivantes).

CHAPITRE 85 : Jesús Marchamalo, *Tocar los libros*, *op. cit.*, p. 51 (liste de livres apaisants dans des lieux sinistres) ; Leonora Carrington, *En bas*, Eric Losfeld, 1973 (Leonora Carrington lit Unamuno dans un hôpital psychiatrique de Santander) ; Nico Rost, *Goethe in Dachau*, Berlin, Ullstein, 2000 (bibliothèques dans les camps de concentration), (vitamines L et F), (le club de lecture), (je refuse), (une sorte de communauté européenne) ; Monika Zgustová, *Vestidas para un baile en la nieve*, Barcelone, Editorial Galaxia Gutenberg, 2017, p. 1314 et 215 (livres de Galia et Elena dans le goulag) ; Viktor Frankl, *Découvrir un sens à sa vie avec la logothérapie,* Québec, De l'homme, 2013 (destruction du manuscrit qui contenait son œuvre) (paradoxalement, les intellectuels supportent mieux les conditions de vie à Auschwitz que les autres prisonniers plus robustes) ; Michel del Castillo, *Tanguy*, Paris, Gallimard, Folio, 1996 (Tolstoï à Auschwitz) ; Javier Barrio, « Eulalio Ferrer, la memoria de *El Quijote* », *El País*, 26 avril 1990 (*Don Quichotte* contre des cigarettes).

CHAPITRE 87 : Amelia Valcárcel, conversation avec Emilio Lledó, « Crise de valeurs et éthique démocratique », 22 novembre 2013, colloque intitulé « Le monde que nous voulons », https://www.youtube.com/watch?v=c_gZcZFq-YE (les Grecs commencèrent à être aussi étranges que nous) ; René Berger et Solange Ghernaouti-Hélie, *Technocivilisation*, Lausanne, EPFL Press, 2010, p. 1 (étymologie du mot « ordinateur ») ; Paul Auster, *L'Invention de la solitude*, traduction Christine Le Bœuf, Arles, Actes Sud, Babel, 2017 (réflexions autour de la traduction) ; Plutarque, *La Fortune ou la Vertu d'Alexandre*, I, 6 (329C-D) (il ordonna que tous considèrent le monde comme leur patrie) ; Luca Scuccimarra, *I confini del mondo. Storia del cosmopolitismo dall'Antichità al Settecento*, Bologne, Il Mulino, 2006 (le rêve d'Alexandre, Ératosthène et la nouvelle carte) ; George Steiner, *Une certaine idée de l'Europe*, traduction Christine Le Bœuf, Arles, Actes Sud, 2005 (eux n'ont jamais envoyé de bateau pour prendre de nos nouvelles) ; Rafael Argullol, *Visión desde el fondo del mar*, Barcelone, Editorial Acantilado, 2010, p. 708 (il voyagea !).

II. Rome

Chapitre 1 : Tite-Live, *Histoire romaine*, I, 7 (fratricide originel), 8 (les premiers Romains, délinquants et personnes d'origine obscure) et 9 (enlèvement des Sabines) ; Mithridate chez Salluste, *Histoires*, IV, 69, 17 [*Discours et lettres tirées des* Histoires, VI, p. 302 CUF] (tout ce qu'ils possèdent, ils l'ont volé).

Chapitre 2 : Orose, *Histoires contre les païens*, IV, 12 (la seule année sans guerres) ; Mary Beard, *SPQR. Histoire de l'ancienne Rome*, traduction Simon Duran, Paris, Perrin, 2016 (effort de guerre romain) ; Jules César, *Guerre des Gaules*, II, 33 (53 000 prisonniers vendus comme esclaves sur le terrain).

Chapitre 3 : Michael von Albrecht, *La littérature latine de Livius Andronicus à Boèce et sa permanence dans les lettres européennes*, tome I, traduit de l'allemand par Pierre Assenmaker avec la collaboration d'Anne-Marie Doyen-Higuet et d'Herman Seldeslachts, Paris, Vrin, collection d'études classiques ; 26, Louvain : Peeters, 2014 (contexte culturel) ; Mary Beard & John Henderson, *Classics. A Very Short Introduction*, Oxford, Oxford University Press, 2000 (la Grèce l'invente, Rome le veut) ; Horace, *Épîtres*, II, 1, 156 (la Grèce conquise envahit son redoutable vainqueur) ; Valère Maxime, *Faits et dits mémorables*, II, 2, 3 (une délégation grecque s'adresse dans sa langue au Sénat romain) ; George Steiner & Cécile Ladjali, *Éloge de la transmission*, Paris, Albin Michel, 2003 (la fable sans avenir de Canetti).

Chapitre 4 : Cicéron, *Brutus*, 72 (acte de naissance de la littérature latine) ; Hipólito Escolar, *Manual de historia del libro*, Madrid, Editorial Gredos, 2000, p. 88 (les Romains adaptent l'alphabet étrusque) ; Tite-Live, *Histoire romaine*, XXVII, 37, 7 (le poète Livius Andronicus reçoit des commandes) ; Michael von Albrecht, *La littérature latine de Livius Andronicus à Boèce et sa permanence dans les lettres européennes*, tome I, *op. cit.* ; 26, Louvain : Peeters, 2014 (biographie de Livius Andronicus) ; Jesús Marchamalo, *Tocar los libros*, *op. cit.*, p. 62 (un livre toutes les 30 secondes).

Chapitre 5 : Plutarque, *Vie de Paul Émile*, 28, 6 (bibliothèque macédonienne) ; Strabon, *Géographie*, XIII, 1, 54 (bibliothèque de Sylla) ; Canfora, *La Véritable Histoire de la Bibliothèque d'Alexandrie*, *op. cit.* (péripéties de la bibliothèque d'Aristote) ; Isidore, *Étymologies*, VI, 5, 1 (bibliothèque de Lucullus) ; Plutarque, *Vie de Lucullus*, 42, 1 (la réception des muses dans la bibliothèque de Lucullus) ; F. Scott Fitzgerald, *Gatsby le magnifique*, traduction Philippe Jaworsky, Paris, Gallimard, Folio, 2012 (la bibliothèque rapportée d'Europe pour Gatsby) ; Juvénal, *Satires*, III, 60 (je ne peux pas supporter la ville pleine de Grecs) ; Térence, *L'Hécyre*, second prologue (le théâtre à Rome rivalise avec les spectacles de pugilistes et de funambules) ; Mary Beard, *SPQR. Histoire de l'ancienne Rome*, *op. cit.* (Plaute se moque de lui-même en se nommant « barbare »).

Chapitre 6 : Francine Prose, *Peggy Guggenheim : Le choc de la modernité*, Paris, Tallandier, 2018 (Peggy Guggenheim fuit Paris et Marseille) ; Serge Guilbaut, *Comment New York vola l'idée d'art moderne*, Paris, Fayard, Pluriel, 2006 (souci de faire de New York la nouvelle capitale de la culture) ; Irving Sandler, *Le Triomphe de l'art américain*, Paris, éditions Carré, 2000 (relations entre les artistes émigrés et les Américains) ; Jackson Pollock, « My Painting », *in* Barbara Rose (éd.), *Pollock: Painting*, New York, Agrinde, 1980, p. 97 (il est très important que les grands artistes européens soient parmi nous) ; Vladimir Nabokov, « Lettre à Altagracia de Jannelli, 16 novembre 1938 », *in* Dmitri Nabokov, *Vladimir Nabokov Selected Letters, 1940-1977*, San Diego, Harcourt

Brace Jovanovich, 1989 (ce qui me fascine dans la civilisation américaine, c'est précisément cette touche du vieux monde) ; Román Gubern, *Historia del cine*, Barcelone, Ediciones Dánae, 1971, p. 117 (origines des pionniers des grands studios) ; Agustín Sánchez Vidal, *Historia del cine*, Madrid, Editorial Historia 16, 1997, p. 79 (vagues d'émigrants européens dans le cinéma américain) ; Joseph McBride, *À la recherche de John Ford, Une vie*, traduction Jean-Pierre Coursodon, Lyon/Paris, Institut Lumière/Actes Sud, 2007 (mythe de la naissance irlandaise de John Ford).

CHAPITRE 7 : Diogène Laërce, *Vies et doctrines des philosophes illustres*, III, 19 (Platon vendu comme esclave) ; Peter Hunt, *Ancient Greek and Roman Slavery*, Hoboken, WileyBlackwell, 2017, p. 93, etc. (esclaves grecs et culture romaine) ; Mary Beard, *SPQR. Histoire de l'ancienne Rome*, *op. cit.* (l'esclavage en chiffres) ; Lionel Casson, *Libraries in the Ancient World*, *op. cit.* (esclaves bibliothécaires de Cicéron) ; Cicéron, *Lettres à Atticus*, IV, 4a, 1 [= Lettre 109, dans *Correspondance*, T. II, CUF] (le merveilleux travail bibliothécaire de Tiron) ; Cicéron, *Lettres familières*, XIII, 77, 3 [= Lettre 557, dans *Correspondance*, T. VII CUF] (Dionysius le voleur de livres) ; Janet Duitsman Cornelius, *When I Can Read My Title Clear: Literacy, Slavery, and Religion in the Antebellum South*, Columbia S. C., University of South Carolina Press, 1991 (châtiments des esclaves américains qui lisent) ; Alberto Manguel, *Une histoire de la lecture*, *op. cit.* (les propriétaires d'esclaves croyaient au pouvoir des mots ; pour cette raison, ils interdisaient la lecture) ; Jesper Svenbro, « La Grèce archaïque et classique : l'invention de la lecture silencieuse », *in* G. Cavallo & R. Chartier, *Histoire de la lecture dans le monde occidental*, Paris, Seuil, Points, 2001 (la lecture comme sodomisation).

CHAPITRE 8 : Pline, *Histoire naturelle*, XIII, 21 (livres écrits sur des écorces) ; Callimaque, *Les origines*, fragment 73 Pfeiffer [trad. fr. Durbec, *Fragments poétiques*, 2006, p. 81] (message d'amour sur un arbre) ; Virgile, *Les Bucoliques*, X, 5354 (les noms des amants croissent avec l'écorce).

Chapitre 9 : Charles W. Hedrick Jr., « Literature and comunication », *in* Michael Peachin, *The Oxford Handbook of Social Relations in the Roman World*, New York, Oxford University Press, 2011, p. 180, etc. (livres et relations sociales) ; Pline le Jeune, *Lettres*, IV, 7, 2 (Regulus organise la promotion de son livre épouvantable) ; Martial, *Épigrammes*, V, 16, 10 (mes pages plaisent seulement gratis) et VI, 82 (pourquoi portes-tu un manteau aussi usé ?) ; Caton cité par Aulu-Gelle dans *Nuits attiques*, X, 2, 5 (la poésie n'occupait pas une place honorable) ; Mario Alighiero Manacorda, *Storia illustrata dell'educazione*, Florence, Giunti Editore, 1992 (l'éducation, une profession humble et méprisée) ; Tacite, *Annales*, III, 6, 4 (origines obscures).

Chapitre 10 : Cicéron, *Lettres à Atticus*, XIII, 21a, 2 [= Lettre 675, dans *Correspondance*, T. VIII CUF] (la copie pirate de Caerellia) ; Valère Maxime, *Faits et dits mémorables*, IV, 4, 10 (Cornelia se soucie de l'éducation de ses enfants) ; Plutarque, *Vie de Caius Gracchus*, 19 (salon littéraire de Cornelia) ; Salluste, *La Conjuration de Catilina*, 25, 2 (Sempronia, lectrice de latin et de grec) ; Cicéron *in* Lactance, *Institutions divines*, I, 15, 20 (la fille très cultivée de Cicéron) ; Plutarque, *Vie de Pompée*, 55 (la femme de Pompée jouait de la lyre et aimait la géographie, la littérature et les discussions philosophiques) ; Suétone, *Grammairiens et rhéteurs*, XVI, 1 (relations suspectes entre un esclave lettré et la fille du maître) ; Juvénal, *Satires*, VI, 434456 (caricature des femmes qui ont lu davantage que les hommes) ; Martha Asunción Alonso, *Wendy*, Valence, Editorial PreTextos, 2015, p. 74 (pas toujours et de manière inégale, / la parole reste pour nous, / comme un dieu ou comme un diamant, / indestructible).

Chapitre 11 : W. V. Harris, « Literacy and Epigraphy », *ZPE*, 1983, 52, p. 87111 (éléments d'alphabétisation à Pompéi) ; Ausone, *Lettres*, 2, 15, etc. (n'aie pas peur, même si résonnent les coups de martinet) ; saint Augustin, *La Cité de Dieu*, XXI, 14 (qui ne préfèrerait pas mourir s'il fallait choisir entre la mort et retourner en enfance) ; H.I. Marrou, *Histoire de l'éducation dans l'Antiquité*, tomes 1 et 2, *op. cit.* (le métier mal payé des instituteurs) ; Horace, *Satires*, I, 6, 74 (les enfants, sur le chemin de l'école avec leur boîte et leurs tablettes) ; Ovide, *L'Art d'aimer*, II, 395 (tablettes et infidélités) ; Perse, *Satires*, III, 1014 (gouttes d'encre) ; Elisa Ruiz García, *Introducción a la codicología*, Madrid, Editorial Fundación Germán Sánchez Ruipérez, 2002, p. 96 et 122 (encres et tablettes antiques).

CHAPITRE 12 : Prudence, *Le Livre des couronnes*, IX (martyre du maître d'école saint Cassien assassiné par ses élèves) ; Quintilien, *Institution oratoire*, I, 3, 1417 (contre les châtiments corporels à l'école) ; Horace, *Satires*, I, 2526 (les précepteurs complaisants donnent de petits gâteaux aux enfants pour qu'ils apprennent les premières lettres) ; Pétrone, *Satiricon*, IV, 1 (aujourd'hui les enfants étudient en jouant) ; H.I. Marrou, *Histoire de l'éducation dans l'Antiquité*, tomes 1 et 2 ; *op. cit.* (théories pédagogiques clémentes dans l'école romaine).

CHAPITRE 13 : Yuval Noah Harari, *Sapiens : Une brève histoire de l'humanité*, traduction Pierre-Emmanuel Dauzat, Paris, Albin Michel, 2015 (chronologie de l'humanité) ; Ewan Clayton, *The Golden Thread. The Story of Writing*, *op. cit.* (graffitis) ; Vladimir Nabokov, *Feu pâle*, traduction Raymond Girard, Paris, Gallimard, Folio, 1991 (nous sommes absurdement habitués au miracle de l'écriture).

CHAPITRE 14 : Martial, *Épigrammes*, XIV, 5 (pour que la cire sombre n'obscurcisse pas tes yeux défaillants) ; Quintilien, *Institution oratoire*, X, 3, 31 (recommandation pour lecteurs à la vue fragile) ; Pline l'Ancien, *Histoire naturelle*, XXXVII, 16, 64 (l'émeraude de Néron) ; Edward Grom & Leon Broitman, *Ensayos sobre historia, ética, arte y oftalmología*, Caracas, 1988 (histoire des lunettes) ; Umberto Eco, *Le Nom de la rose*, *op. cit.* (un mystérieux instrument optique provoque la stupeur) ; Pline, *Histoire naturelle*, XIII, 23, 7477 (papyrus grossier et papyrus fin) ; Martial, *Épigrammes*, I, 117, 16 (rouleaux lissés avec une pierre-ponce) et IV, 89,

2 (les umbilicus des livres) ; Vitruve, *De l'architecture*, II, 9, 13 (propriétés de l'huile de cèdre contre les insectes) ; Lucien de Samosate, *Contre un bibliomane ignorant* (satire du collectionneur inculte).

Chapitre 15 : Martial, *Épigrammes*, II, 1, 5 (un livre copié en une heure) ; Catulle, *Poèmes*, XIV (je me précipiterai sur les stocks des libraires) ; Martial, *Épigrammes*, I, 117, 9 (publicité déguisée pour une librairie) ; I, 2 et 113, et IV, 72 (les libraires mentionnés par Martial) ; Horace, *Épîtres*, I, 20 (le livre impudique et exhibitionniste) ; Mario Citroni, *Poesia e lettori in Roma antica*, RomeBari, Laterza, 1995, p. 1215 (apparition des lecteurs anonymes, au-delà du cercle d'amis).

Chapitre 17 : Jorge Carrión, *Librairies. Itinéraires d'une passion*, *op. cit.* (sur le dialogue entre bibliothèques et librairies) ; Suétone, *Vie des douze Césars. Domitien*, 10, 1 (exécution d'un historien gênant, de ses copistes et des libraires) ; George Borrow, *La Bible en Espagne*, Paris, Phébus, 1991 (portraits de libraires espagnols).

Chapitre 18 : Françoise Frenkel, *Rien où poser sa tête*, Paris, Gallimard, Folio, 2018 (apprentissage d'une libraire) ; Jorge Carrión, *Librairies. Itinéraires d'une passion*, *op. cit.* (amour-haine pour les livres d'Hitler et de Mao Zedong) ; Jonathan Spence, *Mao Zedong. A Life*, New York, Penguin Random House, 2006 (comment Mao Zedong ouvrit une librairie et, grâce au succès commercial de cette aventure, put s'employer tranquillement à détruire le capitalisme) ; http://www.abc.es/cultura/libros/abci-mein-kampf-exito-ventas-alemania-201801180148 (Hitler, auteur de best-seller).

Chapitre 19 : C. Pascual, F. Puche & A. Rivero, *Memoria de la librería*, Madrid, Trama Editorial, 2012 (énergie des librairies, influence dans les rues) ; Jon Kimche, *in* Stephen Wadhams, *Remembering Orwell, vol. 1: An Age to Read*, Harmondsworth, Penguin, 1984 (expérience d'Orwell comme libraire) ; *Baromètre des habitudes de lecture et achat de livres en Espagne en 2017* de la Fédération de la corporation des éditeurs espagnols (nombre de lecteurs en Aragón) ; Aránzazu Sarría Buil, *Atentados contra librerías en la España de los setenta, la expresión de una violencia política*, in Marie-Claude Chaput, Manuelle Peloille, *Sucesos, guerras, atentados*, Paris, PILAR editores, 2009, p. 115144 (attaques contre des librairies pendant la Transition) ; https://elpais.com/diario/1976/11/27/ultima/217897202_850215.html (novembre 1976 : une bombe explose dans la librairie Pórtico de Saragosse) ; https://elpais.com/diario/1976/05/25/sociedad/201823203_850215.html (mai 1976 : une librairie attaquée toutes les deux semaines) ; Salman Rushdie, *Joseph Anton. Une autobiographie*, traduction Gérard Meudal, Paris, Gallimard, Folio, 2013, et Fernando Báez, *Nueva historia universal de la destrucción de libros*, *op. cit.*, p. 300301 (l'affaire Rushdie).

CHAPITRE 21 : John W. Maxwell, *Tracing the Dynabook: A Study of Technocultural Transformations*, Vancouver, University of British Columbia, 2006 (l'ordinateur personnel comme évolution du livre) ; Ewan Clayton, *The Golden Thread. The Story of Writing*, *op. cit.* (la tradition manuscrite arrive à l'ère digitale).

CHAPITRE 22 : Izet Sarajlić, *Le Livre des adieux* (*Knjiga oproštaja*) ; suivi de *Recueil de guerre sarajévien*, traduits par Mireille Robin, Balma, N & B, 1997 (et imbécile que je suis, je l'ai presque cru).

CHAPITRE 23 : C. H. Roberts & T. C. Skeat, *The Birth of the Codex*, Cambridge, Cambridge University Press, 1987, p. 76 (un codex contient six fois plus de texte qu'un rouleau) ; Pline, *Histoire naturelle*, VII, 21, 85 (Cicéron affirme avoir vu une *Iliade* tenir dans la coque d'une noix) ; E. G. Turner, *Greek Papyri. An introduction*, *op. cit.*, p. 204 (un vendeur de livres à domicile dans la Rome antique) ; Guglielmo Cavallo, « Entre le *volumen* et le *codex*. La lecture dans le monde romain », *in* G. Cavallo & R. Chartier, *Histoire de la lecture dans le monde occidental*, *op. cit.* (naissance du codex et augmentation du nombre de lecteurs).

CHAPITRE 24 : Martial, *Épigrammes*, X, 8 (Paula désire se marier avec moi, et je ne veux pas me marier avec Paula : elle est vieille. Je le voudrais, si elle était encore plus vieille) ; Martial, Épigrammes, XIV (*Apophoreta)*, 183196 (épigrammes sur des livres) ; Martial, *Épigrammes*, I, 2 (promotion de son propre livre au format codex) ; Guglielmo Cavallo, « Entre le *volumen* et le *codex*. La lecture dans le monde romain », *op. cit.* (préférence des chrétiens pour le codex).

CHAPITRE 25 : Elisa Ruiz García, *Introducción a la codicología*, *op. cit.*, 2002, p. 120135 (du rouleau au codex) ; https://elpais.com/tecnologia/2019/01/07/actualidad/1546837065_279280.html (écrans de télévision enroulables) ; Hipólito Escolar, *Manual de historia del libro*, *op. cit.*, p. 99100 (remplacement et survie du rouleau).

CHAPITRE 26 : Agustín Sánchez Vidal, *Historia del cine*, *op. cit.*, p. 910 (films recyclés en peignes) ; Thémistios, *Discours*, IV 59d60c, et Jérôme, *Lettres*, 141 (effort pour sauver les bibliothèques de Constantinople et Césarée).

CHAPITRE 27 : Suétone, *Vie des douze Césars, César*, 82, 2 (assassinat de César) ; Barry Strauss, *La Mort de César*, traduction Clotilde Meyer, Paris, Albin Michel, 2018 (le meurtre le plus célèbre de l'Histoire) ; Suétone, *Vie des douze Césars, César*, 44, 2 (César avait prévu de construire la première bibliothèque publique de Rome) ; Jérôme, *Lettres*, 33, 2 (Varron rédigea un traité sur les bibliothèques) ; Pline l'Ancien, *Histoire naturelle*, VII, 30, 115 et XXXV, 2 ; Isidore, *Étymologies*, VI, 5, 1 (renseignements sur la bibliothèque d'Asinius Pollion) ; T. Keith Dix, « Public Libraries in Ancient Rome: Ideology and Reality », *Libraries & Culture* 29, 1997, p. 289 (les bibliothèques comme moyen de reconnaissance officielle et d'intégration dans le canon) ; Martial, *Épigrammes*, IX, préface (Martial et les bustes dans les bibliothèques) ; Aulu-Gelle, *Nuits attiques*, XIX, 5 (discussion nocturne sur Aristote et la neige) ; Fronton, *Lettres*, IV, 5, 2 (Marc Aurèle et Fronton empruntent des livres dans les bibliothèques romaines) ; Filippo Coarelli, *La Colonna*

Traiana, Rome, Editorial Colombo, 1999 (la colonne de Trajan comme un rouleau en pierre) ; Lionel Casson, *Libraries in the Ancient World*, *op. cit.* (reconstruction des bibliothèques romaines).

CHAPITRE 28 : Lionel Casson, *Libraries in the Ancient World*, *op. cit.* (les bibliothèques dans les bains romains) ; Martial, *Épigrammes*, VII, 34, 45 (« Qu'y a-t-il de pire que Néron ? Et quoi de mieux que ses thermes ? ») ; Sénèque, *Lettres à Lucilius*, 56, 12 (vacarme dans les thermes) ; *Vie de saint Théodore de Sykéon*, 20 (puanteur de sainteté) ; Clément d'Alexandrie, *Stromates*, VII, 7, 36 (le bon chrétien ne veut pas sentir bon) ; Jerry Toner, *Popular Culture in Ancient Rome*, Cambridge, Polity, 2009 (les plaisirs de l'eau à Rome).

CHAPITRE 29 : *Corpus Inscriptionum Latinarum (CIL)*, 5.5262 (Pline le Jeune offre une bibliothèque à sa ville natale) ; *CIL* 10.4760 (bibliothèque donnée par Matidia) ; *CIL* 11.2704 (bibliothèque de Volsinium) ; W. V. Harris, *Ancient Literacy*, Cambridge, Mass., et Londres, Harvard University Press, 1989, p. 273 (seules deux bibliothèques connues en Occident) ; Apulée, *Florides*, XVIII, 8 (bibliothèque de Carthage) ; Lionel Casson, *Libraries in the Ancient World*, *op. cit.* (les bibliothèques en dehors de Rome).

CHAPITRE 30 : Oliver Hilmes, *Franz Liszt: Musician, Celebrity, Superstar*, New Haven, Yale University Press, 2016 (le phénomène des fans commença avec Liszt) ; Pline le Jeune, *Lettres*, II, 3 (le voyage aventurier d'un admirateur hispanique de Tite-Live pour rencontrer son idole) ; Horace, *Odes*, II, 20 ; Properce, *Élégies*, II, 7, et Ovide, *Tristes*, IV, 9 et 10 (les auteurs à succès se prennent pour des stars internationales) ; Martial, *Épigrammes*, VII, 88 et XI, 3 (on pouvait acheter les derniers livres de Martial à Vienne et on les chantait en Bretagne) ; Pline le Jeune, *Lettres*, IX, 11 (une librairie à Lyon) ; Juvénal, *Satires*, XV, 108 (voyait-on un stoïcien en Cantabrie ?) ; Donat-Suétone, *Vie de Virgile*, VI, 11 [trad. fr. van Dooren 1961] (Virgile fuit ses admirateurs).

Chapitre 31 : Martial, *Épigrammes*, XII, 31 (description de la maison de campagne que la veuve Marcella offrit à Martial) ; Martial, *Épigrammes*, préface au livre XII (Martial regrette les bibliothèques, les théâtres, les assemblées, la subtilité des débats, l'acuité des opinions : les plaisirs de Rome).

Chapitre 32 : Cicéron, *Contre Pison*, 22 (Pison dans la puanteur et la fange de ses chers Grecs) ; Stephen Greenblatt, *Quattrocento,* traduction Cécile Arnaud, Paris, Flammarion, 2013 (conversations philosophiques dans la villa de Lucius Calpurnius Pison) ; Mary Beard, *Pompéi, la vie d'une cité romaine*, Paris, Seuil, 2012 (vies interrompues).

Chapitre 34 : Mario Citroni, *Poesia e lettori in Roma antica*, *op. cit.*, p. 459464 (Ovide et l'expansion du public lecteur) ; Ovide, *Tristes*, IV, 10, 2126 (avertissements paternels : la poésie ne donne pas à manger) ; Martial, *Épigrammes*, V, 34 ; V, 37 et X, 61 (passion de Martial pour Érotion, son esclave morte à l'âge de 6 ans) ; Ovide, *L'Art d'aimer*, II, 665, etc. (je préfère une amante qui a plus de 35 ans) ; Pascal Quignard, *Le Sexe et l'Effroi*, Paris, Gallimard, 1994 (Ovide est le premier Romain à penser que le désir est réciproque) ; Ovide, *Tristes*, II, 212 (maître d'adultères obscènes) ; Plutarque, *Vie de Caton le Jeune*, 25 (Marcia, l'épouse prêtée) ; Ovide, *Tristes*, II, 207 (deux délits ont causé ma perte : un poème et une erreur) ; Ovide, *Tristes*, I, 1, 67 (je ne suis plus précepteur d'amour ; cette œuvre a reçu un châtiment qu'elle ne méritait pas) ; Pseudo-Aurelius Victor, *Abrégé des Césars*, I, 24 (Auguste exile le poète Ovide parce qu'il écrivit trois petits livrets sur l'art d'aimer) ; Ovide, *Tristes*, III, 1 (vers de l'exil).

Chapitre 35 : Tacite, *Histoires*, I, 1 (temps de rare bonheur où il est permis de penser ce qu'on veut et de dire ce qu'on pense) ; Suétone, *Vie des douze Césars, Tibère*, 45, et Tacite, *Annales*, IV, 34 (le procès de Cremutius Cordus) ; Sénèque, *Consolation à Marcia*, XVI, 1 [dans *Dialogues*, T. III CUF] (les femmes ont le même pouvoir intellectuel que les hommes, et la même aptitude pour les actions nobles et généreuses) ; Tacite, *Annales*, IV, 35 (l'estime croît pour les talents châtiés) ; Luis Gil, *Censura en el mundo antiguo*, Madrid, Alianza Editorial, 2007, p. 190, etc. (censure impériale romaine) ; Suétone, *Vie des douze Césars, Caligula*, 34 (Caligula est sur le point de détruire les livres d'Homère) ; [Aelius Lamprius] *Histoire Auguste*, *Vie de Commode*, X, 2 [trad. fr. Chastagnol, R. Laffont, 1994] (Commode interdit la lecture de Suétone sous peine de mourir déchiqueté par les fauves dans l'amphithéâtre) ; Dion Cassius, *Histoire romaine*, LXXVIII, 7 (Caracalla envisagea de brûler toutes les œuvres d'Aristote) ; Tacite, *Vie d'Agricola*, 2 (nous aurions perdu la mémoire en même temps que la voix si nous avions eu en notre pouvoir l'oubli autant que le silence).

CHAPITRE 36 : Keith Houston, *The Book: A Cover-to-Cover Exploration of the Most Powerful Object of Our Time*, Londres, W. W. Norton & Company, 2016, introduction ; https://www.nytimes.com/2009/07/18/techno-logy/companies/18amazon.html (Amazon supprime sans prévenir *1984* des lecteurs de livres numériques) ; L. D. Reynolds & N. G. Wilson, *Scribes and Scholars*, *op. cit.* (Aristophane de Byzance invente un système de ponctuation) ; Alberto Manguel, *Une histoire de la lecture*, *op. cit.* (vicissitudes de la ponctuation et de la séparation des mots) ; Elisa Ruiz García, *Introducción a la codicología*, *op. cit.*, p. 283 (les premières illustrations des livres furent des aides pour la lecture) ; Pline l'Ancien, *Histoire naturelle*, XXXV, 11 (images de Varron) ; Martial, *Épigrammes*, XIV, 186 (un portrait de Virgile sur le frontispice d'un codex) ; Fernando Báez, *Los primeros libros de la humanidad*, *op. cit.*, p. 501 (manuscrits enluminés).

CHAPITRE 37 : Lionel Casson, *Libraries in the Ancient World*, *op. cit.* (comment on nommait les livres dans les premières bibliothèques) ; Xaverio Ballester, *Los mejores títulos y los peores versos de la literatura latina*, Barcelone, Universitat de Barcelona, 1998 et « La titulación de las obras en la literatura romana », *Cuadernos de Filología Clásica 24*, 1990, p. 135156 (monotonie des titres de la littérature antique) ; saint Augustin, *Lettres*, II, 40, 2 (le titre sur la page liminaire) ; Leila

Guerriero, « El alma de los libros », *in* http://cultura.elpais.com/cultura/2013/06/26/actualidad/1372256062_358323.html.

Chapitre 38 : Suétone, *Vie des douze Césars, Vespasien*, 18 (Quintilien, premier titulaire d'une chaire d'Histoire) ; Quintilien, *Institution oratoire*, I, 3, 1417 (critique des châtiments corporels à l'école) ; X, 1, 4 (défense de l'éducation permanente) ; II, 5, 13 (rendre le maître superflu) ; X, 1, 46131 (listes parallèles des grands auteurs) ; VI, Avant-propos, 10 (j'ignore quelle envie secrète coupe le fil de nos espérances).

Chapitre 39 : Steven Pinker, *Le Triomphe des Lumières*, traduction Daniel Mirsky, Paris, Les Arènes, 2018 (ce sont moins les vainqueurs qui écrivent l'Histoire que les gens fortunés) ; Aulu-Gelle, *Nuits attiques*, VI, 13, 1 (les *classis* sont les propriétaires des grandes fortunes) ; Cicéron, *Les Académiques,* II, (XXII), 73 [trad. fr. Kany-Turpin, GF, 2010] (écrivains de seconde zone) ; Fronton cité par Aulu-Gelle, *Nuits attiques*, XIX, 8, 15 (auteurs classiques, non prolétaires) ; Silvia Rizzo, *Il lessico filologico degli umanisti*, Rome, Edizioni di Storia e Letteratura, 1973, p. 379 (Filippo Beroaldo récupère le terme « classique » en 1496) ; Irene Vallejo, « Una fábula con porvenir », *in* Luis Marcelo Martino & Ana María Risco (éd.), *La profanación del Olimpo*, Buenos Aires, Editorial Teseo, 2018, p. 335355 (histoire du mot « classique ») ; Italo Calvino, *Pourquoi lire les classiques*, traduction Christophe Mileschi, Paris, Gallimard, Folio, 2018. Mark Twain, *Disappearance of Literature* ; Pierre Bayard, *Comment parler des livres que l'on n'a pas lus ?* Paris, Minuit, 2007.

Chapitre 40 : Euripide, *Les Troyennes*, 1295, etc. (lamentation d'Hécube) ; Sénèque, *Lettres à Lucilius*, 95, 3031 (sur la guerre) ; Hannah Arendt, *La Crise de la culture*, Paris, Gallimard, Folio, 1989 (c'est le futur qui nous conduit vers le passé).

Chapitre 41 : Herbert Oppel, « KANWN. Zur Bedeutungsgeschichte des Wortes und seiner lateinischer Entsprechungen (Regulanorma) », *Philologus Supplementband* XXX, 1116 (histoire du mot « canon ») ; Pline l'Ancien, *Histoire naturelle*, XXXIV, 19, 55 (le Doryphore représente les proportions du canon de Polyclète) ; Aristote, *Éthique à Nicomaque*, 1113a, 29 (la façon de se comporter d'un homme honnête et complet) ; Eusèbe, *Histoire ecclésiastique*, VI, 25, 3 (canon ecclésiastique) ; David Ruhnken, *Historia critica oratorum Graecorum*, Leiden, 1786, p. 386 (première apparition du concept de « canon littéraire ») ; Terry Eagleton, *How to Read Literature*, New Haven, Yale University Press, 2013 (changements historiques des goûts littéraires) ; J. M. Coetzee, « Qu'est-ce qu'un classique ? », *op. cit.* (le passé comme une force qui modèle le présent).

Chapitre 42 : Suétone, *Grammairiens et rhéteurs*, XVI, 2 (Quintus Caecilius Epirota décide d'étudier des auteurs vivants à l'école) ; Mary Beard, *SPQR. Histoire de l'ancienne Rome*, *op. cit.* (vers de Virgile à Pompéi) ; Horace, *Odes*, I, 1, 3536 (si tu me places parmi les poètes) et III, 30, 1 (plus durable que le bronze) ; Ovide, *Métamorphoses*, XV, 871 (une œuvre que ne pourra détruire ni la colère de Jupiter, ni le feu, ni le fer, ni le temps vorace) ; Martial, *Épigrammes*, III, 2 (cornets pour l'oliban et le poivre) ; Miguel de Cervantès, *Don Quichotte de la Manche*, première partie, chapitre IX (cahiers de papiers usés pour les soieries de la rue Alcaná) ; William Blades, *The Enemies of Books*, Londres, Elliot Stock, 1888 (un livre précieux fournit des latrines) ; https://www.elconfidencial.com/cultura/2015-06-27/asi-mueren-los-libros-que-no-se-venden_899696/ (destruction et recyclage des livres invendus) ; Alberto Olmos, « Los nazis no quemaron tantos libros como nosotros », https://blogs.elconfidencial.com/cultura/mala-fama/2016-07-20/nazis-quemar-destruir-libros_1235594/.

Chapitre 43 : Tibulle, *Élégies*, III, 13 (= IV, 7) et III, 14, 6 (Sulpicia proclame sa passion et se plaint de la surveillance de son oncle) ; Suétone, *Vie des douze Césars, Tibère*, 35, 2 ; Tacite, *Annales*, II, 85, 1, et *Résumé*, 48, 5, 11 (des patriciennes déclarent publiquement qu'elles sont prostituées pour protester contre la loi d'adultère) ; Juvénal, *Satires*, II, 37 (tu dors, *lex Iulia ?*) ; Ovide, *Fastes*, II, 583616 (légende de la déesse Tacita Muda) ; Eva Cantarella, *Passato prossimo. Donne romane da Tacita a Sulpicia*, Milan, Feltrinelli, 2015 (les poèmes de Sulpicia survivent grâce à une erreur) ; María Dolores Mirón, « Plutarco y la virtud de las mujeres », *in* Marta González González, *Mujeres de la Antigüedad: texto e imagen*, Málaga, Universidad de Málaga, 2012 (exploits de femmes selon Plutarque) ; Aurora López, *No sólo hilaron lana. Escritoras romanas en prosa y en verso*, Madrid, Ediciones Clásicas, 1994 (vingt-quatre Romaines publièrent des livres).

CHAPITRE 44 : Agustín Sánchez Vidal, *La especie simbólica*, Pampelune, Universidad Pública de Navarra, Cátedra Jorge Oteiza, 2011, p. 38, etc. (textes et textiles).

CHAPITRE 45 : Dion Cassius, *Histoire romaine*, LXXVIII, 9, 4 (Caracalla accorde la citoyenneté à tous les habitants libres de l'empire) ; Mary Beard, *SPQR. Histoire de l'ancienne Rome*, *op. cit.* (édit de Caracalla) ; Aelius Aristide, *Éloge de Rome*, XXVI, 60 (aucune personne digne de confiance n'est étrangère) ; Luca Scuccimarra, *I confini del mondo. Storia del cosmopolitismo dall'Antichità al Settecento*, *op. cit.* (la cosmopolis romaine) ; Stephen Greenblatt, *Quattrocento*, *op. cit.* (ce qui paraissait stable s'avéra fragile).

CHAPITRE 46 : Ammien Marcellin, *Histoires*, XIV, 6, 18 (les bibliothèques demeuraient fermées comme des tombeaux) ; Erich Auerbach, *Le Haut Langage : Langage littéraire et public dans l'Antiquité latine tardive et au Moyen Âge*, traduction Robert Kahn, Paris, Belin, 2004 (nombre de lecteurs de l'Antiquité au Moyen Âge).

CHAPITRE 47 : Catherine Nixey, *The Darkening Age*, New York, Macmillan, 2017 (l'empereur Justinien interdit l'enseignement aux païens et démantèle l'Académie) ; L. D. Reynolds & N. G. Wilson, *Scribes and Scholars*, *op. cit.* (bibliothèques dans les monastères pendant les siècles d'obscurantisme) ; Fernando Báez, *Los primeros libros de la humanidad*, *op. cit.*,

p. 501, etc. (manuscrits enluminés) ; Stephen Greenblatt, *Quattrocento*, *op. cit.* (chercheurs de livres humanistes) ; L. D. Reynolds & N. G. Wilson, *Scribes and Scholars*, *op. cit.* (appétit des humanistes pour les textes classiques) ; Reinhard Wittmann, « Y a-t-il eu une révolution dans la lecture à la fin du XVIIIe siècle ? », *in* G. Cavallo & R. Chartier, *Histoire de la lecture dans le monde occidental*, *op. cit.* (la manie lectrice et les chiffres de l'alphabétisation).

CHAPITRE 48 : Stefan Zweig, *Le Bouquiniste Mendel*, traduction Manfred Schenker, Paris, Sillage, 2013 (les livres sont écrits pour unir les êtres humains) ; Walter Benjamin, « Thèse sur la philosophie de l'histoire », in *Œuvres*, I., Paris, Gallimard, Folio, 2000 (il n'est pas de document de culture qui ne soit en même temps un document de barbarie).

Épilogue

Jeanne Cannella Schnitzer, « Reaching Out to the Mountains: The Pack Horse Library of Eastern Kentucky », *The Register of the Kentucky Historical Society*, vol. 95, n° 1, 1997, p. 5777 (femmes bibliothécaires à cheval dans le Kentucky) ; Yuval Noah Harari, *Sapiens: Une brève histoire de l'humanité*, *op. cit.* (la mythologie avait peu de chances de survivre).

BIBLIOGRAPHIE

ADICHIE, CH. N., *Nous sommes tous des féministes/Le Danger de l'histoire unique*, traduction de Mona de Pracontal et Sylvie Schneiter, Paris, Gallimard, Folio, 2020.

AGUIRRE, J., *Platón y la poesía*, Madrid, Plaza y Valdés Editores, 2013.

ALTARES, G., *Una lección olvidada. Viajes por la historia de Europa*, Barcelone, Tusquets Editores, 2018.

ANDRÉS, R., *Semper dolens. Historia del suicidio en Occidente*, Barcelone, Editorial Acantilado, 2015.

ARGULLOL, R., *Visión desde el fondo del mar*, Barcelone, Editorial Acantilado, 2010.

AUERBACH, E., *Le Haut Langage : Langage littéraire et public dans l'Antiquité latine tardive et au Moyen Âge*, traduction de Robert Kahn, Paris, Belin, 2004.

BÁEZ, F., *Los primeros libros de la humanidad. El mundo antes de la imprenta y el libro electrónico*, Madrid, Fórcola Ediciones, 2013.

—, *Nueva historia universal de la destrucción de libros. De las tablillas sumerias a la era digital*, Barcelone, Ediciones Destino, 2011.

BAKHTINE, M., *L'œuvre de François Rabelais et la culture populaire au Moyen Âge et sous la Renaissance*, traduction d'Andrée Robel, Paris, Gallimard, 1982.

BARBA, A., *La risa caníbal. Humor, pensamiento cínico y poder*, Barcelone, Alpha Decay, 2016.

BASANTA, A., *La lectura*, Madrid, CSIC, et *Los libros de la Catarata*, 2010.

—, *Leer contra la nada*, Madrid, Siruela, 2017.

BAYARD, P., *Comment parler des livres que l'on n'a pas lus ?* Paris, Minuit, 2007.

BEARD, M., *Les Femmes et le Pouvoir. Un manifeste*, traduction de Simon Duran, Paris, Perrin, 2018.

—, *SPQR. Histoire de l'ancienne Rome*, traduction de Simon Duran, Paris, Perrin, 2016.

BEARD, M. & HENDERSON, J., *Classics. A Very Short Introduction*, Oxford, Oxford University Press, 2000.

BELTRÁN, L., *Estética de la risa. Genealogía del humorismo literario*, México, Ficticia Editorial, 2016.

—, *La imaginación literaria. La seriedad y la risa en la literatura occidental*, Barcelone, Editorial Montesinos, 2002.

BENJAMIN, W., *Je déballe ma bibliothèque : Une pratique de la collection*, traduction de Philippe Ivernel, Paris, Payot, Rivages poche, 2015.

—, *Œuvres*, I., Paris, Gallimard, Folio, 2000.

BERNAL, M., *Black Athena. Les Racines afro-asiatiques de la civilisation classique*, Paris, Puf, 1999.

BLADES, W., *The Enemies of Books*, Londres, Elliot Stock, 1888.

BLOM, P., *Une histoire intime des collectionneurs*, traduction de Danièle Momont, Paris, Payot, 2010.

—, *A Wicked Company: The Forgotten Radicalism of the European Enlightenment*, New York, Basic Books, 2010.

BLOOM, H., *The Western Canon: The Books and School of Ages*, New York, Riverhade Books, 1995.

BOARDMAN, J., GRIFFIN, J. & MURRAY, O., *The Oxford History of the Classical World, Greece and the Hellenestic World*, Oxford, Oxford University Press, 1988.

BROTTMAN, M., *The Solitary Vice. Against Reading*, Berkeley, Counterpoint, 2008.

CABALLÉ, A., *Una breve historia de la misoginia: Antología y crítica*, Barcelone, Editorial Lumen, 2005.

CALVINO, I., *Pourquoi lire les classiques*, traduction de Christophe Mileschi, Paris, Gallimard, Folio, 2018.

CANFORA, L., *Conservazione e perdita dei classici*, Bari, Stiloeditrice, 2016.

—, *La Véritable Histoire de la Bibliothèque d'Alexandrie*, traduction de Jean-Paul Mangarano, Paris, Desjonquères, 1988.

CANTARELLA, E., *Passato prossimo. Donne romane da Tacita a Sulpicia*, Milan, Feltrinelli, Universale economica, 2015.

—, *L'ambiguo malanno. La donna nell'antichità greca e romana,* Milan, Feltrinelli, Universale economica, 2013.

CARRÈRE, E., *Le Royaume*, Paris, Gallimard, Folio, 2016.

CARRIÓN, J., *Librairies. Itinéraires d'une passion*, Paris, Seuil, 2016.

CARSON, A., *Eros the Bittersweet: An Essay*, Princeton, Princeton Legacy Library, 2016.

CASSON, L., *Libraries in the Ancient World*, New Haven, Yale University Press, 2002.

CAVALLO, G. & CHARTIER, R., *Histoire de la lecture dans le monde occidental*, Paris, Seuil, Points, 2001.

CERVELLÓ, J., *Escrituras, lengua y cultura en el antiguo Egipto*, Barcelone, Ediciones UAB, 2016.

CITRONI, M., *Poesia e lettori in Roma antica*, RomeBari, Laterza, 1995.

CLAYTON, E., *The Golden Thread. The Story of Writing*, Londres, Atlantic Books, 2013.

COETZEE, J. M., *Doubler le cap, essais et entretiens*. Traduction de Jean-Louis Cornille, Paris, Seuil, 2007.

CRIBIORE, R., *Gymnastics of the Mind: Greek Education in Hellenistic and Roman Egypt*, Princeton, Princeton University Press, 2001.

DE LA FUENTE, I., *El exilio interior. La vida de María Moliner*, Madrid, Editorial Turner, 2011.

DZIELSKA, M., *Hypatie d'Alexandrie*, traduction de Marion Koeltz, Paris, Des Femmes, 2010.

EAGLETON, T., *How to Read Literature*, New Haven, Yale University Press, 2013.

EASTERLING, P. E. & KNOX, B. M. W., *The Cambridge History of Classical Literature. 1. Greek Literature*, Cambridge, Cambridge University Press, 1989.

ECO, U., *Vertige de la liste*, traduction de Myriem Bouzaher, Paris, Flammarion, 2009.

ECO, U. & CARRIÈRE, J.-C., *N'espérez pas vous débarrasser des livres*, Paris, Grasset, 2009.

ESCOLAR, H., *Manual de historia del libro*, Madrid, Editorial Gredos, 2000.

ESTEBAN, Á., *El escritor en su paraíso*, Cáceres, Editorial Periférica, 2014.

FRÄNKEL, H., *Dichtung und Philosophie des frühen Griechentums*, C. H. Beck'sche Verlagsbuchhandlung, 1962.

GARCÍA GUAL, C., *La muerte de los héroes*, Madrid, Editorial Turner, 2016.

—, *Los Siete Sabios (y tres más)*, Madrid, Alianza Editorial, 2007.

GENTILI, B., *Poesia e pubblico nella Grecia antica*, Milan, Feltrinelli, 2017.

GIL, L., *Censura en el mundo antiguo*, Madrid, Alianza Editorial, 2007.

GÓMEZ ESPELOSÍN, F. J. & GUZMÁN GUERRA, A., *Alejandro Magno*, Madrid, Alianza Editorial, 2005.

GREENBLATT, S., *Quattrocento*, traduction de Cécile Arnaud, Paris, Flammarion, 2013.

HARARI, Y. N., *Sapiens : Une brève histoire de l'humanité*, traduction de Pierre-Emmanuel Dauzat, Paris, Albin Michel, 2015.

HARRIS, W. V., *Ancient Literacy*, Cambridge, Mass., et Londres, Harvard University Press, 1989.

HAVELOCK, E. A., *The Muse Learns to Write*, New Haven, Yale University Press, 1988.

—, *Preface to Plato*, Oxford, Blackwell, 1962.

HOUSTON, K., *The Book: A Cover-to-Cover Exploration of the Most Powerful Object of Our Time*, Londres, W. W. Norton & Company, 2016.

HUSTVEDT, S., *Vivre, penser, regarder*, traduction de Christine Le Bœuf, Arles, Actes Sud, 2013.

JANÉS, C., *Tu gardes la maison et tu te tais. Autour de la femme et de la littérature*, traduction d'Évelyne Martin Hernandez, Paris, L'Harmattan, 2016.

JENKYNS, R., *Classical Literature: An Epic Journey from Homer to Virgil*, New York, Basic Books 2016.

JULLIEN, F., *De l'universel, de l'uniforme, du commun et du dialogue entre les cultures*, Paris, Fayard, 2008.

—, *Il n'y a pas d'identité culturelle*, Paris, L'Herne, 2016.

KAPUŚCIŃSKI, R., *Mes voyages avec Hérodote*, traduction de Véronique Patte, Paris, Pocket, 2008.

LAÍN ENTRALGO, P., *La curación por la palabra en la Antigüedad clásica*, Barcelone, Editorial Anthropos, 2005.

LANDA, J., *Canon City*, México, Editorial Afínita, 2010.

LANDERO, L., *El balcón en invierno*, Barcelone, Editorial Tusquets, 2014.

—, *Entre líneas : el cuento o la vida*, Barcelone, Editorial Tusquets, 2001.

LANE FOX, R., *Alexander the Great*, Londres, Penguin, 2004.

LEVINAS, E., *Totalité et Infini*, Paris, Le Livre de Poche, 1990.

LEWIS, N., *Papyrus in Classical Antiquity*, Oxford, Clarendon Press, 1974.

LLEDÓ, E., *Los libros y la libertad*, Barcelone, Editorial RBA, 2013.

—, *El silencio de la escritura*, Barcelone, Editorial Austral, 2015.

—, *Sobre la educación*, Barcelone, Editorial Taurus, 2018.

LÓPEZ, A., *No solo hilaron lana. Escritoras romanas en prosa y en verso*, Madrid, Ediciones Clásicas, 1994.

LORAUX, N., *Les Enfants d'Athéna. Idées athéniennes sur la citoyenneté et la division des sexes*, Paris, Éditions François Maspero, 1981.

LORD, A. B., *The Singer Resumes the Tale*, Ithaca, Cornell University Press, 1995.

MADRID, M., *La misoginia en Grecia*, Madrid, Editorial Cátedra, 1999.

MANGUEL, A., *Une histoire de la lecture*, traduction de Christine Le Bœuf, Arles, Actes Sud, Babel, 2000.

MARCHAMALO, J., *Tocar los libros*, Madrid, Fórcola Ediciones, 2016.

MARROU, H.-I., *Histoire de l'éducation dans l'Antiquité*, tomes 1 et 2 ; Paris, Seuil, Points, 1981.

MARTINO, G. & BRUZZESE, M., *Le filosofe. Le donne protagoniste nella storia del pensiero*, Naples, Liguori, 1994.

MÉNAGE, G., *Histoire des femmes philosophes*, traduction de Manuella Vaney, Paris, Arléa, 2006.

MORSON, G. S. & SCHAPIRO, M., *Cents and Sensibility. What Economics Can Learn from the Humanities*, Princeton, Princeton University Press, 2017.

MOVELLÁN, M. & PIQUERO, J., *Los pasos perdidos. Viajes y viajeros en la Antigüedad*, Madrid, Editorial Abada, 2017.

MUÑOZ PÁEZ, A., *Sabias*, Barcelone, Editorial Debate, 2017.

MURRAY, S. A. P., *The Library. An Illustrated History*, New York, Skyhorse Publishing, 2009.

NIXEY, C., *The Darkening Age*, New York, Macmillan, 2017.

ORDINE, N., *Une Année avec les classiques*, traduction de Luc Hersant, Paris, Les Belles Lettres, 2015.

OTRANTO, R., *Antiche liste di libri su papiro*, Rome, Edizioni di Storia e Letteratura, 2000.

PADRÓ, J., *Historia del Egipto faraónico*, Madrid, Editorial Alianza Universidad, 1999.

PASCUAL, C., PUCHE, F. & RIVERO, A., *Memoria de la librería*, Madrid, Trama Editorial, 2012.

PENNAC, D., *Comme un roman*, Paris, Gallimard, Folio, 1995.

PFEIFFER, R., *History of Classical Scholarship. From the Beginnings to the End of the Hellenistic Age*, Oxford, Oxford University Press, 1968.

PINKER, S., *Le Triomphe des Lumières*, traduction de Daniel Mirsky, Paris, Les Arènes, 2018.

POPPER, K. R., *La Société ouverte et ses ennemis*, traduction de Jacqueline Bernard et Philippe Monod, Paris, Seuil, Points, 2018.

QUIGNARD, P., *Le Sexe et l'Effroi*, Paris, Gallimard, 1994.

RADER, O. B., *Grab und Herrschaft. Politischer Totenkult von Alexander dem Großen bis Lenin*, C. H., Beck, 2003.

REYNOLDS, L. D. & WILSON, N. G., *Scribes and Scholars*, Oxford, Oxford University Press, 2014.

ROBERTS, C. H. & SKEAT, T. C., *The Birth of the Codex*, Cambridge, Cambridge University Press, 1987.

ROBINSON, M., *Quand j'étais enfant, je lisais des livres*, traduction de Simon Baril, Arles, Actes Sud, 2016.

RUIZ GARCÍA, E., *Introducción a la codicología*, Madrid, Fundación Germán Sánchez Ruipérez, colección Biblioteca del libro, 2002.

SÁNCHEZ VIDAL, A., *La especie simbólica*, Pampelune, Universidad Pública de Navarra, Cátedra Jorge Oteiza, 2011.

SAUNDERS, N. J., *Alexander's Tomb: The Two-Thousand Year Obsession to Find the Lost Conquerer*, New York, Basic Books, 2007.

SCUCCIMARRA, L., *I confini del mondo. Storia del cosmopolitismo dall'Antichità al Settecento*, Bologne, Il Mulino, 2006.

SOLANA DUESO, J., *Aspasia de Mileto. Testimonios y discursos*, Barcelone, Editorial Anthropos, 1994.

—, *Aspasia de Mileto y la emancipación de las mujeres*, Amazon E-book, 2014.

STEINER, G., *Une certaine idée de l'Europe*, traduction de Christine Le Bœuf, Arles, Actes Sud, 2005.

STRATEN, G., *Le Livre des livres perdus*, traduction de Marguerite Pozzoli, Arles, Actes Sud, 2017.

SULLIVAN, J. P., *Martial: The Unexpected Classic*, Cambridge, Cambridge University Press, 2004.

TODOROV, T., *La Littérature en péril*, Paris, Flammarion, 2014.

TONER, J., *Popular Culture in Ancient Rome*, Cambridge, Polity, 2013.

TURNER, E. G., *Greek Papyri: An Introduction*, Oxford, Clarendon Press, 1980.

VALCÁRCEL, A., *Sexo y filosofía. Sobre «mujer» y «poder»*, Madrid, Editorial Horas y Horas, 2013.

VEYNE, P., *Sexe et Pouvoir à Rome*, Paris, Seuil, Points, 2007.

WATSON, P., *Ideas: A History of Thought and Invention, from Fire to Freud*, New York, Harper Perennial, 2006.

Zafra, R., *El entusiasmo. Precariedad y trabajo creativo en la era digital*, Barcelone, Editorial Anagrama, 2017.

Zaid, G., *Bien trop de livres ? Lire et publier à l'ère de l'abondance*, traduction de Christine Defoin, Paris, Les Belles Lettres, 2005.

Zambrano, M., *L'Agonie de l'Europe*, traduction de Juan Carlos Baeza Soto, Belval, Circé, 2011.

Zgustova, M., *Vestidas para un baile en la nieve*, Barcelone, Editorial Galaxia Gutenberg, 2017.

INDEX DES NOMS PROPRES

LES CHEMINS DE ROME

Table

LA GRÈCE IMAGINE L'AVENIR

Le Livre de Poche s'engage pour l'environnement en réduisant l'empreinte carbone de ses livres. Celle de cet exemplaire est de :
250 g éq. CO_2
Rendez-vous sur www.livredepoche-durable.fr

Composition réalisée par Soft Office

Achevé d'imprimer en France par
CPI BRODARD & TAUPIN (72200 La Flèche)
en septembre 2023
N° d'impression : 3054578
Dépôt légal 1re publication : février 2023
Édition 02 - septembre 2023
LIBRAIRIE GÉNÉRALE FRANÇAISE
21, rue du Montparnasse – 75298 Paris Cedex 06

83/1666/7